广州市社科规划共建课题“后疫情时代广州汽车产业高质量发展机遇挑战与对策研究：基于全球价值链视角”（2023GZGJ29）；广州市社科规划一般课题“新一轮开放背景下广州汽车产业升级与国际化路径研究”（2020GZYB97）成果
广州市人文社会科学重点研究基地——广州市国家中心城市研究基地资助

全球汽车市场时空演变与中国路径

赖长强 ◎ 著

中国财经出版传媒集团
中国财政经济出版社

图书在版编目(CIP)数据

全球汽车市场时空演变与中国路径 / 赖长强著. --北京 : 中国财政经济出版社，2023.8

ISBN 978-7-5223-2126-4

Ⅰ. ①全… Ⅱ. ①赖… Ⅲ. ①汽车工业—国际市场—研究—中国 Ⅳ. ①F426.471

中国国家版本馆CIP数据核字(2023)第054845号

责任编辑：孙 琛　　　责任印制：党 辉
封面设计：陈宇琰　　　责任校对：徐艳丽

全球汽车市场时空演变与中国路径
QUANQIU QICHE SHICHANG SHIKONG YANBIAN YU ZHONGGUO LUJING

中国财政经济出版社 出版

URL：http：//www. cfeph. cn
E-mail：cfeph@cfeph. cn

社址：北京市海淀区阜成路甲28号 邮政编码：100142
营销中心电话：010-88191522
天猫网店：中国财政经济出版社旗舰店
网址：https：//zgczjjcbs. tmall. com
北京财经印刷厂印刷 各地新华书店经销
成品尺寸：170mm×240mm 16开 21.75印张 356 000字
2023年8月第1版 2023年8月北京第1次印刷
定价：96.00元
ISBN 978-7-5223-2126-4
（图书出现印装问题，本社负责调换，电话：010-88190548）
本社图书质量投诉电话：010-88190744
打击盗版举报热线：010-88191661 QQ：2242791300

PREFACE 序言

汽车是现代化美好生活的重要标志和移动载体，作为“工业中的工业”的汽车产业已经有200多年的发展史。汽车产业全球价值链由全球的汽车投资、汽车研发、汽车采购、汽车生产、汽车销售和汽车服务构成。汽车制造是资本技术密集型产业，其产业链长、关联度高，可关联带动100多个其他产业发展，在各国工业化过程中发挥了重要作用，是很多国家（城市）的支柱产业或重要产业。现如今，汽车已由单纯的机械产品和交通工具，逐步演变为机电一体化、机电智能化、智能网联化的高科技产品，是数据产生、接收和智能服务的提供者和接收者。汽车产业也成为我国制造业转型升级、工业化与信息化深度融合的突破口和最佳载体。习近平总书记于2014年5月视察上汽集团时首次提出了“汽车强国”的概念，指出“汽车行业是市场很大、技术含量和管理精细化程度很高的行业”“发展新能源汽车是迈向汽车强国的必由之路”“把民族汽车品牌搞上去”。其实，汽车产业升级过程涵括了新一轮科技革命和产业变革孕育的新兴产业共性特征，曾于2001年、2008年两次获得诺贝尔经济学奖的美国经济学家约瑟夫·斯蒂格利茨说过：对于一个经济学家来说，一辆汽车可以用来解释经济学的几乎全部内容。

纵观全球，汽车产业在引领整个制造业抢占未来全球产业发展战略高点中具有核心地位，一个国家汽车产业的国际地位基本可以代表这个国家制造业在国际上的总体地位，汽车制造也是衡量一个国家工业化水平、经济实力和科技创新能力的重要指标。当前全球制造业面临着巨大的变革，制造业又重新回归各国争相竞争的焦点，不论是高端制造还是中低端制造，都成为发达国家和发展中国家同时争夺的对象，各国纷纷制定再工业化战略，以抢占国际经济竞争的制高点。汽车产业常常被认为是最具有“全球特征”的产业，汽车产业价值增值环节遍布全球。作为高技术、高附加值且易达成贸易规模的商品，汽车是全球出口金额最大的单一制造业，汽车是欧、美、日、韩等主要国家贸易增长的重要动力，对拉动全球货物贸易增长发挥着重要作用。国务院发展研究中心研究结果显示，发达国家汽车工业每增值1元，会给上下游产业带来3.2元增值。2021年全球汽车市场顶住新冠疫情和“缺芯”的双重压力，在中、美、印等国家的强力带动下，结束了连续三年的下滑，实现了正增长，且六大洲均实现了正增长。在全球化浪潮下，全球汽车产业的生产与销售网络加速重构、价值与供应链条加速延伸。

落脚中国，中国汽车产业经历了从无到有、从小到大、从弱到强的历程，至今已有70多年的发展历史，从社会主义建设时期，到改革开放，再到进入新时代，每一个阶段的汽车产业都打上了自身的时代烙印，汽车产业也成为时代经济中的一个最活跃元素，始终与时代经济同频共振！1953年，长春第一汽车制造厂筹建；1978年，中国开始实施改革开放政策；1992年，党的十四大提出要振兴汽车产业成为国民经济的支柱产业；2001年12月，中国加入世界贸易组织WTO与世界市场接轨。自2001年加入WTO以来，现代、日产、宝马、马自达、奔驰、丰田等跨国汽车企业相继进入国内并不断加快加大投资力度，使我国汽车市场呈现快速发展趋势，2009年至今，中国汽车产销量一直位居世界榜首，成为拉动中国经济增长的重要支柱性产业。然而，在经历连续20多年的高速增长后，2018年、2019年、2020年中国汽车市场产销量均出现负增长，加上2020年年初暴发并构成全球大流行的新冠疫情在全球肆虐，我国汽车市场进一步面临下行压力，也预示着中国汽车产业进入结构调整、转型升级的关键时期。为了加快汽车产业转型升级和高质量发展，国家部委、地方政府围绕新能源汽车、智能网联、节能减排、产业标准化、促进消费和扩大开放等方面出台了一系列产业政策。2021年，汽车产业面对疫情反复、芯片短缺、成本上涨等困难，攻坚克难实现产销双增，结束了连续3年的下降趋势，中国汽车产销分别达到2608.2万辆和2627.5万辆，同比增长3.4%和3.8%，尤其新能源汽车产销量和汽车出口量不断刷新纪录。纵向比较，中国汽车市场化进程已得到快速发展且日益成熟，但与欧、美、日相比，中国汽车尚有较大差距。我国于2018年取消了专用车、新能源汽车外资股比限制，2020年取消了商用车外资股比限制，2021年取消了乘用车制造外资股比限制以及合资企业数量限制，可视为中国新一轮对外开放在制造领域拉开帷幕的明确信号，供需失衡使得国内汽车市场竞争更加激烈。总体来说，改革开放40多年来中国汽车对国家经济的贡献率始终都是正向的、稳定的、上升的，汽车产业始终处于国民经济先导型、主导型产业的地位，随着中国汽车电动化、智能化的融合转型，汽车产业的边界也在极大拓宽，形成了与信息产业、能源产业等诸多产业的融合共生，渗透到中国经济社会的每一个毛细血管，汽车产业对国家经济贡献的含金量不断提高，在社会经济领域的地位将更加举足轻重。

走向世界，近年来我国汽车产业从燃油汽车到新能源汽车，从传统制造业到造车新势力，从合资品牌到自主品牌，从“引进来”迈向“走出去”，中国汽车开始在局部引领全球汽车产业的转型发展，汽车成为构建“双循环”新发展格局的重要支撑与重点领域。2021年，中国汽车产销时隔三年回归正增长，背后离不开汽车出口的强力支撑；2021年，我国汽车出口创历史新高，全年累计出口201.5万辆，同比增长101.1%，中国汽车品牌“出海”进入高速成长期。尤其是，汽车产业已经是中国与“一带一路”沿线国家实现产能合作和加强双边贸易的重要切入点，“一带一路”沿线除中国、印度、新加坡、马来西亚、印度尼西亚、西亚北非地区（伊朗、埃及、土耳其）和中东欧地区俄罗斯、捷克、斯洛伐克、波兰等国家外，绝大多数国家汽车产业基础薄弱，汽车主要以进口为主，市场空间巨大。近年来，“一带一路”地区汽车市场保持较快速度增长，特别是中国汽车生产—消费总量的飞速增长拉动整个“一带一路”地区汽车市场持续快速增长，超过西欧和北美地区，成为全球汽车（生产—销售）中心，亟待我们详细了解、掌握“一带一路”沿线各个国家汽车市场复杂多样的产—销态势，力图更好实现中国与“一带一路”沿线国家汽车产业的合作共建。为此，我们需要通过积极谋划、把握汽车产业变革及新一轮开放新机遇，努力推进汽车产业高质量发展与全球化进程，促使汽车产业深度参与全球汽车产业竞争，着力构建汽车产业国内国际“双循环”新发展格局。

展望未来，党的二十大为中国未来发展指明了前进方向，“中华民族伟大复兴”志向远大、目标宏伟，“中国式现代化”任重道远、荆棘丛生。“中国式现代化”需要强大的汽车产业，对中国汽车产业高质量发展提出了新要求，也为汽车产业转型升级注入全新活力、澎湃动力，在中国式现代化的伟大进程中书写汽车产业的新华章，这是历史赋予的新机遇、新使命。面向新时代、迈向现代化，在新一轮开放背景下，全球不同区域、不同国家的经济发展、消费结构与汽车产销均存在明显的不均衡和不充分，全球不同区域、不同国家的汽车市场的合作机会和市场风险千差万别，因此必须放眼全球，从销售与生产、时间与空间、重点国家与主要地区、市场差额等多个维度，系统研究和深入分析全球汽车市场（总体格局、主要区域、重点国家）的时空变化、影响因素，知己知彼，方能有针对性地提出我国汽车产业高质量发展（价值链升级、国际化路径）的对策建议，这对中国汽车在“十四五”及未来更长时期的高质量发展具有重要意义。研究全球汽车市场时空变迁、影响因素与中国汽车产业升级路径问题，不仅对汽车产业“弯道超车”有重要的理论和现实意义，同时对我国战略性新兴产业发展也有一定的普适性和“范本参考”价值。当前世界和中国都面临百年未有之大变局，汽车产业也迎来百年大变革，中国汽车行业必须加快产业升级和国际化步伐，同频融入这一中国式现代化的伟大历史进程之中，加快建设“现代化汽车强国”，为中国式现代化提供载体和支撑。

本书是笔者多年来研究积累的总结，感谢广州市社会科学院给予的平台支撑，感谢商贸所、区域所、办公室、科研处等部门同事的帮助，更要感谢家人、好友给予我的关心与支持，感恩于心不赘言……“百尺竿头思更进，策马扬鞭自奋蹄”，本书成稿时间比较仓促，笔者研究水平尚需提高，尚存诸多不妥、不足之处，敬请专家学者和有缘读者理解海涵，批评指正。路漫其修远，自惭菲薄才……

作者

2023年7月执笔于羊城

C O N T E N T S 目录

1 Chapter 第一章 研究概述与环境

第一节　相关研究回顾

一、汽车市场（产业）研究简要述评

（一）国外关于汽车市场（产业）研究述评

国外学者对于汽车市场（产业）的研究多集中于对汽车全球价值链（GVC）的嵌入与动力、汽车供应链的治理与升级、汽车产业竞争力优化与提升等方面的研究。早期的国外研究有，Geroski（1991）、Bummer（1999）研究了汽车工业市场占有率、汽车产业跨国转移；随后，Schmitz（2004）、William Milberg（2010）、Timmer（2015）等剖析了全球汽车产业价值链条转型升级方式、全球各国汽车产业竞争力和汽车产业国际分工。在影响因素的研究方面，从早期的只有收入水平、汽车价格等少数因素作为解释变量，到如今越来越多变量（如汽车保有量、消费成本、银行利率及付款政策、产品质量及购买者预期）被学者广泛采用。此外，国外学者对汽车销量预测的研究也非常丰富，如时间序列方法，结构关系识别方法，基于网络爬虫数据、人工智能算法的分析预测，对汽车销量预测的研究主要在于运用新方法及预测结果是否更准确。

（二）国内关于汽车市场（产业）研究述评

新千年尤其是我国加入WTO以来，随着国内汽车市场的快速发展并连续多年成为全球最大市场，汽车销量、汽车市场、汽车产业升级等主题得到了许多国内学者的关注。相对于国外学者的研究，国内学者对我国汽车市场的研究

方法多借鉴于国外学者，研究主要集中于以下三个方面：一是基于全国及省际层面对汽车销量影响因素的分析，从经济发展水平、收入水平、汽车价格、国际油价、进出口、产业政策等方面展开研究。随着“一带一路”倡议的实施，也有学者开始关注汽车市场变化并采用面板数据模型进行实证分析。二是对汽车需求量的预测的研究，方法主要有时间序列方法、灰色预测模型、层次分析法等，还有学者使用网络搜索数据、百度指数等非常规统计数据来预测汽车销量。三是从汽车生产网络的分配方式（内配、外配）、国际国内市场需求、汽车产业全球化方式、汽车产业国际分工模式、贸易形式、产业价值链跃升、汽车产业国际竞争力等领域分析了中国汽车市场现状和世界汽车市场需求，提出中国汽车工业参与世界市场竞争的对策建议。

总体来看，我国学者对汽车市场的研究角度及对象相对单一，对不同类型汽车市场的分析还较少，尤其缺乏对近20年的全球、“一带一路”以及我国汽车市场总体格局、地区差异、时空变化与影响因素方面的研判分析，而这也是本书的重点研究内容。

二、汽车市场（产业）的主要研究视角

（一）关于汽车产业升级与全球价值链、供应链的研究

汽车产业升级路径研究。国内外学者对汽车产业升级更多关注企业微观层面的技术创新与研发、市场营销、品牌建设等核心能力的提升，从而向利润更高或者技术更复杂的资本和技能密集环节攀升。在企业层面上，发展中国家汽车产业升级主要依靠汽车企业的吸收能力、技术能力、研发能力以及创新能力的提升（Humphrey，2000；Lorentzen，Barnes，2004；阎海峰、程鹏，2009；邱国栋、田杨、巩庆波，2015）。在产业链层面上，汽车产业升级指的是汽车企业通过关键零部件研发与制造、整车研发、整车制造、市场营销、自主品牌建设等价值环节上价值量的提升，有效地进入产品技术研发、品牌运营以及市场营销环节，从而高效整合整条产业链上的各个环节，实现资源优化配置和效益最高的目标（丁志卿、吴彦艳，2009；刘宇、马卫、刘大庆，2012；王志勇、张聪群，2013）。在全球价值链层面上，汽车产业升级就是适时沿着全球汽车产业价值链向利润更高或技术更复杂的资本和技能密集环节攀升（段文娟、聂鸣、张雄，2006）。从经济学角度看，汽车产业升级发展包括微观的汽车企业

升级发展、中观的汽车集群升级发展和宏观的汽车政策升级发展三个层面（王小明，2014）。从管理学角度看，汽车产业升级是一项系统工程，需要通过技术创新、服务创新和区域协同创新三个方面能力来实现（马卫、刘宇，2014）。

产业链视角下汽车产业升级路径研究。主要强调提升产业链的两端核心环节，即研发设计环节和市场销售环节，从而促进汽车产业升级。吴彦艳（2009）提出产业链角度下产业升级的基本路径有两条：一条是线性的升级或循序渐进的升级，即从附加值低的环节逐渐转换到附加值高的环节，从而实现连续的、渐进式的产业升级；另一条是非线性的升级或跃迁式的升级，即从一条产业链跃迁到另一条附加值更高的产业链，实现产业升级。纂良群、王成东、胡乃祥（2011）从区域和全球化两个角度提出了我国汽车产业链升级的四种路径：核心企业领导的分层协作路径、战略联盟路径、自主型全球价值链路径、嵌入型全球价值链路径。王志勇、张聪群（2013）认为汽车产业链主要包括技术环节、生产环节和市场环节，从这三个环节得出汽车产业升级的四个基本能力：技术升级能力、生产制造能力、市场盈利能力和产业配套能力，并从这四个能力出发，提出我国汽车产业链升级的路径。

国外学者对价值链视角下汽车产业升级路径研究。随着经济全球化的不断深入，越来越多的学者开始关注汽车产业链内各生产环节在全球的增值活动，即汽车产业的全球价值链。20世纪90年代末汽车产业升级的概念被引入汽车全球价值链分析的框架。从全球价值链视角来看，汽车产业升级表现为汽车企业嵌入全球化的产业链，通过获取技术进步和市场联系，从而顺着产业链的阶梯从低增加值活动向高增加值活动逐步提升的一个过程。Humphrey和Memedovic（2003）通过对全球汽车产业价值链的系统研究指出，发展中国家汽车产业通过嵌入全球价值链有利于该产业的升级，而零部件供应商的功能升级有赖于政府政策的开放和支持，从而融于全球价值链。Schmitz（2004）从全球价值链的视角，用案例分析的方式总结了汽车产业价值链条在全球范围内产生的动力作用机制、转型升级方式。Gary Gereffi（2008）运用全球价值链（企业级链条治理、权力、机构）的三大要素框架，以北美洲汽车产业为例，提出各大汽车厂商开始采取重组发展战略，不断提高汽车生产技术创新与精细化要求，逐步减少零部件内部分工。William Milberg（2010）认为，发展汽车产业必须融入全球价值链，然而仅小部分新兴经济体供应商能通过迅速规模经济融入全球价值链，跨国汽车公司更倾向于原配供应商设计与采购，原配供应商会跟随跨国公司完成全球化扩张、投资建厂。Sturgeon和Biesebroeck（2011）比较了金融危机后发展中国家（中国、印度、墨西哥）的汽车企业在全球价值链中的发展路径和扮演的角色，指出这三个国家在开始其汽车产业时都不同程度依靠发达国家的直接投资，总结了发展中国家汽车供应商成功的三个经验：获得世界性的质量标准，这是开始全球汽车供应链生产的必要条件；提高生产率，只有生产力水平足够高，产品的价格才会下降，才能成为一个可靠的汽车供应商；汽车企业必须要有相应的设计能力，这是成为国内领先供应商的前提条件。

国内学者对全球价值链下中国汽车产业升级的研究。邱国栋、郭蓉娜、刁玉柱（2016）把进入全球价值链的企业分为研发优势类企业、技术优势类企业和产能优势类企业。具体到汽车产业的发展模式，一般认为有三种，即中外合资型模式、自主创新型模式和本土联合经营型模式（孙庆峰，2004；周煜、聂鸣，2007；寇小玲、王溥，2008；焦媛媛、范静燕、李科，2009；纂良群、王成东、胡乃祥，2011）。而通过对中外合作型模式和自主创新型模式比较，学者们更倾向于自主创新模式。杨东进（2008）通过轿车行业嵌入全球价值链模式与自主全球价值链模式的绩效比较分析，认为自主GVC模式在自主品牌建设、片段化程度、自主权、“干中学”效果、创新能力、响应社会期望等方面的实际绩效优于嵌入GVC模式；国外经济更是显示，自主GVC模式在产业发展上有成功的范例，而嵌入GVC模式是否成功，尚缺乏事实的证明。因此，中国汽车工业政策应该向自主GVC模式倾斜。周煜、聂鸣、张辉（2008）指出，中国合资企业位于全球价值链的生产环节，在研发、供应链管理、品牌等方面受到跨国汽车公司的控制，跨国汽车公司的技术知识和经验并没有主动向国有汽车企业扩散，中国的合资企业没有形成真正意义上的升级；中国自主创新汽车企业通过工艺流程升级、产品升级、功能升级、从构建国内价值链跨越到低端用户的全球价值链的价值链升级来占领汽车产业高附加值环节，融入全球汽车价值链网络体系，实现汽车产业升级。黄乃文、杨永聪（2012）通过实证研究指出，“市场换技术”的合资模式并没有给中国的汽车产业带来技术能力成长，全球价值链下的中国汽车产业仍然停留在生产制造环节，汽车的自主研发能力还很欠缺。也有学者指出，我国汽车制造业理想的发展模式应该是以自主创新型、外资主导型、共同经营型相结合的一种混合型发展模式，其中商用汽车以自主开发型模式为主，而轿车以共同经营型模式为主（孙庆峰，2004）。还有学者认为，当前以嵌入GVC为主的合资模式和以构建GVC为主的自主创新模式都有利于促进中国汽车产业升级，只是在自主权、价值链治理、学习能力和创新能力等方面，自主创新模式具有更大的优势（周煜、聂鸣，2007）。依照全球价值链产业升级的层次分类，段文娟、聂鸣、张雄（2006）认为，在全球价值链的视角下我国汽车产业升级策略如下：我国整车生产企业从第三世界汽车的设计与生产入手；优秀零部件企业向供应商发展；一般零部件企业从修理用零部件市场切入；汽车生产劣势企业向汽车营销与销售或售后服务发展。他们认为，我国汽车产业要实现升级和跨越式发展，应该在全球价值链视角下将资源和能力集中到最擅长的领域，以培育和保持核心竞争力，并适时沿着全球汽车产业价值链向利润更高或技术更复杂的资本和技能密集环节攀升。代文建（2013）指出，我国汽车产业应采取的升级路径是首先实现环节间的功能升级，同时兼顾流程升级和产品升级，在生产能力达到一定阶段以后，再来实现环节内的功能升级并实现价值链的升级，最后由此进入下一个阶段的升级过程。

国内学者强调，自主研发和技术创新对于中国汽车产业在全球价值链中的升级有着重要意义。马涛（2015）通过对主要工业化国家的汽车产业发展分析指出，全球价值链下汽车产业升级和技术创新往往先在领头的汽车企业内实现，而实现创新的主要途径是加大研发投入，从而不断提高要素的知识资本积累，这也是开放条件下在生产要素的微观层面进行全球价值链产业升级的途径。中国劳动力结构呈现多元化，各种劳动力资源都比较丰富，应该加大研发投入和职业技能培训，不断向国内增加值含量更高、技术更复杂的资本和知识密集型环节攀升。邱国栋、田杨、巩庆波（2015）从全球价值链视角出发指出，合资企业或自主企业根据自身情况选择完全自主创新、引进式创新或联合创新的方式来实现企业自身的技术创新，提升企业的技术创新能力，来实现汽车产业在企业层面上的升级或实现价值链的跨越。此外，国内学者提出构建国内汽车价值链。沈溶（2006）指出，通过组建国内自己的供应商体系，关注汽车零部件企业的利润增长、产业组织的相应调整来提升汽车制造业的价值链价值。乔静、陈达飞（2013）以全球价值链为视角，探讨了安徽省汽车产业集群发展的途径：需要着眼于各产业链条附加值的提高，加强产业链内部的合作与交流，政府制定促进市场竞争和激励企业创新的政策。

具体来看，推动我国汽车产业升级的可能路径如下：对内推动企业生产技术进步，实现创新驱动。刘宗巍等（2018）和王小明（2019）认为，汽车产业升级的实现还要重视与新一代信息通信技术的有机结合，推动企业数字化转型，实现智能化生产，提升最终汽车产品的智能化程度，重视大数据技术在汽车产业的切实应用，完善相关法律法规，进行行业标准建设，实现大数据产业的规范化发展，进而推动汽车产业升级。对外发挥比较优势嵌入全球价值链，学习先进技术。王小明（2014）研究认为，我们应以全球化视角规划我国汽车产业的发展，高质量融入全球供应链，实现产业集群化与规模化发展。马涛（2015）对比分析了代表性汽车生产强国和后发汽车生产国汽车产业发展的基本特征。邱国栋等（2016）认为，要通过技术嵌入性创新获取在国际汽车市场上的差异化优势，融入全球化分工体系，与当下居于领导地位的厂商既彼此协同，又错位竞争，最终在国际竞争中争取到高附加值价值实现环节。陶涛（2019）通过研究发现，嵌入全球价值链是发展中国家顺利推进产业升级的重要途径。李小阳提出，要制定合理的产业政策，实现开放与发展的良性互动。王元彬等（2019）赞同通过积极拥抱全球化，嵌入全球价值链以实现我国汽车产业升级的观点。

国内很多学者对我国汽车产业嵌入全球生产网络，实现产业升级进行了实证研究。国内外现有研究成果非常丰富，学者们对全球生产网络下产业升级的内涵、升级机制、升级路径、影响因素等都进行了深入研究，具有很好的参考价值。周煜（2006）认为，中国汽车产业参与全球化发展有两种模式，即嵌入全球生产网络的合资模式和构建自主生产网络的自主创新模式，两种模式各有优劣，但是自主创新模式更有发展前景。韩晶（2008）认为，目前中国汽车制造业在关键技术上严重依赖发达国家，坚持自主研发是产业升级的关键。丁志卿、吴彦艳（2009）提出从市场实力扩张、技术能力提升以及两者结合三个方面来促进汽车产业升级。李晓阳等（2010）提出以发挥比较优势为主的嵌入式产业升级路径和以企业能力为核心的内生型产业升级路径，并认为后者是未来我国汽车产业升级的最佳选择。许雯（2013）对全球价值链背景下产业集群的升级模式进行探讨，并着重分析了中国汽车产业集群升级模式的选择。邱国栋等（2015）认为，技术创新是企业升级的根本，合资企业通过技术创新实现价值链节点升级，自主创新企业通过技术创新向价值量高的价值链跃迁。

综上所述，因为汽车产业的重要地位，国内外学者展开了大量的研究，尤其是全球价值链视角下的汽车产业升级路径的研究。国外对全球价值链视角下中国汽车产业升级的研究停留在中国汽车产业的发展潜力这些升级成果上，对中国汽车产业今后如何发展、如何在汽车全球价值链上升级等问题很少涉及。国内对全球价值链视角下中国汽车产业升级的研究层出不穷，国内学者认为，汽车产业有中外合资型、自主创新型和本土联合经营型三种发展模式。其中，自主创新型模式优于中外合资型模式，在构建国内汽车价值链的基础上更有利于中国汽车产业在全球价值链上的升级。国内学者认为，在全球价值链下，中国汽车产业通过自主研发、技术创新、市场势力扩张或市场势力扩张与技术能力提升两者结合的方式形成自己的核心技术能力，构建国内汽车价值链，实现汽车产业升级。

（二）关于汽车产业竞争力与国际分工、消费需求的研究

很多学者研究中国汽车产业的评价指标，主要有四大代表性的理论及评价体系：以比较优势理论为基础的评价体系、钻石模型评价体系、WEF和IMD评价体系与因果分析框架评价体系。张亚斌、周斐斐（2004）对这四大评价体系进行整合与修正，选择了16个具体指标来对汽车产业竞争力进行分析和评价，并以中、美、日、德和巴西为评价对象，采用上述的评价指标，运用标准离差方法（SDM）和排名方法，对五国的汽车工业的整体竞争力进行比较。王今、黄永和（2005）构建汽车产业国际竞争力的多层次评价指标体系，包括R&D水平、自主开发能力、新产品推出能力和质量保障能力，运用综合指数和单项指标评价方法研究了中国汽车产业竞争力。邱国栋、李作奎（2004）从产业地位、贸易竞争指数、市场占有率、规模经济、市场集中度、技术水平及国内市场容量七个层面进行对比分析，研究了中国汽车工业的国际竞争力水平。王健、唐五湘、刘涛（2006）分析了国内汽车产业竞争力不强的原因。陈伟、刘秋、刘冬（2005）运用显示比较优势指数、相对贸易竞争优势比较、贸易竞争指数和市场占有率等对我国汽车产业国际竞争力进行分析评价，测度我国汽车产业国际竞争力水平。孟秀惠（2007）是以确定目前中国的引资状况为前提，选择汽车产业为代表，构建中国汽车产业竞争力的综合评价指标体系，运用主成分分析法对其进行定量评价，然后利用逐步回归法分析外资通过何种途径推动中国汽车产业竞争力的提升。王保林（2009）从生产成本、劳动生产率、产品质量、开发能力四个方面分析了我国汽车产业的竞争力现状，并提出了提升我国汽车产业竞争力的重点和方向。张俊（2011）基于“钻石模型”，从生产要素、需

求条件、相关支持性产业、企业战略及其结构以及同业竞争这几个基本要素出发，对中国汽车产业竞争力进行分析，并就如何促进中国汽车产业发展提出一些建议。Timmer（2015）等剖析了全球各国汽车产业竞争力，分析发现全球汽车生产中资本和高技能工人的收入份额大幅上升，离岸外包和生产不断影响汽车产业国际分工。蒋筱江（2018）深入剖析中国新能源汽车产业竞争能力、发展能力、市场风险等，并提出若干促进竞争力提升的策略。曹悦恒（2018）通过构建汽车业国际竞争力的评价指标体系，定量计算了中、美、德、日、韩五个典型国家汽车产业国际的竞争力指数，以此寻找差距、提出对策。何旭（2020）基于钻石模型从五个维度定性分析我国新能源汽车产业竞争力，构建指标评价体系，运用熵值法得到31个省份产业竞争力得分，进而得出我国新能源汽车产业集群竞争力得分。

不少学者从国际分工、生产网络视角研究汽车产业竞争力。于瑞峰等（2000）将国内汽车生产网络分为内配与外配，内配形态呈现日本的多层式金字塔结构，外配网络表现为欧美的市场竞争机制结构，但比重较小且多采用双轨交易机制。仇鹏飞（2002）从市场需求的角度系统分析了中国汽车市场现状和世界汽车市场需求，提出中国汽车工业参与世界市场竞争的对策建议。刘世锦等（2002）深入分析汽车产业全球化的特征及原因，总结汽车产业全球化具有两大显著特征（龙头企业大规模并购重组，产业链全球性配置）。蒲华林等（2006）提出，汽车产业国际分工经历了“产业间—产业内—产品内”的深化过程，汽车在传统的三类产品内分工模式的基础上，产生了汽车产品内分工的新模式。姚金华（2008）和金汉信等（2010）则系统总结了汽车工业供应商合同式结构（欧美）、“金字塔”式结构（日本）以及复合式结构（中国）三大整合模式，同时提出业贩店型、品牌型经营（主流）两大营销渠道整合模式。肖荣营（2014）等国内学者主要专注于汽车贸易形式的变化、全球汽车产业格局的概况以及我国汽车产业竞争力的提升等领域的研究。邱国栋等（2015）学者对嵌入全球生产网络实现我国汽车产业升级进行实证研究，各类汽车企业都可通过技术创新实现价值链由低到高的升级、跃迁。陈延寿（2018）按照汽车自供率水平，把东盟各国汽车市场分成汽车出口国、自供国、进口量超大国、完全进口依赖国四类，东盟各国都采取符合各国国情的产业政策培育汽车产业。

一些学者从政策刺激层面探讨汽车产业竞争力。陈晓燕、迈夫（2006）从政府层面来看，应在WTO的框架下，通过在资本市场、研发补贴、生产标准、竞争条例等方面的政策，直接影响企业，促进中国本土汽车企业不断提高劳动生产率；应通过计划和协调，加快我国汽车产业结构重组，使企业获得规模经济效益，提升产业竞争力；应从制度上改变我国长期形成的科研人员主要集中于大学和科研院所。欧阳峣、徐姝（2007）系统分析了我国汽车产业国际竞争力现状，从宏观与微观层面提出了改进的措施。王保林（2007）研究了提升汽车产业竞争能力的政策体系，分析了促进汽车产业发展的政策体系作用机理，提出了汽车产业竞争力政策体系。赵增耀、王喜（2007）提出，应尽快为内外资企业创造公平的竞争环境，并从税收、资金、政府采购等方面对内资企业的自主研发和创新提供政策优惠和支持，对行业的一些公共技术研发采用政府资助或组织。章家清、王维（2008）采用SWOT法对自主汽车品牌的国际竞争力进行分析，进而提出一些提高我国自主汽车品牌竞争力的政策建议：短期内以研发节能环保的小型车为主；中期加强自主创新，注重品牌建设；长期开发新能源技术，进一步解决节能环保问题。国务院发展研究中心产业经济研究部中国汽车工程学会（2012）提出了推动我国电动汽车产业发展的政策建议。刘丽董等（2020）系统回顾了我国汽车产业外资相关政策，梳理了近一时期国家明确逐步取消外资限制后外商投资最新动态，并对外资汽车企业在我国扩大开放新形势下未来发展战略提出了相关建议。卢超等（2022）以没有“双积分”政策约束作为参照条件，从定价视角探讨“双积分”政策对燃油车和新能源汽车发展的作用机制，通过数值分析验证“双积分”政策的作用效果。

（三）关于“一带一路”汽车市场（产业）的研究

随着“一带一路”倡议的提出，其研究在国内掀起广泛研讨热潮，但研究成果在汽车市场这一细化领域的很少。“一带一路”地区涉及亚洲、欧洲和非洲100多个国家，汽车产业供需及贸易数据量巨大、贸易关系复杂，目前国内外学者基于“一带一路”背景对于汽车市场（产业）的研究比较匮乏，尤其是鲜有系统研究“一带一路”沿线国家汽车（供需、产销）市场格局的文献，且定性分析与策论建议居多。林秋容（2016）分析了“一带一路”倡议背景下东盟十国汽车市场概况，并在分析当前机遇与挑战的基础上对中国汽车出口东盟提出对策建议。关云平等（2017）认为，汽车自主品牌比合资品牌有更强的出口动机，是中国汽车出口主力军，“一带一路”沿线国家恰好与中国出口的自主品牌汽车的重点市场和产品结构高度吻合。沈庆等（2017）初步挖掘我国与

"一带一路"沿线在汽车领域国际产能合作存在的问题，提出我国推进"一带一路"汽车产业国际产能合作的实施路径。李晶（2018）和李悦（2018）研究了"一带一路"倡议推进对中国自主汽车品牌的影响，简单分析了"一带一路"环境下我国自主汽车品牌实施国际化战略的优势、劣势、问题，建议中国自主汽车品牌规划和实施从"走出去"迈向"走进去"、提高协同合作和自主创新能力。詹玉兰（2018）提出，伊朗、俄罗斯等"一带一路"沿线国家汽车市场的技术贸易壁垒标准高、变化快，从实施国际化标准化战略、构建技术贸易壁垒预警机制等方面提出了中国汽车"走出去"的路径、手段。赖长强等（2019）从销售与生产、时间与空间、重点国家与主要区域、市场差额等多个维度，系统分析"一带一路"沿线汽车产业的市场供需格局和时空变化特征，并采用三种效应面板模型分析有关变量（影响因素），提出中国汽车要走向"一带一路"沿线国家和地区，须因地制宜，分类施策，因势利导，研产销并行，协同合作，资技品并重。巫细波等（2020）采用空间自相关、新兴时空热点分析、面板数据模型等方法分析"一带一路"沿线59个国家汽车市场时空变化特征及影响因素，认为在中美经贸关系频繁波动背景下，中国汽车企业应该高度重视"一带一路"汽车市场的重要性，在不同区域因地制宜地采取差异化国际化策略，如可侧重在印度、俄罗斯、伊朗、印度尼西亚等已有汽车市场规模较大的国家深入推进国际化战略。

本书一个突出特点是，全面而细致、系统而深入地关注2005—2017年"一带一路"沿线国家汽车市场供给与需求、生产与销售的变化情况，同时基于55个国家12年的面板数据定量分析"一带一路"汽车市场变化的影响因素。

（四）关于新冠疫情对汽车影响的研究

新冠疫情暴发以来，国内外学者从疫情对经济社会、各行各业、城市运行、人文交流等方面的影响开展了一系列研究，起初针对新冠疫情对汽车业影响的研究主要集中在社会调查、市场预测、行业风险等方面。如汽车商业评论于疫情暴发之初（2020年2月3日）推出《新冠大疫对中国汽车业影响调查》，共收到1183份有效数据，调查了疫情影响持续时间、最担心的行业风险、企业采取的应对举措、疫情对消费者首购与升级的刺激、2020年车市的预判等；李方生等从全球汽车产业链、企业经营状况、汽车市场风险三个方面系统分析了新冠疫情对全球和中国汽车产业的影响，并在此基础上提出应对举措。基于产业链、供应链视角研究新冠疫情对汽车业影响的研究也有不少，樊雪梅等从供应链的预测能力、适应能力、反应能力、恢复能力、学习能力5个维度构建了供应链韧性评价指标体系，通过熵权-TOPSIS法对新冠疫情下的汽车企业供应链韧性进行评价，并力图重构供应链危机应对体系；Belhadi Amine等总结与汲取了汽车制造和服务供应链对新冠疫情适应力方面的经验教训；余振、刘瑶等剖析了疫情蔓延对汽车等产业全球供应链体系的持续影响及我国供应链面临的挑战，并分析了疫情影响下汽车等中国制造业参与全球产业链的变化及重构策略。有部分是关于疫情对新能源汽车影响的研究，吴征等梳理了疫情期间国内主要城市出台的新能源汽车促消费政策角度与力度，并在分析政策实施效果基础上提出促进新能源汽车消费的措施建议；王宇露等基于问卷调查分析，运用感知风险和感知收益模型研究了新冠疫情期间消费刺激政策对新能源汽车购买意愿的影响。

根据产业链的特征，不同的产业链受疫情的冲击有所不同，尤其是复杂且长的产业链，如汽车行业受疫情影响较大；从产业链的全球布局来看，如果工厂集中在某一个地区，其他地区严重依靠此地区的供应，那么受疫情冲击更大（洪卫，2020）。新冠疫情对全球汽车产业链产生了严重影响，在购买意愿和客户需求减少的同时，原材料和零部件短缺正在影响全球汽车供应商的生产，全球汽车供应链不能正常运作，一些跨国公司正在考虑供应链重组，全球汽车供应链的脆弱性也在此次疫情中凸显出来（Pato B S G，Herczeg M，2020）。新冠疫情的全球蔓延对各个国家的汽车产业都造成了严重的影响。许多汽车公司的投资项目不得暂停或取消，如马自达—丰田16亿美元的合资项目、菲亚特克莱斯勒汽车公司在底特律建设的多个项目暂停。在一个国家的经济中，汽车工业占制造业的大部分份额，对促进就业至关重要，是衡量当前国际经济财富的晴雨表（Kamble，S.S.，Gunasekaran，A.，2020）。全球价值链将在未来发生猛烈的规模缩减、范围缩小、地理变更和形式变化，全球产业布局分散化和区域化趋势更加明显（Hoekman B，Shingal A，Eknath V et al.，2020），王湘穗（2020）认为，一些跨国公司会缩短其产业链，或者构建更加安全、不被外界影响的内部产业链，以往单一、垂直、等级式旧体系将被取代。Belhadi A，Kamble S等（2020）认为，新冠疫情在很大程度上暴露汽车公司在全球制造和采购方式上的结构性缺陷，制造企业很可能会重塑其全球商业格局，疫情对全球汽车产业链的影响要求企业进行数字化转型以减轻供应链中断，并通过实证验证了降低供应链中断风险的最佳策略是开发本地化供应来源和使用先进的工业4.0技术。余振等(2020)指出，中国汽车制造业的国际竞争力相对较弱，在全球产业链重构情景下可能会遭受较大损失。

总体上来讲，现有文献对研究新冠疫情对我国汽车市场的影响有较好的启示与借鉴，但现有文献研究角度过于单一且多为定性分析，而我国是一个多元而不平衡市场，不同地区的汽车消费市场存在着明显的差异，特别是2020年疫情对经济社会的剧烈冲击下，缺乏对新冠疫情影响下的汽车销量变化尤其是空间差异的定量研究。因此，本书也会侧重于定量分析疫情前后(2019—2020年)我国省际汽车销量变化及空间差异性，采用探索性空间数据分析省际汽车销量的全局Moran指数，通过Theil指数来测度我国省际汽车市场(销量)的区域差异程度，以期准确评估新冠疫情对汽车消费的影响与空间差异，从而为疫情下政府(车企)根据区域差异制定有效的汽车市场刺激政策(营销策略)提供参考依据。

(五) 关于汽车市场的影响因素、销量预测的研究

国外学者在汽车市场影响因素的研究方面，从早期只有收入水平、汽车价格等少数因素作为解释变量，到汽车保有量、汽车消费成本、利率及银行分期付款政策、家庭持有驾照人员数量、汽车产品质量及购买者预期等越来越多因素被引入汽车销量分析，如Witt(1986)、Pendyala(1995)等的研究。汽车销量预测的研究非常丰富，此类研究侧重于测算新方法的运用和测算精度的提高，如基于时间序列方法(Bernhard, 2009)、结构关系识别方法(Ngasoongsong, 2012)、基于网络爬虫数据(Fantazzini，2015)、大数据(Zhang等，2017)及人工智能算法的预测(Wang等，2011)。有的学者从消费需求角度探讨汽车市场。曹建海(2003)认为，在分析汽车消费需求时，从消费者的消费特征来看，目前中国汽车消费仍然处于较低购买力水平的初级阶段，但消费理性和个性化要求明显增加。马长海、于树胜等(2004)发现，由于汽车价格过高、税费负担较重、金融服务滞后、个人信用制度不健全等因素影响，汽车消费规模与汽车业发展规模不适应，与国外个人汽车消费水平相比，差距更大。汽车的消费环境是制约中国汽车消费和汽车产业发展的重要因素，道路、停车、能源供应等硬件环境以及汽车消费政策，包括汽车金融服务在内的汽车服务体系、汽车消费权益保护的法律机制等，成为阻碍汽车消费需求实现的层层障碍。李双民

（2006）主张建立合理的消费结构和培育新的消费品市场是经济持续增长的内在要求。王保林（2007）提出，增加中小城市和广大农村地区的汽车需求，开辟新的汽车市场，通过加快道路建设和开展汽车消费信贷等办法可以有效地增加汽车需求。目前，我国的汽车市场处于轿车普及化的前期阶段，轿车消费是消费市场的一个“新”的亮点，但由于种种原因，国内汽车消费持续低迷，国产汽车价格下调虽促成汽车的短暂旺销，但汽车销量的增长并不意味着经济效益的必然增长。对国内汽车市场需求量预测的研究文献非常丰富，所使用的方法主要有时间序列方法（谭力文，2010）、灰色预测模型（史彦虎等，2012）、层次分析法（沈宏超，2017）等，还有学者使用网络搜索数据（崔田，2019）、百度指数（魏衍增，2019）等非常规统计数据预测汽车销量。但总体上看，对汽车市场及销量方面的研究角度及对象相对单一，对汽车市场影响的分析主要基于短期数据。

很多学者探讨了影响我国汽车产业竞争力的因素。欧阳峣、徐姝（2007）系统分析了我国汽车产业国际竞争力现状，通过与国外汽车产业发展对比，阐释了造成汽车产业国际竞争力较低下的原因：产品研制与开发技术相对落后，缺乏自主品牌；汽车产业集中度较低，企业专业化分工不合理；汽车产业生产模式和管理水平相对落后；汽车产业发展与相关产业发展不够协调。王龙（2006）主要从产业组织结构、产业技术创新、产业资源条件、产业需求条件、政府作用等五个方面对中国汽车产业国际竞争力的影响因素进行分析。王连芬、张少杰（2008）认为，影响汽车产业竞争力因素可分为主体要素和客体要素，主体要素包括政府作用、产业组织和企业技术选择，客体要素包括资源条件和需求条件；他们还认为，影响汽车产业竞争力的要素并不是孤立的，各要素之间存在着密切联系。蔡秦怡（2011）运用波特的钻石模型，从中国汽车产业的需求状况出发，指出随着国内生活水平的提高，人们消费水平不断提升，因此国内需求市场较大，将会给企业生产带来规模经济的好处，使该产业生产成本降低，从而提高产业的国际竞争力。张俊（2011）从钻石模型中影响产业竞争力的其中一个关键因素需求状况出发，指出随着经济社会的发展，居民消费观念、消费结构也随之改变，国内汽车私人消费逐渐成为主流，主张应迎合消费者需求的多元性变化及新能源汽车的政策导向来实现中国汽车产业的跨越式发展。恽海、曹莹（2012）分析了我国汽车产业的发展现状，指出自主品牌应该在巩固现有市场的基础上寻找新兴市场，实现价值创新，重组品牌和产品元素，从而切中消费者的需求，在合资产品的冲击下占有一席之地。扈新伟（2019）基于SCP范式分析技术创新对我国汽车产业竞争力的影响研究，提出可根据关联度大小排序的技术创新能力影响因素分清主次，通过提高汽车产业的自主创新能力来增强竞争力。赵雪轩（2022）运用大量企业微观数据对企业国际竞争力进行测度，同时对企业国际竞争力的影响因素也进行了量化和实证研究，从国际化和企业竞争力两个方面分析了影响汽车企业国际竞争力的重要因素。

（六）关于汽车产业空间布局及时空变化的研究

国内外对汽车产业空间布局的研究较为缺乏，随着工业化的发展和汽车产业的进步，产业布局和时空演变问题逐渐受到学者们的关注。国内外对工业布局演变方面的研究主要从工业集聚的角度分析地区工业空间布局情况，总结发现包括汽车产业、钢铁产业等细分工业，以及从工业整体角度都存在着不同程度的集聚状态。很多学者从产业集聚的视角对工业布局进行深入研究，探讨区域发展的平衡程度对资源间割裂的影响。杨随（2014）在对我国汽车产业生产布局深入研究后，发现随着省区专业化的不断提高，相对应的地理集中度呈现“扩散—集中—扩散”的趋势，长三角、珠三角和京津唐地区表现稳定，西部地区极化作用加强，东北地区极化明显，国内已形成了六大汽车产业集群。王瑞晋等（2015）基于地理科学的基础理论，揭示了我国汽车产业布局的时空变化规律，分析了汽车产业的发展现状，并提出相应的对策。而在影响汽车产业空间布局的因素研究中，吴铮争等（2008）发现，劳动力条件、城市化水平、交通运输、技术外溢和市场容量是影响中国汽车产业地理集中度的显著因素。贺正楚等（2018）对我国2006—2015年31个省域进行研究，指出影响汽车制造业区域布局的主要因素有科技创新水平、劳动力成本、税收政策、市场规模、运输条件和城市化条件等。彭华（2018）认为，研发与制造基础、技术与知识溢出、当地政策的引导、消费市场接近性是影响中国新能源汽车产业空间分布的重要原因。巫细波（2019）认为，整车带动、政策引导、集聚经济、资源分布及空间成本等因素对汽车产业空间布局有重要影响。

国内外工业布局的研究方法主要有产业地理集中度、赫芬达尔指数、空间核密度和区位熵；用于研究工业生产集聚的方法主要有空间基尼系数、莫兰指数和空间自相关等。在对工业布局演变和影响因素的研究中，很多学者把空间分析方法引入模型，空间分析是从空间数据中获取相关地理对象的演变过程、分布格局和空间位置等信息，从中探索空间相关性和分异特征。综合各种研究方法来看，探索性空间数据分析方法可以通过对现象或者事物空间布局的定量描述和地图可视化，更好地解释研究空间的相互作用机制，更加直观地表现生产布局集聚状态及变化趋势。

（七）关于新能源汽车市场的研究

综合现有对新能源汽车研究的相关文献看，国内外对新能源汽车市场的研究，主要还集中在产业发展导入期的补贴政策、金融支持、税收优惠等政策的分析上，或者在对政策效果的评估等方面。新能源汽车的发展是汽车产业发展的必然趋势，积极的产业政策对新能源汽车产业的前期和推广阶段具有积极意义，对刺激市场需求有积极的效果，这一点在学术界已经基本达成共识，但是当前国内市场环境正在面临新的状态，从政策驱动向市场驱动转变是我国新能源汽车产业目前所面临的主要现状，前期新能源汽车产业鼓励政策对其发展影响的研究价值正在减弱，这就需要针对当前新的环境，对目前新能源汽车产业市场需求和发展政策导向进行新的、更全面和更深入的思考。从消费者角度和市场需求的角度出发分析产业发展的驱动因素，才是推动产业快速进入市场驱动阶段的关键，因此对国内新能源汽车市场，从消费和市场需求的角度进行研究非常必要。

从国内外的相关研究文献看，新能源汽车的研究主要集中在政策方面、市场层面、技术层面。国外多数的研究对象主要集中在北美和欧洲等发达国家，比如瑞典、德国、挪威等，以及美国、日本和韩国市场。国内对新能源汽车当前的产业政策研究，主要集中在对国家宏观层面的政策制定上，而基于市场消费需求，在行业层面，目前还没有相关研究跟进，尤其是目前研究没有对新能源汽车品牌消费偏好、车型消费偏好和新能源汽车类型的消费偏好进行较为全面和系统的分析与论证，更没有对新能源汽车品牌偏好、车型偏好和类型偏好进行区域差异和性别差异方面的研究。总的来说，目前对新能源汽车市场需求的研究，还没有形成“宏观—中观—微观”这类较为全面的分析和系统的实证，就新能源汽车产业发展在宏观、中观和微观几个不同层面的市场需求及相关政策导向的研究还有待进一步深入。

第二节　研究方法和对象

一、研究方法

本书根据经济计量学、经济地理、工业布局等理论，利用定量研究和定性分析，对全球、"一带一路"、重点国家、中国及主要省市汽车产业时空演变及其影响因素进行探索和分析。采用的研究方法主要有如下几种。

（一）文献阅读法

本书在提出研究问题即中国汽车产业时空演变及其影响因素的基础上，收集大量相关文献，并对其进行整理、归纳，形成一套研究当下中国汽车产业时空演变问题的科学体系。在此基础上，确定本书的研究思路、理论方法和研究框架。

（二）向量自回归（VAR）模型

VAR模型是基于数据统计构建起来的向量自回归模型，它可以将单变量推广到多变量，本书结合长时间跨度的中国汽车产业相关数据，通过协整检验、脉冲响应函数等方法分析各因素对中国汽车生产时序变化的影响程度。

（三）地理加权回归（GWR）模型

地理加权回归模型GWR是对OLS模型的空间扩展。以中国31个省份汽车产量为因变量，以居民消费水平、汽车工业总产值等多个影响因素的指标值为自变量，运用GWR模型分析各因素对中国汽车生产空间演变的影响作用机制。

（四）时间序列聚类（DTW）方法

DTW（Dynamic Time Warping）是一种用于序列匹配和序列距离计算的经典算法。DTW方法将两个时间序列进行规整并使特征点对齐，得到两个时间序列性的最短距离。假设两个时间序列数据分别为$P=\{p_1, \cdots, p_n\}$和$Q=\{q_1, \cdots, q_m\}$，n、m分别为序列长度。构建$n \times m$矩阵，其第(i, j)个元素为P_i和Q_j的距离，DTW算法的目的在于得到一条路径$W=\{w_1, \cdots, w_k\}$，而$max(n, m) \leq K \leq m+n-1$，使得：

$$d_{DTW(i,j)} = \min \frac{\sum_{k=1}^{K} w_k}{K} \tag{1-1}$$

本书采用Python语言中专门处理分析时间序列数据的机器学习开源软件包"tslearn"[①]计算。公式中根据距离测度方法的不同可以分成*K-means*和*K-shape*两类方法，其中*K-means*基于线性对齐的欧式距离计算时间序列数据的相似性，而*K-shape*计算相似性的距离则基于时间序列数据形状且允许非线性对齐。如果聚类分析侧重区分时间序列数据的大小或规模，一般采用*K-means*；如果聚类分析侧重区分时间序列数据的演变模式（即时间序列数据的形状），采用*K-shape*更合适。

（五）探索性空间数据分析

探索性空间数据分析（Exploratory Spatial Data Analysis，ESDA）主要用以分析研究对象的空间分布格局、空间集散特征、空间关联特征，主要用ESDA分析省际汽车销量的全局Moran指数，运用全局空间自相关以及局部空间自相关指标分析我国省际汽车销量的全局空间自相关、冷热区域分析，采用Arc GIS绘制分位数地图。

此外，通过计算省际汽车产销量的空间加权均值中心，分析省际汽车产销空间中心变化特征，要素空间加权均值中心的坐标计算公式如下：

$$X_\omega = \frac{\sum_{i=1}^{n} \omega_i x_i}{\sum_{i=1}^{n} \omega_i}, Y_\omega = \frac{\sum_{i=1}^{n} \omega_i y_i}{\sum_{i=1}^{n} \omega_i} \tag{1-2}$$

公式（1-2）中，x_i，y_i表示要素的横坐标和纵坐标（采用各省市省会城市坐标），ω_i表示要素加权值，X_ω、Y_ω表示省际汽车或销量的空间分布均值中心的横坐标和纵坐标。

（六）Theil指数测度

使用*Theil*指数来测度我国省际汽车市场（销量）的区域差异程度。*Theil*指数具有可分解特性，可将其分解为组内差异和组间差异，对我国汽车销量区域

① The machine learning toolkit for time series analysis in Python，https：//github.com/tslearn-team/tslearn，版本为0.4.1。

差异结构及其来源可进行有效分解。其公式如下：

$$T=\frac{1}{n}\sum_{i=1}^{n}\frac{y_i}{\mu}\log(\frac{y_i}{\mu}) \tag{1-3}$$

公式（1–3）中，T表示*Theil*指数值，y_i、μ分别代表i区域的汽车销量和所有省市汽车平均销量。利用*Theil*指数的可分解性质测度组内差异与组间差异对总差异的贡献率。假设n个样本被分为K组，每组分别为g_k（k=1，2，…，K），第k组g_k中的个体数量为n_k，则有$\sum_{k=1}^{K}n_k=n$，y_i与y_k分别表示区域i销量份额与k组累计销量份额，记T_b与T_w分别为组间差距和组内差距，则可将*Theil*指数分解为$T=T_b+T_w$，T_b和T_w的计算公式如下：

$$T_b=\sum_{k=1}^{K}y_k\log\frac{y_k}{n_k/n},T_w=\sum_{k=1}^{K}y_k(\sum_{i\in g_k}\frac{y_i}{y_k}\log\frac{y_i/y_k}{1/n_k}) \tag{1-4}$$

另外，值得注意的是，群组内差距项分别由各群组的组内差距之和构成，各群组的组内差距的计算公式与样本总体的计算公式并无区别，只是将样本容量控制在第k组的个体数目n_k。如果省际汽车销量完全平均时，*Theil*指数为0；在极不平衡情况下，*Theil*指数为ln(31)=3.4012。

（七）空间面板数据模型

空间面板数据包含了截面个体、时间及空间滞后三个方面的信息，相对于截面数据可以改善时间序列分析中多重共线性带来的估计效果较差的问题，相对于一般面板数据，还能够分析被解释变量或解释变量的空间溢出效应。空间面板数据模型已广泛应用于人文及经济地理学领域。汽车销量的省际、国别、区域分布可能具有空间自相关和时间自相关，尝试采用静态和动态空间面板杜宾模型，从中选择合适的模型进行实证分析。采用Stata16的“XSMLE”“spregress”等模块进行计算。

（八）空间马尔科夫链模型

“无后效性”是马尔科夫链的重要特点，许多经济地理事件具有或近似具有无后效性，使得马尔科夫链成为经济地理研究中的重要应用。马尔科夫链模型的核心是状态转移矩阵（见图1–1），包括状态转移频数矩阵、转移概率矩阵和转移时间矩阵。马尔科夫转移概率矩阵的一般形式为：

$$P_{ij}^{t,t+m}=\frac{\sum_{t}^{m} n_{ij}^{t,t+m}}{\sum_{t}^{m} n_{i}^{t}} \Rightarrow \begin{bmatrix} P_{1\to 1} & P_{1\to 2} & \cdots & P_{1\to N} \\ P_{2\to 1} & P_{2\to 2} & \cdots & P_{2\to N} \\ \cdots & \cdots & \cdots & \cdots \\ P_{N\to 1} & P_{N\to 2} & \cdots & P_{N\to N} \end{bmatrix}$$

图1-1　马尔科夫链转移矩阵示意图

图1-1左侧的$P_{ij}^{t,t+m}$表示经过m年后（m一般取值1，表示类型转移单位时间为1年，也可以设置为其他整数值）由i类型转变为j类型的概率，其中，n_i^t表示第t年属于i类型的地区数量，$n_{ij}^{t,t+m}$表示第t年属于i类型的地区经过m年后变为j类型的区域数量，N表示状态类型数量。图1-1右侧矩阵为简化后的转移矩阵示意图，对角线元素则表示每种状态维持现状的概率，每行转移概率之和等于1。

在马尔科夫链基础上引入“空间滞后”就构成了空间马尔科夫链，可以用来分析地理空间状态转移变化。马尔科夫转移链只有1个矩阵，而空间马尔科夫链转移概率矩阵可以有N个（N为转态类型数量，本书将省际汽车销量离散化为高销量、较高销量、中低销量和低销量四种类型，分别用C4、C3、C2和C1表示）。比较普通和空间马尔科夫链转移概率矩阵中的对应元素，可以得出一个区域单元状态类型转移的概率大小及与邻近区域之间的关系，从而分析空间溢出效应。此外，基于空间滞后概念还可以借助局域Moran散点图得到四种类型的销量状态类型（即HH、HL、LH、LL四种类型），借助马尔科夫链分析冷热区域类型的转移变化特点，这种方法称为LISA Markov Chain，可以分析我国省际汽车销量是否存在“俱乐部趋同”现象。采用开源软件包PySAL中的GIDDY模块计算我国汽车市场的马尔科夫转移概率矩阵，并进行相关制图。

（九）局域热点分析

Local Getis-Ord Gi方法用于识别各区域（洲际、省际等）汽车销量区域空间集聚特征。其中，热点表示现存确诊人数的高值集聚区，即现有确诊人数的z值得分（即用来衡量样本均值偏离整体均值的方差倍数）大于1.65且p值小于0.1的城市；同理，冷点则表示低值集聚区，即z值得分小于-1.65且p值小于0.1的城市，采用Arc GIS软件计算。

二、数据对象

全国汽车市场的研究对象。我国31个省份（不包括港澳台地区）的汽车销量时空演变趋势、汽车销量采用省际年度新注册民用汽车数量，这一指标包括了私家车、中大型载客汽车及各类民用载货汽车，汽车产量及销量数据源于中国统计年鉴，汽车销量数据的时间范围为2002年以后，因此能较为综合全面地反映我国加入世界贸易组织WTO以来汽车市场总体情况及发展趋势。

同时，为分析我国省际汽车区域差异，参照常用的区域划分方法将全国31个省份（不包括港澳台）分成七个区域：东北（内蒙古、辽宁、吉林、黑龙江）、华东（上海、江苏、浙江、安徽、福建、江西、山东）、华中（河南、湖北、湖南）、华北（上海、江苏、浙江、安徽、福建、江西、山东）、华南（广东、广西、海南）、西北（陕西、甘肃、青海、宁夏、新疆）、西南（重庆、四川、贵州、云南、西藏）。

“一带一路”汽车市场的研究对象。推动共建“一带一路”愿景和行动报告并没有明确界定准确的空间范围，只是在地理空间上粗略地勾勒了大致轮廓和重点方向，当前“一带一路”沿线主要涉及100个国家和地区，鉴于“一带一路”沿线国家和地区数据的可获取性，在实证研究中采用的汽车产销、GDP、城镇人口规模与结构等数据均是以“国家”作为统计口径，阿富汗、马尔代夫、不丹、吉尔吉斯斯坦、摩尔多瓦等多个国家的汽车数据或影响因素变量相关数据缺失，因此在研究“一带一路”沿线汽车市场时空变化特征时，主要选取沿线60多个国家和地区为研究对象。

全球汽车市场的研究对象。各个国家汽车销量数据来源世界汽车制造商协会（Organisation Internationale des Constructeurs d'Automobiles，OICA），是由全球汽车制造商组织组成的国际组织，是汽车制造业唯一公认的权威性国际组织，OICA收集了全球大部分国家和地区的汽车生产、销售数据。部分章节的全球汽车市场数据来源于MarkLines（全球汽车信息平台）。

第三节 “新”环境对汽车产业的影响

“新”环境给汽车产业带来的机遇大于挑战。“三个新”（新发展阶段、新发展理念、新发展格局）贯穿《“十四五”规划和2035年远景目标纲要》的逻辑主线，是由我国经济社会发展的理论逻辑、历史逻辑、现实逻辑决定的，新发展阶段是开启全面建设社会主义现代化国家新征程，新发展理念是贯彻创新、协调、绿色、开放、共享的新发展理念，新发展格局是构建以国内大循环为主体、国内国际双循环相互促进的新发展格局，三者既紧密关联又相互支撑，构成了一个逻辑严密的科学整体，具有鲜明的时代特征和创新性，统一于新时代坚持和发展中国特色社会主义的伟大实践。百年变局与世纪疫情叠加交织，经济全球化遭遇逆流，尽管挑战之大前所未有，但“三个新”环境对于汽车产业来说，总体上机遇大于挑战。站在中国式现代化的新征程上，以汽车为代表的我国先进制造业发展仍然处于重要战略机遇期，我们要把握新发展阶段，贯彻新发展理念，构建新发展格局，着力推动汽车产业（市场）走中国式现代化新道路。

一、新冠疫情全球形势对汽车市场的影响

（一）新冠疫情对汽车产业的早期影响

世界卫生组织于2020年3月12日宣布新冠疫情形成全球大流行，截至2020年12月31日，全球累计确诊病例数达到8341万例，现存确诊数2318万例，累计死亡182万人。2020年下半年以来，全球疫情呈现常态化反复、持续化加深趋势。汽车产业集技术密集、资本密集、人才密集于一体，产业链之长、上下游产业关联度之高为其他产业所不具有。疫情暴发伊始，各车企面对突如其来的疫情仍措手不及，疫情对汽车产业影响涉及各环节，目前从原材料、零部件供应、整车组装等前装市场到后装市场板块都受到了不同程度的影响。

短期看，疫情对全国汽车行业冲击较大，对湖北汽车产业打击尤大，2020年应该是更为困难的一年。但总体来看影响是暂时的。可以预见疫情过后会出现企稳复苏态势，加之新能源汽车补贴政策不会大幅退坡、各项产业支持政策的出台及效果陆续显现。中长期看，汽车产业仍然会朝着健康良性的方向发展，汽车产业的高质量发展是主要方向。2020年2月13日，中汽协表示，疫情对车市短期影响较大，行业产销量将会出现较大幅度的下降，全年汽车市场发展形势不容乐观。2019年我国人均GDP超过1万美元，人均可支配收入的中位数为26523元人民币，较上年增长9.0%。我国更多家庭具备了购买私家车的

经济实力，经济条件较好的家庭已购置了或将要购置第二辆、第三辆。疫情引发的对公共交通工具以及网约车、共享车等出行方式的担心也是催生私家车购置的重要因素。但疫情也可能导致人们对类似“黑天鹅”事件再度暴发的担忧，持币待购的观望心理有所加强。为此，要积极研究放宽对汽车限购的相关措施。

新冠疫情对国内汽车产业的影响。湖北是我国重要制造业产业基地，武汉市是中国四大乘用车生产基地之一，依托东风汽车制造公司打造的中部产业集群，在全国具有重要地位。近年来，湖北以“汉孝随襄十”汽车产业走廊为基础，依托现有汽车产业及新能源汽车产业基地，在省内布局汽车及零部件产业，在部分地区还布局了新能源汽车、智能网联汽车以及专用车、特种车的研发制造。截至2018年年底，全省拥有规模以上车企1482家，产品布局方面基本囊括了来自日、美、法、英、国产五大车系，是我国车系最齐全的省份。2018年全国汽车产量总计2572.1万辆，湖北约占全国汽车产量近9%，达到220万辆，列全国第四位。疫情早期，湖北省境内乃至全国的汽车及零部件企业均呈现全面延期复工状态。各地车企正陆续复工，但复工并不等于复产，开工不足问题突出。封路、封村、劝返、拒入、隔离等导致用工人手不足，成为当前复工的一大难点。从销售端看，据中国汽车流通协会数据，截至2020年2月12日在协会监测调研的60家汽车经销商集团共3997家4S店中，综合复工率为8.4%，地方政府规定延迟复工占未开工原因的71.9%。在已开工企业中，仍面临相关物资短缺、客流量锐减等现实问题。2020年第一季度汽车产业受疫情的影响将面临巨大冲击，据中国汽车工业协会数据，1月汽车产销分别预计完成178.3万辆和194.1万辆，环比分别下降33.5%和27.0%，同比分别下降24.6%和18.0%。疫情对汽车产业的影响不仅从主机厂传导至零部件厂，而且影响到后市场板块。因疫情而采取的人员限流直接限制了居民购车意向的释放，导致汽车后市场活跃度显著下降。存量客户保养周期推后、新增业务流量减少，使现金流量难以支撑4S店固定费用支出，直接影响终端门店生存，后市场各商家普遍面临固定成本的压力，且伴随着现金流量的难以为继，进而带来收入、利润的大幅减少甚至亏损。

新冠疫情对全球汽车产业的影响。经济全球化充分体现在每一台汽车的制造过程中。汽车产业作为庞大的供应链系统，任何意外事件都将引起全产业链上下游连锁反应。此次疫情不仅使零部件企业不能按时复工复产，直接影响零部件交付，使依赖于其零部件的装配工厂也随之遭遇重创。因为有些零部件不具有可替代性，这带来了整车装配产量的减少，给汽车供应链带来严峻风险。疫情对全球汽车供应链的影响日趋显现，因延期复工而导致工人延迟返岗、交通运输管制、进出口检验检疫更加严格、通关速度降低以及大量外资企业员工撤离等，使汽车零部件供给急剧减少，部分零部件甚至出现断供现象，全球部分汽车的供应链有断裂风险。世界零部件巨头如德国博世（Robert Bosch）、伟巴斯特（Webasto）、法国法雷奥（Valeo）等公司在湖北省内，尤其是武汉建有工厂。产能除了满足中国汽车市场需求外，有些产能向全球市场输出。为韩国现代汽车和起亚汽车供应汽车线束的企业主要位于中国境内，且产能巨大，对中国的依赖度较高，而随着中国工厂的延迟开工，韩国国内7座工厂正努力提高产量，以弥补来自中国零部件供应暂时中断带来的损失。从全球供应链角度看，疫情对中国整车及零部件的影响的最坏后果就是短期内不排除个别企业会调整其产业布局，但总体上不会造成大面积产业转移的发生。中国工业体系完备，工业基础实力雄厚，与欧、美、日等发达经济体的科技差距显著缩小。截至2019年年底，博世集团在华客户涵盖了大众、通用、奔驰、本田等逾40家整车厂，部分产品出口至9个国家和地区。2019年博世亚太地区的销售额达到225亿欧元，其中来自中国市场的销售额超过100亿欧元。疫情的影响只是暂时的，中国成熟的产业链和服务配套体系与配套能力，依然具有强劲的竞争力。今天的中国已经是全球汽车最大的市场和零部件加工制造的主要基地，聚集了主要国外品牌企业集团，这些企业的“中国工厂”，产能不仅覆盖国内，而且以中国为基地辐射海外。“中国工厂”已经成为这些跨国企业的“第二总部”，并形成了“总部经济”效应。在一定程度上可以说，丢掉中国工厂，就意味着丢掉中国市场。要想转移出去，牵涉到有形和无形的高昂转移成本，也面临极大的投资风险。预计疫情过后，跨国车企对华投资的热情依然不会减弱，中国市场依然是外资投资的热土。大众集团、丰田集团、日产汽车、奥迪、捷豹、路虎等中国区高管都纷纷表示仍看好中国市场，对中国经济及汽车市场的可持续增长仍充满信心。

（二）新冠疫情对汽车产业的中长期影响

新冠疫情的全球大流行，给世界带来了百年不遇的巨大冲击。人类抗疫史启示我们，类似事件总会留下很多长久印记，甚至成为改变历史发展走势的转折点。汽车产业作为全球化大生产的典型，在疫情期间遭受了史无前例的重创，同时也表现出一些新的发展特点。疫情并未改变汽车产业电动化、智能化、共享化转型的主要趋势，但会改变趋势实现的节奏及速度，还可能使一些短期表现延展为新的长期趋势。在后疫情时代，全球汽车产业将经历一个明显的重构过程，包括增长轨迹重构、产品结构重构、产业布局重构、汽车社会重构，并最终体现为竞争格局重构。

1.汽车增长轨迹重构

过去20年，主要是依靠中国市场爆发式增长的拉动，全球汽车产业总体上处于稳步增长阶段。在这期间，只经历过两次明显的回落过程。第一次是受国际金融危机冲击，2008年、2009年新车销量分别同比下降4.5%和4%，但后续在中国市场引领下实现了快速恢复。第二次是受经济增长乏力和逆全球化的关联共振影响，叠加共享出行发展等因素，2018年、2019年新车销量分别同比下降0.3%和4.5%。若没有疫情，2020年本有望实现企稳回升。疫情给全球汽车产业以史无前例的重创。自疫情全球蔓延以来，特别是2020年上半年，重要工厂停产、部分零部件断供、4S店门可罗雀、一些企业意向裁员等负面消息持续不断。对资产重、排产周期长的汽车产业而言，这种急速释放巨大冲击的影响是灾难性的。全球汽车产业的增长轨迹被疫情改写，预计已进入一个为期5年左右的调整恢复期。考虑到疫情发展仍有很大不确定性，再加上逆全球化思潮对经济增长的负面影响，全球汽车产业的复苏之路不会平坦。

2.汽车社会生态重构

随着汽车产品以及经济社会发展理念、环境的改变，汽车社会构建的重点已在变化。在汽车社会比较成熟的欧美发达国家，千人汽车保有量长期稳定在600—800辆，城市分布及其形态基本固化，交通基础设施更新缓慢，如何在这些条件限制下构建智能交通系统、减少碳排放成为汽车社会建设的重点。汽车社会尚不成熟的国家特别是中国，汽车对人们工作、生活方式以及城市形态的影响仍在持续释放，交通安全、城市拥堵、能源消耗、环境污染等问题出现了新的技术解决方案，建设成熟汽车社会的任务更重，但机遇也更好。正因如此，中国已成为汽车产业变革最为迅猛的国家之一。在后疫情时代，人们工作和生活方式的快速调整，以及新技术、新产品的普及，为汽车社会的构建指引了新方向。汽车未来在人类社会中的定位，可以从出行需求、城市形态、能源消费、环境影响等维度来梳理。从出行需求和城市形态看，最直观的影响是，自疫情发生以来，由于人们对健康出行格外重视，“去公交化”现象在很多国家都曾出现，这在一定程度上拉动了新车销售，但同时对共享出行发展带来了阻力或至少提出了新的要求。更深远的影响是，在后疫情时代，随着远程办公方式被提倡和接受，城市作为工作和生活中心的地位面临挑战，再加上“线上第一”习惯及文化的形成，社会出行需求总量有可能不升反降。从能源消费和环境影响看，疫情客观上推动了电动汽车、可再生能源的发展以及整个社会的数字化转型，这为电动汽车与电网充放电双向互动、电动汽车消纳可再生能源发电、无人驾驶商业化运营等奠定了坚实基础。

3.汽车产品结构重构

电动汽车、无人驾驶都是新一轮科技革命和产业变革的标志性产品和技术，在疫情前已取得较好的商业化进展。疫情中数字技术应用的超常规增长，以及多个国家推行的“绿色复苏”政策，为电动化、智能化转型注入了强大动力。疫情为数字技术应用提供了巨大空间，使得试错过程和成本被大幅压缩，在线消费、视频会议、基于数据的城市管理等很多新业态的发展从渐进式上升“直线拉高”为指数型增长，数字经济转型明显加速。这种变化，无疑有利于无人驾驶等智能技术的创新和应用。同时，气候变化与流行病之间有着直接且紧密的关联，疫情进一步凸显了应对气候变化问题的极端重要性和紧迫性。在重大结构转型中实现复苏和新的发展，将是后疫情时代全球汽车产业的一个关键特征。尽管整个汽车市场遭遇重创，电动汽车发展势头不减。

4.汽车产业布局重构

每当发生导致全球汽车产业出现“断点”的重大事件后，产业链安全可控的问题总会成为各方关注的焦点。自2018年以来，受中美经贸摩擦及国际经贸环境不确定性增大的影响，各方对产业链安全风险的关注迅速升温。在全球化发展本已遭遇回潮的情况下，疫情凸显了产业分工布局的安全逻辑，汽车产业链全球化布局的动力进一步被减弱。全球化自国际金融危机以来就陷入了低潮期，再加上数字技术应用对劳动力的替代，重要产业本地化布局的倾向开始增强。在全球化深化和回潮的天平上，疫情又为后者增添了砝码。受上述因素影响，作为一个兼具现实重要性和长远战略性的产业，其产业链有可能出现碎片化、周边化、本地化发展特征。

5.汽车影响因素重构

从国家间竞争角度看，国内市场规模大小、基础设施推进速度和融合程度、政府规制选择的适应性和引领性，将是三个决定性因素。内外联通的大规模国内市场，将成为重大战略性资源。这是全球汽车产业增长轨迹重构、产品结构重构、产业布局重构的自然推导。市场规模越大越开放，抵御产销大幅波动的韧性越强，对全球产业链的影响力和吸附力越大，新技术新产品实现规模经济和范围经济效应的速度越快，国内竞争就越有活力，也就更有可能在全球汽车产业竞争格局重构中占得先机、赢得优势。基础设施建设的推进及融合，将成为关键前提条件。汽车产业变革发展高度依赖基础设施，如道路、充电桩/换电站等硬件，及对其智能化改造以提高车路、车网（电网）、车车的实时交互协同能力，5G、卫星导航、云计算等涉及通信、定位、算力的新一代信息基础设施。在后疫情时代各国债务约束趋紧的情况下，如何快速推进相关基础设施建设并着力提高相互融通性，将成为提升汽车产业国际竞争力的关键之一。政府规制方向和力度的选择，将成为重要影响因素。在全球化遭遇波折的情况下，很多国家都面临着更加开放还是收缩封闭的抉择。对汽车产业这种聚合了全人类智慧的竞争性行业而言，更加开放是具有战略眼光的表现，也是唯一正确的选择，选择收缩、封闭的国家只会在竞争中落伍。同时，因为汽车产业内部正经历迅猛变革，对健康安全、能源环境、劳动就业等的外部影响也在快速变化，政府规制的适应性和引领性就尤为重要，新能源汽车积分管理对电动化转型的推动、网约车包容审慎监管对共享化转型的促进都是典型例证。

二、全面开放新格局的宏观环境与行业政策

（一）宏观环境："双循环"新格局、"双高"新要求

汽车产业亟须构建国内国际"双循环"新格局。当前，我国正在逐步形成以国内大循环为主体、国内国际双循环相互促进的新发展格局，正处于开放合作、加快构建汽车产业国内国际"双循环"新发展格局的关键阶段。中国汽车产业已经融入国际循环，连续多年位居全球汽车产销量首位，国际和国内的市场需求是强劲和稳定的。我们要充分发挥这个优势，挖掘内需和外在市场的潜力，尽快形成以汽车产业国内大循环为主体、国内国际双循环相互促进的新发展格局，培育新形势下我国汽车产业参与国际合作和竞争的新优势。

汽车产业面临统筹开放与发展"双高"新要求。中国汽车企业在高水平开

放的同时，要实现高质量发展。一方面，要加强自主创新，在补足产业短板同时，加强前瞻布局和关键核心技术创新，研发掌握智能芯片、自动驾驶等关键技术，培育汽车产业面向未来的关键核心技术储备，保持技术创新的先进性；另一方面，也要积极参与国际分工合作和标准规范制定，持续推动我国新能源汽车产业融入世界，提高国际话语权、影响力和国际合作的能力与水平。

（二）行业政策："双放开"新政策、"双下调"新税率

1.汽车产业升级与国际化迎来"双放开"新政策

党的"十九大"报告指出，促进产业迈向全球价值链中高端是我国构建现代产业体系的重点任务，而产值规模第三、利润规模第一的汽车产业是实现这一目标的关键领域之一。我国早已成为全球第一大汽车市场。我国1994年制定并执行到现在的汽车产业政策已经难以适应时代发展新步伐，导致我国汽车产业难以真正融入全球汽车市场。新一轮汽车产业开放政策针对合资股比、单一品牌合资企业数量两方面的限制进行开放：汽车行业将分类型实行过渡期开放，2018年取消专用车、新能源汽车外资股比限制；2020年取消商用车外资股比限制；2022年取消乘用车外资股比限制，同时取消合资企业不超过两家的限制。通过5年过渡期，汽车行业将全部取消限制。总体上看，新一轮汽车产业开放采取分领域、分时段方式实施，机遇大于挑战，仍然为我国自主品牌汽车发展预留了做强做大的发展空间和时间。

机遇与前景。新一轮汽车产业开放后，使我国有望引领全球新兴汽车产业领域话语权，有利于抢占未来汽车产业发展先机，这对规模超大并主动谋划转型升级的中国汽车产业有积极影响。新一轮汽车产业开放有利于中国继续引入高端豪华汽车品牌，提高中国汽车品牌全球知名度。新一轮开放有利于中国各大汽车产业基地吸引更多新兴汽车零部件企业及关联产业集聚，加快构建面向未来的汽车产业体系。新一轮汽车产业开放有利于龙头企业推进新一轮跨国兼并重组，有利于我国汽车龙头开展新一轮跨国汽车技术、品牌及人才整合，进一步提升国际竞争力。同时，新一轮汽车产业开放将加速中国汽车产业全球化步伐。

制约与挑战。新一轮汽车产业开放可能对中国自主品牌提升形成制约，可能导致国内汽车企业话语权弱化、汽车国际产能合作波动性加剧。新一轮汽车产业开放之后，更多汽车企业及产品涌入国内市场，导致汽车产品种类多样化

及合资汽车价格呈现下降趋势，对中国汽车品牌提升形成制约。到2022年汽车产业合资股比开放政策正式实施后，外资方要求股比提高的可能性非常大，合资汽车企业中外资方话语权将进一步得到提升，国内汽车企业将面临话语权减弱的新挑战。新一轮汽车产业开放将推动中国汽车产业深度融入全球汽车产业链，而鉴于当前复杂多变、日益严峻的国际形势，对长期过于依赖外资的广州、上海等城市的汽车产业将形成不确定性影响，可能对汽车产业稳健发展造成一定程度的不利影响。

2.汽车整车与零部件进口关税“双下调”新税率

我国汽车进口关税税率曾多次下调，历经9次调整，由220%下调至25%并延续至今。新一轮调整已于2018年7月1日起实施，将税率分别为25%和20%的汽车整车关税降至15%；将税率分别为8%、10%、15%、20%和25%的汽车零部件关税降至6%。总体上看，新一轮下调后我国汽车进口关税税率仍高于发达国家而远低于发展中国家，对中国汽车产业的影响有限。汽车进口关税下调，将大幅度提高我国平行进口汽车及零部件总量，对中国及各主要城市打造汽车平行进口全产业服务链有积极促进作用，有利于中国汽车服务业再上新台阶。另外，进口车大幅度增长可能对中国自主品牌冲击中高端及豪华汽车市场形成间接不利影响。

三、“双碳”目标下新能源汽车发展的机遇与挑战

气候变化是全人类面临的共同挑战，碳中和已经成为全球新一轮科技和产业革命的新主题。随着全球能源转型进程的推动，新能源汽车及相关新型基础设施建设为道路交通领域实现碳中和提供了新的技术解决方案。2021年10月，我国正式向《联合国气候变化框架公约》（UNFCCC）秘书处提交了《中国本世纪中叶长期温室气体低排放发展战略》《中国落实国家自主贡献成效和新目标新举措》，并发布了《中共中央 国务院关于完整准确全面贯彻新发展理念做好碳达峰碳中和工作的意见》《2030年前碳达峰行动方案》，其中特别提到要开展交通运输绿色低碳行动，大力推广新能源汽车，逐步降低传统燃油汽车在新车产销和汽车保有量中的占比，推动城市公共服务车辆电动化替代；到2030年，当年新增新能源、清洁能源动力的交通工具比例达到40%左右，营运交通工具单位换算周转量碳排放强度比2020年下降9.5%左右。“双碳”政策的实施对新能源汽车发展是重大推动力，我国已成为全球最大的新能源汽车生产和消费

国，传统汽车制造企业转型、造车新势力崛起及关键零部件的高市场占有率备受国际社会关注。在此大趋势下，我国新能源汽车发展将面临长期向好的市场风口，与此同时也要应对来自国际碳中和新政下的气候贸易壁垒。

（一）《巴黎协定》：全球开启迈向碳中和的新征程

2021年是联合国应对气候变化《巴黎协定》正式实施的第一年，《巴黎协定》实施细则谈判达成了“格拉斯哥气候协议”及多项决议，即将开启全球碳市场建设的新改革进程。2021年也被称为“碳中和元年”，截至2021年，已有131个国家、116个地区、234个城市和696个企业承诺要实现碳中和，占到了全球GDP的90%、人口的85%、温室气体排放的88%。其中，已有51个国家向联合国正式提交本世纪中叶长期温室气体低排放发展战略，46个国家提出2050年前实现碳中和的目标。全球碳中和进程引致新一轮投融资热潮，快速增长的各项数据表明我们正处在转型机遇期。2021年全球能源转型投资总额达7550亿美元，中国连续多年成为全球最大投资国。2021年，硅料、钴锂等上游原材料价格的上涨一定程度上抑制了新能源汽车的推广进程。尽管如此，在全球碳中和的热潮下，光伏、风电、储能、氢能和新能源汽车板块在资本市场持续保持高估值，各研究机构纷纷调整对未来能源需求和结构的预期。零碳排放汽车制造及相关核心技术已经成为全球产业竞争的新赛道，有相当比例的经济体和汽车制造企业相继发布了燃油车禁售时间表及碳中和路线图。

（二）产业新进展：国内外新能源汽车产业发展情况

1.国外主要经济体、车企新能源转型进展

在全球碳中和进程的推动下，世界各主要经济体交通领域的产业政策、技术路线、战略定位以及行业发展趋势都作出相应调整。许多国家已经开始宣称禁售内燃机汽车，同时大力发展新能源汽车；部分国家也制定氢能发展路线图，力图在更好地满足出行需求的同时大幅减少全生命周期的环境污染和温室气体排放。欧盟在2020年发布《欧洲氢能战略》，提出要在长途及重型车辆领域推广氢能燃料电池汽车；到2035年，将停止销售新的汽油、柴油和混合动力车型。美国交通近零碳排放的战略路径核心是扩大交通低碳技术应用，联邦政府宣布设定到2030年所有乘用车和轻型卡车新车销量中，50%为零排放汽车（包括BEV、PHEV、FCEV）的目标，并建成至少50万座充电站；包括美国加州在内的14个州提出2035年之前全部新售乘用车和轻型卡车实现100%零

排放的目标。英国交通部发布的《交通脱碳：更好、更绿色的英国》是全球首个专门针对交通领域的碳中和路线图，英国或将逐步向零排放车辆过渡，从2030年起将停止销售新的汽油、柴油乘用车和小型货车，从2035年起禁止销售新的混合动力汽车及小型柴油卡车。日本发布新规，到2035年新销售乘用车100%为电动车（含HEV）。在全球燃油车逐步禁售的趋势下（见表1–1），新能源汽车成为全球主要汽车企业占领未来市场、确立行业地位的战略选择，大众、宝马、戴姆勒、丰田等大型跨国车企以及博世等领先零部件企业，通过促进生产供应环节绿色化和增加可再生能源使用比例以实现自身碳中和目标（见表1–2）。

表 1–1　部分国家 / 地区燃油车禁售时间

时间	国家 / 地区
2024年	意大利罗马
2025年	法国巴黎、西班牙马德里、希腊雅典、墨西哥、挪威
2029年	美国加州
2030年	荷兰、德国、印度、以色列、爱尔兰、日本东京、丹麦、冰岛、斯洛文尼亚、瑞典、英国、中国海南
2032年	英国苏格兰
2035年	日本、加拿大魁北克省
2040年	法国、西班牙、加拿大不列颠哥伦比亚省

表 1–2　全球主流汽车企业 / 集团应对“双碳”目标的愿景

汽车企业 / 集团	时间节点	应对“双碳”目标的愿景
戴勒姆	2022年前	所有欧洲工厂实现碳中和
	2030年前	新能源汽车销量占集团总销量的50%以上
	2039年	停止销售传统内燃机乘用车，届时旗下所有乘用车将实现碳中和
大众	2025年	汽车全生命周期温室气体排放总量较2015年减少30%
	2028年	在全球累计交付2200万辆电动车，超50%来自中国市场
	2030年前	推出约70款电动车
	2050年	实现整个集团层面的全面碳中和
宝马	2021年	在全球销售10万辆纯电动车（2020年NEV交付量为19.3万辆），包括沈阳基地在内的全球宝马工厂都实现碳中和
	2030年	单车平均二氧化碳排放量较2019年至少降低1/3

续表

汽车企业/集团	时间节点	应对“双碳”目标的愿景
日产	2050年	计划到2050年实现整个企业的运营和产品全生命周期的碳中和，包括车辆原材料的提取、制造、利用和报废车辆的循环/再利用
沃尔沃汽车集团	2025年	全面电动化，届时纯电动车占比将达50%，其余为混动车型
	2030年	成为纯电豪华车企
	2040年前	成为全球气候零负荷标杆企业（沃尔特根特工厂已实现零排放，并已在瑞典建立多个碳中和工厂）
保时捷	2030年	争取实现全价值链碳中和
博世	2020年底	集团在全球400个业务所在地所有相关工程、制造和管理设施不再留下碳足迹
	2030年前	逐步增加可再生能源份额，并投资10亿欧元提升分支机构能效
丰田	2025年	销售550万辆电动化车型，其中混动车450万辆，纯电动和氢燃料电池车100万辆
	2050年	实现产品全生命周期碳中和

2. 中国新能源汽车产业政策与巨大潜能

作为世界第一汽车产销大国，加大创新投入，促进低碳转型，大力推广使用新能源汽车已成为必然趋势。交通领域已成为中国温室气体排放最重要、增长最快的领域之一，其碳排放占全国终端碳排放的15%左右。根据国家气候战略中心自主研发的中国应对气候变化战略规划综合评估模型（SPAMC）测算，2060年新能源汽车保有量将有望达到3.5亿辆左右，新能源汽车占比约在95%以上，道路交通领域二氧化碳排放量相较2030年将降低85%以上。

我国先后在多个政策文件中提到新能源汽车发展目标（见表1-3）。作为第一个新能源汽车发展的战略性纲领性文件，2012年发布的《节能与新能源汽车产业发展规划（2012—2020年）》，将电动化确定为中国汽车发展的战略方向。2017年发布的《汽车产业中长期发展规划》中提到，到2025年新车平均燃料消耗量降到4.0L/100km，排放达到国际先进水平，新能源汽车能耗处于国际领先水平，汽车实际回收利用率达到国际先进水平，新能源汽车占汽车产销的20%以上。同时，《中国制造2025》《节能与新能源汽车技术路线图2.0》也都提到了类似的发展目标。2020年年底发布的《新能源汽车产业发展规划（2021—2035年）》再次明确，纯电动乘用车新车平均电耗降至12.0kWh/100km，新能源汽车新车销售量达到汽车新车销售总量的20%左右。2020年以来，“双碳”政策体系的陆续出台对新能源汽车发展提出新的要求，2022年两会代表（吉利集团李书福、奇瑞集团尹同跃、宁德时代曾毓群、小米汽车雷军等）也针对推动汽车产业碳中和进程这一主题提交了部分提案，涉及绿色甲醇替代燃料、汽车换电和快充体系建设、电池碳足迹研究核算体系等方面。

表 1-3　　中国新能源汽车相关政策目标

时间	发布部门	文件名称	2020 年目标	2025 年目标
2012年6月	国务院	《节能与新能源汽车产业发展规划（2012—2020年）》	纯电动和插电式混动汽车产能达200万辆，累计产销量超过500万辆	—
2015年5月	国务院	《中国制造2025》	自主品牌纯电动和插电式新能源汽车年销量100万辆，占国内市场70%以上	自主品牌新能源汽车年销量300万辆，在国内市场占80%以上
2017年	工信部、国家发展改革委、科技部	《汽车产业中长期发展规划》	新能源汽车年产销达到200万辆	新能源汽车占汽车产销的20%以上
2020年10月	中汽学会	《节能与新能源汽车技术路线图2.0》	新能源汽车市场销量占比达7%	新能源汽车占市场总销量的20%左右
2020年11月	国务院	《新能源汽车产业发展规划（2021—2035年）》	—	新能源汽车新车销售量达到汽车新车销售总量的20%左右

长远来看，新能源汽车在我国还有着更大的市场空间，在将来进一步提升市场渗透率的基础上，新能源汽车全产业链也将受益。同时，新能源汽车许多相关技术已发展成熟，具备大范围推广应用的条件。根据最新数据统计，2021年销量前十的新能源汽车榜单中，中国车型占据六席。2020—2021年，中国新能源汽车的销量出现大幅增长，销量增量超过200万辆，超过全球所有其他地区销量增量的总和。这一系列数据均显示出我国新能源汽车发展的巨大潜力。

3.新能源汽车高质量发展的多元影响因素

政策顶层设计赋能。发展新能源汽车是汽车产业实现转型升级和绿色发展的重要方向，也是汽车产业实现碳减排，持续、健康、高质量发展的重要战略选择，强有力的产业政策保障则为新能源汽车有序发展提供了坚实的后盾和发展动力（见表1-4）。在消费升级大背景下，近年来随着财税扶持政策的实施，以及双积分、油耗标准等政策的加持，中国新能源汽车行业实现了爆发式增长。从全球来看，政策法规文件的出台对新能源汽车产业发展产生了深刻影响。基于各国更严格的汽车碳排放法规，汽车产品需要达到一定标准来满足法规要求。例如，2020年欧盟采用了更严格的车辆二氧化碳排放标准，新标准将乘用车和轻型商用车的平均二氧化碳排放限值降低到95g/km和147g/km，促使欧洲新能源汽车销量在2020年显著增长。2017年9月，国家发布了乘用车“双积分”政策，并于2020年6月发布了《关于修改〈乘用车企业平均燃料消耗量与新能源汽车积分并行管理办法〉的决定》。2021年2月，《乘用车燃料消耗量限值》（GB19578—2021）强制性国家标准发布。在双积分政策、油耗标准等压力之下，汽车行业加快结构调整与转型升级。随着新能源汽车渗透率不断提高，在新能源汽车发展初期起到关键促进作用的购置补贴、车购税及车船税等财税优惠政策从2019年开始逐步退坡，双积分政策对保持新能源汽车持续发展起到了助推作用。此外，中国正研究制定基于全生命周期的乘用车碳排放标准，加快研究乘用车全生命周期碳排放核算技术，推进国家标准落地实施，开展乘用车全生命周期碳排放管理政策研究。由此可见，政策法规助力新能源汽车发展的中长期趋势不会变。作为新能源汽车高速发展的重要窗口期，“十四五”“十五五”阶段如何充分借鉴当前双积分政策和新能源汽车补贴政策退坡的经验，并深化研究论证发展新能源汽车的配套政策，将成为传统汽车产业破解发展桎梏的重要途径。汽车企业脱碳之路也将逐渐由被动走向主动，深度脱碳将成为传统车企向新能源转型的驱动力并引领未来发展趋势。

表 1-4　　国内新能源汽车推动性措施梳理

时间	发布部门	文件名称
2017年9月	工信部、财政部、商务部、海关总署、质量监督检验检疫总局	《乘用车企业平均燃料消耗量与新能源汽车积分并行管理办法》
2020年4月	财政部、工信部、科技部、国家发展改革委	《关于完善新能源汽车推广应用财政补贴政策的通知》
2020年6月	工信部、财政部、商务部、海关总署、国家市场监管总局	《关于修改〈乘用车企业平均燃料消耗量与新能源汽车积分并行管理办法〉的决定》
2020年12月	财政部、工信部、科技部、国家发展改革委	《关于进一步完善新能源汽车推广应用财政补贴政策的通知》
2021年2月	国家市场监管总局、国家标准化管理委员会	《乘用车燃料消耗量限值》（GB 19578—2021）

技术变革拓展生态。从技术层面看，新能源汽车相比燃油车具有运行阶段零排放、生命周期低排放的显著特性。通过与新一代能源、交通、大数据、信息技术的深度融合，采取深度脱碳的技术路线，使用清洁可再生能源大规模替代化石能源，将为传统车企转型升级带来新的发展机遇。《2030年前碳达峰行动方案》中明确提出，要积极扩大电力、氢能、天然气、先进生物液体燃料等新能源、清洁能源在交通领域的应用。随着风力发电、光伏发电等可再生能源技术的发展以及氢能、生物质能逐步在市场得到应用，多种类新能源汽车共存将成为常态。总体来说，各大车企主要通过增加可再生能源汽车销售占比和燃油车逐步禁售两种方式助力能源转型升级实现减排目标。以广汽、长城汽车等为代表的自主品牌新能源汽车企业发展迅速，积极推动产业低碳发展布局，先后明确了“双碳”战略的时间表和路线图。此外，通过代际升级，整车能耗、行驶里程等综合性能实现全面进步，产品竞争力显著提高。随着汽车保有量持续增加，一、二线城市的交通压力持续提升，为缓解交通压力，共享出行方式将得到广泛普及，同时随着基础设施建设速度加快，未来我国新能源汽车共享出行市场将进一步发展。未来数年内，以电力驱动、智能网联、低碳出行等前沿技术、新型模式为抓手，将进一步促进车辆轻型化、智能化、氢能化的蓬勃发展，催生汽车产业结构、产品形态、出行方式的系统性变革。

碳贸易壁垒约束限制。为支撑欧盟“Fit for 55”一揽子政策，欧盟委员会于2021年提出了针对现行《乘用车和轻型商用车二氧化碳排放标准》(EU) 2019/631的修订立法提议，新的立法提议设定了更为激进的二氧化碳排放限值，并且考虑将从2025年起，所有乘用车和货车必须报告其全生命周期二氧化碳排放量。2022年6月，欧洲议会全会投票通过了乘用车和厢式货车的碳排标准（CO_2 Emission Standards for Cars and Vans）的修订草案，要求欧盟国家从2035年起禁售燃油车，2030年乘用车、厢式货车排放分别减少55%和50%（此前目标分别为37.5%和31%）。美国交通部也在2022年发布2024—2026年新车燃油经济性标准目标，新标准要求2024—2025年乘用车和轻型卡车的燃油效率每年提高8%，2026年提高10%。我国在2019年发布GB 27999—2019《乘用车燃料消耗量评价方法及指标》和2015年发布GB 20997—2015《轻型商用车辆燃料消耗量限值》之后，没有再对乘用车和轻型商用车进行标准层面的更新。随着各国排放标准的更迭，汽车企业纷纷提出了停止生产传统燃油车的目标及路线图。根据欧盟碳边境调节机制的最新提案，欧洲议会环境、公众健康和食品安全委员会（ENVI）将考虑采取更严格的碳边境调节机制（CABM），计划提前至2025年起对电力、钢铁、水泥、铝、化肥、有机化学品、塑料、氢和氨等高耗能产品的直接和间接排放征收“碳关税”，并设立欧盟主管机构，到2030年逐步取消所有欧盟碳市场免费配额。除了碳边境调节机制外，欧盟还将正式实施“新版电池法规”，未来只有符合全生命周期碳足迹限额及再生材料使用最低比例要求的工业储能和电动汽车电池产品才能进入欧盟市场。

汽车全生命周期局限。针对上游原材料产业链碳减排技术，目前已经有针对传统燃料汽车钢铁、铝合金、铜合金、塑料等车身制造原材料的碳排放强度情景的分析研究。但随着新能源汽车产业发展，包括对镍、钴、锂在内的动力电池原材料依赖逐步加大，甚至还将包括正在研发的动力电池涉及材料，相关产业链的降碳技术和碳强度评估预测研究还相对较少。世界经济论坛2019年的洞察力报告《2030年可持续电池价值链的愿景》中提到，全球电池产业在2010—2018年快速增长，并预测到2030年，由于交通领域电气化的发展，电池工业中89%的需求将会由电动交通工具带来。中国的电池需求大概占全球的43%，欧洲的电池需求量虽然没有中国大，但是年均增速较中国高出9个百分点。高工产研锂电研究所（GGII）2022年年初发布的数据显示，2021年中国动力电池出货量为220GWh，同比涨幅达175%。巨大增幅的数据背后源于新能源汽车的蓬勃发展，以及对动力电池越来越紧迫的需求。在动力电池大规模发展的背景下，欧盟委员会为此开展了“电池2030+大规模长期研究计划”，旨在提供一个科研平台，联合欧洲整体解决未来电池研发过程中面临的各项挑战，并达成既定的电池性能目标。其中就包括各种材料的电池研究，以及从原材料到先进材料的发展、电池的设计制造、电池回收利用和电池实际应用场景等。同时，欧盟新版电池法规规定从2024年起，电动汽车电池制造商需要提供碳足迹声明和碳标签，并逐步严格要求。我国新能源汽车产业的发展，必须解决“卡脖子”的问题，摆脱关键技术的制约，完善相应的标准机制，才能应对我国新能源汽车产业高速发展以及对动力电池需求快速增长的局面。随着新能源汽车的快速增长，我国也迎来了首批动力电池退役潮，动力电池回收拆解、资源循环利用问题逐步显现。从2016年年底开始，我国大力支持动力电池回收产业发展，出台了一系列支持政策，新能源汽车动力电池回收利用体系建设也取得了相应进展，但是仍旧存在一些问题，包括回收企业技术落后、设备不规范，相关的技术研发、财税激励、管理规范等政策不完善等，诸如此类的原因都会导致新能源汽车产业和动力电池生产无法进入良性的可持续发展通道。另外，动力电池的安全问题至今也没有得到根本解决，对于此类必须掌握的核心技术，我国整车企业还需加强相关技术保障工作。

尽管当前新能源汽车发展势头迅猛，但我国高碳的能源和电力结构短期内得不到大幅改善，且在相当长时期，燃油车仍将占据道路交通的主导地位，汽车温室气体排放仍将处于较快增长的阶段，需要采取积极措施促进新能源汽车发展。

（三）政策新动态：欧、美、日新能源汽车政策及其启示

欧、美、日等发达国家和地区已将发展电动汽车作为实现气候目标的重要途径，纷纷基于其基本国情及总体减排目标优化新能源汽车政策体系。总体来看，2021年以来欧、美、日加大新能源汽车政策支持力度，部分国家提出汽车电动化发展目标。在此背景下，建议我国在基本国情的基础上借鉴国际经验，在“双碳”目标及“2035规划”引领下，明确汽车低碳发展路径，完善新能源汽车财税支持政策，制定适合我国国情的汽车电动化目标及推广路线图，提高产业链供应链稳定性和竞争力，尽快优化新能源汽车政策体系。

欧、美、日新能源汽车政策的主要特点。总体来看，各国新能源汽车相关政策均基于其基本国情而制定。欧洲化石能源对外依存度较高，加之公民环保诉求强，汽车低碳转型需求迫切。美国新能源汽车政策与领导人执政理念高度相关，拜登政府上台后将“应对气候变化”作为其执政计划的重点和亮点。日本历史上的环境公害、石油危机等事件也直接促使日本推动产业向节能环保转型。具体呈现以下特点：一是将发展电动汽车作为实现气候目标的重要途径。落实碳中和目标是目前欧、美、日政府的优先事项。电动汽车因行驶阶段碳排放低，全生命周期具有更高减碳潜力，而被明确列为实现全社会交通领域碳控排不可或缺的重要途径，从顶层设计进一步强化发展电动汽车的战略定位。二是加大电动汽车财税支持力度。2020年起，部分欧洲国家提高补贴金额，延长补贴时间，德国已明确将高达9000欧元的单车补贴延长到2025年年底；美国积极修改所得税抵免政策，企业20万辆抵免上限有望取消；日本也加大了电动汽车及充电基础设施补贴力度。三是提出汽车电动化发展目标。欧盟委员会提议2035年欧盟乘用车及轻型商用车新车实现零排放，部分欧盟成员国也从国

家层面提出全面电动化目标；日本明确到21世纪30年代中期，新车销售全部为电动汽车；美国提出了2030年零排放汽车占新车销量比例达到50%的目标。四是着力强化本地产业链供应链竞争力。受新冠疫情影响，全球产业链受到冲击，完善本地制造业尤其是关键领域产业链的重要性凸显。美国计划通过加强教育、强化专利保护等方式推动电池关键技术研发创新，同时为芯片制造业提供财政支持及税收抵免，力图推动芯片制造业回流；欧盟不仅通过加大资金支持、组建企业联盟等方式加强电池等核心零部件自主可控能力，还计划构筑绿色壁垒，利用欧盟电力清洁化程度高的优势，通过增加非欧盟企业碳排放合规成本，倒逼制造业回流。

欧、美、日新能源汽车政策对我国的启示。当前，汽车与能源、交通、信息通信等领域加速融合，新能源汽车已成为推动能源转型、低碳发展的关键环节。我国应在基本国情的基础上借鉴国际经验，明确汽车低碳发展路径，制定汽车电动化中长期目标及推广路线图：一是明确汽车低碳发展路径。建议充分借鉴国际碳减排及碳管理经验，构建基于我国国情的碳控排政策体系；加强规划战略引领，明确汽车行业碳达峰碳中和目标定位，积极研究做好汽车行业碳减排顶层方案设计。二是完善新能源汽车财税支持政策。建议进一步降低新能源汽车成本，根据国情及产业发展情况实施多元化的财税政策，缩小与欧洲国家财税支持差距。进一步落实、完善现有财政政策，延长新能源汽车车辆购置税优惠年限，持续巩固和扩大领先优势；根据新能源汽车技术发展趋势，研究制定适应下一代新能源汽车发展的政策体系，支持智能化、网联化等新技术推广应用，加快抢占发展制高点。三是制定适合我国国情的汽车电动化目标及推广路线图。推动汽车电动化是国际上减少交通领域碳排放的共同选择，部分国家已出台全面电动化时间表。建议综合考虑我国国情和汽车产业发展情况，结合车型特点、应用领域、实施区域等因素，按照不同的时间节点，研究适合我国国情的汽车电动化目标及推广路线图。四是提高产业链供应链韧性、稳定性和竞争力。超前布局面向新体系、新材料、新工艺、新结构的前瞻性技术，加强在全固态动力电池、高功率密度电驱动系统、高比功率燃料电池、高算力芯片、安全可控操作系统、集成化电子电气架构等关键技术领域的创新突破，支持新技术推广应用。加快突破芯片等关键“卡脖子”环节，提高我国汽车产业链供应链的韧性、稳定性和竞争力。

四、汽车行业发展的新热点、新技术、新产品

（一）汽车行业的新动态与新热点

1.中国《“碳达峰”行动方案》发布

2021年10月26日，国务院印发《2030年前碳达峰行动方案》，聚焦“十四五”和“十五五”两个碳达峰关键期，提出了与《关于完整准确全面贯彻新发展理念做好碳达峰碳中和工作的意见》一致的目标设定，重点包含产业结构、能源结构调整，重点行业、重点领域能源利用效率，绿色低碳技术研发推广和生产生活方式等内容。方案围绕既定目标，提出“碳达峰10大行动”，既包含能源、工业等重点领域，又包含交通运输等重点行业，涉及经济社会的方方面面。其中，加大新能源汽车推广力度，明确绿色交通工具和绿色出行比例要求，为企业积极调整产品结构、加大新能源汽车供给提供有力输入。在绿色低碳技术创新行动中，提出“加快氢能技术研发和示范应用、在交通领域开展规模化应用”是国家明确的鼓励方向。

2.汽车数据安全相关法律法规密集落地

目前，数据已经成为创造价值与财富的重要资源，由智能网联汽车引发的数据安全、个人隐私等法律问题，一直受到社会的广泛关注。汽车数据安全已成为国家监管重点，相关法律法规密集落地。2021年10月1日，由国家互联网信息办公室、国家发展和改革委员会、工业和信息化部、公安部、交通运输部联合发布的《汽车数据安全管理若干规定（试行）》开始施行，聚焦国家安全、公共利益、个人信息保护三个层面，对汽车数据收集、分析、存储、传输、查询、应用、删除等全流程作出较为详细的规定，促使汽车研发、营销、自动驾驶等业务领域的数据收集、分析、应用进一步规范，对中国汽车产业的转型升级具有标志性指导意义。汽车企业需要建立、完善汽车数据安全和个人信息保护相关流程制度，开展数据分类分级管理，强化数据安全防护技术支撑，主动对接并积极接受政府部门监管，确保数据收集及应用的合规合法。

3.中国新能源汽车销量暴增，突破350万辆

在20多年的政策扶持、产业成长、消费培育和基础设施建设等合力作用下，2021年，中国新能源汽车全年产销两旺，实现销售352.1万辆，同比增长157.5%，占中国全部汽车销量的比例为13.4%，高于2020年8个百分点，在全球新能源汽车总销量中占比53.3%，连续7年位居全球第一，中国新能源汽车

的发展已经进入快速发展的新时代，汽车产业赛道正在加速从以燃油车为主向以新能源智能车为主转换。新能源汽车的高速发展，主要得益于以下几个方面影响：一是碳达峰碳中和背景下新能源发展大势所趋，国家和地方大力支持，发布了一系列加快新能源汽车发展的政策举措，如《2030年前碳达峰行动方案》提出大力推广新能源汽车，逐步降低传统燃油汽车在新车产销和汽车保有量中的占比。二是高密度技术创新、基础设施建设及成本下降等解决了用户在续航里程、购车成本、驾乘安全等方面的焦虑，消费者对新能源汽车的认可度明显提升，促使私人消费快速崛起。三是新能源产品布局更加丰富，新车型成为重要驱动力。据不完全统计，2021年上市的新能源乘用车就达到120款，新车增量达到70万辆规模。四是新能源汽车出口也呈现快速增长态势，2021年共计出口31万辆，同比增长3倍多，超过历史累计出口总和。

4. 中国汽车出口步伐加快，突破200万辆

经过十几年的培育，我国汽车出口呈现大幅增长态势，从2011年不足30万辆一路上扬，2018年首次突破百万辆，2021年首次跨过200万辆大关，达到201.5万辆，较2018年实现了翻倍增长，创历史新高。其中，新能源汽车出口呈爆发性增长态势，全年出口达到31万辆，同比增长3倍多，中国品牌“走出去”的步伐明显加快。2021年汽车出口猛增的主要原因，一是近年来随着外观造型、产品质量、智能网联配置等方面的大幅改善，中国汽车品牌在海外的竞争力持续增强，中国不断推出定制化、精准化匹配海外市场需求的车型和服务，并由中低端市场逐步转向高端市场。二是2021年海外市场需求逐步恢复，但新冠疫情和芯片短缺对全球汽车生产造成一定影响，为我国汽车创造了出口机遇。三是随着全球节能减排的快速推进和环保意识的增强，各国对新能源汽车的需求持续增加，而中国新能源汽车异军突起，产品供给丰富，能够满足海外市场需求，引领当地绿色交通和出行的转型。四是近年来，国内企业加快了对海外市场的布局，并实现了在澳大利亚、新西兰、阿联酋、挪威等海外市场的突破，在当地的口碑明显提升。

5. 中国汽车品牌全面向上、突破发展

实施品牌向上战略，是中国汽车产业在“十四五”期间的重点任务之一，也是构建新发展格局的重要支撑。近年来，中国品牌全面向上的步伐日益加快，也取得了良好的效果。2021年中国品牌乘用车累计销售954.3万辆，同比增长23.1%，行业占比达到44.4%，较上年提升6个百分点。中国品牌全面向上主要表现在如下方面：一是中国汽车企业强化了对品牌的培育，促使品牌价值不断提升，《2021年中国500最具价值品牌排行榜》中有24个汽车品牌“榜上有名”，其中5个品牌价值超过千亿元，10个超过500亿元。二是产品质量和服务水平达到甚至已经超过部分国际品牌，消费者认可度持续攀升。三是技术创新能力全面构建，加快了关键核心技术的突破与应用，大大提升了中国品牌汽车的竞争力。四是产品创新持续不断，满足消费升级需求。五是随着中国品牌技术创新、产品品质、溢价能力等的不断进步，盈利能力不断提升，结束了依靠低质低价、赔本赚吆喝的历史，进入真正的盈利期。六是品牌高端化突破成效显著，中国品牌经过几十年的模仿和跟随之后，一些头部车企已开启了高端化之路，并取得了一定的成效，红旗、领克、WEY等表现不俗，打破了15万元“天花板”。七是在“新四化”发展背景下，中国自主高端品牌不断推出，岚图、极狐、埃安、智己等新能源高端品牌层出不穷，抢占新能源智能汽车新赛道。

6.“蔚小理”代表的造车新势力快速发展

近年来，新能源汽车行业发展如火如荼，越来越多造车新势力不断涌入，除了已经崭露头角的“蔚小理”之外，百度、华为、小米等科技企业纷纷入局，并崭露头角。2021年以造车新势力头部企业“蔚小理”为代表的新兴企业快速发展，持续呈现“高景气”状态，成为引领新能源汽车发展的新动能。2021年“蔚小理”的新能源汽车销量节节攀升，三家企业全年累计销量达到26.7万辆，占新能源汽车总销量的7.6%。“蔚小理”产品均为智能电动车型，长续航里程、大尺寸触摸中控屏、高配处理器，以及AI语音互动助手、“以用户为中心”的灵活服务模式等互联网基因，成为吸引用户选择造车新势力产品的核心竞争要素。在提升产品能力的同时，“蔚小理”在补能体系、产能及渠道网络等领域持续深耕，加强资源布局和体系能力构建，不断在品牌、技术、服务模式等方面打造优势。目前，造车新势力已从机遇巨大、资源缺失的资本布局期，平滑过渡到产能扩张、创新攻关的能力攻坚期，通过不断在模式设计上的创新和技术能力上的突破，其用车环节的创收潜力逐渐凸显。

7.股比放开，将引发外资新一轮投资热潮

随着2021年版外资准入负面清单的发布，自2022年1月1日起，我国取消乘用车制造外资股比限制以及同一家外商可在国内建立两家及两家以下生产同类整车产品的合资企业的限制，标志着汽车行业股比全面放开，国际巨头也将围绕中国市场开展热点竞争领域的投资与布局热潮。外资企业将通过增持合资公司股权、独资建厂、建立研发中心、扩建产能、布局新业务等方式增加在中国市场的投资。如2018年华晨向宝马出售华晨宝马25%的股权，长城与宝马签署合资协议，光束汽车项目正式启动，特斯拉在上海独资建厂；2020年沃尔沃收购吉利股份，成为独资企业，吉利与戴姆勒共同成立智马达汽车有限公司，推动smart向高端电动车品牌转型，比亚迪与丰田合资成立纯电动车研发公司，大众完成对江淮大众的增资，四川现代完成股份变更，成为100%韩资企业；2021年奥迪一汽新能源合资项目落地长春，比亚迪和戴姆勒签署了股价转让协议，拟完成双方在腾势的股权转让等。跨国企业不断加大对华投资合作，一定程度上将倒逼我国配套产业链的完善提升，促进技术进步，加快国内企业与全球跨国车企同台竞技的步伐，但同时市场竞争必然更加激烈，创新能力不足、适应能力较差的企业将会面临“出局”的风险，兼并重组、优胜劣汰的进程加快。车企只有不断苦练内功、与时俱进，并掌握核心技术，才能取得竞争优势。

8.“缺芯”对全球汽车行业造成持续影响

2021年，芯片短缺对汽车行业造成严重影响。从短期来看，一是造成汽车行业大量减产，据权威机构AFS统计，由于汽车芯片供应短缺，造成全球2021年汽车减产1130万辆，其中中国减产215万辆左右；二是“缺芯”导致车用芯片价格大涨几十倍甚至百倍，大大增加了企业成本，促使车企将芯片优先供应高盈利车型，终端出现优惠减少、取消甚至涨价等现象；三是交货周期大幅延长，消费者可选择车型减少，且等待1—2个月提车成为常态。从长期来看，“缺芯”将加速两个趋势：一是加快车企数字化转型速度。在这次的缺芯潮中，车企们意识到芯片的重要性，纷纷绕过Tier1开始直接与芯片厂商达成协议，芯片厂商和车企正在形成强力的绑定，车企的能力正在变得越来越强，Tier1的集成商身份正在不断被边缘。二是加快了芯片本土化进程。本次“缺芯”促使汽车企业充分认识到产业链供应链安全可控的重要性，芯片问题已经提升至国家战略，不稳定的地缘政治因素导致各国都想将芯片生产掌握在自己手里，美国、欧洲、日本、韩国、中国纷纷宣布了轰轰烈烈的本土造芯运动。总体来看，本次严重“缺芯”既有市场的、偶发的因素，也有人为的、必然的因素，预计“缺芯”情况最快也将持续2—3年甚至更长远时间，对汽车行业的影响也是极其深远的。

（二）汽车发展新技术与新产品

1.智能网联技术与新产品

随着智能网联汽车产业快速发展，国内外众多科技公司加强了智能网联技术的研发和应用，并取得了众多成果。

丰田开发高级驾驶辅助系统：2021年5月18日，丰田宣布选择采埃孚和Mobileye为其开发高级驾驶辅助系统，将在未来几年内用于多个车辆平台。丰田此前在日本市场推出Advanced Drive系统，已经落地旗下高端品牌。新系统功能的先进性处于丰田目前在用的TSS智行安全系统和Advanced Drive系统之间，相比TSS系统，增加了探测能力，但相比Advanced Drive，缺少自动导航辅助功能，预计可能取代TSS系统，实现对大众化车型的辅助驾驶功能升级。

高分辨率雷达传感器：美国亚利桑那大学开发了高分辨率雷达传感器，结合了摄像头和雷达的最佳效果，可解决智能多模式交通监控面临的问题。该传感器可区分车辆和行人，并可在所有光照和天气条件下，提供移动目标物体的数量、速度和方向信息，与传统雷达相比，该传感器原型中使用的高分辨率毫米波（mmWave）雷达传感器可提供更丰富的图像，并且在低能见度条件下，性能优于摄像头。与激光雷达和其他基于光的系统不同，毫米波雷达能可靠地分辨运动目标物体的速度。

瑞萨电子推出全新车用执行器和传感器控制MCU：2021年12月18日，瑞萨电子集团宣布推出两款全新微控制器（MCU）——RL78/F24和RL78/F23，专为汽车执行器和传感器控制应用而设计，支持下一代电子电气（E/E）架构中不断发展的边缘应用。RL78/F24和RL78/F23将于2022年4月开始提供样片，并计划在2023年下半年投入量产。

比亚迪1200V功率器件驱动芯片：2021年，比亚迪自主研发并量产1200V功率器件驱动芯片BF1181，可应用于EV/HEV电源模块、工业电机控制驱动、工业电源等领域。BF1181是一款磁隔离单通道栅极驱动芯片，用于驱动1200V功率器件，集成多种功能，于2021年12月实现向各大厂商批量供货。

英迪芯推出高度集成Surya LiDAR SoC：美国英迪芯（indie）推出突破性的SuryaTMLiDAR片上系统（SOC），支持高级驾驶辅助系统（ADAS）和自动驾驶功能。该全新产品专为高性能LiDAR设计，并集成了高速模数转换器和数字信号处理，以实现远程目标的可靠检测。与当前架构相比，SuryaTM的功耗显著降低，并且比当前基于FPGA的设计更具成本效益。

英飞凌推出汽车无线充电安全解决方案：2021年12月13日，英飞凌宣布开发出汽车无线充电安全解决方案OPTIGATMTrust Charge automotive，符合无线充电联盟（WPC）Qi标准1.3版本。OPTIGA Trust Charge automotive是一个完整的交钥匙解决方案，可加快上市时间，提供完整的系统集成支持，包括嵌入式软件、开发板、参考板以及文档。通过使用该方案，无线充电器或专用子系统的制造商能够根据最新的Qi安全要求进行快速简便的设计。该方案还提供了一个主机软件，可轻松与汽车微控制器AURIXTM或TraveoTM Ⅱ集成。

2.新能源技术与新产品

随着全球新能源汽车市场爆发式增长，各车企也加快了新能源汽车相关技术的突破与应用。2021年，汽车行业在电池安全技术、底盘技术、能量密度、成本降低、电池回收利用等方面均取得较大突破，并开始在产品上应用。

弹匣电池系统安全技术：2021年3月10日，广汽埃安发布弹匣电池系统安全技术，首次实现三元锂电池整包针刺不起火。弹匣电池是一项专门提升动力电池安全性的系统性技术，包含超高耐热稳定电芯、超强隔热电池安全舱、极速降温速冷系统以及全时管控第五代电池管理系统四大核心。

LG四元电池：采用高镍四元（NCMA）作为正极材料的新一代动力电池，通过加入铝，将电池钴含量减少约70%，采用叠片生产工艺，具备200Wh/kg以上的高能量密度和高充电倍率，续航里程大于600km，成本下降30%，2021年7月开始在特斯拉Model Y车型上应用。随着在南京基地国产，可为中国国内客户提供本地化的产品和技术服务。

蜂巢能源无钴电池：2021年5月18日，蜂巢能源发布了无钴电池，采用无钴镍锰酸锂和叠片工艺，具备高能量密度（240—275Wh/kg）、高安全性和高循环寿命，80%的成组效率，续航里程高达650—880km。目前该技术在长城、欧拉等车型上应用，也标志着无钴电池正式进入落地阶段。

锂金属固态电池：美国QuantumScape公司开发锂金属固态电池，其能量密度可超过400Wh/kg，具有卓越的安全性和快速充电能力，电池可在15分钟内充电至80%，并且可以持续800多个循环而没有任何损耗。

东芝开发出新型太阳能电池：东芝宣布开发新型“透射型亚氧化铜太阳能电池”，有望用于实现低成本和高效率的串联太阳能电池。配备高效率太阳能电池的汽车如果电耗为12.5km/kWh，其在不充电的情况下一天的续航里程是35千米。

技术发展推动电池成本不断下降：随着动力电池产业发展不断成熟，其成本在逐年下降，对比来看，动力电池系统成本较10年前下降近80%，三元电池从2010年的3.5元/Wh降到2021年的0.8元/Wh，磷酸铁锂电池从2.5元/Wh降到0.6元/Wh。总体来看，短期内可通过原材料降本和工艺结构降本，中长期则需要通过技术创新降本。

美国Rivian公司滑板底盘：滑板式底盘是一种专门为电动车设计的一体化底盘架构，可将电池、电动传动系统、线控转向/制动系统、悬架等部件提前整合在底盘上，使底盘模块标准化、平台化，结合非承载车身，可快速打造不同的车型，具备开发成本低、周期短、互通性高等多重优势，还可以将其开放授权给第三方制造商使用，改变了现有造车模式。

电池回收再利用：当前，亚太和北美在电池回收利用方面处于领先地位，创新技术推动电池回收过程的成本效益和效率提升。加拿大Lithion Recycling公司开发了一种技术，能够达到高达95%的LIB回收率，从废锂离子电池中分离出高价值金属，包括锂、镍、钴、石墨、铜、铝和锰。加拿大American Manganese公司开发了一种闭环湿法冶金工艺来处理废锂离子电池，回收率达到99.97%，其可从NCA阴极废料中成功回收镍钴氢氧化物。美国Redwood Materials电池回收公司结合使用火法冶金和湿法冶金，使石墨、铝、铜、钴和镍的回收率达到98%，锂的回收率达到89%。

3.轻量化技术与应用

轻量化是汽车产业尤其是新能源汽车达成节能减排目标的重要途径，同时也有助于解决里程焦虑和车辆耐久性问题。研究表明，若燃油车减重10%，油耗将降低6%—8%；若新能源车减重100kg，续航里程将提升10%—11%，同时降低20%的电池成本和日常损耗成本。对标国外产品，我国新能源乘用车普遍偏重10%—30%，新能源商用车普遍偏重10%—15%，这些负担一直在挤压汽车的续航里程。《节能与新能源汽车技术路线图》已对汽车轻量化制定了明确的路线图。其中，新能源汽车到2025年整车质量比2015年减重20%。因此，轻量化是新能源汽车零部件的主攻技术路线之一。当前，轻量化技术主要从轻量化材料、先进制造工艺和零部件结构优化设计等方面展开，近年来也取得了很大的进步。

2021年1月，奇瑞新能源汽车全铝车身制造技术成功入选国家发展改革委绿色技术推广目录名单，该项技术选择封闭截面铝合金挤出型材作为车身骨架，使车身扭转刚度达26967Nm/°，车身全尺寸焊接质量合格率为92%；可带来单车碳排放112kg CO_2/辆、生产制造过程能耗11.9kgce/辆、车型行驶能耗9.7kWh/100km等综合效益。2021年9月，奇瑞生产的瑞腾首款新能源车型RT-1采用了全铝车身，在车身制造工艺上，采用了搅拌摩擦焊、激光焊等先进制作工艺，结合专用工装夹具的反变形控制技术，重点突破了薄壁型材折弯回弹量大、焊接易变形等技术难题，特别是在折弯工艺方面，采用了三维空间异形成型制造技术，使外覆盖件与车身骨架切合点更为密集，进一步提升车身强度，生产出具有高性能、超高精级尺寸精度的零件及车身总成。2021年10月，奇瑞新品大蚂蚁沿用轻量化全铝车身，其重量减少30%，刚度提升20%。

2021年，特斯拉的一体化压铸技术开始应用，在制造工艺端和材料端引领革新，其中在材料端，传统汽车制造工艺广泛使用便于冲压、焊装的钢材作为车身材料，而在一体化压铸技术中，便于压铸的铝合金将成为车身主要材料，带动铝合金部件在整车上的应用增加，进一步提升汽车轻量化程度。以Model 3和Model Y为例，Model 3后车身底板采用了传统工艺，由70个零部件组装而成；Model Y采用了一体化压铸技术，后车身底板整体由两个大型铸件组成，连接点由700—800个减少至约50个，下车体总成重量将降低30%，从而提升约10%的续航里程。

2021年，蔚来汽车成功开发了可用于制造大型铝压铸件的免热处理材料，是我国车企首次将该材料验证并应用于大型结构件。与一般的铝合金压铸件相比，全新免热处理材料避免了传统铝压铸件在热处理过程中引起的尺寸变形和表面缺陷，使得大型车身铝压铸件成为可能。全新材料应用在蔚来汽车第二代平台车型上，ES8全车用铝率高达95.8%，全球最高，相比传统钢制车身蔚来ES8减重40%，车身重量仅有335kg。

伴随新能源汽车技术的不断发展，零部件集成化设计已成必然趋势，"二合一""三合一"，甚至"多合一"应运而生。一方面，可简化主机厂装配，提高产品合格率；另一方面，可以达到轻量化、节约成本等目的。如美国轮轴制造公司（AAM）推出的高性能电驱动单元（EDU），比其他单元的重量轻25%，同时对功率和性能没有任何影响。

2 Chapter

第二章 全球格局与演进

第一节　全球汽车市场发展形势

一、新冠疫情持续冲击，全球汽车市场出现变化

2021年全球汽车市场顶住新冠疫情和“缺芯”的双重压力，在中、美、印等国家的强力带动下，结束了连续三年的下滑，实现了正增长。根据MarkLines（全球汽车信息平台）对全球60多个主要国家的统计，2021年全球汽车销量约为8039.3万辆，同比增长4.3%，且六大洲均实现了正增长。其中，亚洲销售4151.1万辆，同比增长4.7%，全球占比超过一半（51.6%）；北美洲销售1828.3万辆，同比增长4.3%，占比22.7%；欧洲销售1540.3万辆，同比微增0.4%，占比19.2%，以上三大洲合计销售7519.7万辆，全球占比93.5%。南美洲、大洋洲、非洲销量虽较低，三者合计占比仅为6.5%，但三者均呈现高速增长态势（见表2-1、图2-1）。

表 2-1　　2017—2021 年全球各大洲汽车销量变化

主要大洲	销量（万辆）					同比增长（%）				
	2017 年	2018 年	2019 年	2020 年	2021 年	2017 年	2018 年	2019 年	2020 年	2021 年
亚洲	4616.4	4553.2	4244.7	3964.4	4151.1	0.6	−1.4	−6.8	−6.6	4.7
北美洲	2134.7	2139.7	2097.3	1752.8	1828.3	−1.3	0.2	−2.0	−16.4	4.3
欧洲	1930.2	1956.1	1972.2	1534.0	1540.3	4.2	1.3	0.8	−22.2	0.4
南美洲	380.1	410.3	393.5	289.3	322.8	13.5	8.0	−4.1	−26.5	11.5
大洋洲	134.9	131.5	121.8	103.7	121.5	1.8	−2.5	−7.4	−14.9	17.2

续表

主要大洲	销量（万辆）					同比增长（%）				
	2017年	2018年	2019年	2020年	2021年	2017年	2018年	2019年	2020年	2021年
非洲	69.3	74.5	71.8	61.1	75.5	−7.0	7.4	−3.6	−14.9	23.4
总计	9265.6	9265.4	8901.3	7705.4	8039.3	1.3	0.0	−3.9	−13.4	4.3

资料来源：全球汽车信息平台MarkLines。

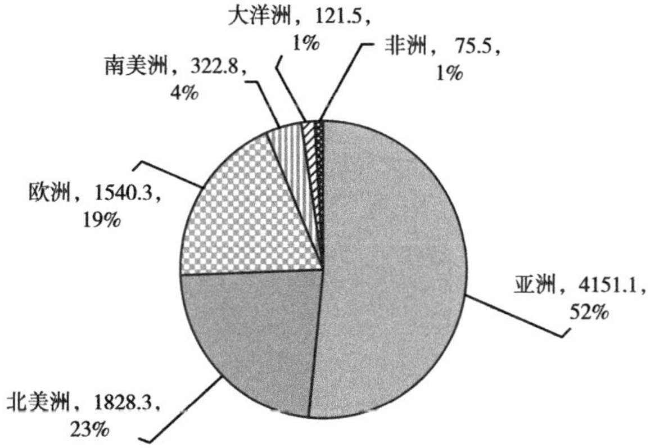

图2-1 2021年全球各大洲汽车销量（万辆）及其市场份额

（一）主要区域

1.亚洲汽车市场

2021年，亚洲市场五大区域中，东亚销售规模最大，销售3266.3万辆，在中国汽车市场需求强势回升拉动下，同比增长2.0%，在亚洲占比高达78.7%，较上年小幅下降；南亚销售400.2万辆，同比增长30.5%，增长最快，在亚洲占比9.6%；东南亚销售273.7万辆，同比增长12.7%，在亚洲占比6.6%；西亚销售198.8万辆，同比增长12.2%；中亚销量较低，仅为12.1万辆，同比下降67.3%，降幅明显（见表2-2、图2-2）。

表2-2 2017—2021年亚洲各大区域汽车销量变化

主要区域	销量（万辆）					同比增长（%）				
	2017年	2018年	2019年	2020年	2021年	2017年	2018年	2019年	2020年	2021年
东亚	3615.4	3539.2	3296.0	3200.7	3266.3	3.1	−2.1	−6.9	−2.9	2.0
南亚	426.8	466.4	401.0	306.6	400.2	10.0	9.3	−14.0	−23.5	30.5
东南亚	328.0	344.7	339.9	242.8	273.7	5.9	5.1	−1.4	−28.6	12.7

续表

主要区域	销量（万辆）					同比增长（%）				
	2017年	2018年	2019年	2020年	2021年	2017年	2018年	2019年	2020年	2021年
西亚	229.5	176.3	173.4	177.3	198.8	−37.5	−23.2	−1.6	2.2	12.2
中亚	16.8	26.6	34.4	37.1	12.1	4.5	58.3	29.3	7.7	−67.3
总计	4616.4	4553.2	4244.7	3964.4	4151.1	0.6	−1.4	−6.8	−6.6	4.7

资料来源：全球汽车信息平台MarkLines。

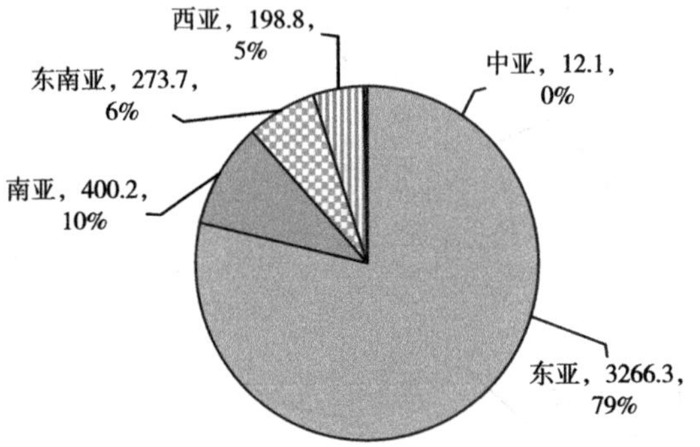

图2-2　2021年亚洲各区域汽车销量（万辆）及其市场份额

2.欧洲汽车市场

2021年，欧洲疫情持续蔓延，对汽车市场也造成很大影响，欧洲全年销售汽车1540.3万辆，同比微增0.4%。近两年，欧洲新能源汽车市场崛起，以德国、法国、英国、挪威、意大利、瑞典、西班牙和荷兰为主的欧洲八国2021年总体的渗透率约为21%。欧洲五大区域中，西欧全年销售511.5万辆，同比增长1.3%，占欧洲总销量的33.2%；中欧销售437.9万辆，同比下降5.6%，是唯一下滑的区域，占比28.4%；南欧销售320.5万辆，同比增长4.4%，占比20.8%；东欧销售181.1万辆，同比增长5.0%，占比11.8%；北欧销售89.3万辆，同比增长4.7%，占比5.8%（见表2-3、图2-3）。

表2-3　2017—2021年欧洲各大区域汽车销量变化

主要区域	销量（万辆）					同比增长（%）				
	2017年	2018年	2019年	2020年	2021年	2017年	2018年	2019年	2020年	2021年
西欧	675.3	669.4	671.0	505.2	511.5	−0.1	−0.9	0.2	−24.7	1.3
中欧	550.0	554.7	577.9	463.9	437.9	4.5	0.8	4.2	−19.7	−5.6

续表

主要区域	销量（万辆）					同比增长（%）				
	2017年	2018年	2019年	2020年	2021年	2017年	2018年	2019年	2020年	2021年
南欧	427.7	437.8	433.6	307.1	320.5	8.2	2.4	-1.0	-29.2	4.4
东欧	172.5	193.2	189.8	172.6	181.1	14.0	12.0	-1.8	-9.1	5.0
北欧	104.6	101.0	100.0	85.3	89.3	1.4	-3.5	-1.0	-14.7	4.7
欧洲总计	1930.2	1956.1	1972.2	1534.0	1540.3	4.2	1.3	0.8	-22.2	0.4

资料来源：全球汽车信息平台MarkLines。

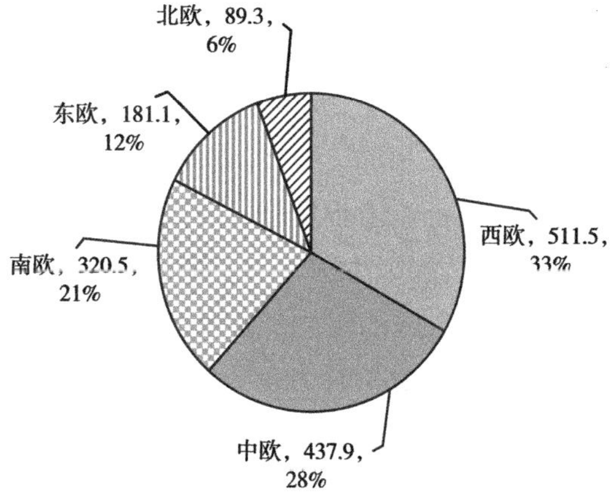

图2-3 2021年欧洲各区域汽车销量（万辆）及其市场份额

3.北美洲汽车市场

北美各国中，美国一家独大，2021年销售1556.2万辆，同比增长3.8%。美国是全球第二大汽车产销国，也是全球汽车千人保有量最高的国家，汽车消费趋于饱和，以增换购为主。福特F系列皮卡继续主导美国市场，2021年销售72.6万辆，第二位和第三位分别是RAM系列皮卡和雪佛兰Silverado。加拿大销售170.6万辆，同比增长7.5%，福特F系列皮卡也是加拿大最畅销的车型（全年销量11.1万辆）。墨西哥销售101.5万辆，同比增长6.8%。波多黎各销量不大，且近2年未公布销量数据。

4.南美洲汽车市场

2021年，南美洲三大区域均实现同比增长。其中，南部和北部增速高达32%，而东部销量最高。南美洲5个国家合计销售322.8万辆，同比增长

11.5%，占全球汽车销量的4.0%。其中，巴西销量一枝独秀，全年销售212.0万辆，同比增长3.0%，占南美洲总销量的65.7%；智利销售43.4万辆，同比增长高达59.6%；阿根廷销售37.1万辆，同比增长9.7%；哥伦比亚和乌拉圭销量均低于30万辆。

5.非洲汽车市场

非洲经济发展相对落后，在各大洲中汽车销量也最低。2021年，非洲总销量75.5万辆，同比增长23.4%。其中，南非销售46.4万辆，同比增长22.0%；埃及销售29.1万辆，同比增长25.8%。

6.大洋洲汽车市场

2021年，大洋洲销售121.5万辆，同比增长17.2%。其中，澳大利亚105.0万辆，同比增长14.5%；新西兰16.5万辆，同比增长37.9%。

（二）主要国家

21世纪以来，全球汽车行业稳步发展，美国、欧洲、日本等传统汽车工业国家和地区整体发展平稳，而以中国、印度等新兴国家为代表的新兴汽车市场发展较为迅速。根据Marklines的相关统计数据，全球汽车销量从2004年的5529.07万辆增加至2018年的9265.41万辆，世界汽车市场总体走势平稳；然而，受中国汽车市场的影响，在2019年出现下行压力，同比下降3.93%。进入2020年，受新冠疫情影响，全球汽车总销量7705万辆，同比下滑13.44%，这是近年来全球车市首次出现同比两位数的下滑。其中，全年北美洲市场份额持续下跌至22%，回归到2012年的世界市场份额水平，其中美国市场份额跌至19.2%。对比之下，虽然2020年全球汽车市场受疫情影响较大，但随着下半年疫情防控成效初显以及中国市场在全球车市中突出的表现，中国汽车市场世界份额攀升至32.85%，这是继2017年首次突破31%之后的再度走高，中国市场在全球车市中的重要性再次得到展现。

总体来看，全球汽车行业已进入存量竞争市场，过去汽车市场高利润率及高增速难以再现，加之受到新冠疫情的影响，短期的增长波动与市场的不确定性将给汽车产业链各环节参与者带来生存发展的挑战，汽车市场和行业结构深度变革势在必行。随着汽车产业与新一代信息通信、新能源、新材料等技术深度融合，汽车电动化、智能化、网联化、共享化的进程明显加快，四大颠覆性趋势带来的变革性机遇正孕育着汽车大数据发展的下一个春天。

（三）重点企业

2021年全球前十汽车集团合计销售5859.4万辆，同比下降1.2%，在全球占比71.8%，较同期下降4.3个百分点，TOP10中没有中国品牌企业（见图2-4）。

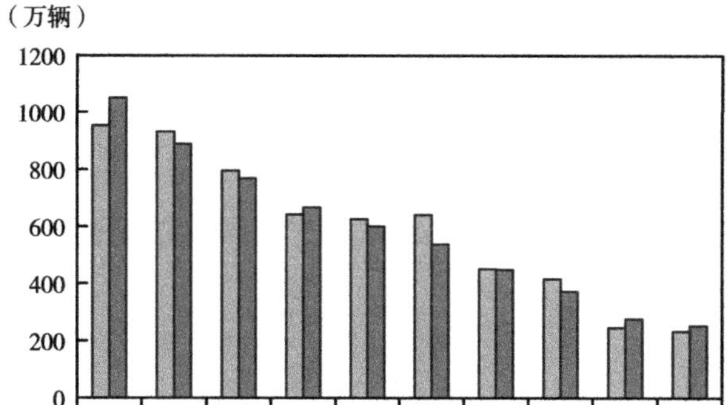

	丰田	大众	雷诺日产三菱	现代起亚	通用	斯特兰蒂斯	本田	福特	铃木	宝马
2020年	952.8	930.5	795	642	626	641.3	450	415	244.8	232.5
2021年	1050	888.2	768	666.8	600.2	538	448	372	276	252.2

图2-4 2020—2021年TOP10汽车集团销量

资料来源：全球汽车信息平台MarkLines。

TOP1：丰田。2021年，丰田集团全球销售1050.0万辆，同比增长10.2%，占全球份额为12.9%，较上年提升0.6个百分点，继续蝉联全球销量第一，进一步巩固了与其最大竞争对手德国大众相比的领先优势。在美国市场，丰田以233万辆的成绩超越通用，成为美国市场的销量冠军；在中国市场，丰田的销量增长稳健，全年销售194.4万辆，连续9年创下新高；在大众集团的大本营欧洲市场，丰田的销量达到107.6万辆，同比增长8%。

TOP2：大众。2021年，大众集团销售888.2万辆，同比下降4.5%，连续两年排名第二，创大众近10年销量新低，缺芯是销量下滑的最重要原因。大众在中国的销量达到330万辆，同比下滑14%，创8年来在华销量新低，但依旧领跑中国市场。

TOP3：雷诺日产三菱。近几年，雷诺日产三菱销量下滑较大，2021年销售768.0万辆，同比下滑3.4%，占全球份额为9.4%，较上年下降0.8个百分点，排名第三。

TOP4：现代起亚。2021年，现代起亚全球销售666.8万辆，同比增长3.9%，其中，现代汽车销售389.1万辆，同比增长3.9%，起亚销售277.7万辆，同比增长6.5%。与全球市场强劲的表现不同，在中国市场，韩系近年来销量持续下滑，2021年北京现代全年销量36.1万辆，东风悦达起亚仅销售16.3万辆。

TOP5：通用。过去十年，通用汽车销量持续下滑，2021年降至600.2万辆，同比下降4.1%。在中国市场，通用汽车以237.2万辆排在大众之后。其中，上汽通用销售133.2万辆，同比下降9.3%，上汽通用五菱在宏光MINI的拉动下表现强劲，全年销售104万辆，同比增长24.2%。

2020—2021年全球汽车集团销量前10位情况（见表2-4）。

表2-4　2020—2021年TOP10汽车集团销量

排名		集团	销量			份额		
2020年	2021年		2020年（万辆）	2021年（万辆）	同比增长（%）	2020年（%）	2021年（%）	变化（百分点）
1	1	丰田	952.8	1050.0	10.2	12.2	12.9	0.6
2	2	大众	930.5	888.2	-4.5	11.9	10.9	-1.1
3	3	雷诺日产三菱	795.0	768.0	-3.4	10.2	9.4	-0.8
4	4	现代起亚	642.0	666.8	3.9	8.2	8.2	-0.1
6	5	通用	626.0	600.2	-4.1	8.0	7.4	-0.7
5	6	斯特兰蒂斯	641.3	538.0	-16.1	8.2	6.6	-1.6
7	7	本田	450.0	448.0	-0.4	5.8	5.5	-0.3
8	8	福特	415.0	372.0	-10.4	5.3	4.6	-0.8
9	9	铃木	244.8	276.0	12.7	3.1	3.4	0.2
10	10	宝马	232.5	252.2	8.5	3.0	3.1	0.1

资料来源：全球汽车信息平台MarkLines。

二、全球经贸规则重构，汽车产业链深受影响

当前，世界经济格局深刻调整，一方面，以美国为代表的少数国家单边主义、保护主义抬头，经济全球化遭遇波折，多边贸易体制的权威性和有效性受到严重挑战；另一方面，美国、欧盟和日本等发达国家和地区积极推动全球经贸规则改革，在新一轮国际经贸规则构建中凸显全方位覆盖、多元化领域、高质量标准等特点。第一，区域贸易安排成为新一轮国际经贸规则制定的主导力量。近年来，全球范围内先后有《全面与进步跨太平洋伙伴关系协定》（CPTPP）、《日欧经济伙伴关系协定》（日欧EPA）、《美国—墨西哥—加拿大协定》（USMCA）和《欧盟—南方共同市场自贸协定》等超大自贸协定签署或完

成谈判，全球经贸秩序面临重大调整。第二，更高水平的贸易自由化、便利化成为国际经贸规则变革的新趋势，也是美、欧等国家主导的区域自贸协定的重要内容。2018年7月，日本与欧盟签署《日欧经济伙伴关系协定》，内容涉及取消关税、消除非关税壁垒等多个方面，欧盟将在未来八年内取消针对日本汽车10%的进口关税以及针对汽车零部件3%的进口关税。第三，投资规则呈现自由化便利化与保护主义并行发展态势。促进投资自由化和便利化仍是当前国际经贸规则的主流，但保护主义也花样翻新，国家安全审查、环境保护限制和各种形式的数字壁垒逐渐增多。如美国通过《外商投资风险评估现代化法案》，对现行外国直接投资安全审查机制进行修订和更新，扩大了对外国投资的审查范围和审查力度。第四，贸易保护主义向投资领域扩散，中国车企海外投资和国际化发展的阻力加大。滥用国家安全的投资审查机制等投资限制措施使得我国汽车及零部件企业在欧美发达国家投资、并购和本地化经营的难度和面临的风险增大，影响中国骨干企业国际化战略推进和国际竞争力提升。

三、技术法规日趋加严，低碳化成为全球共识

全球性气候变暖日益加剧，汽车产生的碳排放量占全球碳排放总量的三分之一。历史上首个应对气候变化的全球性协定——《巴黎协定》，持续推动各国在汽车领域实施更为严格的减排措施，进一步降低汽车对全球气候的影响。

为有效应对全球气候变化和大气污染，各国纷纷制定节能减排法规，并高度重视发展新能源汽车。欧盟和日本分别于2017年和2018年实施WLTP，实质上加严了排放要求，美国当前实施的尾气排放标准已是全球最严格的标准之一。中国2020年全面实施第六阶段机动车排放标准，同样跻身全球最严格的排放标准之列。在燃料消耗量方面，到2025年乘用车新车平均燃料消耗量达到4.0L/100km左右是国际趋势，中国的目标是下降至4L/100km；日本2030年达到25.4km/L；欧盟要求乘用车CO_2排放2025年比2021年（95g/km）下降15%，2030年下降30%；美国要求至2025年乘用车新车平均达到55.3~56.2mpg（约合4.3L/100km）。欧洲、北美、亚洲、南美的主要汽车生产国纷纷加快新能源汽车的研发推广。主要国家对推广销售新能源汽车直接给予财政补贴，并采取措施支持充电基础设施建设和运营、支持电池研发，部分地区和国家甚至提出将实施划定燃油汽车禁行区和禁售燃油汽车等较为极端的措施。

尽管欧洲、美国等各国汽车保有结构和技术特征存在一定差别，对节能

减排指标要求也不尽相同，但从整体来看，各国都通过技术标准和法规不断加严汽车燃料消耗量要求，以落实低碳化战略。受此影响，发展中国家也纷纷升级、加严本国相关标准或直接应用发达国家标准，并设定电动汽车发展目标，推出相关推广措施，这给我国汽车出口带来新的机遇和挑战。法规升级带来频繁、反复的国际产品认证，将降低汽车出口流通效率，但各国鼓励发展和推广电动车也为我国新能源汽车出口创造了新需求。

四、发达国家占据上下游，发展中国家云集中游

不管是中国加入WTO以前的2000年，还是新冠疫情发生后的2020年，全球汽车的生产和贸易依然集中在美国、日本、德国这三个汽车强国，汽车产业全球价值链的中心牢牢被美国、日本和以德国为首的欧洲发达国家占据。但以中国、印度、土耳其、捷克等为代表的新兴市场国家，汽车生产量和汽车产品贸易额迅猛增加，全球汽车产业的发展格局从发达国家垄断向多极化分散的趋势逐渐凸显（见表2-5、表2-6）。随着产业内分工的不断优化重组，汽车产业全球价值链的另一种形态——区域价值链开始不断加强。因此，汽车产业价值链的发展格局呈现为以美国为中心的北美区域价值链、以德国为中心的欧洲区域价值链和以日本为中心的亚洲区域价值链。

表2-5　　2000年、2020年全球主要汽车国汽车生产数量

国家	2000年产量（万辆）	占全球汽车产量比重（%）	2020年产量（万辆）	占全球汽车产量比重（%）
中国	206.90	3.54	2522.52	32.50
美国	1279.99	21.93	882.24	11.37
日本	1014.08	17.37	806.76	10.39
德国	552.66	9.47	374.25	4.82
韩国	311.50	5.34	350.68	4.52
印度	80.14	1.37	339.44	4.37
墨西哥	193.55	3.32	317.66	4.09
西班牙	303.29	5.20	226.82	2.92
巴西	168.15	2.88	201.41	2.59
法国	334.84	5.74	131.64	1.70

数据来源：根据OICA数据库整理计算得出。

表 2–6　　2000 年、2020 年主要汽车国汽车产品贸易数额

国家	2000 年贸易额（亿美元）	占全球总贸易比重（%）	2020 年贸易额（亿美元）	占全球总贸易比重（%）
美国	2184.65	19.45	4246.85	14.66
德国	1415.04	12.60	3828.59	13.22
日本	916.3	8.16	1686.53	5.82
中国	93.09	0.83	1465.89	5.06
墨西哥	450.21	4.01	1433.82	4.95
加拿大	913.03	8.13	1368.05	4.72
英国	660.16	5.88	1269.01	4.38
法国	685.61	6.10	1159.38	4.00
比利时	503.84	4.49	1028.79	3.55
西班牙	514.24	4.58	994.79	3.43

数据来源：根据OICA数据库整理计算得出。

（一）上、下游：欧、美、日等发达国家牢牢占据

汽车产业价值链的上游环节包括汽车产品的研发与设计、核心零部件的生产和供应。欧、美、日等发达国家的跨国汽车公司通过出色的研发设计能力和对汽车核心技术的掌握，始终稳居汽车产业价值链的上游，并借助其享誉全球的汽车品牌掌控着汽车价值链下游的营销和服务环节（如以通用、福特为代表的美系品牌和以奔驰、宝马为代表的德系品牌）。

在零部件的供应方面，发达国家汽车零部件产品与整车的产业产值比例能超过1.7∶1，但中国仅有1∶1。大型跨国汽车企业在全球范围内通过并购、合资等途径建立各自的生产供应体系，由此诞生了如德国的博世和采埃孚、日本电装和爱信精机、加拿大的麦格纳等大型全球供应商。在《美国汽车新闻》发布的全球汽车零部件配套供应商百强榜中，日本27家上榜，在上榜国家中排第一；美国21家上榜；德国18家；中国位居第四，仅有8家上榜；发展中国家中的俄罗斯无1家上榜，印度有1家。目前中国的汽车零部件供应数量巨大，但却以外围零部件为主。

在核心系统方面，欧美国家的发动机与控制系统、电喷系统、高端变速箱、芯片等在全球处于垄断技术地位。如德国的发动机电子系统和车载媒体等领域

遥遥领先；日、韩在高端变速箱、电子电控、动力电池等方面具有显著竞争力。

在智能汽车方面，ADAS高级驾驶辅助系统属于最前端。其中，毫米波雷达的核心技术牢牢掌握在博世、大陆、奥托立夫等公司手中；激光雷达的关键技术则被美国的Velodyne、美国的Quanergy和德国的Ibeo公司垄断；图像识别、编程算法的决策所需要的关键技术也集中在欧美国家的跨国汽车公司。发展中国家在智能汽车生产中用到的环境感知系统、智能决策和操作系统以及高算力核心芯片等都只能从国外进口。

（二）中游：发展中国家云集且不断往两端抬升

广大发展中国家主要集中在汽车产业价值链中游环节，大量生产汽车零部件产品和参与整车组装。它们的出口产品大多是车用玻璃、轮胎或制动盘等，这些产品大多附加值较低，且耗费很多的原材料和劳动力，而较少出口的技术含量相对较高的发动机、变速器等产品，所需的核心产品如动力电池、控制芯片、电机控制等只能依靠进口，比如中国从德国进口机动车辆及附件的占比达到32.0%，从日本进口机械车辆零部件的占比达到27.2%。

虽然广大发展中国家长期徘徊在汽车产业价值链的中游环节，但随着生产能力的提升，开始借鉴、学习，进行产品研发和自主品牌建设。比如印度的TATA，俄罗斯的伏尔加，中国的东风、吉利、比亚迪、一汽、上汽、广汽等品牌。同时，中国也积极推进零部件国产化替代进程，一部分细分领域的自主零部件已经崭露头角甚至小有突破，少数优质厂商已经走出海外扩大规模，比如福耀玻璃在全球多地设厂，中信戴卡是全球最大的汽车铝制轮毂供应商。

在新能源汽车领域，中国具备先发优势，2016—2020年中国新能源乘用车销量占比由1.0%增长至5.8%。中国也在大力研发动力电池等核心零部件，与日、韩一起成为全球锂离子动力电池的主要供应商。同时，积极研发具备更多安全性能的磷酸铁锂电池，由此出现了大批知名企业，如宁德时代、比亚迪等，它们的应用市场也在不断增大。

在汽车的后发市场上，广大发展中国家也在大力探索，它们将电子芯片技术、互联网技术应用到汽车零部件产品上。这一系列的举措使得发展中国家向汽车价值链两端抬升的趋势明显。

第二节　新冠疫情前全球汽车市场主要特征

新冠疫情对汽车市场产生了较大影响，市场数据产生了巨大波动，因此，我们有必要剔除疫情因素的影响，系统观察疫情前全球汽车市场时空分布的主要特征。

回到疫情（2020年）以前，随着全球汽车产业快速发展，汽车保有量保持快速增长，汽车产业在各国经济中的地位越来越突出，逐渐成为各主要汽车生产国的支柱产业，并极大地推动了全球经济发展和社会进步。进入21世纪以来，在经济全球化和技术进步不断加快的背景下，全球汽车产业保持增长态势，成为拉动全球经济增长的强劲动力。近年来，伴随“制造业回归”和“制造业升级”双向战略的实施，世界各国都对以汽车工业为代表的先进制造业重新布局。为深入和全面地分析全球各主要区域、重点国家汽车市场的空间分布和时间变化特征，本书通过两个维度进行解构：一是地理空间维度（总体、主要地区、重点国家），二是时间纵向维度（2005—2019年）。总体来看，全球汽车销售放缓、需求回落，市场增速“不进反退”，亚洲汽车销售份额大、增速快，亚美欧“三足鼎立”。从具体区域来看，亚洲的东亚份额独大、增长迅速，西亚市场份额下降明显；美洲的北美洲份额大，但饱和度高，南美洲销量增速较快；欧洲的市场主要分布在西欧、中欧、南欧，市场饱和度高、增长停滞；非洲的市场集中在南非、北非，除北非外其余地区均下降；大洋洲市场简单、稳定，澳大利亚占据销量主体地位。从重点国家来看，2019年全球汽车销量大于10万辆的国家有56个，销量超过百万级别的有17个，汽车销量超过千万级别的仅有2个，分别是中国（2577万辆）、美国（1748万辆）；对比2005年，在2019年汽车销量大于100万辆的17个国家中，有12个国家实现正增长，有5个国家汽车销售为负增长。

一、全球总体特征

（一）全球汽车销售放缓、需求回落，市场增速“不进反退”

2005—2019年，全球汽车销售呈现“增减、增减”形态，整体上呈上扬态势，全球汽车销售从2005年的6591.65万辆，增长到2019年的9131.48万辆，增速在2010年达到峰值，该年同比增速为14.3%，销量在2017年达到区间最大值，该年全球汽车总销量为9570.5万辆。从2010年以来，全球汽车销售保持增长趋势，然而2018年受全球经济回升乏力、国际金融市场波动、市场需求疲软、贸易保护主义升温、英国脱欧带来的不确定性增加以及中国汽车市场下滑等因素的影响，全球汽车销售出现2010年以来首次下滑，全年汽车销售9508.8万辆，同比下降0.6%。2019年，全球汽车销售进一步下滑，全年汽车销售总量为9131.48万辆，降幅进一步扩大，同比下降4.0%。同时，"一带一路"沿线国家基本与全球汽车销量的增速保持一致，15年间"一带一路"国家在全球汽车的份额基本维持不变（见表2-7、图2-5）。

表 2-7　　2005—2019 年全球汽车销售总量及增速情况

年份	总销量（辆）	增长（%）
2005	65916494	—
2006	68346276	3.7
2007	71555699	4.7
2008	68308295	–4.5
2009	65563629	–4.0
2010	74966023	14.3
2011	78165420	4.3
2012	82125138	5.1
2013	85602636	4.2
2014	88334198	3.2
2015	89681208	1.5
2016	93852587	4.7
2017	95704975	1.9
2018	95087988	–0.6
2019	91314831	–4.0

数据来源：OICA。

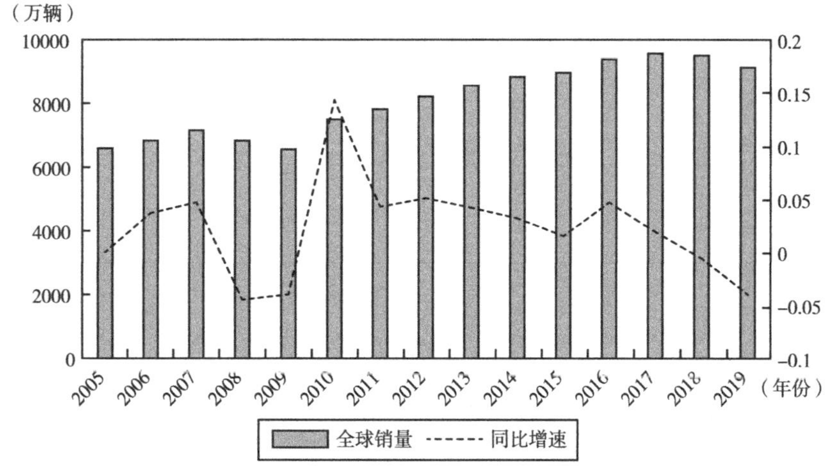

图2–5　2005—2019年全球汽车销售总量及增速情况

2018年全球主要地区汽车市场出现负增长（见表2–8）。分地区来看，亚洲仍然是汽车需求量最大的区域。2018年亚洲（含大洋洲）销量合计约为4741万辆，占全球汽车总销量的49.9%。其中，中国销量占全球汽车销量的比重接近30%。受中国汽车市场下滑影响，亚洲销量同比下降1.9%。北美洲是第二大汽车销售区域，受加拿大、墨西哥销量下滑影响，2018年北美三国汽车销售2111万辆，同比小幅下降0.1%。其中，受大规模减税政策影响，美国汽车销售1770万辆，同比微增0.9%，市场需求从轿车转向皮卡和SUV的趋势仍在继续。欧洲是第三大汽车销售区域，受英国脱欧带来的不确定性、全球统一轻型车排放测试规程（WLTP）正式实施等影响，2018年欧洲汽车销量2070万辆，同比下降0.3%。其中，英国汽车销量273万辆，同比下降6.1%，意大利汽车销量下滑3.2%，德国汽车销量增长0.3%，比2017年回落2.4个百分点，法国、俄罗斯、西班牙等国不同程度地增长。南美洲和非洲总体汽车销售规模较小，2018年销量分别占全球总销量的4.8%和1.3%，较2017年分别增长6.3%和8.6%。

表2–8　　2018年全球主要国家汽车销售情况

国家 / 地区	销量（万辆）	增长（%）	占比（%）
亚洲/大洋洲/中东	4741	–1.9	49.9
中国	2808	–2.8	29.5
日本	527	0.7	5.6
印度	440	8.4	4.6

续表

国家 / 地区	销量（万辆）	增长（%）	占比（%）
韩国	183	-0.2	1.9
印度尼西亚	115	7.8	1.2
澳大利亚	112	-5.69	1.2
泰国	109	8.0	1.1
北美洲	2111	-0.1	22.2
美国	1770	0.9	18.6
加拿大	199	-2.6	2.1
墨西哥	142	-7.1	1.5
欧洲	2070	-0.3	21.8
德国	382	0.3	4.0
英国	273	-6.1	2.9
法国	263	3.3	2.8
意大利	212	-3.2	2.2
俄罗斯	182	9.9	1.9
西班牙	156	9.0	1.6
南美洲	460	6.3	4.8
巴西	247	13.6	2.6
阿根廷	77	-10.3	0.8
智利	42	13.1	0.4
非洲	124	8.6	1.3
南非	55	0.9	0.6
全球合计	9506	-0.6	100.0

数据来源：OICA。

（二）亚洲汽车销售份额大、增速快，亚美欧“三足鼎立”

从2005—2019年全球重点区域汽车销量的变化来看，各地区汽车销量增长程度各有不同（见表2-9、图2-6）。其中，汽车销量增长最快的是亚洲地区，销量从2005年的2003.53万辆增长到2019年的4333.54万辆，增幅高达116.3%；汽车销量唯一出现下降且波动较大的地区是欧洲，销量曾经从2005年的2031.3万辆增长到2007年的2237.07万辆，金融危机后汽车销量开始不断下降，到2013年汽车销量下降至最低点1743.15万辆，此后不断上升，2019年汽车销量上升至2029.64万辆，但仍低于2005年该地区的销量规模。美洲、非洲、大洋洲地区总体变化不大，2019年汽车销量规模比2005年增长幅度极小。

表 2-9　2005—2019 年全球主要地区汽车销售的变化一览表　单位：辆

年份	亚洲	欧洲	美洲	非洲	大洋洲
2005	20035260	20312998	23338854	1113017	1116365
2006	21381182	21207969	23356675	1314275	1086175
2007	23076514	22370663	23609065	1321974	1177483
2008	23681362	21337142	20902901	1255851	1131039
2009	27821659	18063406	17497045	1158774	1022745
2010	34842770	18020455	19719981	1251221	1131596
2011	35183826	18851222	21578039	1446927	1105406
2012	37836673	17823295	23670893	1569463	1224814
2013	40227091	17431544	25030005	1653587	1260409
2014	42130481	17759617	25475531	1717921	1250648
2015	43137809	18006261	25688159	1549556	1299423
2016	46549334	19105413	25549212	1314463	1334165
2017	48003111	19753994	25453354	1137481	1357035
2018	46818356	20036193	25712290	1235507	1285642
2019	43335393	20296396	25309176	1177247	1196619

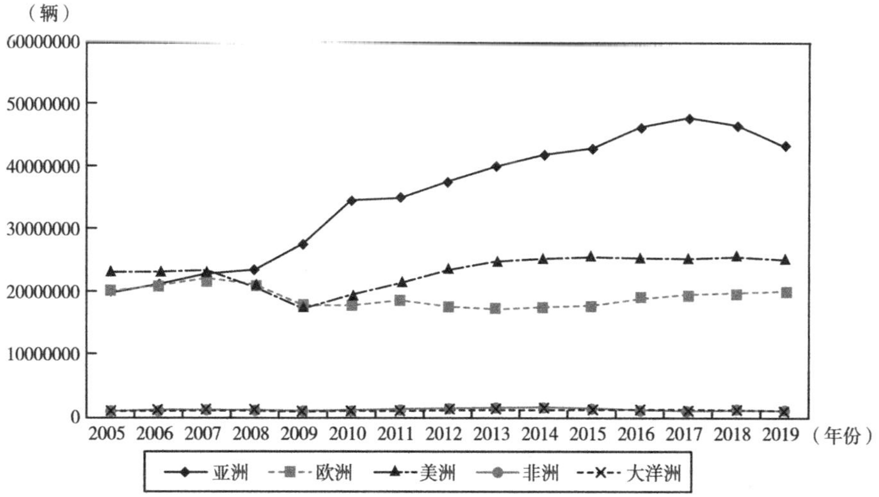

图2-6　2005—2019年全球主要地区的汽车销售变化情况

从2005年、2019年全球重点区域汽车销量的市场份额来看（见图2-7），全球汽车市场份额主要被亚洲、美洲、欧洲占据，2019年亚洲、美洲、欧洲合计销量占全球的98%，全球汽车市场规模（销量）从大到小的地区依次为亚洲（4333.54万辆）、美洲（2530.92万辆）、欧洲（2029.64万辆）、大洋洲（119.66万辆）、非洲（117.72万辆）。亚洲地区汽车销量市场份额变化最大，该地区2019年市场份额占据全球近“半壁江山”，市场份额从2005年的30%，扩张至2019年的48%；美洲地区市场份额从2005年全球最大的35%，缩减至2019年的28%；欧洲地区市场份额从2005年31%，缩减至2019年的22%；大洋洲和非洲地区市场份额均从2005年的2%，缩减至2019年的1%。

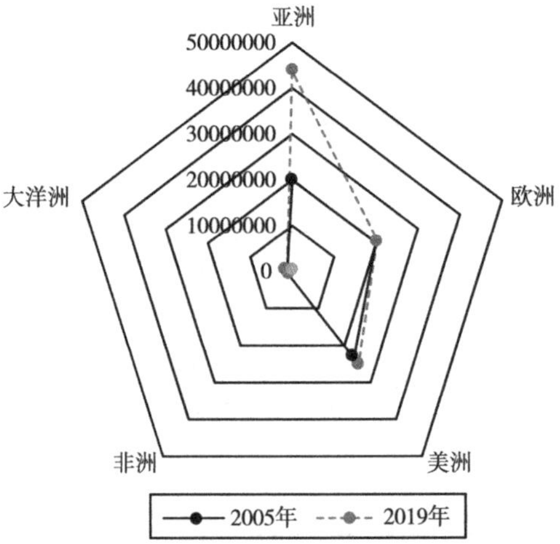

图2-7　2005年、2019年全球主要地区的汽车销售市场对比（辆）

二、主要区域特征

（一）亚洲：东亚份额独大、增长迅速，西亚市场份额下降明显

从2005—2019年亚洲各地区汽车销量的变化来看，各地区汽车销量增长程度各有不同（见表2-10）。其中，汽车销量增长最快的是南亚地区，销量从2005年的161.29万辆增长到2019年的403.48万辆，增幅高达150.2%；其次，东亚地区汽车销量增速也高达149.5%；汽车销量唯一出现下降且波动较大的地区是西亚地区，销量曾经从2005年的302.04万辆增长到2011年的最高值428.04万辆，但是从2017年开始汽车销量快速下降，2019年销量下降至15

年间的最低点261.38万辆，相比2005年销量下降了13.6%；东南亚、中亚地区2019年汽车销量规模相比2005年增长幅度分别为68.6%和88.8%。

表2-10　　2005—2019年亚洲各地区汽车销售的变化一览表　　单位：辆

年份	东亚	南亚	西亚	东南亚	中亚	合计
2005	13238593	1612862	3020383	2070610	92812	20037265
2006	14475636	1944236	3066728	1797712	96870	21383188
2007	15698483	2189130	3173699	1912111	103091	23078521
2008	15935497	2147353	3316380	2165332	116800	23683370
2009	19981942	2385965	3371033	1961369	121350	27823668
2010	24834494	3197744	4142546	2566286	101700	34844780
2011	24644156	3462997	4280483	2672032	124158	35185837
2012	26534520	3768264	3816413	3546445	171031	37838685
2013	29221658	3400580	3729315	3636538	239000	40229104
2014	31069687	3347687	4221133	3254313	237661	42132495
2015	31864291	3677424	4259128	3165397	171569	43139824
2016	35131722	3924772	4163916	3216612	112312	46551350
2017	36425301	4326741	3599024	3486039	166006	48005128
2018	35648546	4689214	2684090	3627194	169312	46820374
2019	33016018	4034822	2613831	3495498	175224	43337412

从2005年、2019年亚洲各地区汽车销量的市场份额来看，亚洲汽车市场份额主要被东亚地区占据（见图2-8）。2019年东亚地区销量占亚洲的76%，市场份额从大到小的地区依次为东亚（76%）、南亚（9%）、东南亚（8%）、西亚

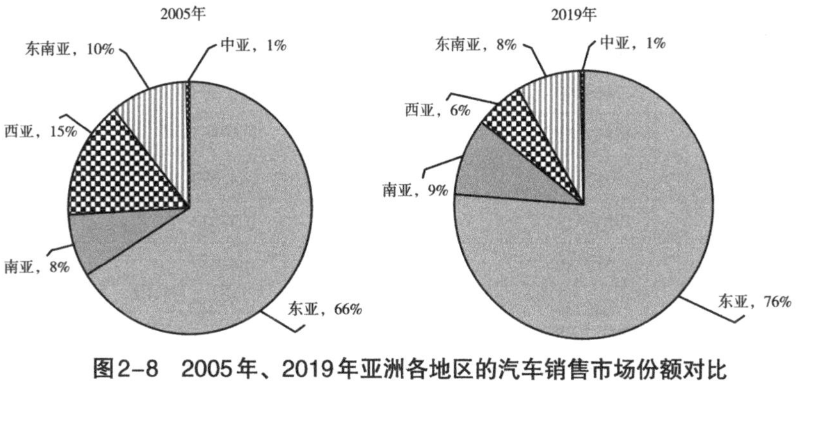

图2-8　2005年、2019年亚洲各地区的汽车销售市场份额对比

（6%）、中亚（1%）。东亚地区汽车销量市场份额从2005年的66%不断扩张至2019年的76%；西亚地区市场份额从2005年的15%大幅缩减至2019年的6%；东南亚地区市场份额从2005年10%小幅缩减至2019年的8%；南亚地区市场份额从2005年的8%略微上升至2019年的9%；中亚地区市场份额基本维持在1%左右的低市场容量。

（二）美洲：北美洲份额大，但饱和度高，南美洲销量增速较快

从2005—2019年美洲各地区汽车销量的变化来看，各地区汽车销量均有增长，但增长程度各有不同（见表2-11、图2-9）。其中，汽车销量增长最快的是南美洲地区，销量从2005年的278.96万辆增长到2019年的417.66万辆，增幅达50%，该地区汽车销量在2013年达到峰值（594.93万辆）；中美洲地区汽车销量略有增长，该地区波动较大，汽车销量在2016年达到峰值（203.45万辆），在2009年降到谷底（104.42万辆），2019年比2005年的增幅为13.7%；北美洲地区市场规模大，但市场饱和度较高，销量增速极为缓慢，该地区2019年汽车销量规模相比2005年仅仅增长2%左右。

表2-11　2005—2019年美洲各地区汽车销售的变化一览表　单位：辆

年份	北美洲	南美洲	中美洲	合计
2005	19074471	2789647	1474736	23338854
2006	18714989	3156957	1484729	23356675
2007	18150660	3993703	1464702	23609065
2008	15166687	4356068	1380146	20902901
2009	12083600	4369238	1044207	17497045
2010	13355607	5270719	1093655	19719981
2011	14660834	5683405	1233800	21578039
2012	16502114	5835404	1333375	23670893
2013	17663966	5949342	1416697	25030005
2014	18733851	5234315	1507365	25475531
2015	19785141	4159120	1743898	25688159
2016	19849518	3665181	2034513	25549212
2017	19589320	4020198	1843836	25453354
2018	19686394	4303869	1722027	25712290
2019	19455859	4176562	1676755	25309176

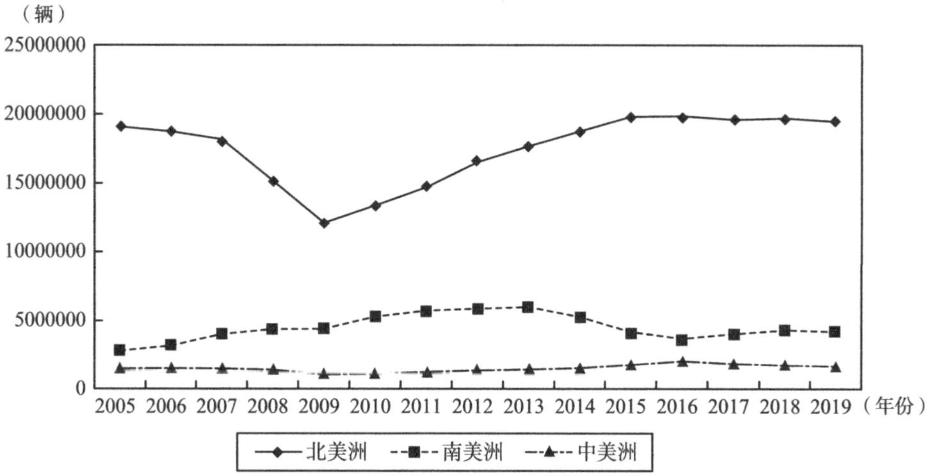

图2-9 2005—2019年美洲各地区的汽车销售变化情况

从2005年、2019年美洲各地区汽车销量的市场份额来看，美洲汽车市场份额主要被北美洲地区占据（见图2-10）。2019年北美洲地区汽车销量占美洲大陆的77%，市场份额从大到小的地区依次为北美洲（71%）、南美洲（16%）、中美洲（7%）。2019年与2005年相比，美洲各地区的汽车销售市场份额变化不大：北美洲地区市场份额出现一定下降，从2005年的82%缩减至2019年的77%；南美洲地区汽车销量市场份额有一定上升，从2005年的12%不断扩张至2019年的16%；中美洲地区市场份额略有上升，从2005年的6%轻微上升至2019年的7%。

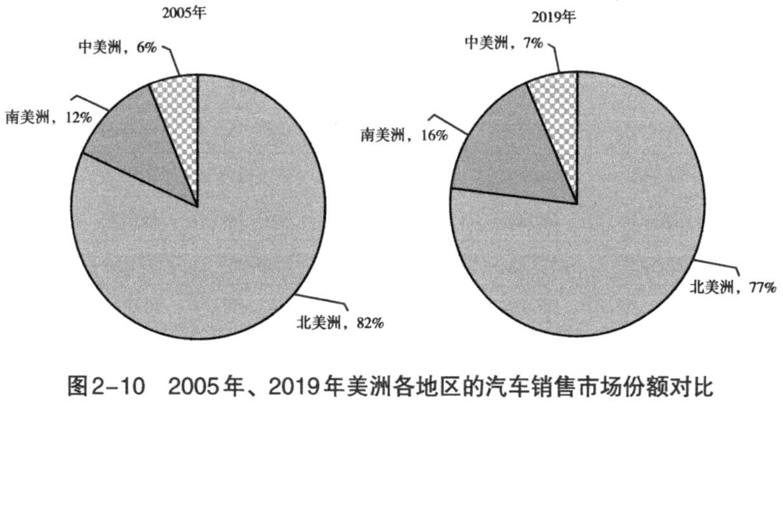

图2-10 2005年、2019年美洲各地区的汽车销售市场份额对比

（三）欧洲：市场主要分布于西、中、南欧，饱和度高、增长停滞

整个欧洲大陆的汽车销售市场饱和度均很高，销量几乎停滞不前。从2005—2019年欧洲各地区汽车销量的变化来看，各地区汽车销量变化不大，但升降表现各异（见表2-12、图2-11）。其中，只有中欧、北欧的汽车销量略有增长，而西欧、南欧、东欧地区汽车销量出现不同程度的下降。中欧地区，销量从2005年的497.95万辆增长到2019年的596.96万辆，增幅为19.9%；北欧地区汽车销量规模较小，2005年不足百万辆，销量从2005年的86.88万辆增长到2019年的104.08万辆，增幅为19.9%；南欧地区汽车销量下降明显且波动较大，销量曾经从2005年的551.39万辆下降到2019年的最高值447.39万辆，汽车销量在2007年达到峰值（596.17万辆），在2013年降到谷底（266.95万辆），2019年比2005年的增幅为18.9%；西欧地区市场规模最大，但几乎没有变化，销量从2005年的679.06万辆略微下降到2019年的675.64万辆；东欧地区市场规模也变化不大，销量从2005年的216.02万辆略微下降到2019年的205.56万辆，降幅为4.8%。

表2-12　2005—2019年欧洲各地区汽车销售的变化一览表　单位：辆

年份	西欧	中欧	南欧	东欧	北欧	合计
2005	6790622	4979475	5513898	2160157	868846	20312998
2006	6722931	5175382	5665427	2742652	901577	21207969
2007	6925704	4982370	5961726	3566582	934281	22370663
2008	6560939	4973518	4996449	3988784	817452	21337142
2009	6048801	5367181	4208141	1827058	612225	18063406
2010	6306248	4568025	3996488	2349849	799845	18020455
2011	6365261	4932988	3457831	3207349	887793	18851222
2012	5934593	4805055	2760962	3485176	837509	17823295
2013	5969642	4646643	2669528	3316393	829338	17431544
2014	6218844	4816086	3049193	2790298	885196	17759617
2015	6701487	5135605	3609000	1588798	971371	18006261
2016	6923579	5459259	4086416	1583799	1052360	19105413
2017	6794610	5681474	4337406	1872120	1068384	19753994
2018	6738033	5739434	4475654	2063311	1019761	20036193
2019	6756411	5969641	4473889	2055614	1040841	20296396

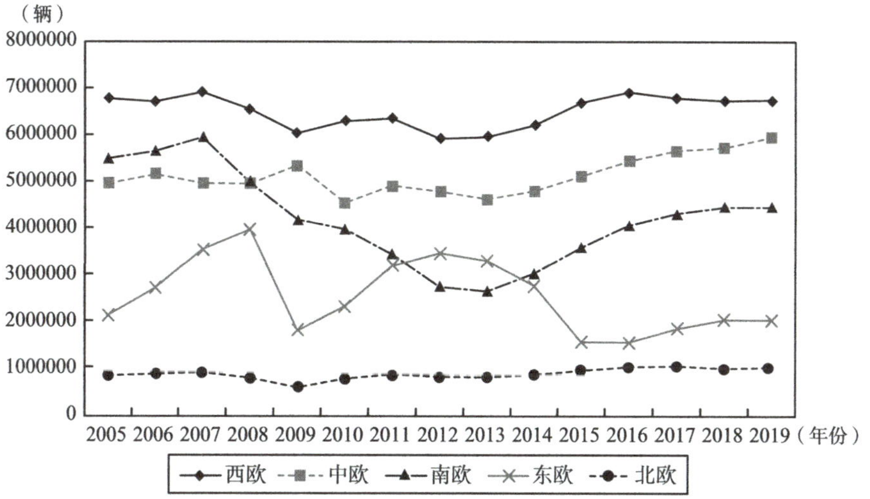

图2-11　2005—2019年欧洲各地区的汽车销售变化情况

从2005年、2019年欧洲各地区汽车销量的市场份额来看，各地区市场份额较为稳定、变化不大（见图2-12）。欧洲汽车市场份额主要被西欧、中欧、南欧三个地区占据，三个地区2019年销量占欧洲的85%，2019年市场份额从大到小的地区依次为西欧（33%）、中欧（30%）、南欧（22%）、东欧（10%）、北欧（5%）。中欧地区汽车销量市场份额上升最多，从2005年的25%扩张至2019年的30%；南欧地区市场份额下降最多，从2005年的27%缩减至2019年的22%；东欧亚地区市场份额从2005年11%小幅缩减至2019年的10%；北欧地区市场份额从2005年的4%略微上升至2019年的5%；市场份额最大的西欧地区没有变化，2019年、2005年均维持在33%的市场占有率。

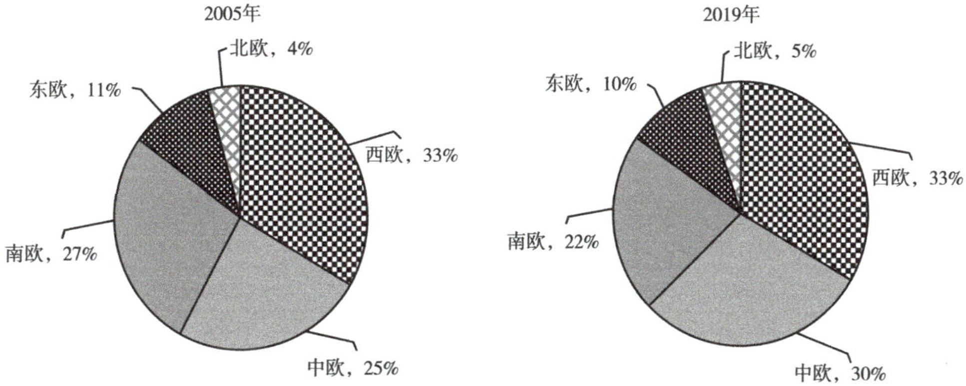

图2-12　2005年、2019年欧洲各地区的汽车销售市场份额对比

(四)非洲：市场集中在南非、北非，除北非外其余地区均下降

从2005—2019年非洲各地区汽车销量的变化来看，除北非地区外其余各地区汽车销量均有不同程度的下降（见表2-13、图2-13），其中，汽车销量唯一实现增长的是北非地区，销量从2005年的36.75万辆增长到2019年的53.38万辆，15年间增幅为45.3%，但是呈现明显的“先升后降”的倒“V”字形，峰值出现在2014年的86.22万辆；南非地区汽车销售市场规模体量大，但是2005—2019年为负增长，降幅为13.5%，整体上是在55万—75万辆的区间内震荡下行；西非地区波动较大，销量从2005年的3.71万辆下降至2007年的谷底2.92万辆，2009年暴增至6.94万辆，随后震荡上行，在2014年达到销售峰值的8.14万辆，紧接着次年出现“腰斩”，最后震荡至2019年的3.35万辆，相比2005年销量下降了9.7%；尤为值得注意的是，东非、中非地区汽车销售不但体量很小、波动很大，呈现明显的“先升后降”的倒“V”字形，而且15年间汽车销量下降明显，2019年比2005年下降幅度分别为28%和21%。

表2-13　2005—2019年非洲各地区汽车销售的变化一览表　单位：辆

年份	南非	北非	西非	东非	中非	合计
2005	686013	367514	37100	14000	8390	1113017
2006	784447	453468	53500	13500	9360	1314275
2007	738177	529687	29200	15600	9310	1321974
2008	594766	607585	29900	14500	9100	1255851
2009	460061	604263	69350	15000	10100	1158774
2010	569662	602759	56100	13300	9400	1251221
2011	635909	719718	66900	15000	9400	1446927
2012	704570	753273	79210	20510	11900	1569463
2013	733818	803109	79130	25230	12300	1653587
2014	738061	862160	81400	24600	11700	1717921
2015	691046	785610	39500	22800	10600	1549556
2016	614053	624410	46300	20200	9500	1314463
2017	611117	479984	31376	9385	5619	1137481
2018	616503	560510	40906	11725	5863	1235507
2019	593192	533812	33527	10087	6629	1177247

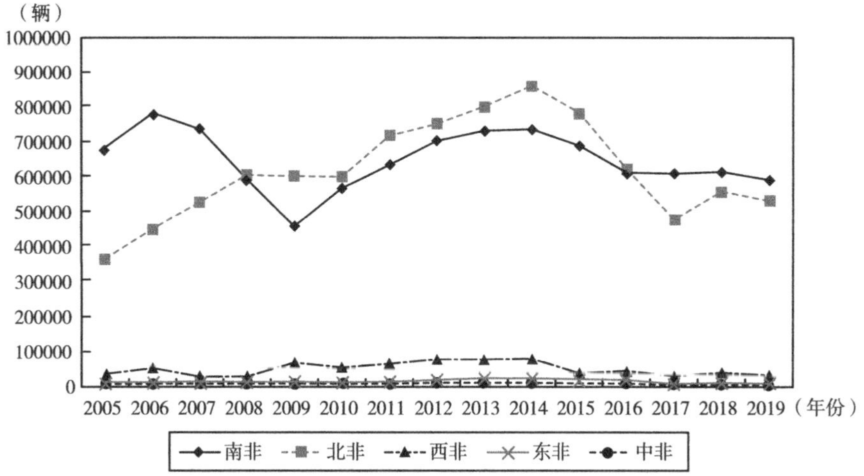

图2-13 2005—2019年非洲各地区的汽车销售变化情况

从2005年、2019年非洲各地区汽车销量的市场份额来看（见图2-14），非洲汽车市场份额主要被集中在南非、北非地区，两者合计销量占非洲大陆高达95%，2019年市场份额从大到小的地区依次为南非（50%）、北非（45%）、西非（3%）、东非（不足1%）、中非（不足1%）。北非地区汽车销量的市场份额迅速扩张，从2005年的33%不断扩张至2019年的45%；南非地区市场份额下降明显，从2005年的62%大幅缩减至2019年的50%；西非、东非、中非地区市场份额很小，西非地区市场份额15年间略有下降，但维持在3%以上，东非地区市场份额从2015年的1%以下，下降至2019年的不足1%，中非地区市场份额始终处于不足1%的低市场容量。

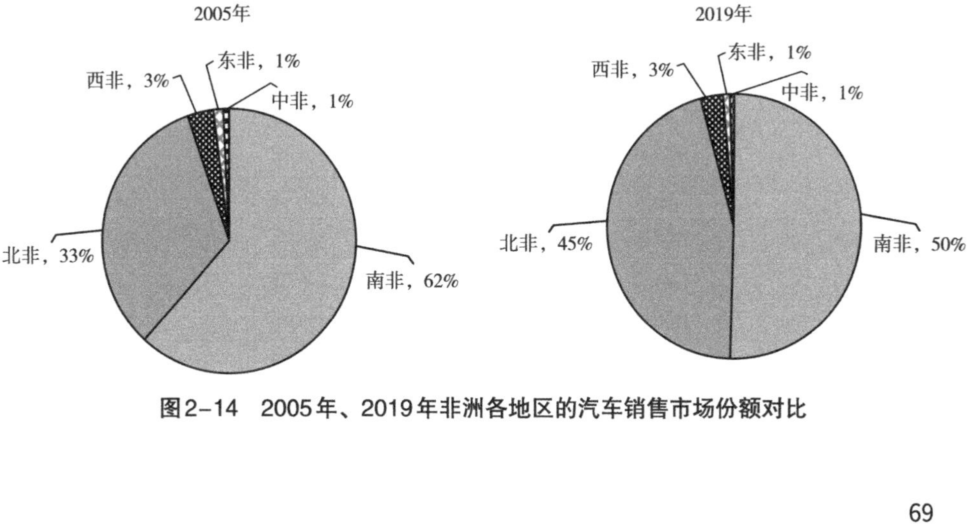

图2-14 2005年、2019年非洲各地区的汽车销售市场份额对比

（五）大洋洲：澳大利亚占据销量主体地位，市场简单、稳定

大洋洲地区汽车销量的主要由澳大利亚、新西兰、新喀里多尼亚三个国家构成，市场份额主要被集中在澳大利亚，澳大利亚销量占大洋洲的比重高达86.5%。从2005—2019年大洋洲地区汽车销量的变化来看（见表2-14、图2-15），15年间大洋洲整体销量略有增长（7.2%），其中，作为大洋洲汽车销量绝对巨头的澳大利亚略有增长，销量从2005年的98.83万辆增长到2019年的103.44万辆，15年间增幅为4.7%，峰值出现在2017年的118.91万辆；新西兰汽车销售实现正增长，2005—2019年呈现明显的“先降后升”的“V”字形，销量从2005年的11.74万辆不断下降至2009年的谷底7.32万辆，随后震荡上行，2019年为15.45万辆，相比2005年销量上升了31.6%；值得注意的是，新喀里多尼亚汽车销售不但体量很小，且2015年后汽车销量下降明显。2019年大洋洲地区市场份额从大到小依次为澳大利亚（86.5%）、新西兰（12.9%）、新喀里多尼亚（0.6%）。澳大利亚汽车销量市场份额略有下降，从2005年的88.5%下降至2019年的86.5%；新西兰市场份额略有扩张，从2005年的10.5%上升至2019年的12.9%。

表2-14　　2005—2019年大洋洲汽车销售的变化一览表　　单位：辆

年份	大洋洲	澳大利亚	新西兰	新喀里多尼亚
2005	1116365	988269	117426	10670
2006	1086175	962666	112211	11298
2007	1177483	1049982	115041	12460
2008	1131039	1012165	106190	12684
2009	1022745	937328	73202	12215
2010	1131596	1035574	83250	12772
2011	1105406	1008437	84143	12826
2012	1224814	1112032	100795	11987
2013	1260409	1136227	113294	10888
2014	1250648	1113230	126508	10910
2015	1299423	1155408	134041	9974
2016	1334165	1178133	146753	9279
2017	1357035	1189116	159363	8556
2018	1285642	1121396	156032	8214
2019	1196619	1034379	154479	7761

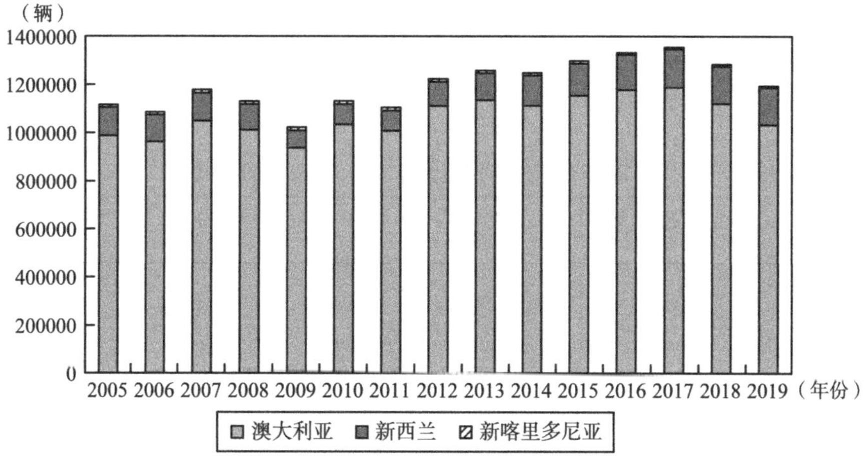

图2-15　2005—2019年大洋洲汽车销售结构及变化情况

三、重点国家情况

从2005—2019年全球汽车销量的重点国家来看，2019年全球汽车销量大于10万辆的国家有56个，汽车销量大于20万辆的国家有39个，汽车销量大于50万辆的国家有24个，汽车销量超过百万辆级别的国家有17个，汽车销量超过千万辆级别的国家仅有2个，分别是中国（2576.87万辆）、美国（1748万辆）。2005年，全球汽车销量大于10万辆的国家有51个，汽车销量大于20万辆的国家有39个，汽车销量大于50万辆的国家有24个，汽车销量超过百万辆级别的国家有14个，汽车销量超过千万辆级别的国家仅有1个，是美国（1744万辆）。2005年全球汽车销售排名中，排名第1的美国比排名第2的日本多销售1159万辆，比排名第3的中国多销售1169万辆；而2009年中国汽车销量1364.48万辆，超越同年美国的1060.14万辆，跃居世界第1；此后，中国汽车销量连续十年稳居全球第一的宝座，到2019年中国汽车销量2576.87万辆，比美国多销售828多万辆。

在2019年汽车销量大于100万辆的17个国家中，对比2005年，有12个国家实现正增长，15年间汽车销售数量增长最多的是中国，中国15年间增长超过2000万辆，其次为印度（+237.64万辆）、巴西（+107.32万辆）、韩国（+64.99万辆）、印度尼西亚（+50.91万辆）；有5个国家汽车销售为负增长，依次为日本（–65.68万辆）、西班牙（–45.82万辆）、意大利（–36.35万辆）、英国（–15.12万辆）、俄罗斯（–2.78万辆）。

在2019年汽车销量大于100万辆的17个国家中，亚洲、欧洲数量最多，均有6个国家；北美洲有3个国家，南美洲、大洋洲各有1个国家，非洲没有国家汽车销量大于100万辆（见表2-15）。

表2-15　2019年全球汽车销量大于100万辆的国家一览表　单位：辆

排名	国家	洲名	2019年	2005年	15年增长数量
1	中国	亚洲	25768677	5758189	20010488
2	美国	北美洲	17480004	17444329	35675
3	日本	亚洲	5195216	5852034	-656818
4	德国	欧洲	4017059	3614886	402173
5	印度	亚洲	3816891	1440455	2376436
6	巴西	南美洲	2787850	1714644	1073206
7	法国	欧洲	2693977	2598183	95794
8	英国	欧洲	2676918	2828127	-151209
9	意大利	欧洲	2131916	2495436	-363520
10	加拿大	北美洲	1975855	1630142	345713
11	韩国	亚洲	1795134	1145230	649904
12	俄罗斯	欧洲	1778841	1806625	-27784
13	西班牙	欧洲	1501260	1959488	-458228
14	墨西哥	北美洲	1359671	1168508	191163
15	印度尼西亚	亚洲	1043017	533917	509100
16	澳大利亚	大洋洲	1034379	988269	46110
17	泰国	亚洲	1007552	692506	315046

第三节　新冠疫情下全球新能源汽车市场趋势

在“双碳”目标大趋势与新冠疫情持续的影响下，2021年全球新能源汽车销量达689万辆，同比增长1.1倍，增量达到历史最高水平。分车型来看，纯电动车型依旧占据主力，插电式混合动力车型市场开始发力。分区域来看，以东亚、欧洲、北美为主的全球区域发展格局基本形成，中、德、美、英、法等国新能源汽车销量分别完成352.1万辆、69.1万辆、67.3万辆、32.6万辆、32.1万辆，位列新能源汽车销量前五。其中，中国新能源汽车销量实现了大爆发，

2021年销量同比增长了1.6倍，占全球新能源汽车总销量的53.3%，连续七年位居全球第一，中国新能源汽车市场的发展速度超出了产业界的预计。当前新一轮科技革命和产业变革进入加速突破期，欧美等主要国家持续加大对新能源汽车产业的扶持力度，并强化新技术研发，注重本土产业链布局，全球新能源汽车市场竞争正扩展至产业链、技术链、价值链等各领域。

一、概况：市场高速增长，规模不断扩大

（一）市场销售量与渗透率“双倍增”

2021年，全球新能源汽车市场持续大幅增长，全年销量达689万辆，同比增长110%，增量达360.6万辆，达到历史最高水平。截至2021年年底，全球新能源汽车累计销量超过1800万辆，全球新能源汽车市场渗透率快速提高，由2009年的不足0.1%提升至2021年的8.3%，比2020年提升4.1个百分点，近乎翻了一番（见图2-16）。

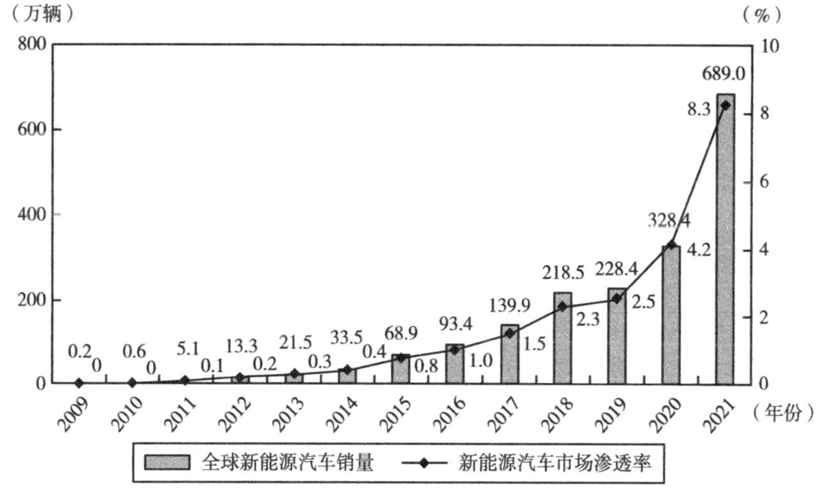

图2-16 2009—2021年全球新能源汽车销量及市场渗透率

（二）BEV与PHEV市场份额“七三开”

新能源汽车从动力类型看主要有三类，分别为纯电动汽车（Battery Electric Vehicle，BEV）、插电式混合动力汽车（Plug-in hybrid electric vehicle，PHEV）、燃料电池汽车（Fuel Cell Electric Vehicle，FCEV）。全球新能源汽车市场一直

以纯电动汽车为主，且市场份额呈现稳步增长态势。近年来，伴随沃尔沃、标致、雷诺、大众等欧系企业加紧插电式混合动力汽车布局，中系企业理想ONE、秦Plus DM-i、宋Plus DM-i等插电式混合动力车型实现量产，全球插电式混合动力汽车销量占比开始回升，2021年全球纯电动汽车、插电式混合动力汽车、燃料电池汽车销量分别为494.9万辆、192.3万辆和1.7万辆，同比分别增长117%、93%和76%，市场份额分别为71.9%、27.9%和0.2%，PHEV占比较2019年25%的最低水平回升约3个百分点（见图2-17）。

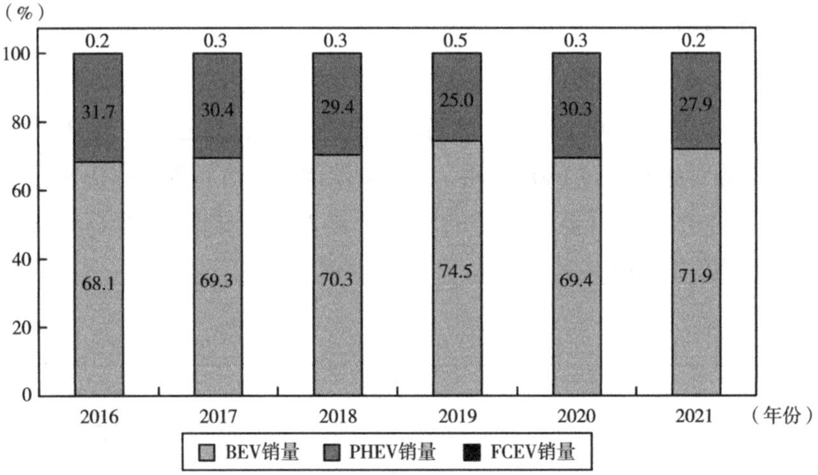

图2-17　2016—2021年全球新能源汽车动力类型分布

（三）乘用车市场份额持续走高、结构分化

从车辆类型分布来看，2021年全球新能源乘用车、商用车销量分别达652.2万辆和26.3万辆，同比分别增长108%和119%，市场份额分别为95.8%和4.2%。新能源乘用车市场份额持续提升，由2016年77.4%上升至2021年95.8%（见图2-18）。

从全球新能源乘用车车型级别分布来看，2019年及之前，A级及以下乘用车持续占据主要地位；2020年后，A00级、A级和B级市场增量突出。2021年，在全球新能源乘用车中，A00级新能源乘用车销量为126.1万辆，同比增长127%，占新能源乘用车销量的比例达19%，较2020年同期增长1个百分点，宏光MINI EV、雷诺Zoe、奇瑞eQ、欧拉R1等微型车持续受到市场欢迎。随着大众ID.3/ID.4、起亚e-Niro、日产Leaf在欧洲、美国、中国等主要市场上量，以及比亚迪秦Plus DM-i/宋Plus DM-i等新车上市，2021年A级新能源乘用车销量达212.9万辆，同比增长124%，占比达33%，较2020年同期增长3个百分点。特斯拉Model 3/Model Y等明星车型的持续热销，带动2021年B级新能源乘用车销量达187.8万辆，同比增长104%，占比达29%，与2020年市场份额基本持平。

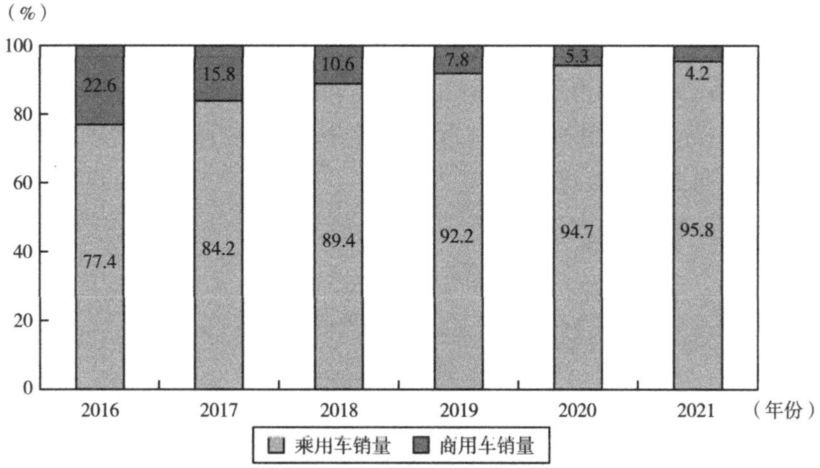

图2-18 2016—2021年全球新能源汽车车型分布

将汽车划分成A00、A0级、A级、B级、C级、D级是德国汽车界的一种车型划分方式，并不是世界通用的划分标准，它们之间也没有严格的规定，这种分级的方法主要依据汽车轴距、排量、重量等参数划分，字母顺序越靠后，该级别车的轴距越长，排量和重量越大，豪华程度也不断提高。目前，新能源汽车等级划分也沿用了传统汽车的这种划分方法。例如：A00级，这种级别的车就是最小的，被称为微型轿车，轴距为2—2.2米；A0级，这个级别的电动汽车轴距一般为2.3—2.45米；A级，轴距一般为2.45—2.65米；B级，该级别的电动汽车轴距可以达到2.6—2.75米；C级，属于豪华乘用车，轴距不小于2.8米；D级，由于车辆耗电量会迅速增加到难以接受的程度，目前基本很少有D级新能源汽车。

二、区域：“三足鼎立”格局出现，欧美驱动力增强

（一）中、欧、美形成“三足鼎立”区域格局

当前全球新能源汽车市场主要集中在东亚、欧洲、北美三个主要区域，合

计新能源汽车销量占比多年维持在95%以上。2021年，东亚、欧洲、北美新能源汽车销量分别为369.0万辆、235.2万辆和74.0万辆，全球占比继续提升至98%，“三足鼎立”区域发展格局基本形成。分国家来看，中国、德国、美国、英国、法国、挪威、意大利、瑞典、韩国、荷兰等国2021年新能源汽车销量分别完成352.1万辆、69.1万辆、67.3万辆、32.6万辆、32.1万辆、15.8万辆、14.1万辆、13.8万辆、12.4万辆和9.9万辆，排名全球前十，合计占比达90%。其中，中国新能源汽车销量达352.1万辆，占比51%，市场规模继续占据世界首位。德国、美国销量分别为69.1万辆和67.3万辆，全球占比均达10%，位列第二至第三（见图2-19、表2-16）。

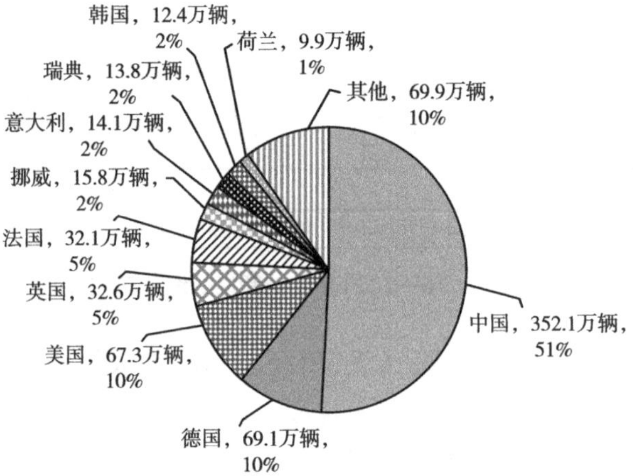

图2-19　2021年全球主要国家新能源汽车销量及全球占比

表2-16　2021年全球新能源汽车销量排名前十的国家　（万辆，%）

序号	国别	BEV	PHEV	FCEV	总计	市场份额
1	中国	291.6	60.3	0.2	352.1	51.1
2	德国	36.7	32.3	0.0	69.1	10.0
3	美国	48.9	18.0	0.3	67.3	9.8
4	英国	20.4	12.1	0.0	32.6	4.7
5	法国	17.9	14.2	0.0	32.1	4.7
6	挪威	11.9	3.8	0.0	15.8	2.3
7	意大利	7.1	7.1	0.0	14.1	2.1
8	瑞典	6.0	7.8	0.0	13.8	2.0

续表

序号	国别	BEV	PHEV	FCEV	总计	市场份额
9	韩国	9.7	1.9	0.8	12.4	1.8
10	荷兰	6.7	3.1	0.0	9.9	1.4
前十合计		457.0	160.6	1.4	619.1	89.9
总计		494.9	192.3	1.7	688.9	100.0

资料来源：国外数据源于EV Volumes，中国数据源于中国汽车工业协会。

（二）“政策+市场”驱动欧洲成为重要增长极

2021年欧洲新能源汽车销量达235.2万辆，同比增长67%（见图2-20）。其中，德国、英国、法国成为主要销售国家，2021年销量分别为69.1万辆、32.6万辆和32.1万辆，同比均实现60%以上增幅，合计占欧洲新能源汽车销量的比例达到57%。欧洲市场的快速增长主要得益于更加积极的低碳发展目标、财税支持政策和产品推出方案。一是欧盟将发展新能源汽车作为实现气候目标的重要途径，并从顶层赋予更强驱动力。2021年7月14日，欧盟委员会提出了应对气候变化的一揽子实施计划（Fit for 55）提案，包含2035年汽车零排放目标、加强充电及加氢基础设施建设、将道路交通纳入碳交易体系等主要内容。欧盟层面已明确将新能源汽车列为实现全社会交通领域碳控排不可或缺的重要途径，并从顶层设计进一步强化发展新能源汽车的战略定位。二是部分国家延

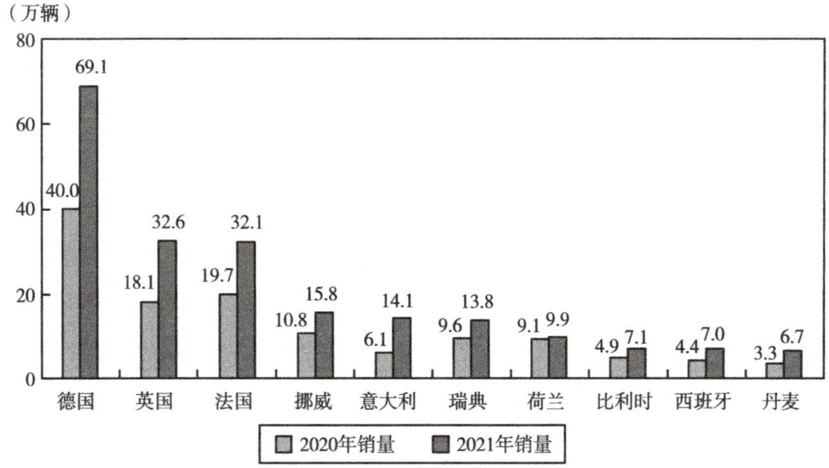

图2-20 2020年、2021年欧洲主要国家新能源汽车销量

长新能源汽车财税支持政策，持续推动市场增长。德国已明确将高达9000欧元的单车补贴延长到2025年年底；英国也将购置补贴延长至2023年年底，2021年仍可享受最高2500英镑的单车补贴金额；法国将原定于2021年初的补贴退坡期限推至2021年7月，并将现行补贴政策至少延长至2022年7月。三是全球主要车企加快电动化进程，多款新车2021年集中上市。大众ID.4在欧洲实现大规模量产；戴姆勒推出EQC、EQB、EQA和EQS等系列全新纯电车型；宝马推出iX系列和i4等多款车型，欧系企业积极布局本土市场，带动市场规模进一步增长。

（三）美国企业电动化步伐加快，市场竞争加剧

拜登政府上台后将“应对气候变化”作为其执政计划的重点和亮点，宣布美国将于2050年实现碳中和的目标，并将发展新能源汽车列为实现其气候计划的重要任务之一，拟加大购置新能源汽车个人所得税抵免政策支持力度，放宽目前单个车企累计销售20万辆后抵免金额开始退坡的限制，并提高美产新能源汽车和美国工会工人生产的新能源汽车的个人所得税抵免金额，极大地激发了美国本土企业的电动化转型热情。2021年，美国新能源汽车销量达67.3万辆，同比增长105%，占全球市场总量的10%，居全球第三位（见图2-21）。分企业来看，特斯拉、丰田、Stellantis、现代起亚、福特居美国新能源汽车销量前五位，特斯拉仍占据53%的市场份额，但较2020年同期下降约9个百分点。丰田、Stellantis及福特等企业通过投放新产品，加快参与竞争，吉普牧马人PHEV、丰田RAV4 PHEV、福特野马Mach-E等车型2021年均在美上市，受到市场欢迎并进入销量前十。

三、结构：产业加速重构，涌现代表新车型

（一）产业格局（传统、新势力、跨界造车）重构

全球新能源汽车企业分布一直以中、欧、美系为主，2021年中系、欧系、美系企业全球销量占比分别为41%、32%和16%，合计占比达89%；韩系、日系及其他企业占比均在5%以下。中系企业全面发力，市场份额较上年同期的31%增长10个百分点，其他系别企业均有小幅下降。产业格局加速重构，特斯拉2021年市值一度超过丰田、大众、福特、通用汽车等传统整车厂市值总和，新能源汽车销量继续排名全球首位，中国的“蔚小理”造车新势力异军突起，

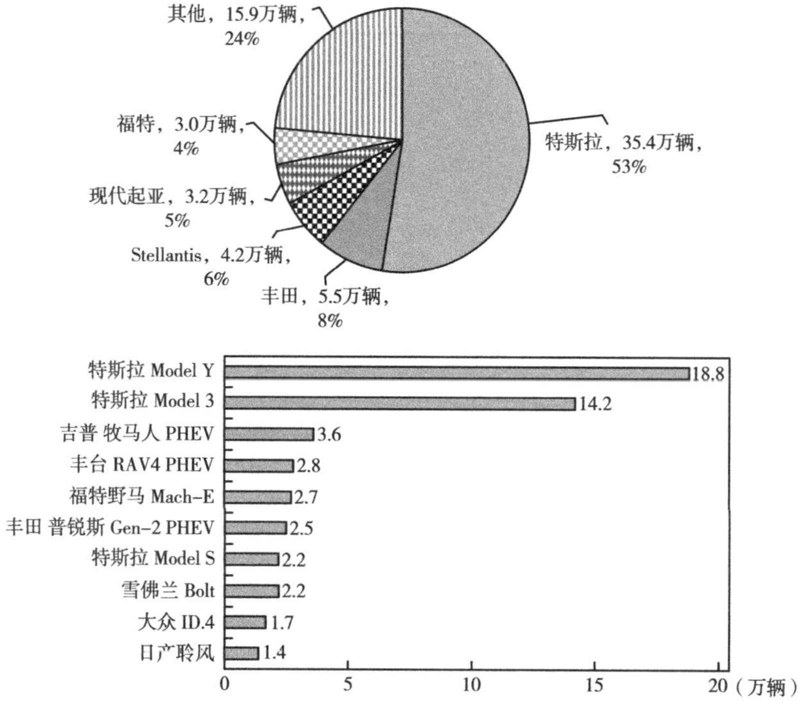

图2-21　2021年美国新能源汽车企业及主销车型销量分布

传统汽车产业链、技术链和价值链被打破，产业价值向电动化、智能化转移；苹果、阿里等科技企业正式宣布跨界造车计划，开启跨界造车新模式。

（二）乘用车（TOP10占比超六成）市场集中度高

2021年全球新能源乘用车销量前十的企业合计销售417.7万辆，市场占比达61%（见图2-22、表2-17）。特斯拉、比亚迪、上汽通用五菱位列前三，销量分别为93.6万辆、59.8万辆和45.9万辆，全球市场占比分别为14%、9%和7%；特斯拉、比亚迪、上汽通用五菱、大众、现代起亚、奔驰、Stellantis、雷诺日产三菱联盟、宝马、上汽位列前十，销量均超20万辆，全球市场占比均超过3%。具体来看，全球销量前十的企业基本实现纯电动和插电式混合动力多技术路线布局，其中特斯拉全部为纯电动车型；上汽通用五菱、大众、现代起亚、雷诺日产三菱联盟、上汽以纯电动车型为主；宝马以插电式混合动力车型为主，占比超过70%；比亚迪和Stellantis纯电动、插电式混合动力车型销量相对均衡；现代起亚还有部分燃料电池车型。

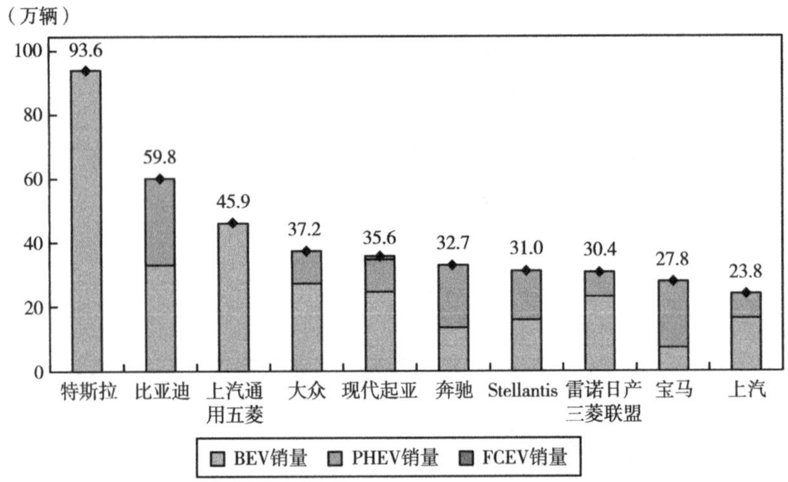

图2-22 2021年全球新能源乘用车销量企业排名情况

表2-17 2021年全球新能源汽车销量排名前十集团 （辆，%）

序号	前十集团	BEV	PHEV	FCEV	总计	市场份额
1	特斯拉	936149			936149	13.6
2	比亚迪	327284	270735		598019	8.7
3	上汽通用五菱	458949	68		459017	6.7
4	大众	270421	101313		371734	5.4
5	现代起亚	243437	102920	9145	355502	5.2
6	奔驰	134616	192523	5	327144	4.7
7	Stellantis	160507	149321		309828	4.5
8	雷诺日产三菱联盟	229754	74594		304348	4.4
9	宝马	71120	206571	44	277735	4.0
10	上汽	163371	74294	10	237675	3.4
前十合计		2995608	1172339	9204	4177151	60.6
总计		4949402	1922818	16955	6889175	100.0

资料来源：国外数据源于EV Volumes，中国数据源于中国汽车工业协会。

（三）产品发展路线多元化，全球代表车型快速涌现

2021年全球在售的新能源乘用车车型超450款，主销车型以纯电动车型为主。其中，纯电动车型约310款，插电式混合动力车型约160款（含部分提供

纯电动或插电式混合动力多动力类型选择的车型），燃料电池车型7款。排名前二十名的车型销量合计257.6万辆，市场占比达40%。五菱宏光MINI EV、比亚迪秦Plus DM-i/汉EV/宋Plus DM-i、理想ONE、长安奔奔E-Star、广汽埃安AION.S、奇瑞eQ1、长城欧拉R1、小鹏P7、上汽荣威科莱威等11款车型进入全球新能源汽车销量前二十名，合计销量118.9万辆，全球占比达18%（见表2-18）。

表2-18　2021年全球新能源乘用车销量排名前二十名车型　（辆，%）

序号	前20车型	BEV	PHEV	总计	市场份额
1	特斯拉Model 3	500291		500291	7.7
2	上汽通用五菱宏光MINI EV	424142		424142	6.5
3	特斯拉Model Y	410916		410916	6.3
4	比亚迪 秦Plus DM-i PHEV		111553	111553	1.7
5	理想ONE EREV		90491	90491	1.4
6	比亚迪 汉EV	86902		86902	1.3
7	比亚迪 宋Pro PHEV		78973	78973	1.2
8	雷诺-日产ZOE	77156		77156	1.2
9	长安奔奔E-Star	76464		76464	1.2
10	大众ID.3	76329		76329	1.2
11	大众ID.4	72346		72346	1.1
12	广汽埃安AION.S	71192		71192	1.1
13	奇瑞eQ1	68821		68821	1.1
14	起亚e-Niro	64636		64636	1.0
15	雷诺-日产Leaf	64359		64359	1.0
16	长城欧拉R1	63538		63538	1.0
17	丰田RAV4 PHEV		61729	61729	0.9
18	小鹏P7	60607		60607	0.9
19	现代KONA	60206		60206	0.9
20	上汽荣威科莱威	56116		56116	0.9
前20合计		2234021	342746	2576767	39.5
总计		4559501	1946898	6521833	100.0

资料来源：国外数据源于EV Volumes，中国数据源于中国汽车工业协会。

具体来看，全球多款优势车型涌现，多领域市场出现新增量。插电式混合动力（含增程式）产品市场反馈良好，比亚迪秦Plus DM-i及宋Plus DM-i上市以来快速受到中国市场关注，丰田RAV4成为欧美市场畅销车型，以上车型2021年销量均超6万辆；理想ONE（增程式）2021年销量达到9万辆。智能化产品具有明显优势，Model 3凭借明星品牌效应及高智能化水平，稳居全球销量第一车型。宏光MINI EV精准定位代步市场，采取高性价比路线，2021年继续占据中国新能源汽车销量冠军，并成为全球销量第二车型。传统车企通过品牌效应和自我革命快速参与全球竞争，大众ID.3及ID.4自2020年正式在欧洲交付，市场规模迅速提升，超过同品牌上一代产品帕萨特PHEV，2021年跃升成为全球销量第十、第十一位车型（见图2-23）。

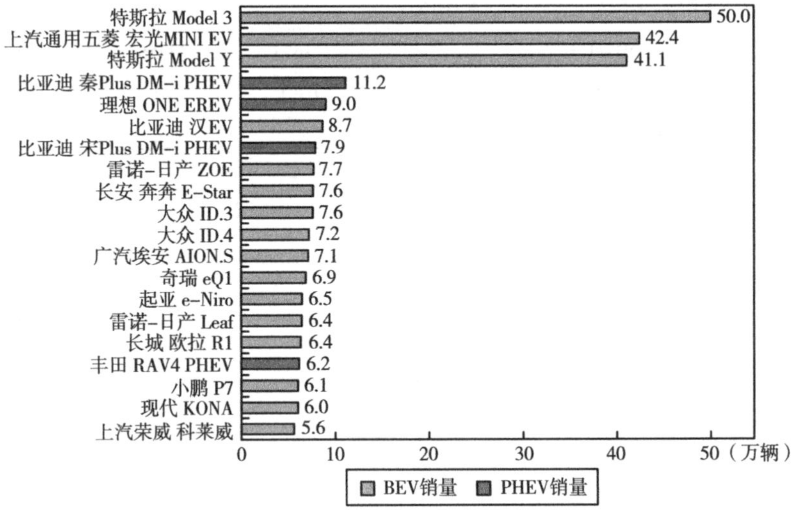

图2-23　2021年全球排名前二十新能源乘用车车型销量

四、趋势：长期持续增长，迈入竞合新阶段

区域格局日趋稳定化，国家格局动态调整。欧美等主要国家将发展新能源汽车作为实现气候目标的重要途径，从顶层设计进一步强化发展新能源汽车的战略定位。预计未来一段时间，东亚、欧洲、北美等仍将是全球新能源汽车的主要区域。从国家看，中、美、德、法等国仍将成为增长主力。其中，我国已具备较好的产业基础和先发优势，加之支持政策体系完善，未来仍将保持全球销量第一的地位。美国拜登政府重返《巴黎协定》并提出《清洁能源革命和环

境计划》，将大力推动新能源汽车市场增长。欧盟部分成员国已从国家层面提出全面电动化目标，加之德、法、意等国激励政策双重加码，预计欧洲销量将继续快速增长。

价值重心转向智能化，智能电动汽车加速增长。当前汽车产业价值重心已经开始向电动化、智能化转移，传统汽车产业链、技术链和价值链被逐步打破，新造车企业发展势头迅猛，科技巨头、消费电子厂商等相继宣布造车。大众、丰田等传统车企也开始加速由硬件制造向软件生态和服务转型。从产品来看，以特斯拉为代表的智能纯电动汽车产品已受到市场热捧。随着特斯拉中、美、德工厂持续扩产，2022年特斯拉全球销量有望突破150万辆。大众投入巨资开发全新纯电动智能车辆平台，其量产车型ID.3、ID.4，分别占据2021年全球车型销量第10位和第11位。新能源汽车从以电动化为核心的技术竞争，转变为电动化、网联化、智能化三者融合发展的竞争，智能电动汽车顺应市场需求，有望迎来快速增长阶段。

全球供应链日趋集群化，主要国家加快强链补链。近些年，逆全球化加之新冠疫情冲击导致零部件断供频发，产业链全球化分工体系受到挑战。欧美加紧构建自身供应链体系，未来或将形成亚太、欧、美三大供应链集群。美国拜登政府签署行政命令，对电动汽车电池等关键产品供应链进行审查，并通过《国家锂电池蓝图2021—2030》，提出了保证美国动力电池及关键材料供应链安全的具体举措。欧盟已启动“欧洲共同利益重要计划”，重点支持欧洲动力电池领域研发创新，还计划通过对电池企业的供应链管控、节能降耗以及碳排放等多方面提出更高要求，在一定程度上形成技术性贸易壁垒，倒逼制造业回流（见表2-19）。

表2-19 2021年全球动力电池装机量前十企业 （GWh，%）

序号	前十企业	装机量	市场份额
1	宁德时代	96.7	32.6
2	LG新能源	60.2	20.3
3	松下	36.1	12.2
4	比亚迪	26.3	8.8
5	SK On	16.7	5.6
6	三星SDI	13.2	4.5
7	中创新航	7.9	2.7

续表

序号	前十企业	装机量	市场份额
8	国轩高科	6.4	2.1
9	远景动力	4.2	1.4
10	蜂巢能源	3.1	1.0
前十合计		270.8	91.2
总计		296.8	100.0

资料来源：SNE Research。

总体来看，新一轮科技革命和产业变革进入加速突破期，汽车电动化、网联化、智能化融合发展成为必然趋势，全球新能源汽车产业迎来新的发展节点。欧美等汽车大国积极加大对新能源汽车产业的扶持力度，不仅注重刺激市场消费，同时紧抓产业变革趋势，强化对下一代智能化新能源汽车所需技术的支持。预计全球新能源汽车市场规模将持续增长，竞争也将更加激烈，并扩展至产业链、技术链、价值链等各领域。

3 Chapter 第三章 “一带一路”特征与机遇

“一带一路”倡议是新时代中国对外开放最重要的战略、最鲜明的特征，推动我国由重点开放转向全面开放、全方位开放。“一带一路”倡议使参与“一带一路”建设的各国共商项目投资、共享优质产能、共建基础设施，尽管受新冠疫情的干扰，共建“一带一路”不但没有按下“暂停键”，反而逆势前行，国际社会参与“一带一路”建设热情高涨，“一带一路”国际合作进一步展现强大韧性。截至2021年年底，中国已同147个国家和32个国际组织签署200多份共建“一带一路”合作文件，共建“一带一路”的朋友圈越来越大。当前全球制造业面临巨大的变革，不论是高端制造还是中低端制造，又重新回归各国争相竞争的焦点，各国纷纷制定再工业化的战略。汽车产业价值增值环节遍布全球，汽车产业作为国民经济重要支柱产业，已成为中国与“一带一路”沿线国家实现产能合作和加强双边贸易的重要切入点。

本章的研究区域与对象。推动共建“一带一路”愿景和行动报告其实并没有明确界定准确的空间范围，只是在地理空间上粗略地勾勒了大致轮廓和重点方向，报告指出，丝绸之路经济带重点畅通中国经中亚、俄罗斯至欧洲（波罗的海），经中亚、西亚至波斯湾、地中海，向南至东南亚、南亚、印度洋；21世纪海上丝绸之路重点方向是从中国海港口过南海到印度洋，延伸至欧洲，过南海到南太平洋。在中国社会科学院所出版的《丝路列国志》和《海丝列国志》中“一带一路”沿线共涉及74个国家，由于东帝汶、不丹、阿富汗、马尔代夫、吉尔吉斯斯坦、黑山共和国、摩尔多瓦等国的汽车销量数据缺失，同时结合陕西省统计局出版的《“一带一路”国家统计年鉴（2017年）》所涉及国家的长时期面板数据，本章在研究“一带一路”沿线汽车市场时空变化特征时主要选取60个国家为研究对象。其中，国家汽车销量数据来源于世界汽车制造商协会（http：//www.oica.net/），此协会收集了全球大部分国家和地区的汽车生产、销售数据；影响因素如国家GDP、城镇化发展水平、人口规模等数据则来源于陕西省统计局出版的《“一带一路”国家统计年鉴（2017年）》。

表 3-1 “一带一路”沿线部分国家 （60个）

地区	国家	数量
东盟	印度尼西亚、泰国、马来西亚、菲律宾、越南、新加坡、文莱、老挝、柬埔寨、缅甸	10
东亚	蒙古国	1
南亚	印度、巴基斯坦、孟加拉国、斯里兰卡、尼泊尔	5
中亚	哈萨克斯坦、乌兹别克斯坦、土库曼斯坦、塔吉克斯坦	4
西亚	伊朗、沙特阿拉伯、以色列、阿拉伯联合酋长国、埃及（西奈半岛地区）、阿曼、希腊、卡塔尔、叙利亚、伊拉克、黎巴嫩、巴林、巴勒斯坦、约旦、塞浦路斯、土耳其、也门、科威特	18
中东欧	波兰、奥地利、捷克、罗马尼亚、匈牙利、斯洛伐克、斯洛文尼亚、克罗地亚、保加利亚、立陶宛、塞尔维亚、爱沙尼亚、拉脱维亚、波斯尼亚、北马其顿共和国、阿尔巴尼亚	16
独联体	俄罗斯、乌克兰、白俄罗斯、格鲁吉亚、亚美尼亚、阿塞拜疆	6

本章的研究思路与视角。伴随“制造业回归”和“制造业升级”双向战略的实施，世界各国都对以汽车工业为代表的先进制造业重新布局，而“一带一路”贯穿亚欧非大陆，覆盖活跃的广大沿线腹地国家，汽车市场空间巨大、潜力无限。然而，为综观“一带一路”汽车市场，“一带一路”沿线国家经济发展、消费结构与汽车产销均存在明显的不均衡和不充分。为深入和全面地分析“一带一路”沿线国家汽车市场的时空演变特征，通过多个维度进行解构：一是地理空间维度（沿线总体、重点地区、重点国家），二是时间纵向维度（2005—2017年），三是市场变化维度（销售、生产、市场差额）。这为有针对性地提出中国汽车走向“一带一路”沿线国家提供数据支撑。

第一节 “一带一路”汽车销售（需求）格局

一、总体销量

从2005—2017年“一带一路”沿线国家汽车的总体销量情况来看（见表3-2），13年间“一带一路”沿线国家汽车总体销量从2005年的1015.78万辆，增长到2017年的1504.97万辆，增长幅度接近50%；“一带一路”沿线国家基本与全球汽车销量的增速保持一致，2005年“一带一路”国家汽车销量在全球占比为15.41%，到2017年该比例为15.55%，2005—2017年“一带一路”国家在全球汽车的份额基本维持不变。

表3-2 2005—2017年“一带一路”沿线国家汽车销量及其全球占比

年份	“一带一路”沿线国家汽车销量（万辆）	全球汽车销量（万辆）	“一带一路”国家全球占比（%）
2005	1015.78	6591.79	15.41
2006	1108.84	6834.74	16.22
2007	1264.52	7155.70	17.67
2008	1357.09	6830.83	19.87
2009	1083.69	6556.27	16.53
2010	1327.40	7495.9	17.71
2011	1453.32	7815.74	18.59
2012	1550.65	8211.65	18.88
2013	1493.70	8559.43	17.45
2014	1475.08	8832.56	16.70
2015	1369.85	8970.73	15.27
2016	1407.69	9390.56	14.99
2017	1504.97	9680.44	15.55

资料来源：世界汽车制造商协会，http：//www.oica.net/。

二、重点区域销量

从2005—2017年“一带一路”沿线汽车销量的重点区域分布来看（见图3-1、表3-3），2017年“一带一路”汽车市场规模（销量）从大到小的地区依次为南亚（434.83万辆）、西亚（344.34万辆）、东盟（330.05万辆）、中东欧（201.52万辆）、独联体（173.32万辆）、中亚（20.9万辆）。2005—2017年，大部分地区汽车销量都有不同程度的增长，其中，汽车销量增长最快的是南亚地区，销量从2005年的162.79万辆增长到2017年的434.83万辆，增幅高达167.2%；汽车销量波动最大且唯一出现明显下降的地区是独联体国家，销量曾经从2005年的212.31万辆增长到2008年的392.45万辆，金融危机后汽车销量出现“断崖式腰斩”，到2017年汽车销量为173.32万辆。以东盟市场为例，东盟作为丝绸之路经济带上第一个重要枢纽和21世纪海上丝绸之路的必经地，目前大多数为发展中国家，处于高速发展阶段汽车消费市场潜力巨大，2017年东盟十国[①]汽车销量达330.05万辆，比2005年增长60.6%。

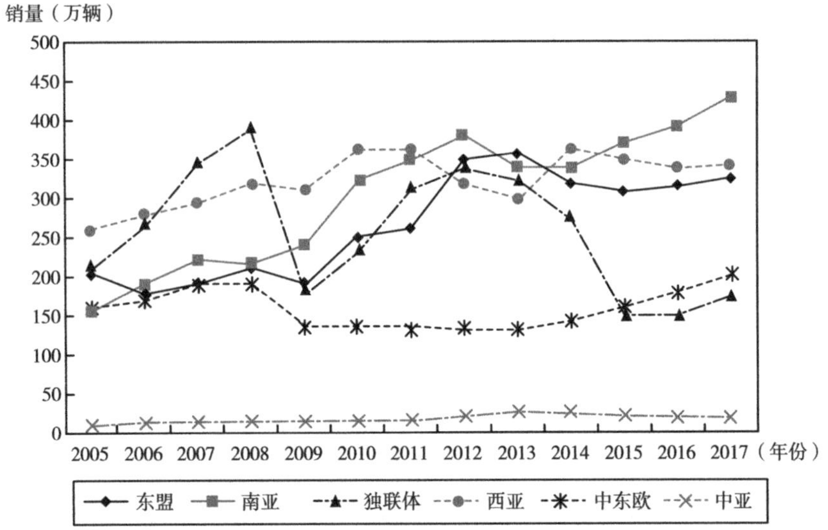

图3-1 “一带一路”沿线主要区域的汽车销量情况

表3-3　“一带一路”沿线主要区域的汽车销量情况　单位：万辆

地区	东盟	南亚	独联体	西亚	中东欧	中亚	合计
2005年	205.56	162.79	212.31	262.49	160.84	11.79	1015.78
2006年	177.86	196.33	268.34	281.04	172.66	12.60	1108.84
2007年	189.01	221.11	348.02	298.27	194.76	13.35	1264.52
2008年	213.73	217.54	392.45	323.56	194.69	15.12	1357.09
2009年	192.29	242.45	181.34	314.10	137.90	15.62	1083.69
2010年	252.59	323.81	233.76	366.08	136.16	15.00	1327.40
2011年	263.21	350.29	316.81	367.00	140.23	15.78	1453.32
2012年	350.30	381.17	345.13	319.14	134.08	20.82	1550.65
2013年	359.40	344.31	328.89	300.64	133.08	27.37	1493.70
2014年	320.24	339.96	276.05	366.04	145.15	27.65	1475.08
2015年	311.06	373.22	153.63	351.07	160.13	20.75	1369.85
2016年	317.22	396.92	151.43	339.30	181.99	20.84	1407.69
2017年	330.05	434.83	173.32	344.34	201.52	20.90	1504.97

① 东盟十国：印度尼西亚、马来西亚、泰国、新加坡、菲律宾、越南、文莱、老挝、柬埔寨、缅甸。

三、重点国家销量

从2005—2017年“一带一路”沿线汽车销量的重点国家来看（见表3-4、图3-2、图3-3），2017年“一带一路”沿线汽车销量大于10万辆的国家有21个，销量大于20万辆的国家有14个，销量大于50万辆的国家仅有8个，销量超百万辆的国家仅有4个，分别是印度（434.83万辆）、伊朗（171.86万辆）、俄罗斯（160.23万辆）、印度尼西亚（106.09万辆）。在14个销量大于20万辆的国家中，有12个国家年均增速为正，年均增速最高的是东盟的越南（18.47%），其次为东盟的菲律宾（11.5%）、南亚的印度（8.92%）、中东欧的波兰（7.03%）；仅有2个国家年均增速为负，分别为独联体的俄罗斯（-0.995%）和西亚的沙特阿拉伯（-0.995%）。

表3-4 “一带一路”沿线汽车销量大于20万辆的国家 单位：辆

国家	地区	2005年	2009年	2013年	2017年	年均增长（%）
印度	南亚	1440455	2266269	3241302	4017539	8.924
伊朗	西亚	857500	1320000	804750	1718564	5.965
俄罗斯	独联体	1806625	1597457	2998650	1602270	-0.995
印度尼西亚	东盟	533917	486088	1229811	1060893	5.889
泰国	东盟	692506	548870	1330672	873505	1.954
马来西亚	东盟	551042	536905	655793	591096	0.586
波兰	中东欧	255107	322341	353197	576144	7.025
沙特阿拉伯	西亚	562900	520000	740000	548250	-0.22
奥地利	中东欧	345593	350429	357892	403579	1.301
菲律宾	东盟	97063	132444	211959	358558	11.504
捷克	中东欧	175923	186790	185939	302108	4.609
以色列	西亚	156000	174500	215500	284623	5.139
越南	东盟	35264	119459	96692	269569	18.471
巴基斯坦	南亚	167007	111696	141778	269049	4.054

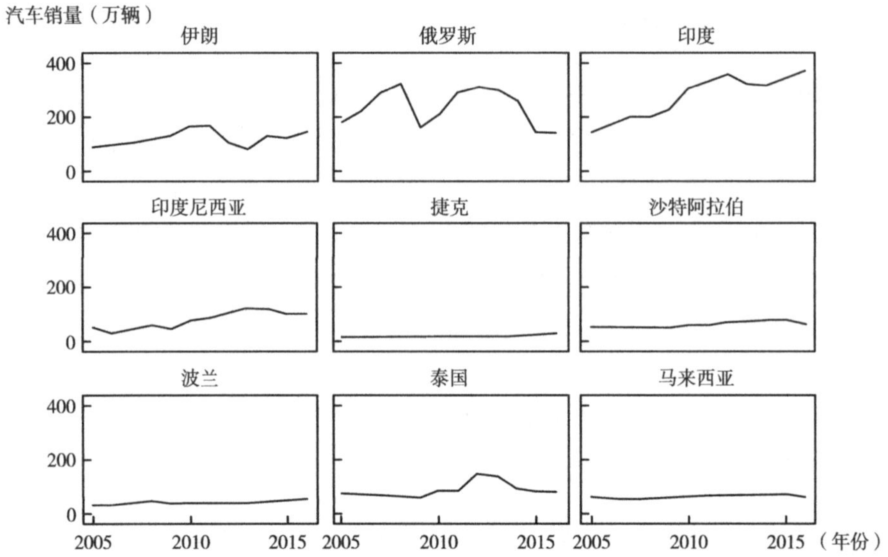

图3-2 “一带一路”沿线部分国家汽车销量

第二节 “一带一路”汽车生产（供给）格局

一、总体产量

从2005—2017年“一带一路”沿线国家汽车的总体生产情况来看（见表3-5），13年间“一带一路”沿线国家汽车产量从2005年的973.88万辆，增长到2017年的1774.29万辆，增长幅度达82.4%。但尤为值得关注的是，本节选择的60个“一带一路”沿线国家中，只有18个国家生产制造汽车，剩余超过2/3的国家（42个）汽车完全依赖进口。2017年，“一带一路”沿线汽车产量大于10万辆的国家有14个，产量大于50万辆的国家有10个，产量大于100万辆的国家有8个，产量由高到低依次为：印度（478.29万辆）、泰国（198.88万辆）、土耳其（169.57万辆）、俄罗斯（155.13万辆）、伊朗（151.54万辆）、捷克（142.0万辆）、印度尼西亚（121.66万辆）、斯洛伐克（100.15万辆）。在2017年产量大于100万辆的8个国家中，有4个国家（印度、捷克、印度尼西亚、斯洛伐克）2005—2017年产量增幅超过100%；2017年产量排名靠后（小于10万辆）的4个国家（奥地利、塞尔维亚、埃及、乌克兰）中，2005—2017年有3个国家产量大幅下降，在一定程度上反映了汽车制造业具有明显的规模经济特征。

表 3–5 “一带一路”沿线生产汽车的 18 个国家 单位：辆

国家	地区	2005 年	2009 年	2013 年	2017 年
印度	南亚	1638674	2641550	3898425	4782896
泰国	东盟	1122712	999378	2457057	1988823
土耳其	西亚	879452	869605	1125534	1695731
俄罗斯	独联体	1354504	725012	2192245	1551293
伊朗	西亚	1077190	1394075	743680	1515396
捷克	中东欧	602237	983243	1132931	1419993
印度尼西亚	东盟	500710	464816	1206368	1216615
斯洛伐克	中东欧	218349	461340	975000	1001520
波兰	中东欧	613200	878998	590159	689729
匈牙利	中东欧	152015	214543	321287	505400
马来西亚	东盟	563408	489269	601407	460140
罗马尼亚	中东欧	194802	296498	410997	359250
斯洛文尼亚	中东欧	177951	212749	93734	189852
乌兹别克斯坦	中亚	95814	117900	246641	140247
奥地利	中东欧	253279	72334	166428	99880
塞尔维亚	中东欧	14179	16738	113878	79912
埃及	西亚	64549	92339	30804	36640
乌克兰	独联体	215759	69295	50449	9542

二、重点区域产量

从2005—2017年“一带一路”沿线汽车生产的重点区域来看（见表3–6、图3–5），2005—2017年“一带一路”沿线的大部分区域汽车产量有所增长、生产实力进一步增强，其中，汽车产量增长最快的是南亚地区，产量从2005年的163.87万辆增长到2017年的478.29万辆，增幅高达191.9%；汽车产量波动较大且略微下降的地区是独联体国家，产量曾经从2005年的157.03万辆增长到2008年的221.34万辆，金融危机后汽车产量出现大幅下降，随后几经波折震荡，到2017年汽车产量为156.08万辆。2017年“一带一路”汽车生产规模从大到小的地区依次为南亚（478.29万辆）、中东欧（434.55万辆）、东盟（366.56万辆）、西亚（324.78万辆）、独联体（156.08万辆）、中亚（14.02万辆）。另外，尤为值得重视的是，“一带一路”沿线各区域间（除中亚地区外）

汽车产量的差距被不断拉大，东盟、南亚、独联体、西亚、中东欧等地区汽车2005年产量均位于155万—225万辆之间，各区域间的差距较小，2017年汽车产量均位于155万—485万辆之间，各区域间的差距拉大到320多万辆。这说明，随着工业化进程的不断推进，以汽车产业为代表的先进制造业正在并将进一步拉大“一带一路”沿线各区域（国家）之间的经济发展差距。

表 3-6　“一带一路”沿线主要区域的汽车销量情况　单位：辆

地区	东盟	南亚	独联体	西亚	中东欧	中亚	合计
2005年	2186830	1638674	1570263	2021191	2226012	95814	9738784
2006年	1994461	2019808	1803618	1983798	2705752	110000	10617437
2007年	2140645	2253729	2062711	2201126	3272532	184900	12115643
2008年	2525180	2332328	2213428	2540751	3427294	208038	13247019
2009年	1953463	2641550	794307	2356019	3136443	117900	10999682
2010年	2914736	3557073	1486377	2810694	3401701	156880	14327461
2011年	2829881	3927411	2094809	2920173	3564151	179560	15515985
2012年	4051657	4174713	2309384	2129547	3600981	164180	16430462
2013年	4264832	3898425	2242694	1900018	3804414	246641	16357024
2014年	3774244	3844857	1915944	2303806	4018658	245660	16103169
2015年	3628871	4125744	1392643	2377133	4210206	185400	15919997
2016年	3635251	4488965	1309253	2686867	4225061	88152	16433549
2017年	3665578	4782896	1560835	3247767	4345536	140247	17742859

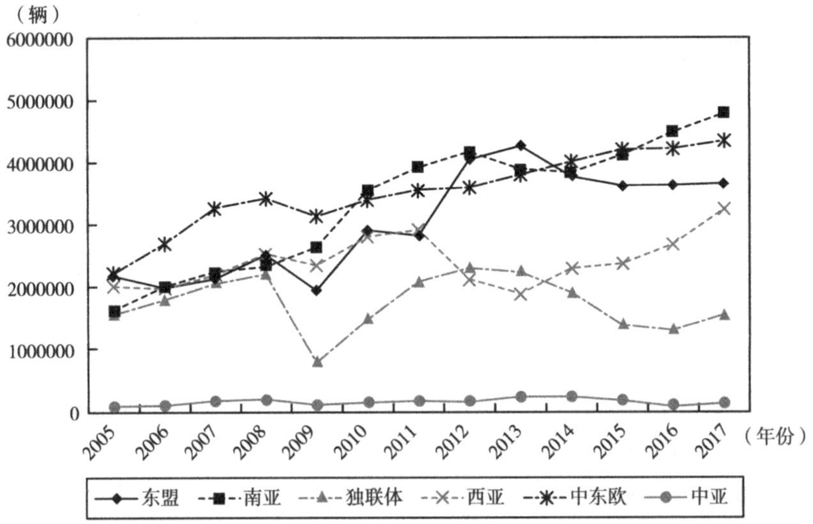

图3-3　“一带一路”沿线主要区域的汽车销量情况

第三节 “一带一路”汽车产销(供需)格局

市场机遇“蕴藏”在供需差距之中，“一带一路”沿线的汽车市场机遇“蕴藏”在沿线国家汽车“市场差额”之中。本节研究的“一带一路”沿线国家汽车市场产销格局(供需态势)，采用市场差额(“销量”减去“产量”)来衡量，在不考虑进出口情况下，当市场差额数据为正值，则表明该国(地区)汽车销量大于产量，该国(地区)内部汽车市场供给小于需求，产不供销、供不应求；反之，则供过于求。

一、总体供需

从2005—2017年“一带一路”沿线汽车的总体供需情况来看(见表3-7)，13年间“一带一路”沿线国家汽车总体市场差额从2005年的33.36万辆，由正转负，市场差额扩大到2017年的-279.38万辆，说明随着全球化和工业化进程的深入，“一带一路”沿线地区汽车生产能力整体大幅提升，汽车生产能力提升速度明显超过汽车消费能力增长速度。2017年，“一带一路”沿线60个国家中，有48个国家汽车市场差额数据为正值，表明这些国家汽车市场供给小于需求，产不供销、供不应求，必须依赖进口满足国内汽车市场需求，而其中大部分国家(42个)汽车消费完全依赖进口；有12个国家汽车市场差额数据为负值，表明这些国家汽车产量大于销量，汽车市场供给大于需求，国内汽车产量除满足本国市场需求以外，还需要通过出口消化国内汽车产量。

表3-7　2005—2017年“一带一路”沿线国家汽车市场(供需)类型

市场类型	2005年国家数量(个)	2017年国家数量(个)
销量>产量(市场差额为正)	50	48
其中，完全依赖进口	42	42
销量<产量(市场差额为负)	10	12

二、重点区域市场差额

从2005—2017年“一带一路”沿线汽车市场供需的重点区域分布来看(见表3-8、图3-6)。2017年“一带一路”汽车市场差额从正到负的地区依次为：

独联体（16.96万辆）、西亚（15.64万辆）、中亚（1.62万辆）、东盟（-37.11万辆）、南亚（-43.46万辆）、中东欧（-233.03万辆），可见，相对而言，“一带一路”沿线的独联体和西亚地区汽车销量大于产量，整体上有较大的汽车进口需求；中东欧地区、南亚和东盟汽车产量大于销量，整体上有较大的汽车出口要求，尤其是“一带一路”沿线中东欧汽车差额达-233.03万辆，汽车产量远远大于销量，有强烈的汽车出口要求。从2005—2017年的变化来看，各地区之间的汽车市场差额有不同程度的扩大，其中，中东欧地区汽车市场差额从2005年的-61.76万辆一直扩大到2015年的-260.89万辆，随后收窄到2017年的-233.03万辆，说明该地区汽车制造业发展迅速，而汽车消费市场明显滞后于汽车制造业发展；独联体和西亚地区汽车市场差额也经历了从不断扩大到大幅缩小的过程；南亚地区从产销基本平衡（2005年市场差额为-1.08万辆），到2017年市场差额为-43.46万辆，产量明显大于销量。

表3-8 “一带一路”沿线主要区域的汽车市场差额情况 单位：辆

年份	东盟	南亚	独联体	西亚	中东欧	中亚
2005	-132920	-10812	540189	572983	-617601	-18242
2006	-217549	-56472	866173	794426	-979156	-29080
2007	-252934	-42599	1401781	746546	-1324930	-98119
2008	-390248	-156975	1695286	632872	-1480376	-107038
2009	-33194	-217085	1008300	721977	-1757439	-13900
2010	-391750	-318929	837566	685098	-2040149	-71380
2011	-201149	-424514	1062453	618303	-2161882	-74212
2012	-552012	-363049	1126953	941864	-2260183	-8949
2013	-674194	-455345	1023540	988853	-2473565	-23431
2014	-575931	-445270	819309	1268906	-2567202	-23999
2015	-524374	-393520	133121	1084345	-2608907	-29831
2016	-469338	-519793	199920	681300	-2405153	65618
2017	-371081	-434611	169638	156362	-2330317	16192

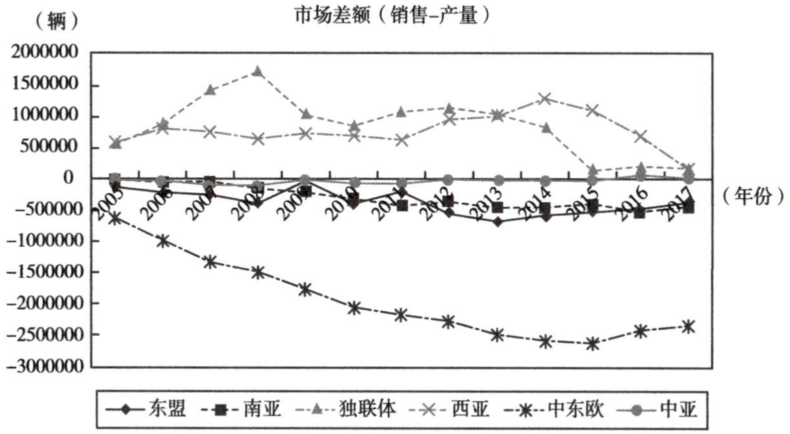

图3-4　“一带一路”沿线主要区域的汽车市场差额情况

三、重点国家市场差额

从2005—2017年“一带一路”沿线汽车市场差额的重点国家来看（见表3-9），2017年“一带一路”沿线汽车销量市场差额为正值且大于10万辆的国家有12个，前3名分别是沙特阿拉伯（54.83万辆）、菲律宾（35.86万辆）、奥地利（30.37万辆）。这12个国家销量明显大于产量，产不供销，有较大的汽车进口需求，其中，有2个国家（伊朗、马来西亚）市场差额由负转正，尤其是伊朗2005年汽车销量小于产量21.97万辆，到2017年汽车销量大于产量20.32万辆。2017年“一带一路”沿线汽车销量市场差额为负值且大于10万辆的国家有10个，前3名分别是土耳其（-169.07万辆）、捷克（-111.79万辆）、泰国（-111.53万辆）。这10个国家销量明显小于产量，有较大的汽车出口要求，其中，有3个国家（匈牙利、罗马尼亚、印度尼西亚）市场差额由正转负，尤其是匈牙利2005年汽车销量大于产量6.74万辆，到2017年汽车销量小于产量36.36万辆。

表3-9　“一带一路”沿线汽车市场差额正负值大于10万辆的国家　单位：辆

国家	2017年	2005年	国家	2017年	2005年
沙特阿拉伯	548250	562900	土耳其	-1690715	-875452
菲律宾	358558	97063	捷克	-1117885	-426314
奥地利	303699	92314	泰国	-1115318	-430206

续表

国家	2017 年	2005 年	国家	2017 年	2005 年
以色列	284623	156000	斯洛伐克	-892849	-143316
越南	269569	35264	印度	-765357	-198219
巴基斯坦	269049	167007	匈牙利	-363587	67446
伊朗	203168	-219690	罗马尼亚	-199443	53660
阿拉伯酋长国	194381	157000	印度尼西亚	-155722	33207
埃及	144361	56888	波兰	-113585	-358093
阿曼	131149	207100	斯洛文尼亚	-103711	-110095
马来西亚	130956	-12366			
新加坡	110907	125018			

总体来看，中国对南亚汽车出口贸易拓展空间最大，其次是中亚和东南亚。中国应该加大与这些地区的贸易合作力度，充分激发中国汽车出口贸易的潜力。对西亚和北非贸易拓展空间最小，同时也说明对这些地区的贸易效率最高，人为贸易阻力最小。中国对“一带一路”国家汽车出口潜力整体平均水平较高，其中对发展中国家的出口潜力平均水平较高。按国别来看，出口潜力两极分化现状严重，其中出口潜力最大的国家是不丹，出口潜力最小的国家是新加坡和马来西亚。按区域来看，南亚和中亚地区是出口潜力最大的区域，西亚和北非地区是出口潜力最小的区域。

第四节 “一带一路”与中国汽车产业发展机遇

在“双循环”“一带一路”的时代大背景下，以汽车为典型代表的中国制造业正处在由大转强的路口，中国汽车企业“走出去”迎来了历史性的机遇。中国汽车产业是国民经济发展中的重大战略性产业，但汽车产业在全球价值链中位于中低端环节，如何向价值链的高端环节攀升，对中国汽车产业的发展极其重要。“一带一路”倡议为中国汽车产业的转型升级提供了新思路，借助“一带一路”倡议，构建中国汽车产业“一带一路”区域价值链，对中国汽车产业摆脱“中低端价值链锁定”困境、帮助沿线国家实现经济发展具有重要意义。

一、中国汽车企业走向“一带一路”地区的机遇

（一）基本概况

在全球新冠疫情大环境、逆全球化背景下，我国汽车企业顺应“一带一路”倡议，凭借各自的竞争优势持续深入不同地区和国家进行国际贸易合作，不断创新，推动国内汽车出口，海外中国车企实现本土化经营，推动实现全方位、多层次的国际经济合作。将“一带一路”沿线地区作为中国汽车企业形成高效率与智能化、广覆盖与绿色化、深层次与服务化出口竞争新格局的“先手棋”。

近年来，中国汽车出口贸易快速增长，尤其是在“一带一路”发展战略的引导下，中国汽车企业通过“海外建厂”“抱团出海”“借船出海”等方式各显神通，加快对海外市场的开发。出口模式的变革带来了出口数量的几何级增长，同时也使中国自主品牌汽车在当今的国际汽车市场具备了一定的竞争优势。在中国汽车出口企业中，吉利、奇瑞、长城、重汽、陕汽等厂家的海外布局启动得比较早。很多企业在2000年以前就开始开发海外市场了。做得好的乘用车品牌，如吉利、奇瑞等销量都已经超过了100万辆，销售服务网络都至少好几百家。随着国家“一带一路”倡议的布局，更多中国汽车企业加快了“走出去”的步伐，并制订了相应的海外市场规划。例如，吉利汽车就计划在2025年出口汽车达50万辆，东风汽车也计划在2025年出口超过30万辆汽车，长城汽车更是计划向与我国签署“一带一路”合作文件的126个国家中的近100个国家出口汽车产品。

通过海外建厂情况分析，我们可以看出投资的所在国主要是在“一带一路”沿线国家之中（见表3-10）。但不得不提起的是，我国汽车主要是以性价比抢占海外市场，利润率不高。汽车行业“走出去”也存在失败的案例，例如上汽收购韩国大宇最终以失败告终，其主要的原因是没有考虑到当地国工会的介入，使得公司发展谈判陷入僵局，最终不得不再次出售的方式沉沙折戟，教训深刻；奇瑞在南美巴西的投资建厂也陷入了发展的低谷，其中主要原因在于奇瑞早期通过出口的方式在南美市场获得了成功，此时对南美市场过度看好，没有把握好行业周期与经济发展趋势，投资建厂步伐参考国内节奏，搞大搞快，其后不久便遇到销量的下滑，过度的产能使企业财务陷入紧张，影响企业在南美的发展。“走出去”时间短，经验的欠缺，使与发达国家汽车行业全球竞争还是处于初级水平。

表 3–10　　中国汽车企业海外建厂情况一览表

企业	企业性质	海外工厂数（家）	所在国
吉利	民营	6	埃及、苏丹、埃塞俄比亚、伊朗、白俄罗斯、斯里兰卡
一汽	国有	13	南非、尼日利亚、坦桑尼亚、巴基斯坦、俄罗斯、伊朗等
长安	国有	7	埃塞俄比亚、俄罗斯、乌拉圭、阿塞拜疆、伊朗、越南、巴拉圭
上汽	国有	3	泰国、印度尼西亚、印度
长城	民营	6	保加利亚、突尼斯、厄瓜多尔、伊朗、马来西亚、俄罗斯
比亚迪	民营	5	美国、巴西、匈牙利、法国以及厄瓜多尔
奇瑞	民营	16	伊朗、越南、乌克兰、马来西亚、巴西、阿根廷、土耳其等
东风	国有	12	泰国、马来西亚、越南、巴基斯坦、伊朗、乌克兰、土耳其、巴西等
北汽	国有	4	南非、伊朗、缅甸、墨西哥
江淮	国有	19	埃及、阿尔及利亚、巴基斯坦、哈萨克斯坦、巴拉圭、厄瓜多尔等

另外，国内车企也十分看重海外研发中心的建立，目前共有21家整车企业在海外建立了52家研发中心。不同于工厂开在汽车并不发达的国家，这些研究中心都位于汽车工业比较著名的地区，比如德国法兰克福、意大利都灵、美国底特律、日本横滨等地。这些研发中心的目的在于与海外人才展开合作，比如近些年宝马、奥迪的前设计师加盟某国产车企，正是由这些海外研发中心牵线搭桥。除此之外，这些海外研究中心还负责外观、内饰的设计开发，以及某些电气设备的研究，国产车近年在国内的表现也有目共睹，在设计感层面与国际接轨正是双方合作带来的产出。通过更多的与汽车产业链上游（国外设计中心）下游（当地国产业链）的合作，国产品牌出海未来在“一带一路”的国家仍然有广阔的发展空间。整车质量虽然稳步提升，但销量还有很大的发展空间。品牌价值有待提升，当前在当地国销售的主要车型是经济适用型车型，即通常所说通过性价比开拓市场。

（二）环境趋势

人民币国际化步伐加快。自2008年全球金融危机和2009年欧债危机金融危机以来，西方发达国家经济遭受重创，通货膨胀严重，国内投资环境恶化，人民生活成本上升。在此背景下，中国经济顺势而上，对外贸易飞速增长，在困难时期成为推动世界经济增长的主要动力。当中国的对外贸易遍布全球，经济影响力也迅速提升，人民币开始走出国门迈向海外，成为越来越多国家进行交易的货币。2016年10月1日，国际货币基金组织批准人民币成为特别提款权（SDR）货币篮子，这不仅是SDR首次新增篮子货币，也是SDR自创建以来首次将发展中国家的货币纳入菜篮子货币，这是人民币国际化的重要里程碑，也代表中国被全球金融体系认可和接纳。人民币入篮可以帮助“一带一路”汽车产业区域价值链更好地发挥其功能，推动沿线国家的合作向更高、更深层次发展。

新能源汽车和无人驾驶。随着社会环保意识逐渐提高，节能减排成为汽车行业的发展共识，各国纷纷制定严格的尾气排放相关政策。在此背景下，新能源汽车和电动汽车市场需求旺盛，据相关人士预测，未来五年，超过60%的新增车辆都是电动汽车。中国政府敏锐地把握了新能源汽车的未来发展趋势，很早就制定政策鼓励新能源汽车产业的研发和生产。在政府和汽车企业的共同努力下，2021年中国新能源汽车月度销量连续12个月打破同期历史纪录，2021年全年，新能源汽车产销分别完成354.5万辆和352.1万辆，同比分别增长159.5%和157.5%，中国的新能源乘用车远远超过世界新能源汽车的平均增长率。在“一带一路”汽车产业区域价值链的构建过程中，中国在无人驾驶和新能源汽车领域的生产经验和技术信息将帮助沿线国家进行基础设施建设，突破新能源领域的技术难关，协同合作实现大规模生产。

汽车行业自主的全球价值链模式。部分中国品牌的汽车产业通过自发投入资金进行技术研发、设立高水平研发中心、网罗专业人才组建科研团队、在海外投资设厂的举措，逐渐在全球价值链中拥有自主优势。比如，2016年，吉利在柏林首次建立了全球高端品牌领克，并发布了首款车型neck01，创造了137秒预售6000辆车的神话。长城在哈弗的基础上，于2016年发布主打轻奢功能的高端SUV品牌魏派–WEY，这款汽车是长城集团在世界舞台上与现代、丰田、本田等日韩品牌争夺市场的王牌武器。同时，中国国内的自主本土品牌，如江淮、北汽、中泰、长安、上汽、比亚迪、奇瑞等纷纷加大研发投入，在海外投资设厂，不断扩大市场份额。这些自有品牌的积极探索，使得中国汽车行业拥有自主操控部分全球价值链环节的能力，也为“一带一路”区域价值链的构建打下基础。

中国汽车工业扩大开放。在2018年的博鳌论坛上，中国国家主席习近平发出宣告，中国将进一步降低汽车进口关税，放宽汽车行业的外商投资比例限制。中国政府主动降税，将激发市场活力，进一步扩大和开放国内汽车市场，这也降低了全球汽车品牌进入中国市场的门槛，有助于吸引更多外商投资。这个举措为中国汽车产业构建“一带一路”区域价值链提供更多支持。

（三）机遇特征

“一带一路”倡议践行以来成就令全球瞩目。汽车产业是我国与“一带一路”沿线国家实现产能合作和加强双边贸易的重要领域，汽车产业与汽车产品特点符合“一带一路”沿线多数国家和地区汽车市场需求，进一步深化汽车领域的合资合作，对我国及“一带一路”沿线国家都具有重要意义。前文分析了“一带一路”沿线60个国家2005—2017年汽车市场变化情况，发现“一带一路”沿线国家汽车市场需求及潜在需求巨大，当前汽车产业工业体系尚不完整，区域之间的差异也较为显著，为我国汽车产业“走出去”提供了巨大机遇。

（1）南亚、东南亚是最突出的新兴增长区域。近些年来，“一带一路”沿线国家汽车产量、销量增速明显高于全球平均增长速度，产量、销量全球占比不断提高，部分区域汽车产量、销量增速明显较高。60个国家汽车总产量由2005年的973.88万辆增长到2017年的1774.29万辆，年均增速5.13%，明显高于同期全球汽车产量增速3.15%，占全球汽车产量比重由14.52%增长至18.3%。具体到各区域，南亚、东南亚地区产销量均增长较快，是全球市场的新兴领域。2005—2017年“一带一路”沿线汽车产量增长最快的是南亚地区，产量从2005年的163.87万辆增长到2017年的478.29万辆，年均增幅高达9.34%；而销量从2005年的162.79万辆增长到2017年的434.83万辆，年均增幅达到8.53%，明显高于“一带一路”沿线国家的平均增长速度。

（2）沿线国家和地区市场潜在需求巨大。“一带一路”沿线国家的汽车保有量增长明显高于全球平均水平，但千人汽车拥有量远低于全球平均水平，表明“一带一路”沿线地区的汽车消费还有巨大潜力。“一带一路”沿线地区的汽车总销量从2005年的1015.78万辆增长到2017年的1504.97万辆，年均增速3.33%，同期全球汽车销量年均增速为3.25%。2005—2017年，汽车销量占全球比重从15.41%上升至15.55%。虽然销量增速温和上涨，但其潜在需求巨大。2005—2015年，“一带一路”沿线60个国家的汽车保有量从1.72亿辆增长到2.99亿辆，年均增速达到5.67%，显著高于全球汽车保有量平均增长速度。汽车保有量占全球总量比重由19.3%提高到23.3%。而千人汽车拥有量仅为98辆，远低于全球平均水平182辆，这显著表明沿线国家还有较大的汽车需求增长空间。特别是南亚、东盟及西亚地区，人口众多，潜在需求大。2015年，孟加拉国千人汽车拥有量仅为4辆，印度千人汽车拥有量仅为22辆，而随着印度经济的快速增长，其汽车消费潜力将有可能居全球第一。

（3）沿线大部分国家和地区汽车工业体系尚不健全。截至2017年，“一带一路”沿线60个国家中具备汽车制造能力的国家仅有18个，年产量超百万辆规模的国家只有8个，大部分国家汽车制造商主要为西方发达国家的跨国汽车公司，本国品牌汽车厂商还处于起步发展阶段，生产的车型基本为中低端汽车，缺乏完整的汽车工业产业链体系，许多关键设备依赖进口。目前的市场也主要为西方大型车企的供应链体系，大部分的零部件及关键设施设备依赖进口。至2017年，“一带一路”沿线60个国家中有48个国家汽车消费市场供需差额数据为正值，也进一步表明这些国家和地区必须依赖进口才能满足国内汽车市场消费需求，而且其中42个国家汽车消费市场完全依赖进口。这充分体现了这部分国家和地区的汽车工业体系还未建立或完善。具体到各区域看，独联体和西亚地区长期呈现汽车销量大于产量的特点，有较大的汽车进口需求；中东欧地区、南亚和东盟汽车则产量大于销量，整体上有较大的汽车出口要求，尤其是中东欧汽车产销差额呈现增大趋势，到2017年产销差额已达到-233.03万辆，汽车消费市场明显滞后于汽车制造业发展，长期都有强烈的汽车出口要求。

二、中国构建“一带一路”汽车产业价值链的优势

中国汽车产业牵头去构建“一带一路”区域价值链的优势和机遇是相当明显的，比如“一带一路”具有得天独厚的地理位置优势和产业互补优势以及巨大的市场前景。“一带一路”的历史渊源悠久，早在一千多年前，就有古丝绸之路，这条惠泽四方的合作道路凭借开放包容、和平友好、兼容并包的理念，赢得了沿线国家的支持，“一带一路”倡议沿着这条发展道路，继续加深千百年流传下来的各国人民深厚的友谊。因此，中国作为世界上最大的发展中国家，除了提升自身的经济发展水平外，有责任也有义务携手其他发展中国家，在产业产能合作中共享发展成果。在汽车产业具备区域合作的诸多条件下，中

国应当牵头联合“一带一路”沿线国家和地区，共同打造一条全新的区域价值链，在这个价值链当中，最大限度地发挥区域内的比较优势，扬长避短。但由于“一带一路”建设贯穿欧亚大陆，涉及的国家和人口数量众多，而且汽车产业区域价值链一旦建成，势必会对长期以来汽车产业欧、美、日占据上游的局面造成冲击，因此必须足够重视劣势和挑战。中国汽车产业也应当迎接挑战，努力去寻找合适的区域价值链构建路径以降低劣势，带领区域内的产业往价值链更高端环节攀升。

地理位置优势。“一带一路”沿线国家和地区之间地理位置相近，距离欧美发达国家主导的全球价值链中心较远，且这些国家大多是发展中国家或欠发达地区，社会制度较保守，基础设施不够完善，汽车工业化进程相对较慢，汽车产品技术含量较低，这些因素使得它们常被发达国家主导的全球价值链排斥。中国与“一带一路”的诸多国家自古以来就有深厚的友谊基础，在社会制度和文化习俗方面也具有高度相似性和互补性。在“一带一路”倡议下，中国与“一带一路”国家在经贸合作和基础设施建设方面协同合作，更加拉近了彼此的距离。

产业互补优势。“一带一路”沿线国家和地区的整体经济发展水平不高，各国汽车实力参差不齐，汽车工业化进程处在不同阶段，汽车产业类型不一。这种发展不统一恰好能够协调资源、技术、资金和制造水平，通过合作达到优势互补、需求对接。中国的汽车工业发展水平借助制造强国和战略性新兴产业政策，大大超过“一带一路”沿线多数国家和地区，中国汽车工业的基础设施建设、品牌建设、研发经验和企业管理经验历经50年的积累，能够为“一带一路”沿线国家汽车产业的建设提供有益指导。

多渠道资金支持优势。为强化互联互通建设、为区域内基础设施建设提供资金援助，2013年亚洲基础设施投资银行（以下简称“亚投行”）开始组建。随后，丝路基金和海上丝绸之路银行也相继筹建。亚投行、丝路基金、海上丝绸之路银行和目前的世界银行、亚开行互为补充，它们的成立为“一带一路”沿线国家和地区的资源开发、基础设施建设和产业产能合作提供投融资支持，也为汽车产业“一带一路”区域价值链的构建提供重要的资金支持。

价格和市场优势。《“一带一路”税收征管合作机制谅解备忘录》大大降低了汽车产品在“一带一路”区域内出口流通的关税，区域内的国家和地区在零部件和整车组装上通过规模集聚，大批量进行生产，且区域内国家之间的运输距离对比进口欧、美、日、韩等发达国家的汽车产品，大大缩减，因此区域内的汽车产品价格具备比较优势。同时，随着全球经济的不断发展，“一带一路”沿线国家人均收入不断提高，对汽车的需求也不断提高，因此“一带一路”区域内汽车市场广阔。

良好的政策优势。中国政府十分重视汽车产业的发展，根据汽车产业所处的发展阶段适时调整，提供合适的产业政策。早期为了扶持民族汽车工业发展，中国通过政策把控合资汽车企业的控股占比，以帮助民族汽车工业更好地嵌入全球价值链。如今，随着新能源汽车和智能汽车成为汽车行业发展主流和未来趋势，中国政府及时调整政策，通过增加新能源汽车补贴、支持技术研发、降低进出口关税和鼓励股权分置自由等措施鼓励相关汽车行业发展，促进中国汽车产业的转型升级，占据汽车价值链的更高环节，提升中国在汽车价值链中的地位。中国政府这一系列的汽车扶持政策为中国汽车产业飞速发展，牵头构建“一带一路”区域价值链创造了良好的环境。

产销量优势。中国汽车产业在国家政策的大力扶持下，不断进行产业改革和产业结构优化，汽车产销实力位于世界前列。2008年全球金融危机对欧美汽车产业造成较大冲击，中国抓住机遇，在2009年汽车销量突破1300万辆，2010年更是增长到1900万辆，超越欧美，连续位列世界汽车产销量榜首。随着中国汽车产业进行供给侧结构性改革，汽车生产方式逐渐往高质量、高效率发展。在这个背景下，中国汽车产销量平稳增长，连续十多年位居世界产销量第一的宝座。虽然近几年产销量相比有所下降，但从整体发展态势来看，中国汽车产业仍能保持世界产销量第一的位置。汽车产品可以分为两大类，即零部件产品和整车产品，中国近几年来零部件的出口增长速度明显比整车出口的增长速度快，中国的汽车产业如果能与“一带一路”沿线国家合作共同构建区域价值链，整合零部件和整车生产能力，将会进一步增加区域内的汽车产销量，提升全球价值链中的地位。

三、“一带一路”倡议下中国汽车企业出口模式的变迁

为了能抓住“一带一路”倡议下的汽车走出去发展机遇，克服所面临的挑战，目前国内自主品牌汽车出口企业也纷纷在出口模式上进行新的探索，也相应地进行了新的变革、新的探索、新的变迁。

（一）从“整车出口”转向“海外建厂”

由于现在各个国家都逐渐重视保护本国汽车产业，致力于提升本国汽车工业水平和解决当地就业问题，很多国家都对整车进口采取诸如实施进口配额、加征关税、提高技术准入门槛等限制措施，从而导致整车出口难以形成规模，收益也不高。为了破局，中国汽车出口企业加快了海外投资建厂步伐，积极实施本地化生产。中国汽车工业协会秘书长助理许海东表示，从贸易转向海外投资建厂，中国汽车企业已经开始实现，比如说上海通用在印尼投资40亿元建厂、吉利在白俄罗斯合资建厂、陕汽在阿尔及利亚建厂、重汽在尼日利亚建厂等。据不完全统计，目前，吉利、奇瑞、长城、东风、重汽、陕汽等多家国内知名车企已在越南、印度、印度尼西亚、俄罗斯等40多个出口国家和地区建立了100多家组装工厂，初步实现了中国汽车企业“走出去”的战略转型升级。

（二）从“内部厮杀”转向“集团协同”

由于种种原因，长期以来，中国汽车企业尤其是国有汽车企业没有针对旗下各个子公司、子品牌制定统一的海外大协同战略，尤其是在海外市场规范和品牌管理方面没有一个行之有效的管理机制，在品牌的广告投放和维护、集团内产品投放的合理配置方面也没有统一的管理部门。各个子公司、子品牌在海外单打独斗、各自为战，甚至有的时候集团内的兄弟品牌还互相竞争、互相厮杀，导致品牌竞争力不强，产品知名度和美誉度迟迟得不到提升。近年来，中国汽车企业逐渐意识到这个问题的严重性，都纷纷成立国际海外事业部，以事业部的形式加强集团汽车出口的管理。

（三）从“自营出口”转向“借船出海”

基础设施建设是“一带一路”的重点合作领域，“一带一路”建设首先是基础设施的建设，截至2019年7月底，已有136个国家和30个国际组织与中国签署了194份共建“一带一路”基建共建项目，总投资超过5600亿元。其中就包含了已经完工并交付使用的巴基斯坦瓜达尔港项目、肯尼亚蒙内铁路项目和埃塞俄比亚到吉布提的亚吉铁路等；还有很多其他“一带一路”重点基础设施项目也在有序推进中，或者已经取得了重大进展，比如老挝的中老铁路、印度尼西亚的雅万高铁项目等。但是无一例外的是，这些重大基础设施建设项目都有中建、中交建、中铁建、中国路桥、中土集团、水电国际的身影，很多项目都是这些中国央企承建的。而这些由中国企业承建的项目就意味着会有很多的工程设备会自带出口，而且数量还不少。以卡车为例，据不完全统计，2019年因工程自带出口的卡车就高达2万多台，约占中国卡车出口总量的30%。因此这些年来，各个汽车企业尤其是卡车企业开始调整营销思路，在巩固自营出口的同时，纷纷与各大工程建设企业打造战略联盟，依靠其海外项目平台实现“借船出海”的目标。

（四）从“单打独斗”转向“抱团出海”

所谓的抱团出海，与上面所说的“集团协同”和“借船出海”还是有所区别的。“集团协同”主要指的是集团内部各个子品牌和子公司的大协同；“借船出海”主要指的是汽车企业借助国内工程企业在海外项目的平台，通过工程企业自带设备的模式实现出口。这里的“抱团出海”则指的是拥有互补产品的车企与关联企业之间在海外共享经销商资源和客户资源，互相通报当地市场信息和政策变化或者以成立合资公司、合作联盟的形式共同参与目标海外市场的订单招标、大客户开发等。这方面最具代表性的是，由广西柳工机械股份有限公司、山推工程机械进出口有限公司、中国重型汽车集团有限公司、山东瑞华工程机械有限公司携手创立汉盛控股集团有限公司。这家公司成立于2005年9月，旗下主营进出口贸易、国际物流、实业投资和综合服务项目四大业务，提供中国工程机械设备与重型车辆在海外的集产品、服务和技术支持于一体的全方位综合解决方案。除此之外，很多车企也致力于与区内的关联企业打造战略合作联盟，实现“抱团出海”。比如，东风柳州汽车有限公司就与广西柳工机械股份有限公司、广西玉柴机器集团有限公司等打造了一个“广西企业走出去联盟”，实现在海外目标市场共享资源、抱团取暖。

（五）从“海外销售”转向“海外租赁”

最早从销售向租赁变革的其实是国内的工程企业，很多年前，徐工、三一、中联重科等企业就在国内实现了工程设备的租赁。后来他们将这一模式成功移植到了海外，并在海外实现了租售同步开展。现在很多国内车企也开始探索租赁模式在汽车领域的可行性，当然这种探索肯定是先在风险比较小的国内进行试行，例如很多车企现在开始推行的共享汽车租赁，上汽通用五菱计划在政府公务用车实施的以租代售的租赁模式，如果这一模式可行的话，未来就完全有可能像工程机械的海外租赁一样在“一带一路”区域顺利推行。

4
Chapter

第四章 中国汽车产业与市场

第一节　2002—2017年中国汽车销售（需求）格局

从2009年以来的连续10年全球第一大新车市场，到2018年出现汽车产销首次下滑，值得深思与研究，需要我们从时间、空间、结构等多个视角去分析中国自加入WTO以来（2002—2017年）的汽车消费（新注册）情况。

以汽车制造业为主的交通运输设备制造业已跃升至40个工业行业之首，成为名副其实的“领头羊”，随着市场需求的不断扩大和消费结构的日新月异，我国汽车工业的发展潜力日益巨大。时间回到十几年前，2008年，全球金融危机爆发，我国相继出台减免购置税、汽车下乡、淘汰黄标车等利好政策，2009年中国汽车“风光独好”，共生产1379.10万辆，销售1364.48万辆，同比分别增长高达48.30%和46.15%，中国首次正式超越美国。此后10年中国汽车市场扶摇直上，一直是全球第一大新车市场。2018年，中国汽车工业由于受购置税优惠政策全面退出、宏观经济增速回落，以及消费信心等因素的影响，产销量低于年初预期，全年汽车产销分别完成2780.9万辆和2808.1万辆，同比下降4.2%和2.8%，车市总体增速出现自1990年起28年以来的首次下滑，2018年国内各地区汽车销售增速比上年均有不同程度的回落。为深入和全面地分析我国民用汽车[①]消费（新注册）的空间分布和时间变化特征，本章通过三个维度进行解构：一是空间维度，通过采取全国总体、重点区域、重点省市等不同空间尺度的观测研究，可以观测我国汽车消费的总体布局与局部特征；二是时间维度，通过系

① 本章纳入统计的汽车包括民用载客汽车（微型客车、小型客车、中型客车、大型客车）和民用载货汽车（微型货车、轻型货车、中型货车、重型货车）。

统梳理2002—2017年连续时间序列的汽车消费数据，纵向上完整地呈现了16年间我国及重点区域汽车消费演变过程，使得研究更为连续性、更显动态性；三是行业维度，对我国汽车总体消费和不同类型（载货、载客）汽车进行分类研究，分门别类地展现、分析不同类型汽车消费的空间布局和时间变化特征。

参照常用的区域划分方法将全国31个省份（不包括港澳台）分成七个区域：东北（内蒙古、辽宁、吉林、黑龙江）、华东（上海、江苏、浙江、安徽、福建、江西、山东）、华中（河南、湖北、湖南）、华北（上海、江苏、浙江、安徽、福建、江西、山东）、华南（广东、广西、海南）、西北（陕西、甘肃、青海、宁夏、新疆）、西南（重庆、四川、贵州、云南、西藏）。

一、汽车消费

（一）总体消费概况

随着中国经济社会持续快速发展，汽车保有量保持快速增长，截至2017年年底全国汽车保有量2.17亿辆，其中新注册登记汽车2800余万辆，均创历史新高。2002—2017年我国汽车消费总量从2002年的337.19万辆，到2008年的741.03万辆；2009年为冲抵全球金融危机对汽车消费的影响，我国出台了“汽车下乡”等系列振兴国内汽车行业政策，取得了明显效果，2009年我国汽车消费出现爆发式增长，突破千万辆级大关，汽车消费总量达到1245.97万辆，同比增长68.2%；到2013年，突破两千万辆级大关，我国汽车消费达到2030.96万辆，随后增长到2017年的2800.4万辆。2002—2017年我国汽车消费年均增长速度达15.16%，载客汽车消费增速明显快于载货汽车消费增速，其中，载客汽车消费年均增长速度高达17.2%，载货汽车消费年均增长速度仅为7.85%（见表4-1、图4-1）。

表4-1　2002—2017年我国汽车消费变化情况一览表

年份	汽车消费总量（万辆）	载客汽车（万辆）	载货汽车（万辆）
2002	337.19	229.43	99.37
2003	433.76	316.09	107.57
2004	451.17	333.21	102.96
2005	528.62	415.78	102.42

续表

年份	汽车消费总量（万辆）	载客汽车（万辆）	载货汽车（万辆）
2006	573.03	467.90	92.54
2007	605.88	498.66	91.29
2008	741.03	605.50	112.81
2009	1245.97	1024.84	214.84
2010	1528.84	1254.68	263.77
2011	1624.25	1369.45	244.25
2012	1772.49	1524.89	238.63
2013	2030.96	1752.27	269.00
2014	2205.22	1936.67	254.22
2015	2331.75	2120.27	204.32
2016	2724.46	2464.84	250.73
2017	2800.40	2480.23	308.77
年均增速（%）	15.16	17.20	7.85

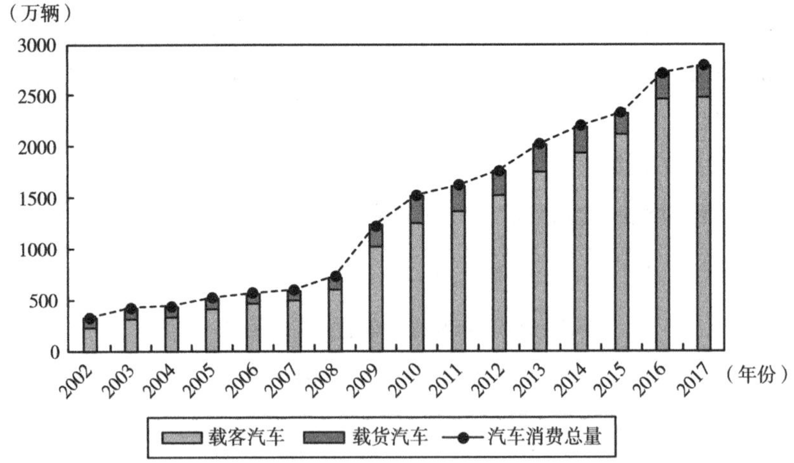

图4-1　2002—2017年我国各类汽车消费总体变化情况

从2002—2017年我国汽车消费分类来看，载客汽车消费占比持续上升，从2002年的70%提高到2017年的89%；载货汽车消费占比持续下降，从2002年的30%下降到2017年的11%。2002年载客与载货汽车消费占比结构为70∶30，到2017年载客与载货汽车消费占比结构为89∶11。这也说明载客汽车增速明显快于载货汽车消费增速（见图4-2）。

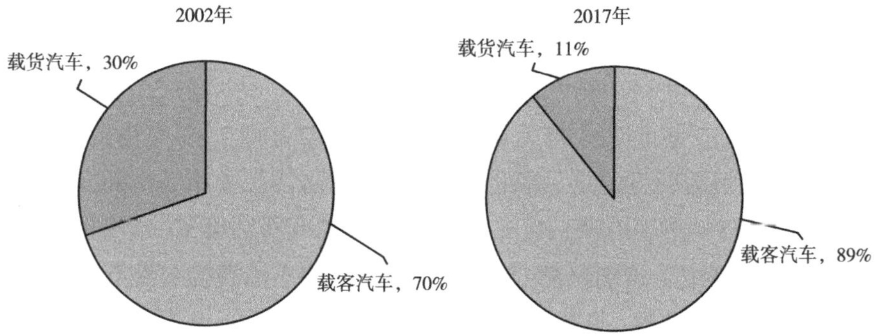

图4-2　2002年、2017年载客与载货汽车消费占比情况

（二）七大重点区域汽车消费分布格局

1.区域总体格局

从2002—2017年我国重点区域的汽车消费变化情况来看，16年间大部分区域汽车销量都有不同程度的增长，其中，汽车消费年均增速最快的是华中地区，年均增速达18.78%，依次为西北（17.46%）、西南（17.24%）、东北（16.04%）、华南（15.78%）、华东（15.72%）、华北（9.42%）；汽车消费绝对数量增长最大的是华东地区，从2002年的104.24万辆增长到2017年的931.72万辆，增长了827.48万辆（见表4-2）。

表4-2　2002—2017年我国主要区域汽车消费情况　单位：万辆

区域	2002年	2005年	2008年	2011年	2014年	2017年
华东	104.24	170.43	255.56	556.59	751.82	931.72
华中	31.09	45.50	74.40	168.83	300.29	410.75
华南	39.58	68.75	88.36	181.05	260.48	356.51
西南	32.75	52.95	85.34	186.35	283.12	355.82
华北	89.86	122.77	137.9	236.07	286.53	346.55
东北	23.75	47.48	66.72	175.09	168.72	221.20
西北	15.92	20.74	32.75	120.27	154.26	177.85

从2017年、2002年我国重点区域的汽车消费规模和市场份额来看，2017年汽车消费规模最大的是华东地区（931.72万辆），在全国汽车消费的市场份额占比达33%，汽车消费规模从大到小的地区依次为华中（410.75万辆）、华南（356.51万辆）、西南（355.82万辆）、华北（346.55万辆）、东北（221.2万辆）、西北（177.85万辆）；2002年汽车消费规模从大到小的地区依次为华东（104.24万辆）、华北（89.86万辆）、华南（39.58万辆）、西南（32.75万辆）、华中（31.09万辆）、东北（23.75万辆）、西北（15.92万辆）。汽车消费市场份额及其排名变化最为明显的是，华北地区2002年排名第2（市场份额26%），到2017年排名第5（市场份额12%）；华中地区2002年排名第5（市场份额9%），到2017年排名第2（市场份额15%）；其他地区汽车消费排名没有明显变化，市场份额仅有小幅波动（见图4-3）。

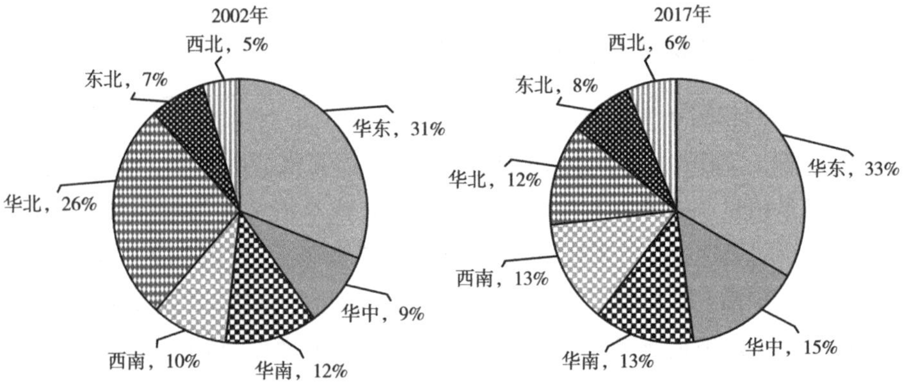

图4-3　2002年、2017年我国主要区域的汽车消费市场份额对比

从2002—2017年我国七大重点区域的汽车分类消费变化来看，16年间载客汽车消费与载货汽车消费均快速增长，但是客车消费明显快于汽车消费，进而导致客货车消费比大幅提升（见表4-3）。2002年，大部分地区客货车消费比相差不大，客货消费比位于1.8：1—2.7：1；2017年，各地区客货消费比提升到5.9：1—8.8：1，而各地区间仍然相差不大。2017年，客货车消费比最大的是华中地区8.76：1，从大到小依次为华南地区（8.74：1）、华东地区（8.51：1）、东北地区（7.96：1）、西南地区（7.70：1）、华北地区（7.23：1）、西北地区（5.92：1）。

表 4-3　　2002—2017 年我国七大重点区域的汽车分类消费情况一览表

区域	2017 年载客汽车（万辆）	2017 年载货汽车（万辆）	2017 年客货消费比	2002 年客货消费比
华北	302.72	41.87	7.23 : 1	2.45 : 1
东北	195.82	24.61	7.96 : 1	2.15 : 1
华东	830.55	97.57	8.51 : 1	2.35 : 1
华中	367.16	41.9	8.76 : 1	2.05 : 1
华南	318.89	36.5	8.74 : 1	2.66 : 1
西南	313.76	40.75	7.70 : 1	2.06 : 1
西北	151.33	25.57	5.92 : 1	1.87 : 1

2. 华北地区

从2002—2017年我国华北地区的主要省份汽车消费变化情况来看，4个省份汽车消费都有不同程度的增长（见表4-4、图4-4），华北地区的年均增速为9.42%，其中，汽车消费年均增速最快的是山西省，年均增速达14.78%，其次为天津（11.43%）、河北（9.11%）、北京（6.08%）；汽车消费绝对数量增长最大的是河北省，从2002年的48.96万辆增长到2017年的181.12万辆，增长了142.16万辆，汽车消费绝对数量增长最少的是天津市，仅增长了23.39万辆。另外，北京市为缓解城市交通拥堵问题，于2011年开始控制新增汽车上牌数量，致使北京汽车消费从2010年的86.95万辆“腰斩”至2011年的40.07万辆，随后维持缓慢增长速度。天津市汽车消费在2013年达到峰值42.17万辆，在2014年大幅跌落至23.54万辆，随后也维持较为缓慢的增长态势。

表 4-4　　2002—2017 年我国华北地区各省份汽车消费情况　　单位：万辆

省份	2002 年	2005 年	2008 年	2011 年	2014 年	2017 年	增速（%）
北京	25.83	34.22	46.84	40.07	50.33	62.6	6.08
天津	5.75	12.13	18.42	32.68	23.54	29.14	11.43
河北	48.96	58.54	39.77	111.69	154.24	181.12	9.11
山西	9.32	17.88	32.87	51.63	58.42	73.69	14.78
合计	89.86	122.77	137.9	236.07	286.53	346.55	9.42

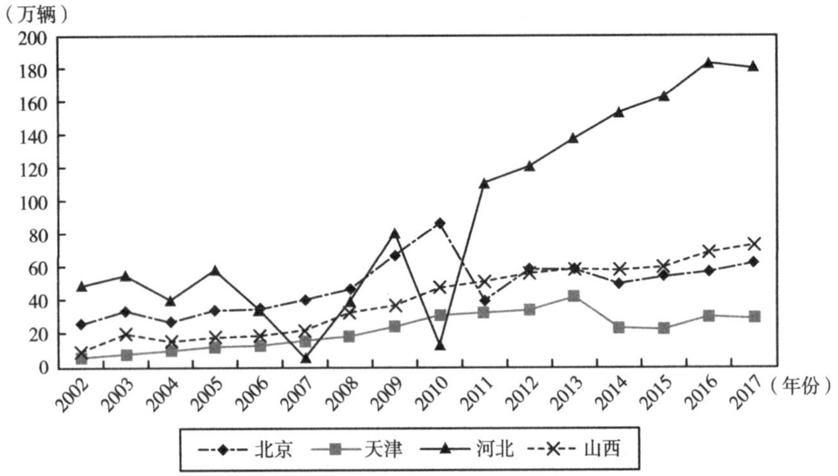

图4-4 2002—2017年我国华北地区各省份汽车消费情况

从2017年、2002年华北地区各省份的汽车消费规模和市场份额来看（见图4-5），2017年汽车消费规模最大的是河北省181.12万辆，在华北地区汽车消费的市场份额占比高达52%，其次为山西省73.69万辆（21%）、北京市62.6万辆（18%）、天津市29.14万辆（9%）；而对比来看，2002年汽车消费规模从大到小依次为河北省48.96万辆（55%）、北京市25.83万辆（29%）、山西省9.32万辆（10%）、天津市5.75万辆（6%）。汽车消费市场份额及其排名变化最为明显的是，北京市2002年排名第2（市场份额29%），到2017年排名下降至第3（市场份额18%）；山西省2002年排名第3（市场份额10%），到2017年排名上升至第2（市场份额21%）；河北省市场份额略有下降，天津市市场份额略有上升，但两个省份的汽车消费排名没有明显变化。

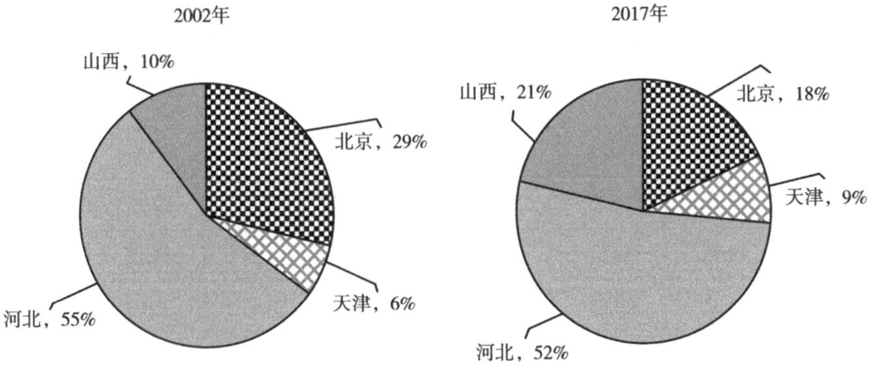

图4-5 2002年、2017年我国华北地区各省份汽车消费市场份额对比

3.东北地区

从2002—2017年我国东北地区的主要省份汽车消费变化情况来看，4个省份的汽车消费都保持了高速的增长，东北地区的年均增速为16.04%（见表4-5、图4-6）。其中，汽车消费年均增速最快的是内蒙古，年均增速达17.15%，其次为吉林（16.22%）、黑龙江（16.15%）、辽宁（15.17%）；汽车消费绝对数量增长最大的是辽宁省，从2002年的8.89万辆增长到2017年的73.94万辆，增长了65.05万辆，汽车消费绝对数量增长最少的是吉林省，增长了39.44万辆。总体来说，东北地区4个省份的汽车消费表现为“基数小、增速快”，2002年4个省份的汽车消费规模均小于10万辆，尽管2002—2017年年均增速均大于15%，尤其是2008年后，东北地区各省份汽车消费均实现快速增长，但2017年东北地区4个省份的消费规模均未达到百万辆大关。

表4-5　2002—2017年我国东北地区各省份汽车消费情况　单位：万辆

省份	2002年	2005年	2008年	2011年	2014年	2017年	增速（%）
内蒙古	4.97	11.30	21.45	46.36	40.45	53.41	17.15
辽宁	8.89	17.97	18.65	60.99	50.17	73.94	15.17
吉林	4.62	9.09	8.52	31.02	38.79	44.06	16.22
黑龙江	5.27	9.12	18.10	36.72	39.31	49.79	16.15
合计	23.75	47.48	66.72	175.09	168.72	221.2	16.04

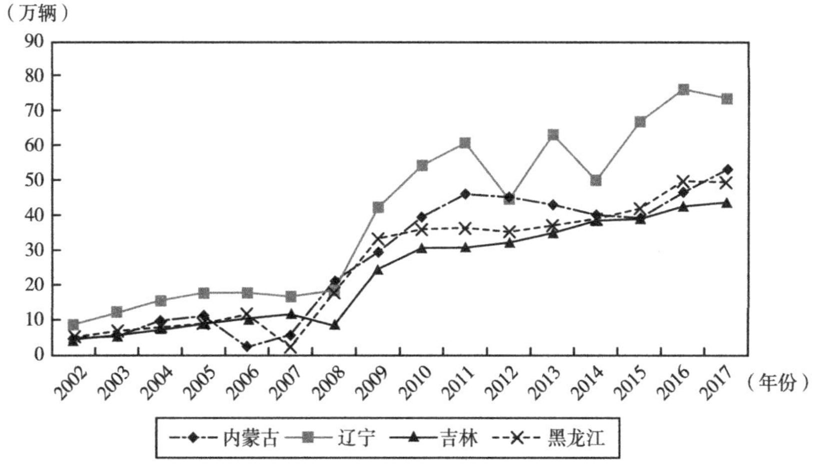

图4-6　2002—2017年我国东北地区各省份汽车消费情况

从2017年、2002年东北地区各省份的汽车消费规模和市场份额来看，各省份份额比较均衡，且变化也不大（见图4-7）。2017年汽车消费规模最大的是辽宁省73.94万辆，在东北地区汽车消费的市场份额占比为33%，其次为内蒙古53.41万辆（24%）、黑龙江49.79万辆（23%）、吉林省44.06万辆（20%）；而对比来看，2002年汽车消费规模从大到小依次为辽宁省8.89万辆（37%）、黑龙江5.27万辆（22%）、内蒙古4.97万辆（21%）、吉林省4.62万辆（20%）。东北地区4个省份的汽车消费市场份额及其排名均没有明显变化，辽宁省市场份额略有下降，黑龙江、内蒙古的市场份额略有上升，吉林省的市场份额维持不变。

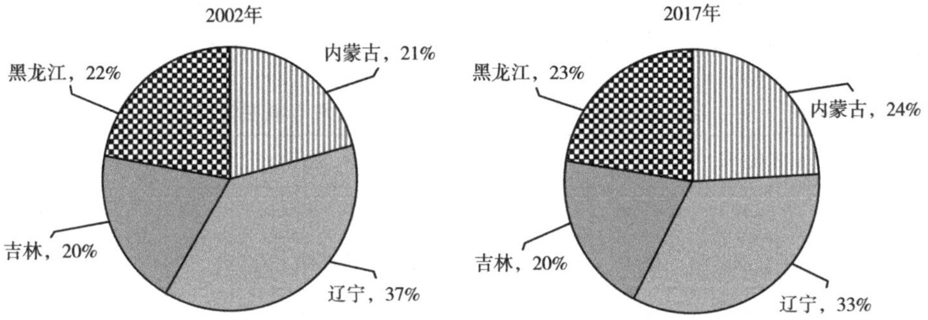

图4-7　2002年、2017年我国东北地区各省份汽车消费市场份额对比

4.华东地区

从2002—2017年我国华东地区的主要省份汽车消费变化情况来看，7个省份汽车消费均保持了高速增长，7省份年均增速均大于11%，华东地区的年均增速为15.72%（见表4-6、图4-8）。其中，汽车消费年均增速最快的是安徽省，年均增速高达21.15%，排在第2位的江西年均增速也达到20.01%，其次为江苏（17.6%）、福建（15.82%）、山东（14.97%）、浙江（12.98%）、上海（11.11%）；汽车消费绝对数量增长最大的是江苏省，从2002年的19.19万辆增长到2017年的218.36万辆，增长了199.17万辆，汽车消费绝对数量增长最少的是上海市，仅增长了42.63万辆。为冲抵2008年全球金融危机对汽车消费的影响，我国出台了“汽车下乡”等系列振兴国内汽车行业政策，2009年华东地区汽车消费出现爆发式增长，2009年突破400万辆级大关，2010年突破500万辆级大关。

表4-6　2002—2017年我国华东地区各省份汽车消费情况　单位：万辆

省份	2002年	2005年	2008年	2011年	2014年	2017年	增速（%）
上海	11.05	16.97	18.60	31.11	37.20	53.68	11.11
江苏	19.19	38.16	56.18	131.12	177.53	218.36	17.60
浙江	27.27	40.28	53.28	124.49	147.49	170.14	12.98
安徽	6.81	11.60	22.05	51.91	76.47	121.07	21.15
福建	8.35	13.30	21.69	43.96	60.85	75.59	15.82
江西	5.06	7.66	13.95	34.30	50.99	78.06	20.01
山东	26.51	42.46	69.81	139.7	201.29	214.82	14.97
合计	104.24	170.43	255.56	556.59	751.82	931.72	15.72

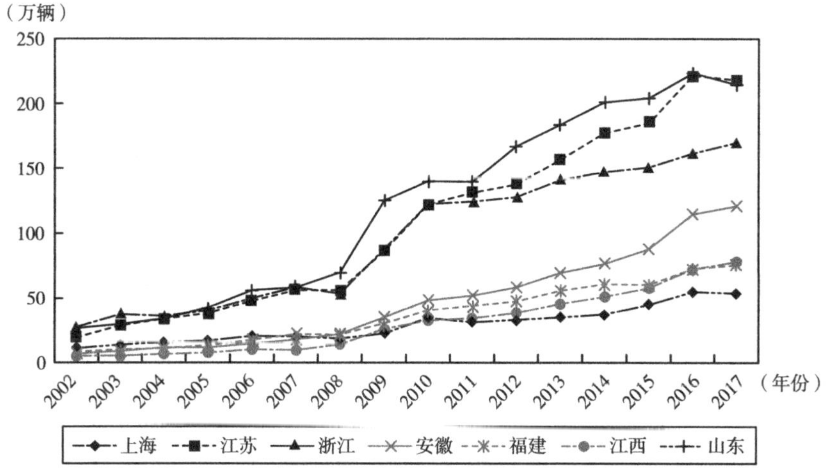

图4-8　2002—2017年我国华东地区各省份汽车消费情况

从2017年、2002年华东地区各省份的汽车消费规模和市场份额来看（见图4-9），2017年汽车消费规模最大的是江苏省218.36万辆，在华东地区汽车消费的市场份额占比高达24%，其次为山东省214.82万辆（23%）、浙江省170.14万辆（18%）、安徽省121.07万辆（13%）、江西省78.06万辆（8%）、福建省75.59万辆（8%）、上海市53.68万辆（6%）；而对比来看，2002年汽车消费规模从大到小依次为浙江省27.27万辆（26%）、山东省26.51万辆（25%）、江苏省19.19万辆（18%）、上海市11.05万辆（11%）、福建省8.35万辆（8%）、安徽省6.81万辆（7%）、江西省5.06万辆（5%）。汽车消费市场份额及其排名变化明显的是，浙江省2002年排名第1（市场份额26%），到2017年排名下降至第3（市场份额18%）；上海市2002年排名第4（市场份额11%），到2017年排名下降至第7（市场份额6%）；安徽省2002年排名第6（市场份额7%），到2017年排名上升至第4（市场份额13%）；江苏省2002年排名第3（市场份额18%），到2017年排名上升至第1（市场份额24%）；山东、江西、福建3个省份的汽车消费排名没有明显变化。

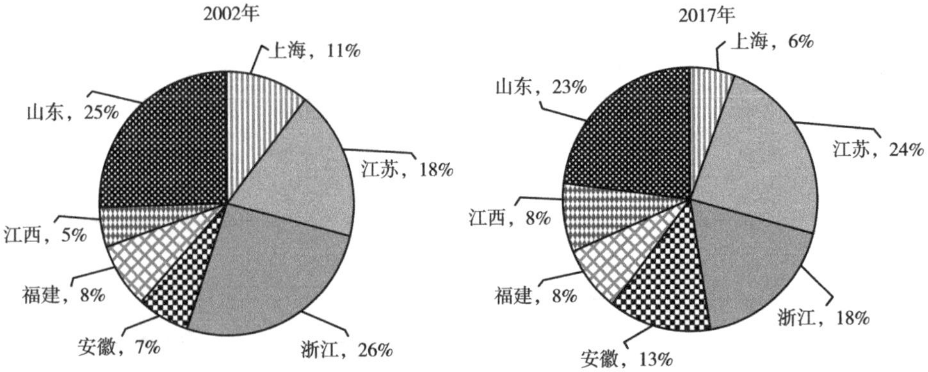

图4-9　2002年、2017年我国华东地区各省份汽车消费市场份额对比

5.华中地区

从2002—2017年我国华中地区的主要省份汽车消费变化情况来看，3个省份汽车消费均实现了高速增长，3个省份年均增速均大于18%，且增速的差距很小，华中地区的年均增速为18.78%（见表4-7、图4-10）。其中，汽车消费年均增速最快的是湖南省，年均增速达19.62%，其次为湖北（19.27%）、河南（18.1%）；汽车消费绝对数量增长最大的是河南省，从2002年的16.06万辆增长到2017年的194.78万辆，增长了178.72万辆，湖南、湖北省汽车消费绝对数量增长均为100万辆左右。总体来看，华中地区各省份的汽车消费均保持了极为良好的增长态势，2009年汽车消费突破100万辆级大关，2012年突破200万辆级大关，到2017年突破400万辆级大关。

表4-7　2002—2017年我国华中地区各省份汽车消费情况　单位：万辆

省份	2002年	2005年	2008年	2011年	2014年	2017年	增速（%）
河南	16.06	25.25	38.56	80.15	146.84	194.78	18.10
湖北	7.63	11.59	22.78	38.88	77.44	107.24	19.27
湖南	7.40	8.66	13.06	49.8	76.01	108.73	19.62
合计	31.09	45.50	74.40	168.83	300.29	410.75	18.78

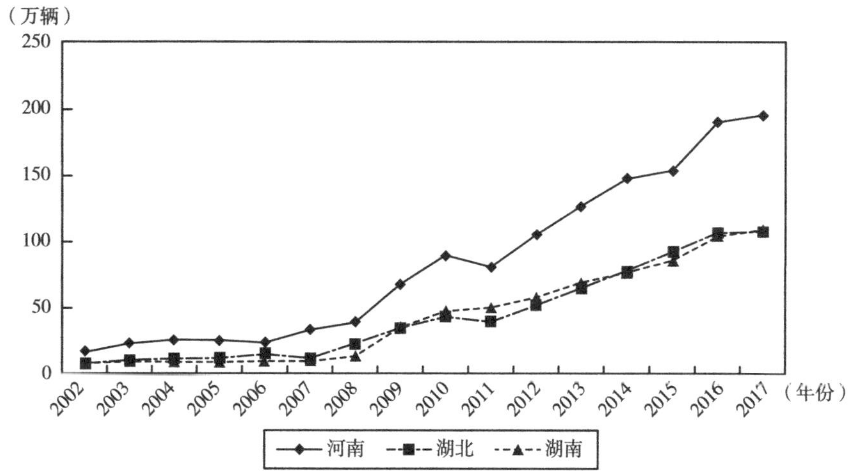

图4-10　2002—2017年我国华中地区各省份汽车消费情况

从2017年、2002年华中地区各省份的汽车消费规模和市场份额来看（见图4-11），2017年汽车消费规模最大的是河南省194.78万辆，在华中地区汽车消费的市场份额占比高达47%，其次为湖南省108.73万辆（27%）、湖北省107.24万辆（26%）；而对比来看，2002年汽车消费规模从大到小依次为河南省16.06万辆（52%）、湖南、湖北两个省的市场份额几乎相当，均为24%。华中地区各省的汽车消费市场份额及其排名没有明显变化，河南省市场份额略有下降，湖南省、湖北省的市场份额略有上升。

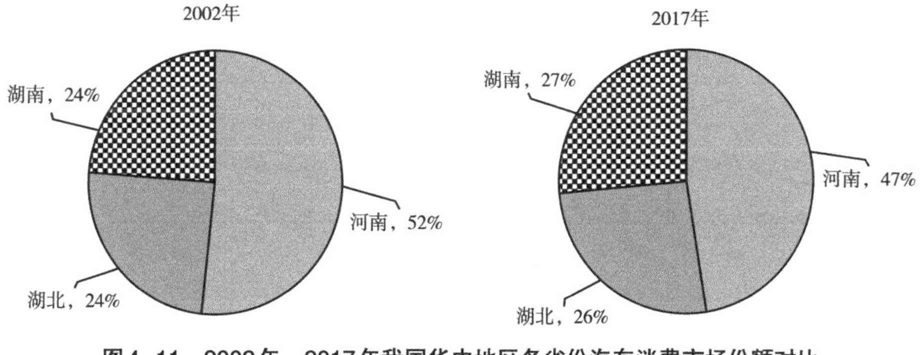

图4-11　2002年、2017年我国华中地区各省份汽车消费市场份额对比

6.华南地区

从2002—2017年我国华南地区的主要省份汽车消费变化情况来看，华南3省汽车消费均实现了高速增长，3个省份年均增速均大于14%，华南地区的

年均增速为15.78%（见表4-8、图4-12）。其中，汽车消费年均增速最快的是广西壮族自治区，年均增速达20.69%，其次为海南省（18.87%）、广东省（14.71%）；汽车消费绝对数量增长最大的是广东省，从2002年的33.86万辆增长到2017年的265.41万辆，增长了232.55万辆，汽车消费绝对数量增长最少的是海南省，仅增长了17.8万辆。总体来说，华南地区3个省份的汽车消费表现出一定的"基数小、增速快；规模大、速度较快"特点，如海南省2002年汽车消费规模仅为1.44万辆，到2017年翻了16倍左右；广东省2002年汽车消费规模达到33.86万辆，到2017年翻了8倍左右。

表4-8　2002—2017年我国华南地区各省份汽车消费情况　单位：万辆

省份	2002年	2005年	2008年	2011年	2014年	2017年	增速(%)
广东	33.86	57.26	78.15	137.45	200.3	265.41	14.71
广西	4.28	9.35	5.77	34.83	48.4	71.86	20.69
海南	1.44	2.14	4.44	8.77	11.78	19.24	18.87
合计	39.58	68.75	88.36	181.05	260.48	356.51	15.78

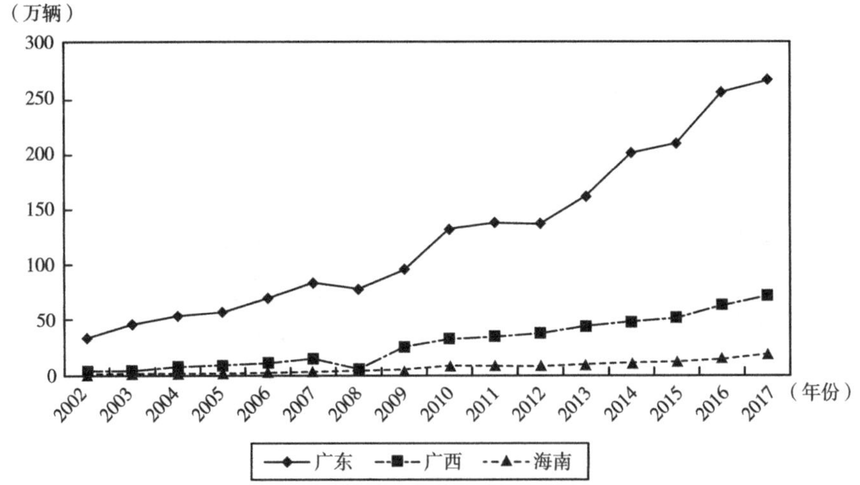

图4-12　2002—2017年我国华南地区各省份汽车消费情况

从2017年、2002年华南地区各省份的汽车消费规模和市场份额来看（见图4-13），2017年汽车消费规模最大的是广东省265.41万辆，在华南地区汽车消费的市场份额占比高达75%，其次为广西壮族自治区71.86万辆（20%）、海南省19.24万辆（5%）；而对比来看，2002年汽车消费规模从大到小依次为广东省33.86万辆（85%）、广西壮族自治区4.28万辆（11%）、海南省1.44万辆（4%）。2002—2017年华南地区各省的汽车消费排名没有变化，仅仅市场份额有所变化，其中广东省市场份额略有下降，但仍然是华南地区汽车消费的“绝对主力”，广西壮族自治区、海南省的市场份额略有上升。

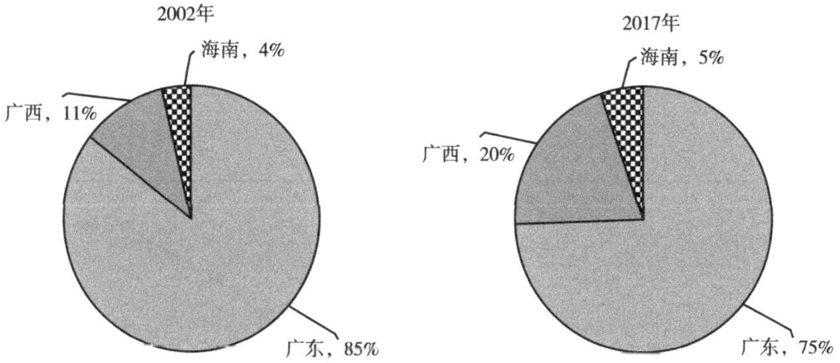

图4-13　2002年、2017年我国华南地区各省份汽车消费市场份额对比

7.西南地区

从2002—2017年我国西南地区的主要省份汽车消费变化情况来看，5个省份汽车消费均实现了高速增长，5省份年均增速均大于14%，西南地区的年均增速为17.24%（见表4-9、图4-14）。其中，汽车消费年均增速最快的是贵州省，实现超高速增长，年均增速达22.35%，其次为重庆（16.59%）、云南（16.43%）、四川（16.26%）、西藏（14.15%）；汽车消费绝对数量增长最大的是四川省，从2002年的14.53万辆增长到2017年的139.29万辆，增长了124.76万辆，然而在2007年汽车消费曾出现“断头式”的萎缩（从2006年的25.76万辆到2007年的5.69万辆），汽车消费绝对数量增长最少的是西藏，仅增长了4.52万辆。总体来说，西南地区5个省份的汽车消费表现出一定的“基数相差较大，增速表现不一”特点，如贵州省2002年汽车消费规模为3.58万辆，但增速最快（22.35%），到2017年翻了20倍左右；西藏2002年汽车消费规模仅仅为0.72万辆，但增速最慢（14.15%），到2017年仅翻了7倍左右。

表 4-9　　2002—2017 年我国西南地区各省份汽车消费情况　　单位：万辆

省份	2002 年	2005 年	2008 年	2011 年	2014 年	2017 年	增速(%)
重庆	5.51	8.84	16.26	30.53	53.22	55.12	16.59
四川	14.53	20.39	32.27	77.69	112.76	139.29	16.26
贵州	3.58	7.34	12.55	27.43	47.35	73.76	22.35
云南	8.41	14.94	22.97	48.54	65.45	82.41	16.43
西藏	0.72	1.44	1.29	2.16	4.34	5.24	14.15
合计	32.75	52.95	85.34	186.35	283.12	355.82	17.24

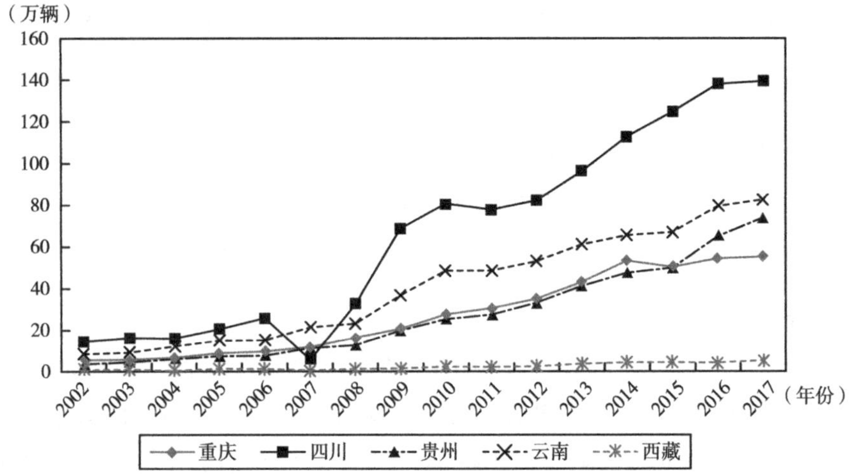

图 4-14　2002—2017 年我国西南地区各省份汽车消费情况

从2017年、2002年西南地区各省份的汽车消费规模和市场份额来看（见图4-15），2017年汽车消费规模最大的是四川省139.29万辆，在西南地区汽车消费的市场份额超过1/3，占比为39%，其次为云南省82.41万辆（23%）、贵州省73.76万辆（21%）、重庆市55.12万辆（16%）、西藏自治区5.24万辆（1%）；而对比来看，2002年汽车消费规模从大到小依次为四川省14.53万辆（44%）、云南省8.41万辆（26%）、重庆市5.51万辆（17%）、贵州省3.58万辆（11%）、西藏自治区0.72万辆（2%）。汽车消费市场份额排名略微有所变化，第三、第四名的重庆市与贵州省互换了位次；市场份额变化最为明显的是，贵州省从2002年市场份额11%增长到2017年21%；其他3个省份的汽车消费市场份额及其排名没有明显变化。

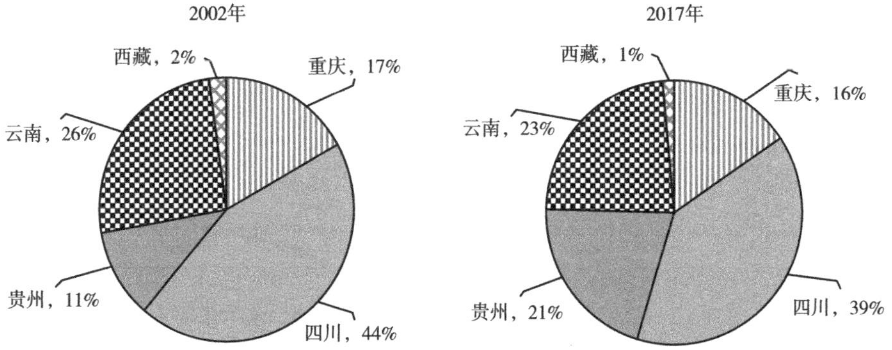

图4-15 2002年、2017年我国西南地区各省份汽车消费市场份额对比

8.西北地区

从2002—2017年我国西北地区的主要省份汽车消费变化情况来看，西北五省汽车消费均实现了高速增长，5个省份的年均增速均大于15%，西北地区的年均增速为17.46%（见表4-10、图4-16）。其中，汽车消费年均增速最快的是陕西省，年均增速高达19.1%，其次为宁夏（18.34%）、甘肃（18.11%）、新疆（15.09%）、青海（15.03%）；汽车消费绝对数量增长最大的是陕西省，从2002年的5.4万辆增长到2017年的74.35万辆，增长了68.95万辆，汽车消费绝对数量增长最少的是青海，仅增长了10.83万辆；而引人注意的是，新疆在2007—2009年汽车消费曾出现“断头式萎缩、报复式增长”，从2007年的9.57万辆，急剧下降到2008年的0.72万辆，直线上升到2009年的17.02万辆。总体来说，西北五省2002年汽车消费规模均小于6万辆，西北地区各省份汽车消费表现出一定的“基数小，增速快”特征。

表4-10 2002—2017年我国西北地区各省份汽车消费情况 单位：万辆

省份	2002年	2005年	2008年	2011年	2014年	2017年	增速（%）
陕西	5.40	6.83	21.18	49.60	63.75	74.35	19.10
甘肃	2.95	4.09	6.18	20.52	31.30	35.84	18.11
青海	1.51	0.73	0.22	8.51	11.64	12.34	15.03
宁夏	1.27	2.67	4.45	11.56	13.20	15.87	18.34
新疆	4.79	6.42	0.72	30.08	34.37	39.45	15.09
合计	15.92	20.74	32.75	120.27	154.26	177.85	17.46

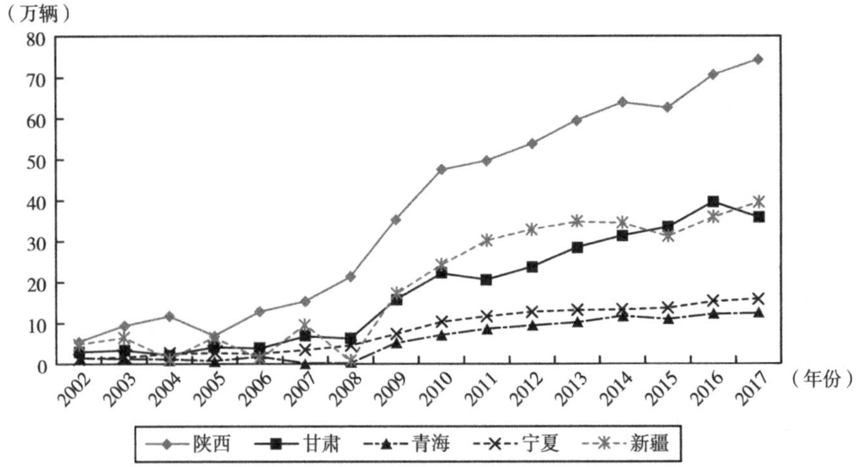

图4-16 2002—2017年我国西北地区各省份汽车消费情况

从2017年、2002年西北地区各省份的汽车消费规模和市场份额来看（见图4-17），2017年汽车消费规模最大的是陕西省74.35万辆，在西北地区汽车消费的市场份额超过四成，占比为42%，其次为新疆39.45万辆（22%）、甘肃35.84万辆（20%）、宁夏15.87万辆（9%）、青海12.34万辆（7%）；而对比来看，2002年汽车消费规模从大到小依次为陕西省5.4万辆（34%）、新疆4.79万辆（30%）、甘肃2.95万辆（19%）、青海1.51万辆（9%）、宁夏1.27万辆（8%）。汽车消费市场份额排名略微有所变化，第四、第五名的宁夏与青海互换了位次；市场份额变化最为明显的是，陕西省从2002年市场份额34%增长到2017年42%，新疆从2002年市场份额30%下降到2017年22%。

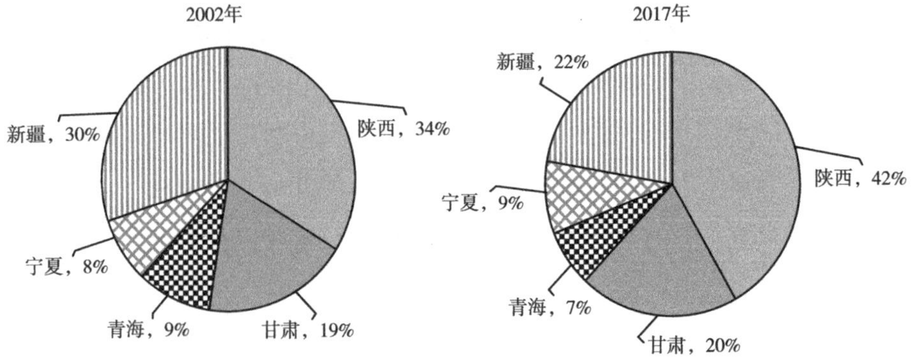

图4-17 2002年、2017年我国西北地区各省份汽车消费市场份额对比

（三）十大重点省份汽车消费情况

从2002年、2017年我国汽车消费最大的十个重点省份来看（见表4–11），2017年，排名前十的省份汽车消费规模均大于100万辆，消费规模大于200万辆的省份仅有3个，分别是华南地区的广东省（265.41万辆）、华东地区的江苏省（218.36万辆）、华东地区的山东省（214.82万辆），而这3个均是东南部沿海经济发达省份；在10个汽车消费大于100万辆的省份中，有9个省份汽车消费的年均增速大于10%，排名最后的3个省份年均增速却是最快。2002年，汽车消费规模排名前十的省份中，有9个省份汽车消费规模均大于100万辆，前3名分别是华北地区的河北省（48.96万辆）、华南地区的广东省（33.86万辆）、华东地区的浙江省（27.27万辆）。

表4–11　2002年、2017年我国汽车消费规模排名前十的省份　单位：万辆

排名	省份	区域	2017年	排名	省份	区域	2002年
1	广东省	华南	265.41	1	河北省	华北	48.96
2	江苏省	华东	218.36	2	广东省	华南	33.86
3	山东省	华东	214.82	3	浙江省	华东	27.27
4	河南省	华中	194.78	4	山东省	华东	26.51
5	河北省	华北	181.12	5	北京市	华北	25.83
6	浙江省	华东	170.14	6	江苏省	华东	19.19
7	四川省	西南	139.29	7	河南省	华中	16.06
8	安徽省	华东	121.07	8	四川省	西南	14.53
9	湖南省	华中	108.73	9	上海市	华东	11.05
10	湖北省	华中	107.24	10	山西省	华北	9.32

从2002—2017年我国重点省份的汽车消费增速来看（见表4–12、图4–18），全部31个省份汽车消费增速均为正值，年均增速最大的是贵州省（22.35%），年均增速最小的是北京市（6.08%）；有22个省份汽车消费的年均增速超过15%，且有4个省份的汽车消费年均增速超过20%，分别是贵州、安徽、广西、江西；有9个省份汽车消费的年均增速小于15%，仅有2个省份的汽车消费年均增速低于10%，均是位于华北地区的河北（9.11%）、北京（6.08%）；汽车消费增速最快的10个省份中，2002年汽车消费规模均小于8万辆，且有9个位于中西部地区，在一定程度上说明中西部地区经济发展基础

薄弱，汽车消费能力不强，但是市场空间巨大，汽车消费正处于高速发展的轨道。在2017年汽车消费大于100万辆的10个省份中，排名最后的3个省份年均增速却是最快，第8名华东地区的安徽省121.07万辆，年均增速最高达21.15%；第9名华中地区的安徽省108.73万辆，年均增速19.62%；第10名华中地区的安徽省107.24万辆，年均增速19.27%。这表明我国各省份汽车消费具有明显的“基数小、高速增长；基数大、中高速增长”的发展特点。

表 4-12　2002—2017 年我国汽车消费增速最快的十个省份　单位：万辆

省份	经济区域	地理区划	2002 年	2017 年	增速（%）
贵州省	西部	西南	3.58	73.76	22.35
安徽省	中部	华东	6.81	121.07	21.15
广西壮族自治区	西部	华南	4.28	71.86	20.69
江西省	中部	华东	5.06	78.06	20.01
湖南省	中部	华中	7.40	108.73	19.62
湖北省	中部	华中	7.63	107.24	19.27
陕西省	西部	西北	5.40	74.35	19.10
海南省	东部	华南	1.44	19.24	18.87
宁夏回族自治区	西部	西北	1.27	15.87	18.34
甘肃省	西部	西北	2.95	35.84	18.11

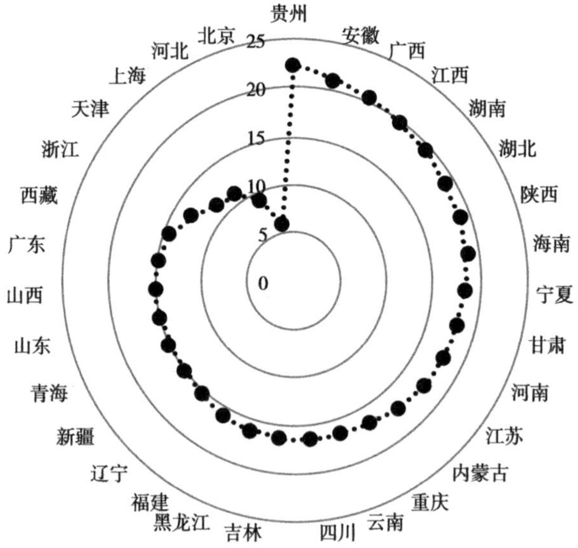

图4-18　2002—2017 年我国各省份汽车消费年均增速示意图（%）

二、载客汽车消费

（一）客车总体消费概况

2002—2017年我国载客汽车消费总量从2002年的229.43万辆，到2008年的605.50万辆；2009年为冲抵全球金融危机对汽车消费的影响，我国出台了“汽车下乡”等系列振兴国内汽车行业政策，相关政策取得了明显效果，2009年我国载客汽车消费出现爆发式增长，突破千万辆级大关，载客汽车消费总量达到1024.84万辆，同比2008年增长69.3%；到2015年，突破两千万辆级大关，我国载客汽车消费达到2120.27万辆，随后增长到2017年的2480.23万辆。2002—2017年我国载客汽车消费年均增长速度达17.2%（见表4-13）。

尤为值得关注的是，只有小型客车的年均增速超过客车整体增速，小型客车年均增速高达20.52%。而中型客车、微型客车消费出现明显下降，微型客车消费从2002年的56.1万辆，随后经过两次波浪式下降，到2017年为7.69万辆，2002—2017年年均增长速度为-12.41%；中型客车消费从2002年的14.52万辆，随后逐步下降到2017年的4.68万辆，2002—2017年年均增长速度为-7.27%。大型客车消费缓慢增长，从2002年的9.68万辆，随后逐步增加至2017年的17.14万辆，2002—2017年年均增长速度为3.88%。

表4-13　2002—2017年我国载客汽车消费变化情况一览表　单位：万辆

年份	客车	大型客车	中型客车	小型客车	微型客车
2002	229.43	9.68	14.52	149.13	56.10
2003	316.09	10.05	15.72	242.20	48.12
2004	333.21	9.64	13.84	284.15	25.60
2005	415.78	9.95	10.53	371.22	24.03
2006	467.90	9.54	8.32	438.24	11.81
2007	498.66	9.08	7.22	475.94	6.46
2008	605.50	10.92	6.12	576.37	12.01
2009	1024.84	11.49	6.96	979.48	26.96
2010	1254.68	14.85	7.66	1208.65	23.58
2011	1369.45	16.31	7.66	1324.46	21.01
2012	1524.89	16.38	7.12	1487.58	13.85
2013	1752.27	16.9	8.12	1717.38	9.89

续表

年份	客车	大型客车	中型客车	小型客车	微型客车
2014	1936.67	15.16	7.97	1905.06	8.48
2015	2120.27	19.10	6.71	2086.21	8.29
2016	2464.84	19.49	5.98	2433.86	5.48
2017	2480.23	17.14	4.68	2450.72	7.69
年均增速（%）	17.2	3.88	-7.27	20.52	-12.41

从2002—2017年我国载客汽车分类消费结构来看，小型载客汽车消费占比持续上升，从2002年的65%大幅提高到2017年的99%；大型、中型、微型载客汽车消费占比持续下降，这三类客车合计从2002年的25%下降到2017年的1%（见图4-19）。这说明随着经济发展水平、人均可支配收入的不断提高，道路交通网络的不断完善，居民消费结构的不断升级，小型载客汽车消费占据客车消费的绝大多数，成为客车消费的“绝对主力”。

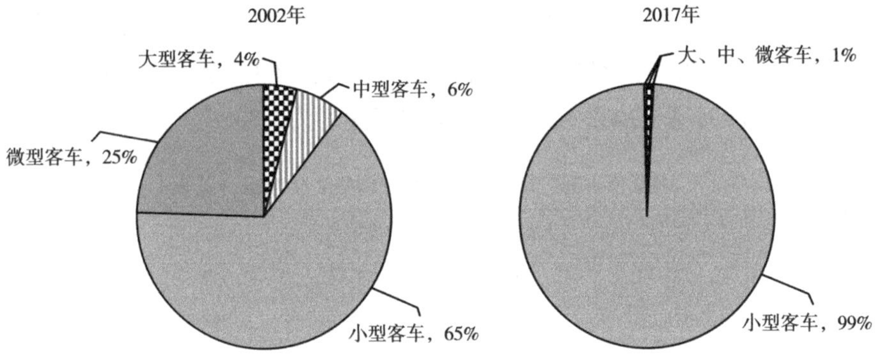

图4-19　2002年、2017年各类载客汽车消费占比变化情况

（二）七大重点区域客车消费分布格局

1.区域总体格局

从2002—2017年我国重点区域的载客汽车消费变化情况来看（见表4-14、图4-20），16年间大部分区域载客汽车销量均实现了较高速度增长，其中，载客汽车消费年均增速最快的是华中地区，年均增速高达21.18%，依次为西北（19.79%）、西南（19.45%）、东北（18.37%）、华东（17.80%）、华南（17.56%）、华北（11.15%）；载客汽车消费绝对数量增长最大的是华东地区，从2002年的71.16万辆增长到2017年的830.55万辆，增长了759.39万辆。

表4-14　　2002—2017年我国主要区域载客汽车消费情况　　单位：万辆

区域	2002年	2005年	2008年	2011年	2014年	2017年	年均增速(%)
华北	62.03	97.85	115.37	200.01	249.45	302.72	11.15
东北	15.61	36.95	51.66	143.49	150.06	195.82	18.37
华东	71.16	139.37	216.45	483.25	666.06	830.55	17.80
华中	20.59	34.15	58.19	140.72	263.29	367.16	21.18
华南	28.15	55.19	75.92	154.99	228.66	318.89	17.56
西南	21.81	37.56	63.04	153.10	249.40	313.76	19.45
西北	10.08	14.71	24.87	93.89	129.75	151.33	19.79
合计	229.43	415.78	605.5	1369.45	1936.67	2480.23	17.20

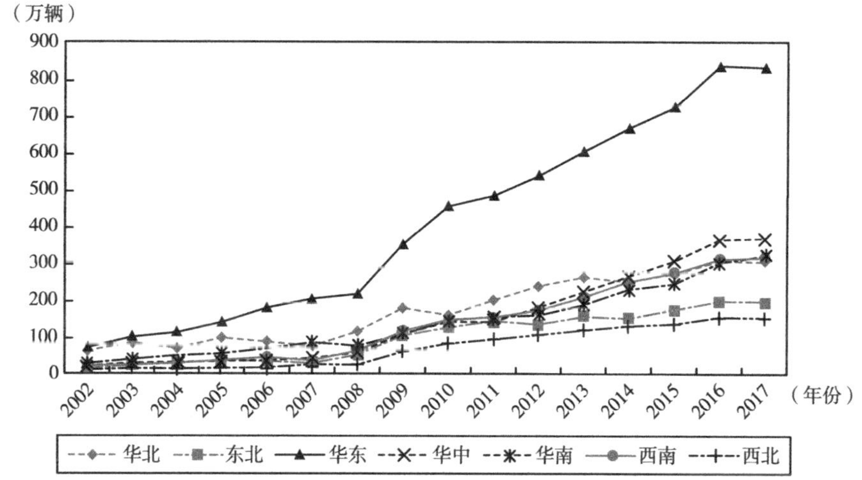

图4-20　2002—2017年我国主要区域载客汽车消费变化情况

从2017年、2002年我国重点区域的载客汽车消费规模和市场份额来看（见图4-21），2017年载客汽车消费规模最大的是华东地区830.55万辆，在全国载客汽车消费的市场份额占比达33%，载客汽车消费市场份额从大到小的地区依次为华中（15%）、华南（13%）、西南（13%）、华北（12%）、东北（8%）、西北（6%）；2002年载客汽车消费市场份额从大到小的地区依次为华东（31%）、华北（27%）、华南（12%）、西南（10%）、华中（9%）、东北（7%）、西北（4%）。载客汽车消费市场份额及其排名变化最为明显的是，华北地区2002年排名第二（市场份额27%），下降到2017年排名第五（市场份额12%）；华中地区2002年排名第五（市场份额9%），到2017年排名第二（市场份额15%）；其他地区载客汽车消费排名没有明显变化，市场份额仅有小幅波动。

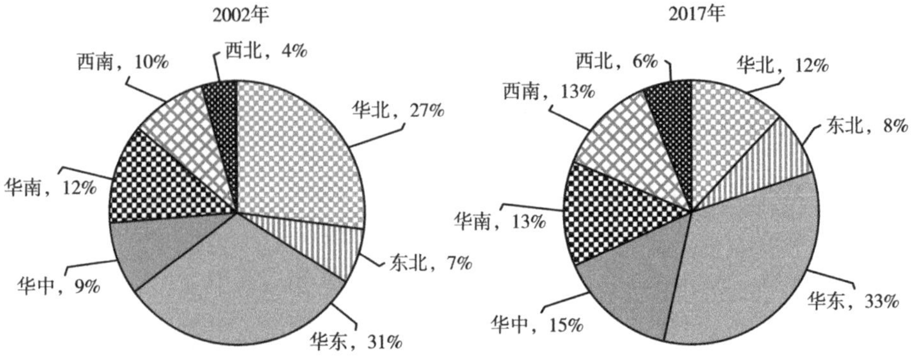

图4-21　2002年、2017年我国主要区域的汽车消费市场份额对比

从客车消费的“绝对主力”——小型客车来看，2002—2017年各地区小型客车在客车消费中的占比明显提高（见表4-15）。2002年，各地区小型客车在客车消费中的占比为五至七成，其中占比最高的是华南地区（75.24%）和华北地区（71.24%），占比最低的是华中地区（52.89%）和西南地区（57.73%）；2017年，各地区小型客车在客车消费中的占比均超过98%，其中占比最高的是西南地区（99.18%）。

表4-15　2002年、2017年我国七大地区小客车消费及占比变化情况

区域	2002年（万辆）	占比（%）	2017年（万辆）	占比（%）
华北	44.19	71.24	298.91	98.74
东北	9.46	60.60	193.29	98.71
华东	44.74	62.87	820.75	98.82
华中	10.89	52.89	362.55	98.74
华南	21.18	75.24	314.42	98.60
西南	12.59	57.73	311.19	99.18
西北	6.08	60.32	149.61	98.86

2. 华北地区

从2002—2017年我国华北地区的主要省份载客汽车消费变化情况来看（见

表4-16、图4-22），4个省份载客汽车消费都有不同程度的增长。华北地区的载客汽车年均增速为11.15%，高于该地区汽车整体消费增速（9.42%），其中，载客汽车消费年均增速最快的是山西省，年均增速达17.69%，其次为河北（12.14%）、天津（11.89%）、北京（6.04%）；载客汽车消费绝对数量增长最大的是河北省，从2002年的28.41万辆增长到2017年的158.41万辆，增长了130万辆，载客汽车消费绝对数量增长最少的是天津市，仅增长了20.33万辆。另外，北京市为缓解城市交通拥堵问题，于2011年开始控制新增载客汽车上牌数量，致使北京载客汽车消费从2010年的83.29万辆"腰斩"至2011年的36.51万辆，随后维持缓慢增长速度；天津市载客汽车消费在2013年达到峰值38.63万辆，在2014年大幅跌落至18.81万辆，随后也维持较为缓慢的增长态势；河北省载客汽车消费在2007年、2010年出现两个明显的消费"低谷"，但总体上保持着较高的上升增长态势。

表4-16　2002—2017年我国华北地区各省份载客汽车消费情况　单位：万辆

省份	2002年	2005年	2008年	2011年	2014年	2017年	增速（%）
北京	23.55	32.52	43.27	36.51	46.06	56.72	6.04
天津	4.63	10.93	16.48	29.72	18.81	24.96	11.89
河北	28.41	39.91	30.39	90.62	132.49	158.41	12.14
山西	5.44	14.49	25.23	43.16	52.09	62.63	17.69
合计	62.03	97.85	115.37	200.01	249.45	302.72	11.15

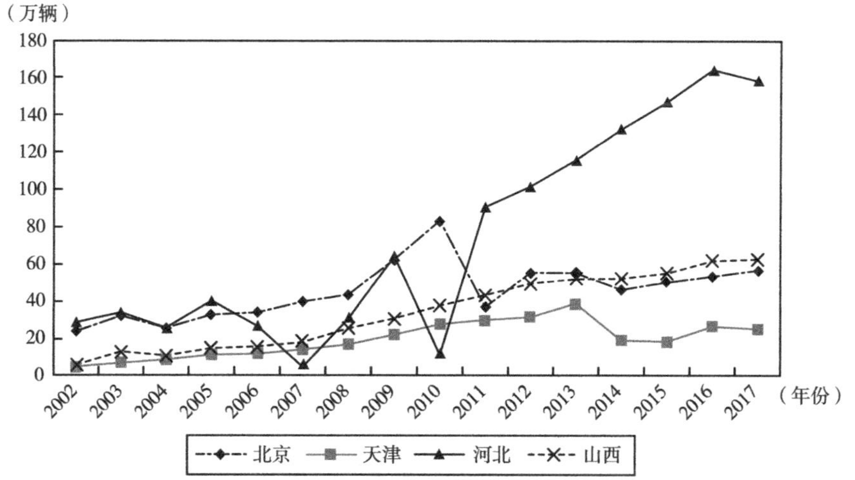

图4-22　2002—2017年我国华北地区各省份载客汽车消费情况

从2017年、2002年华北地区各省份的载客汽车消费规模和市场份额来看（见图4-23），2017年载客汽车消费规模最大的是河北省158.41万辆，在华北地区载客汽车消费的市场份额占据“半壁江山”，占比高达52%，其次为山西省62.63万辆（21%）、北京市56.72万辆（19%）、天津市24.96万辆（8%）；而对比来看，2002年载客汽车消费规模从大到小依次为河北省28.41万辆（46%）、北京市23.55万辆（38%）、山西省5.44万辆（9%）、天津市4.63万辆（7%）。载客汽车消费市场份额及其排名变化最为明显的是，北京市2002年排名第二（市场份额38%），到2017年市场份额萎缩一半，占比为19%，排名下降至第三；山西省2002年排名第三（市场份额9%），到2017年市场份额翻了一倍，占比达21%，排名上升至第二；河北省市场份额略有上升，天津市市场份额略有上升，但两个省市的载客汽车消费排名没有变化。

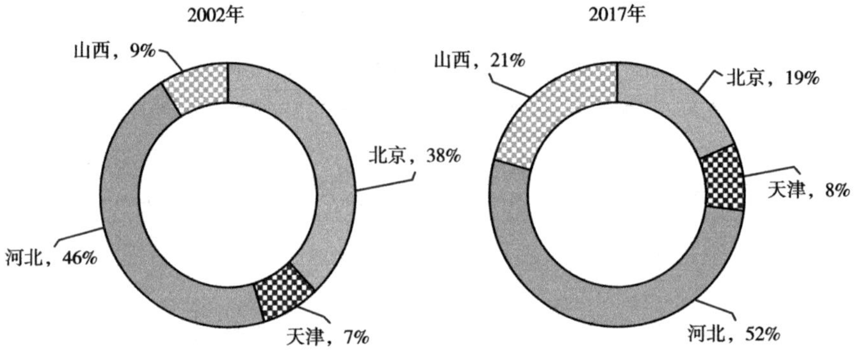

图4-23　2002年、2017年我国华北地区各省份载客汽车消费市场份额对比

3.东北地区

从2002—2017年我国东北地区的主要省份载客汽车消费变化情况来看，4个省份的载客汽车消费都保持了高速的增长（见表4-17、图4-24）。东北地区的载客汽车年均增速为18.37%，高于该地区汽车整体消费增速（16.04%），其中，载客汽车消费年均增速最快的是内蒙古，年均增速达21.65%，其次为黑龙江（19.73%）、吉林（17.26%）、辽宁（16.57%）；载客汽车消费绝对数量增长最大的是辽宁省，从2002年的6.57万辆增长到2017年的65.5万辆，增长了58.93万辆，载客汽车消费绝对数量增长最小的是吉林省，增长了35.62万辆。总体来说，东北地区4个省份的载客汽车消费表现为“基数小、增速快”的特点，2002年4个省份的载客汽车消费规模均小于7万辆，尽管2002—2017年年均增速均大于16%，尤其是2008年后，东北地区各省份载客汽车消费均实现快速增长；东北地区4个省份的载客汽车消费表现为“基数越小、增速越快”，2002年4个省份的载客汽车消费规模均由小到大依次为内蒙古、黑龙江、吉林、辽宁，2002—2017年年均增速均由大到小依次为内蒙古、黑龙江、吉林、辽宁；但2017年，东北地区4个省份的消费规模均未达到70万辆大关。

表4-17　2002—2017年我国东北地区各省份载客汽车消费情况　单位：万辆

省份	2002年	2005年	2008年	2011年	2014年	2017年	增速(%)
内蒙古	2.51	7.85	16.01	38.33	36.20	47.48	21.65
辽宁	6.57	14.06	14.49	50.25	44.12	65.50	16.57
吉林	3.60	7.78	6.97	25.79	34.38	39.22	17.26
黑龙江	2.93	7.26	14.19	29.12	35.36	43.62	19.73
合计	15.61	36.95	51.66	143.49	150.06	195.82	18.37

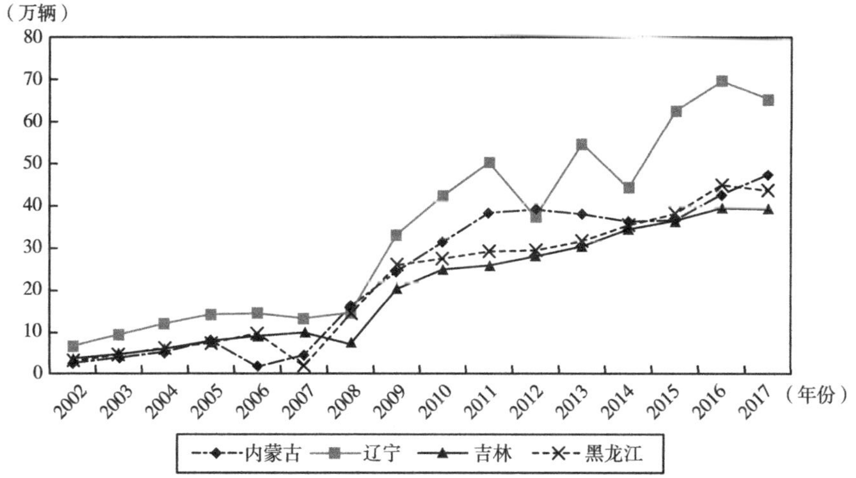

图4-24　2002—2017年我国东北地区各省份载客汽车消费情况

从2017年、2002年东北地区各省份的载客汽车消费规模和市场份额来看，各省份份额比较均衡。2017年载客汽车消费规模最大的是辽宁省65.5万辆，在东北地区载客汽车消费的市场份额占比为34%，其次为内蒙古47.48万辆(24%)、黑龙江43.62万辆(22%)、吉林省39.22万辆(20%)；而对比来看，2002年载客汽车消费规模从大到小依次为辽宁省6.57万辆(42%)、吉林省3.6万辆(23%)、黑龙江2.93万辆(19%)、内蒙古2.51万辆(16%)。从2002年到

2017年，东北四省的载客汽车消费市场份额没有明显变化，但是排名变化比较大，辽宁省市场份额略有下降，但排名不变，保持第一；吉林省2002年排名第二（市场份额23%），到2017年市场份额略降（20%），但排名最后，下降至第四；内蒙古2002年排名最后（市场份额16%），到2017年份额（24%）明显上升，排名上升至第二；黑龙江市场份额略有上升，排名维持不变。

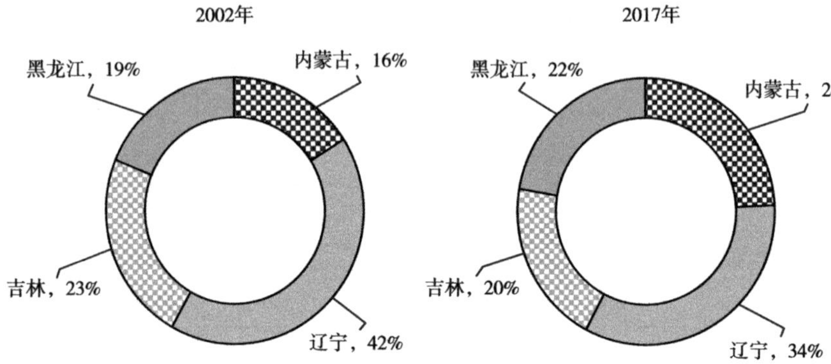

图4-25　2002年、2017年我国东北地区各省份载客汽车消费市场份额对比

4.华东地区

从2002—2017年我国华东地区的主要省份载客汽车消费变化情况来看，7个省份载客汽车消费均保持了高速增长（见表4-18、图4-26）。华东地区的载客汽车年均增速为17.8%，高于该地区汽车整体消费增速（15.72%），其中，载客汽车消费年均增速最快的是安徽省，年均增速高达25.46%，16年客车消费增长了30倍，排在第2位的江西年均增速也达到23.31%，其次为江苏（19.45%）、福建（18.45%）、山东（16.9%）、浙江（15.23%）、上海（11.78%）；载客汽车消费绝对数量增长最大的是江苏省，从2002年的14.11万辆增长到2017年的202.83万辆，增长了188.72万辆，载客汽车消费绝对数量增长最少的是上海市，仅增长了39.58万辆。

表4-18　2002—2017年我国华东地区各省份载客汽车消费情况　单位：万辆

省份	2002年	2005年	2008年	2011年	2014年	2017年	增速（%）
上海	9.18	15.06	17.34	28.10	32.04	48.76	11.78
江苏	14.11	33.48	50.30	118.77	166.60	202.83	19.45
浙江	18.30	33.43	46.44	111.34	131.94	153.41	15.23

续表

省份	2002 年	2005 年	2008 年	2011 年	2014 年	2017 年	增速(%)
安徽	3.50	7.40	16.06	40.77	64.61	105.10	25.46
福建	5.22	9.92	17.42	35.98	52.71	66.20	18.45
江西	2.92	5.25	10.01	26.89	42.26	67.70	23.31
山东	17.93	34.83	58.88	121.40	175.90	186.55	16.90
合计	71.16	139.37	216.45	483.25	666.06	830.55	17.80

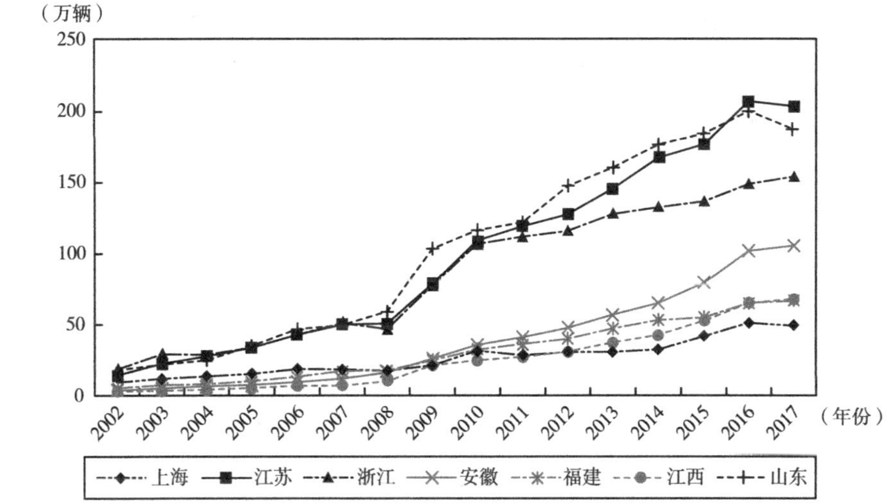

图4-26　2002—2017年我国华东地区各省份载客汽车消费情况

从2017年、2002年华东地区各省份的载客汽车消费规模和市场份额来看(见图4-27),2017年载客汽车消费规模最大的是江苏省202.83万辆,在华东地区载客汽车消费的市场份额占比高达24%,其次为山东省186.55万辆(22%)、浙江省153.41万辆(19%)、安徽省105.1万辆(13%)、江西省67.7万辆(8%)、福建省66.2万辆(8%)、上海市48.76万辆(6%);而对比来看,2002年载客汽车消费规模从大到小依次为浙江省18.3万辆(26%)、山东省17.93万辆(25%)、江苏省14.11万辆(20%)、上海市9.18万辆(13%)、福建省5.22万辆(7%)、安徽省3.5万辆(5%)、江西省2.92万辆(4%)。载客汽车消费市场份额及其排名变化明显的是,浙江省2002年排名第一(市场份额26%),到2017年排名下降至第三(市场份额19%);上海市2002年排名第四(市场份额13%),到2017年排名下降至末位第七(市场份额6%);安徽省2002

年排名第六（市场份额5%），到2017年排名上升至第四（市场份额13%）；江苏省2002年排名第三（市场份额20%），到2017年排名上升至第一（市场份额24%）；山东、江西、福建3个省份的载客汽车消费排名没有明显变化。

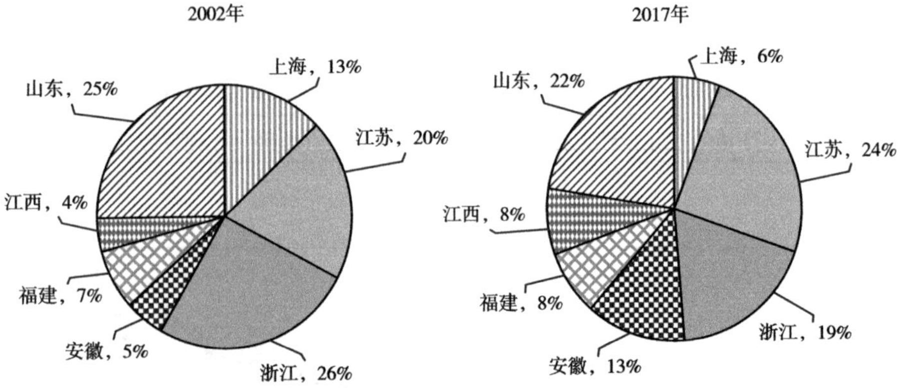

图4-27　2002年、2017年我国华东地区各省份载客汽车消费市场份额对比

5.华中地区

从2002—2017年我国华中地区的主要省份载客汽车消费变化情况来看，华中三省载客汽车消费均实现了超高速增长（见表4-19、图4-28）。3个省份年均增速均大于20%，且华中三省之间的增速的差距很小，华中地区的载客汽车年均增速为21.18%，高于该地区汽车整体消费增速（18.78%），其中，载客汽车消费年均增速最快的是湖南省，年均增速达22.21%，其次为湖北（21.86%）、河南（20.31%）；载客汽车消费绝对数量增长最大的是河南省，从2002年的10.79万辆增长到2017年的172.88万辆，增长了162.09万辆，湖南、湖北省载客汽车消费绝对数量增长均为90万辆左右。总体来看，华中地区各省份的载客汽车消费均保持了极为良好的增长态势，2009年华中三省载客汽车消费突破100万辆级大关，2013年突破200万辆级大关，到2015年突破300万辆级大关。

表4-19　2002—2017年我国华中地区各省份载客汽车消费情况　单位：万辆

省份	2002年	2005年	2008年	2011年	2014年	2017年	增速（%）
河南	10.79	18.92	30.82	66.88	128.08	172.88	20.31
湖北	4.89	8.53	16.02	32.31	68.41	94.85	21.86
湖南	4.91	6.7	11.35	41.53	66.8	99.43	22.21
合计	20.59	34.15	58.19	140.72	263.29	367.16	21.18

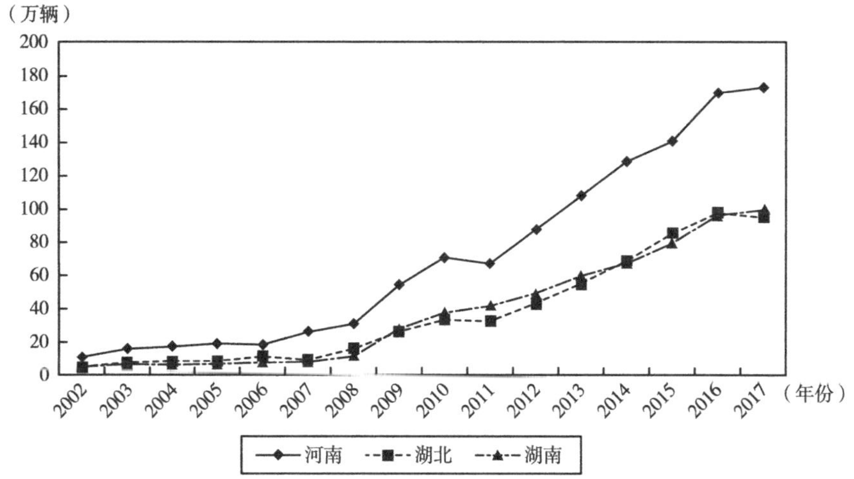

图4-28　2002—2017年我国华中地区各省份载客汽车消费情况

从2017年、2002年华中三省的载客汽车消费规模和市场份额来看（见图4-29），2017年载客汽车消费规模最大的是河南省172.88万辆，在华中地区载客汽车消费的市场份额占据半壁江山，占比高达47%，其次为湖南省99.43万辆（27%）、湖北省94.85万辆（26%）；而对比来看，2002年载客汽车消费规模从大到小依次为河南省10.79万辆（52%）、湖南、湖北两个省的市场份额几乎相当，均为24%。华中三省载客汽车消费排名没有明显变化，只是河南省市场份额略有下降，湖南省、湖北省的市场份额略有上升。

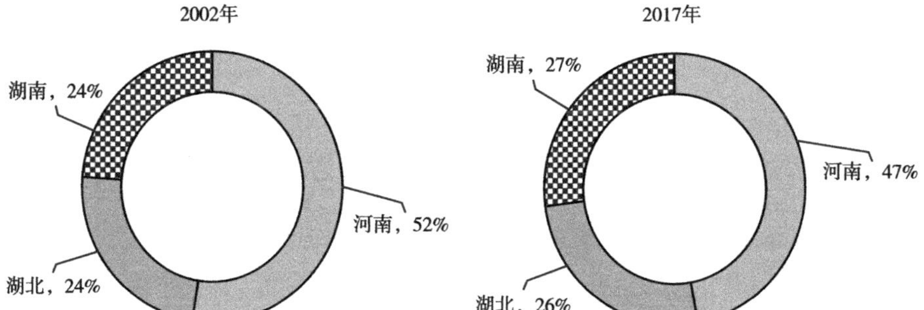

图4-29　2002年、2017年我国华中地区各省份载客汽车消费市场份额对比

6.华南地区

从2002—2017年我国华南地区的主要省份载客汽车消费变化情况来看（见表4-20、图4-30），华南三省载客汽车消费均实现了高速增长，3个省份年均增速均大于16%。华南地区的载客汽车年均增速为17.56%，高于该地区汽车整体消费增速（15.78%），其中，载客汽车消费年均增速最快的是广西壮族自治区，年均增速高达22.63%，其次为海南省（21.13%）、广东省（16.47%）；载客汽车消费绝对数量增长最大的是广东省，从2002年的24.22万辆增长到2017年的238.47万辆，增长了214.25万辆，载客汽车消费绝对数量增长最少的是海南省，仅增长了15.89万辆。总体来说，华南三省载客汽车消费市场表现出一定的“基数小、增速超快；规模大、速度快”特点，如广西壮族自治区2002年载客汽车消费规模仅为2.98万辆，到2017年翻了21倍左右；海南省2002年载客汽车消费规模仅为0.95万辆，到2017年翻了18倍左右；广东省2002年载客汽车消费规模达到24.22万辆，到2017年翻了10倍左右。

表4-20　2002—2017年我国华南地区各省份载客汽车消费情况　单位：万辆

省份	2002年	2005年	2008年	2011年	2014年	2017年	增速（%）
广东	24.22	46.46	68.09	120.05	176.82	238.47	16.47
广西	2.98	7.08	4.36	28	41.61	63.58	22.63
海南	0.95	1.65	3.47	6.94	10.23	16.84	21.13
合计	28.15	55.19	75.92	154.99	228.66	318.89	17.56

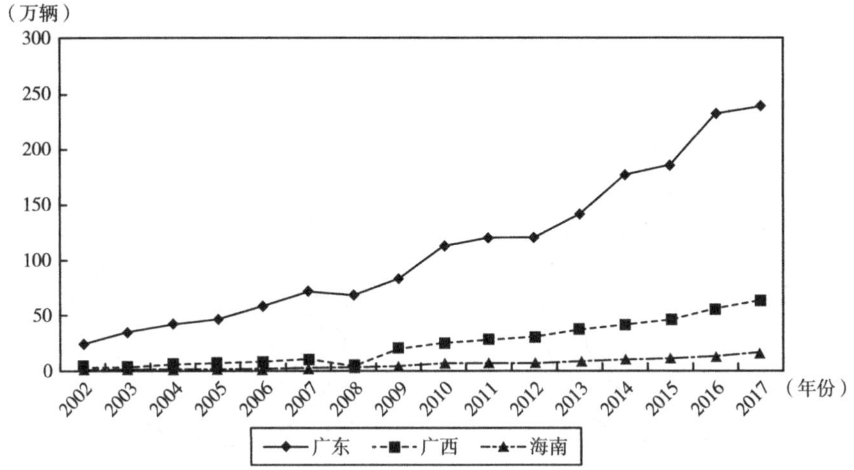

图4-30　2002—2017年我国华南地区各省份载客汽车消费情况

从2017年、2002年华南地区各省份的载客汽车消费规模和市场份额来看（见图4-31），2017年载客汽车消费规模最大的是广东省238.47万辆，在华南地区载客汽车消费的市场份额占比高达75%，其次为广西壮族自治区63.58万辆

（20%）、海南省16.84万辆（5%）；而对比来看，2002年载客汽车消费规模从大到小依次为广东省24.22万辆（86%）、广西壮族自治区2.98万辆（11%）、海南省0.95万辆（3%）。2002—2017年华南地区各省的载客汽车消费排名没有变化，仅仅市场份额有所变化，其中广东省市场份额略有下降，但仍然是华南地区载客汽车消费的“绝对主力”，广西壮族自治区、海南省的市场份额均有所上升。

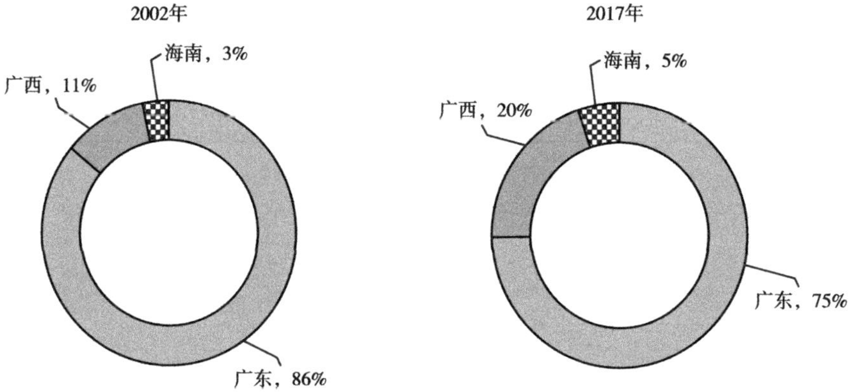

图4-31　2002年、2017年我国华南地区各省份载客汽车消费市场份额对比

7.西南地区

从2002—2017年我国西南地区的主要省份载客汽车消费变化情况来看（见表4-21、图4-32），5个省份载客汽车消费均实现了高速增长，5个省份年均增速均大于15%。西南地区的载客汽车年均增速为19.45%，高于该地区汽车整体消费增速（17.24%），其中，载客汽车消费年均增速最快的是贵州省，实现超高速增长，年均增速达28.45%，其次为重庆（21.27%）、四川（17.67%）、云南（17.54%）、西藏（15.26%）；四川是载客汽车消费绝对数量增长最大的省，从2002年的10.91万辆增长到2017年的125.31万辆，增长了114.4万辆，然而在2007年载客汽车消费曾出现“断头式”的萎缩（从2006年的20.38万辆到2007年的3.99万辆），载客汽车消费绝对数量增长最少的是西藏，仅增长了3.04万辆。总体来说，西南五省份的载客汽车消费表现出一定的“基数相差较大，增速表现不一”特点，如贵州省2002年载客汽车消费规模为1.53万辆，但增速最快（28.45%），到2017年翻了43倍左右；西藏2002年载客汽车消费规模最小仅为0.41万辆，且增速也最慢（15.26%），到2017年仅翻了8倍左右；四川省2002年载客汽车消费规模为西南地区最大（10.91万辆），但增速居中（17.67%），到2017年翻了11倍左右。

表 4-21　2002—2017 年我国西南地区各省份载客汽车消费情况　单位：万辆

省份	2002 年	2005 年	2008 年	2011 年	2014 年	2017 年	增速（%）
重庆	2.73	5.58	10.13	25.01	48.1	49.23	21.27
四川	10.91	15.6	26.18	66.51	103.28	125.31	17.67
贵州	1.53	5.11	9.06	21.58	39.26	65.4	28.45
云南	6.23	10.38	16.64	38.68	55.83	70.37	17.54
西藏	0.41	0.89	1.03	1.32	2.93	3.45	15.26
合计	21.81	37.56	63.04	153.1	249.4	313.76	19.45

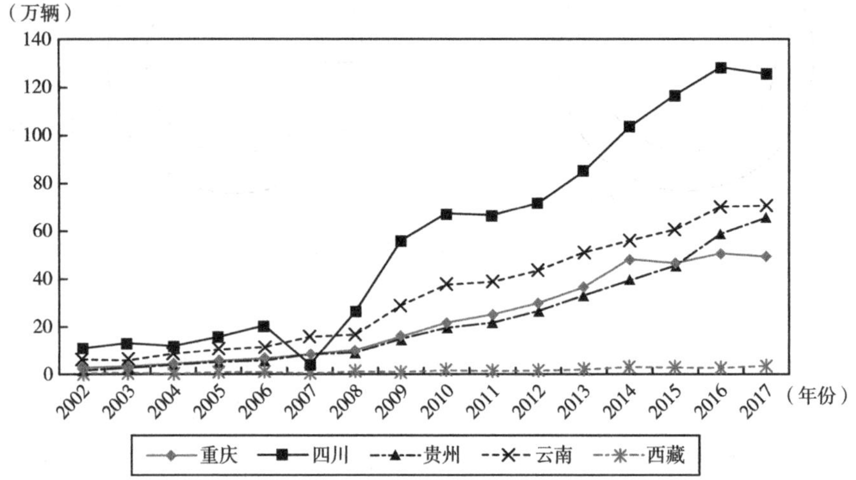

图4-32　2002—2017年我国西南地区各省份载客汽车消费情况

从2017年、2002年西南地区各省份的载客汽车消费规模和市场份额来看（见图4-33），2017年载客汽车消费规模最大的是四川省125.31万辆，在西南地区的市场份额达四成，占比为40%，其次为云南省70.37万辆（22%）、贵州省65.4万辆（21%）、重庆市49.23万辆（16%）、西藏自治区3.45万辆（1%）；而对比来看，2002年载客汽车消费规模从大到小依次为四川省10.91万辆（50%）、云南省6.23万辆（29%）、重庆市2.73万辆（12%）、贵州省1.53万辆（7%）、西藏自治区0.41万辆（2%）。载客汽车消费市场份额排名略微有所变化，第三、第四名的重庆市与贵州省互换了位次；市场份额变化最为明显的是，贵州省从2002年市场份额7%增长到2017年的21%，四川省从2002年的50%下降至40%；云南、西藏两省份的载客汽车消费市场份额及其排名没有明显变化。

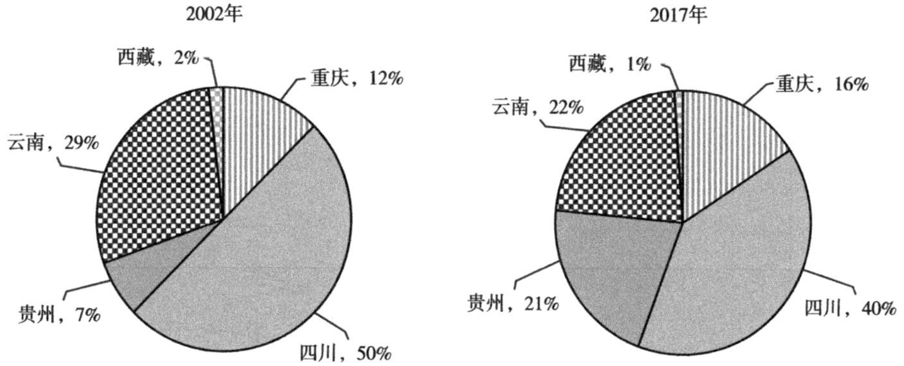

图4-33 2002年、2017年我国西南地区各省份载客汽车消费市场份额对比

8.西北地区

从2002—2017年我国西北地区的主要省份载客汽车消费变化情况来看，西北五省份载客汽车消费均实现了高速增长（见表4-22、图4-34）。5个省份的年均增速均大于17%，西北地区的载客汽车年均增速为19.79%，高于该地区汽车整体消费增速（17.46%），其中，载客汽车消费年均增速最快的是甘肃省，年均增速高达21.26%，其次为宁夏（20.92%）、陕西（20.54%）、新疆（17.78%）、青海（17.78%）；载客汽车消费绝对数量增长最大的是陕西省，从2002年的3.99万辆增长到2017年的65.72万辆，增长了61.73万辆，载客汽车消费绝对数量增长最小的是青海，仅增长了9.36万辆；而引人注意的是，新疆在2007—2009年载客汽车消费曾出现"过山车式"的下降和上升，从2007年的7.02万辆，急剧下降到2008年的0.59万辆，直线上升到2009年的12.31万辆。总体来说，西北五省份2002年载客汽车消费总规模仅为10万辆，西北地区各省份载客汽车消费表现出一定的"基数小，增速快"特征，到2012年西北五省份汽车消费总规模突破100万辆大关。

表4-22 2002—2017年我国西北地区各省份载客汽车消费情况 单位：万辆

省份	2002年	2005年	2008年	2011年	2014年	2017年	增速(%)
陕西省	3.99	5.44	16.51	42.03	57.18	65.72	20.54
甘肃省	1.68	2.69	4.61	15.17	25.15	30.28	21.26
青海省	0.88	0.49	0.18	6.52	9.51	10.24	17.78
宁夏回族自治区	0.71	1.63	2.98	8.23	10.22	12.26	20.92
新疆维吾尔自治区	2.82	4.46	0.59	21.94	27.69	32.83	17.78
合计	10.08	14.71	24.87	93.89	129.75	151.33	19.79

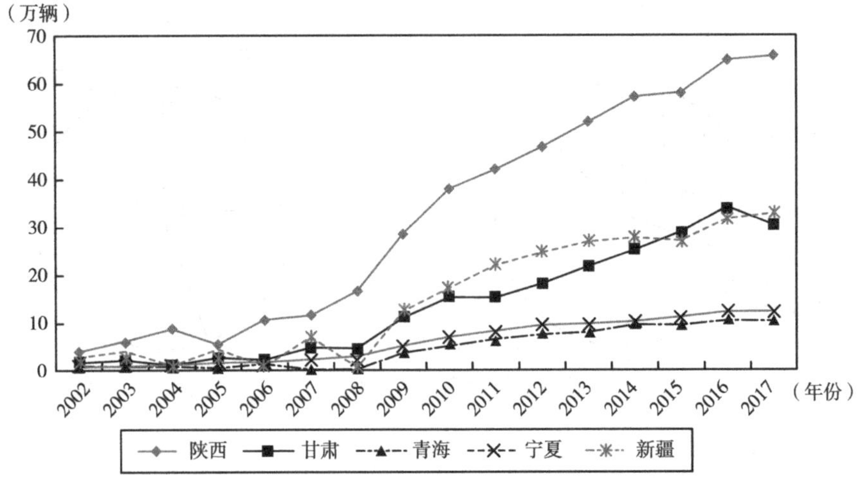

图4-34　2002—2017年我国西北地区各省份载客汽车消费情况

从2017年、2002年西北地区各省份的载客汽车消费规模和市场份额来看（见图4-35），2017年载客汽车消费规模最大的是陕西省65.72万辆，在西北地区载客汽车消费的市场份额超过四成，占比为43%，其次为新疆32.83万辆（22%）、甘肃30.28万辆（20%）、宁夏12.26万辆（8%）、青海10.24万辆（7%）；而对比来看，2002年载客汽车消费规模从大到小依次为陕西省3.99万辆（39%）、新疆2.82万辆（28%）、甘肃1.68万辆（17%）、青海0.88万辆（9%）、宁夏0.71万辆（7%）。综合来说，载客汽车消费市场份额排名略微有所变化，第四、第五名的宁夏与青海互换了位次；市场份额变化最为明显的是，陕西省、甘肃省市场份额有所扩大，新疆市场份额略有下降。

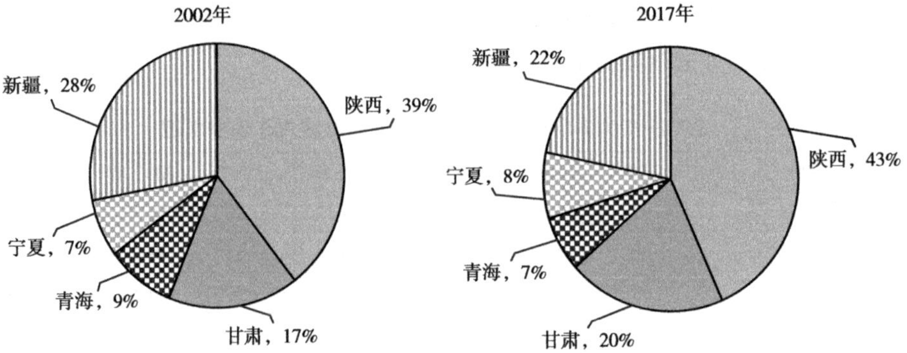

图4-35　2002年、2017年我国西北地区各省份载客汽车消费市场份额对比

（三）十大重点省份客车消费情况

从2002年、2017年我国载客汽车消费最大的十个重点省份来看（见表4-23），2017年，载客汽车消费规模大于200万辆的省份仅有2个，而这两个均是东南部沿海经济发达省份，客车消费排名前十的省份依次为华南地区的广东省（238.47万辆）、华东地区的江苏（202.83万辆）与山东省、华中地区的河南省、华北的河北省、华东的浙江省、西南的四川省、华东的安徽省、华中的湖南与湖北省，这10个省份2002—2017年客车消费的年均增速多数大于15%（仅河北的年均增速为12.14%）。2002年，载客汽车消费规模排名前十的省份依次为河北、广东、北京、浙江、山东、江苏、四川、河南、上海和辽宁，经过16年的发展，北京、上海和辽宁3个省份客车消费规模跌出前十的位置。

表4-23　2002年、2017年我国汽车消费规模排名前十的省份　单位：万辆

排名	省份	区域	2017年	排名	省份	区域	2002年
1	广东省	华南	238.47	1	河北省	华北	28.41
2	江苏省	华东	202.83	2	广东省	华南	24.22
3	山东省	华东	186.55	3	北京市	华北	23.55
4	河南省	华中	172.88	4	浙江省	华东	18.30
5	河北省	华北	158.41	5	山东省	华东	17.93
6	浙江省	华东	153.41	6	江苏省	华东	14.11
7	四川省	西南	125.31	7	四川省	西南	10.91
8	安徽省	华东	105.10	8	河南省	华中	10.79
9	湖南省	华中	99.43	9	上海市	华东	9.18
10	湖北省	华中	94.85	10	辽宁省	东北	6.57

从2002—2017年我国重点省份的载客汽车消费增速来看（见表4-24、图4-36），全部31个省份客车消费增速均为正值，年均增速最大的是贵州省（28.45%）；有13个省份客车消费的年均增速超过20%，有27个省份的客车消费年均增速超过15%，仅北京市（6.04%）的客车消费年均增速低于10%；客车消费增速最快的10个省份中，2002年客车消费规模均小于5万辆，且有8个位于中西部地区，在一定程度上说明中西部地区经济发展基础薄弱，汽车消费能力不强，但是市场空间巨大，汽车消费经历了高速发展过程。这表明我国各省份客车消费具有明显的“基数小、超高速增长”的变化特点。

表 4-24　2002—2017 年我国载客汽车消费增速最快的十个省份　单位：万辆

省份	经济区域	地理区划	2002 年	2017 年	增速（%）
贵州省	西部	西南	1.53	65.4	28.45
安徽省	中部	华东	3.5	105.1	25.46
江西省	中部	华东	2.92	67.7	23.31
广西壮族自治区	西部	华南	2.98	63.58	22.63
湖南省	中部	华中	4.91	99.43	22.21
湖北省	中部	华中	4.89	94.85	21.86
内蒙古自治区	东北	东北	2.51	47.48	21.65
重庆市	西部	西南	2.73	49.23	21.27
甘肃省	西部	西北	1.68	30.28	21.26
海南省	东部	华南	0.95	16.84	21.13

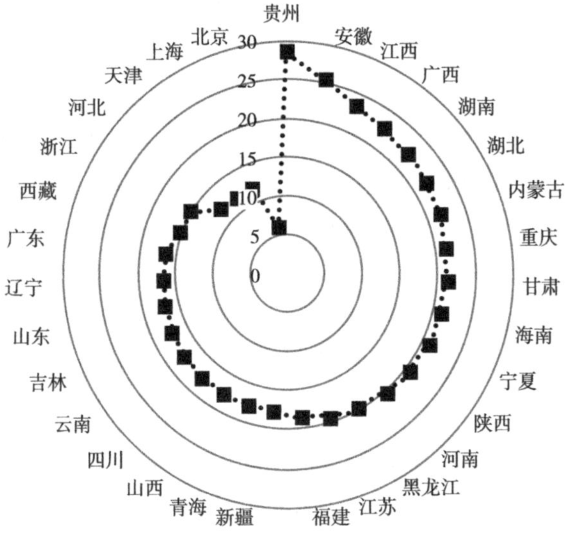

图 4-36　2002—2017 年我国各省份载客汽车消费年均增速示意图（%）

三、载货汽车消费

（一）货车总体消费概况

如表4-25、图4-37所示，2002—2017年我国载货汽车消费总量从2002年的99.37万辆，增长到2008年的112.81万辆，货车消费规模没有明显变化；

2009年，为冲抵全球金融危机对汽车消费的影响，我国出台了“汽车下乡”等系列振兴国内汽车行业政策，相关政策取得了明显效果，2009年我国载货汽车消费出现爆发式增长，突破200万辆级大关，载货汽车消费总量达到214.84万辆，同比2008年增长69.3%；随后政策效应逐渐减弱，货车消费规模呈现震荡上扬增长，到2017年载货汽车消费增长到308.77万辆。2002—2017年我国载货汽车消费年均增长速度达7.85%，明显小于同期汽车整体年均增速（15.16%）。

值得注意的是，只有重型货车（11.7%）和轻型货车（9.79%）的年均增速超过货车整体增速（7.85%）。而中型货车、微型货车消费均出现明显下降，微型货车消费从2002年的8.43万辆，逐步下降到2017年的0.25万辆，2002—2017年年均增长速度为-20.91%；中型货车消费从2002年的22.06万辆，随后经过两次波浪式下降，下降到2017年的6.66万辆，2002—2017年年均增长速度为-7.67%。

表4-25　2002—2017年我国载货汽车消费变化情况一览表　单位：万辆

年份	货车	重型货车	中型货车	轻型货车	微型货车
2002	99.37	18.63	22.06	50.20	8.43
2003	107.57	16.83	25.92	57.60	7.21
2004	102.96	22.84	19.47	56.41	4.25
2005	102.42	16.31	17.56	63.95	4.62
2006	92.54	13.91	14.79	61.70	2.15
2007	91.29	15.44	15.75	58.75	1.34
2008	112.81	23.02	18.15	70.37	1.21
2009	214.84	50.05	24.3	139.12	1.39
2010	263.77	76.96	23.85	161.48	1.44
2011	244.25	72.68	17.32	153.54	0.70
2012	238.63	56.01	14.01	168.19	0.41
2013	269.00	73.92	13.35	181.42	0.30
2014	254.22	63.08	10.42	180.54	0.17
2015	204.32	45.50	7.24	151.38	0.22
2016	250.73	64.97	7.71	177.96	0.12
2017	308.77	97.99	6.66	203.81	0.25
年均增速（%）	7.85	11.7	-7.67	9.79	-20.91

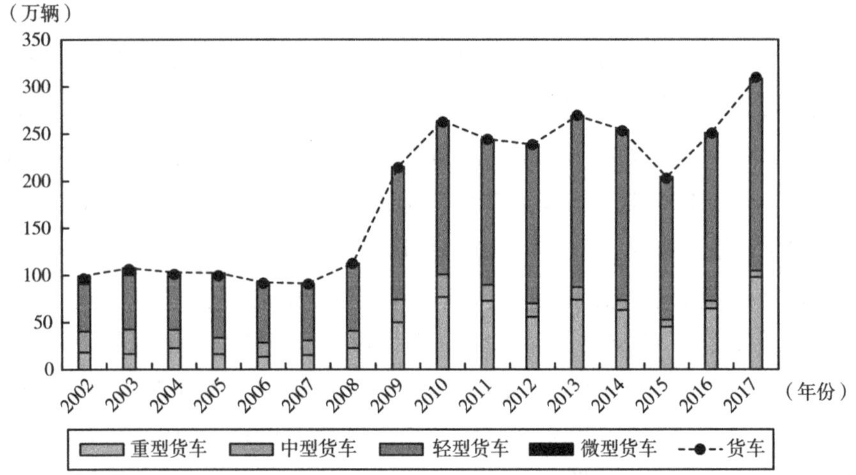

图4-37　2002—2017年我国各类货车消费的变化情况

从2002—2017年我国各类载货汽车消费结构来看（见图4-38），货车消费的两大“主力”分别是重型、轻型货车，轻型货车市场份额明显上升，从2002年的51%大幅提高到2017年的66%；重型货车市场份额也有明显上升，从2002年的19%大幅提高到2017年的32%；中型货车消费日渐势弱，市场份额从2002年的22%大幅下降到2017年的2%；轻型货车基本退出消费市场，市场份额几乎可忽略不计。这说明，随着互联网经济的日新月异、商贸流通方式的不断调整，承担远距离运输的重型货车需求量明显上升，承担短途运输和解决城市配送（最后一公里）的轻型货车消费量也有大幅上升。

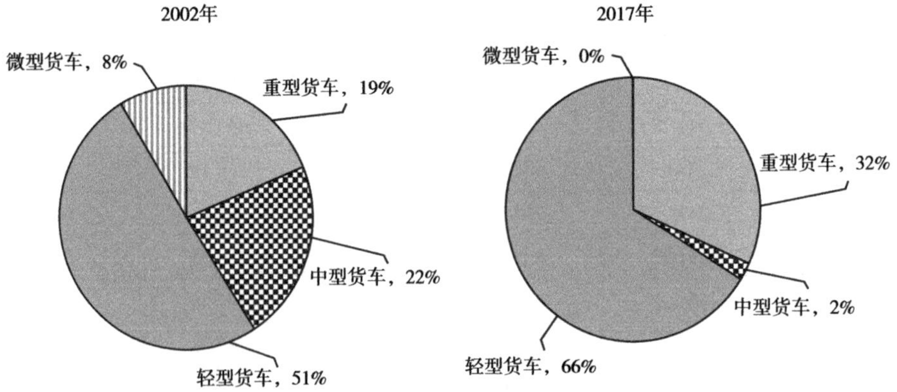

图4-38　2002年、2017年各类载货汽车消费占比变化情况

（二）七大重点区域货车消费分布格局

从2002—2017年我国重点区域的载货汽车消费变化情况来看，16年间大部分区域载货汽车销量均实现了一定速度的增长，仅有两个地区实现了两位数增长（见表4-26、图4-39）。其中，载货汽车消费年均增速最快的是西北地区，年均增速高达10.94%，从大到小依次为华中（10.01%）、西南（9.39%）、华南（8.61%）、东北（8.49%）、华东（8.13%）、华北（3.41%），货车消费年均增速最慢的华北地区保持低位增长；载货汽车消费绝对数量增长最大的是华东地区，从2002年的30.22万辆增长到2017年的97.57万辆，增长了67.35万辆。

表4-26 2002—2017年我国主要区域载货汽车消费情况 单位：万辆

区域	2002年	2005年	2008年	2011年	2014年	2017年	增速（%）
华北	25.32	22.60	16.84	34.49	36.13	41.87	3.41
东北	7.25	9.15	11.85	30.15	18.09	24.61	8.49
华东	30.22	27.85	32.34	69.96	81.46	97.57	8.13
华中	10.02	10.33	13.17	27.05	31.56	41.90	10.01
华南	10.57	12.38	11.11	25.27	31.17	36.5	8.61
西南	10.60	14.82	21.14	32.33	32.23	40.75	9.39
西北	5.39	5.29	6.36	25.00	23.58	25.57	10.94
合计	99.37	102.42	112.81	244.25	254.22	308.77	7.85

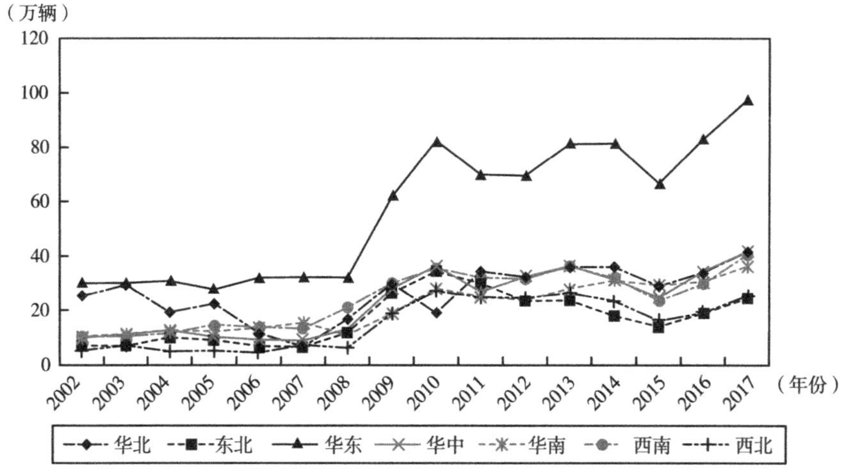

图4-39 2002—2017年我国主要区域载货汽车消费变化情况

从2017年、2002年我国重点区域的载货汽车消费规模和市场份额来看（见图4-40），2017年载货汽车消费规模最大的是华东地区97.57万辆，在全国载货汽车消费的市场份额占比达32%，货车消费市场份额从大到小依次为华中（14%）、华北（13%）、西南（13%）、华南（12%）、东北（8%）、西北（6%）；2002年载货汽车消费市场份额从大到小的地区依次为华东（31%）、华北（27%）、华南（12%）、西南（10%）、华中（9%）、西北（8%）、东北（8%）。货车消费市场份额及其排名变化最为明显的是，华北地区2002年市场份额为26%，16年后市场份额缩水一半，下降到2017年的13%，其他地区货车消费市场份额仅有小幅波动。

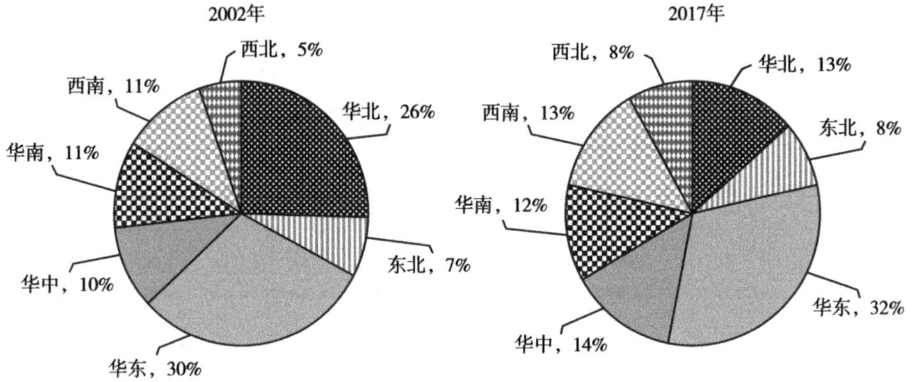

图4-40　2002年、2017年我国主要区域的汽车消费市场份额对比

（三）十大重点省份货车消费情况

从2002年、2017年我国载货汽车消费市场最大的十个重点省份来看（见表4-27），2017年，载货汽车消费规模大于20万辆的省份仅有4个，排名前十的省份货车消费规模均大于10万辆，从大到小依次为华东地区的山东省、华南地区的广东省，华北的河北省，华中的河南省，华东的浙江，安徽与江苏省，西南的四川省，华中的湖北省，西南的云南省。2002年，排名前十的省份货车消费规模差距较大，排名第1的河北省是排名第10的安徽省的7倍，前十名省份（除华北地区的河北省以外）货车消费规模均小于10万辆，货车消费规模排名前十的省份依次为河北、广东、浙江、山东、河南、江苏、山西、四川、福建和安徽。经过16年的发展，山西和福建两个省的货车消费规模跌出前十的位置。

表 4-27 2002 年、2017 年我国汽车消费规模排名前十的省份 单位：万辆

排名	省份	区域	2017 年	排名	省份	区域	2002 年
1	山东省	华东	27.47	1	河北省	华北	18.92
2	广东省	华南	26.11	2	广东省	华南	8.90
3	河北省	华北	22.08	3	浙江省	华东	8.48
4	河南省	华中	21.12	4	山东省	华东	7.36
5	浙江省	华东	16.16	5	河南省	华中	4.96
6	安徽省	华东	15.44	6	江苏省	华东	4.67
7	江苏省	华东	14.69	7	山西省	华北	3.66
8	四川省	西南	13.48	8	四川省	西南	3.49
9	湖北省	华中	11.83	9	福建省	华东	2.95
10	云南省	西南	11.72	10	安徽省	华东	2.87

从2002—2017年我国重点省份的载货汽车消费增速来看（见表4-28、图4-41），全部31个省份货车消费增速均为正值，年均增速最大的是贵州省（13.72%），年均增速最小的是河北省（1.04%）；有13个省份货车消费的年均增速超过10%，有3个省份的货车消费年均增速低于5%；货车消费增速最快的10个省份中，2002年货车消费规模均小于3万辆，且有8个位于中西部地区，在一定程度上说明中西部地区经济发展基础薄弱，汽车消费能力不强，但是市场空间巨大，汽车消费经历了高速发展过程；货车消费增速最慢的河北省和浙江省，2002年货车消费规模分别为18.92万辆和8.48万辆，且均位于东部地区。这表明我国各省份货车消费具有较为明显的“基数小、高速增长，基数大、低速增长”的变化特点。

表 4-28 2002—2017 年我国载货汽车消费增速最快的十个省份 单位：万辆

地区	经济区域	地理区划	2002 年	2017 年	增速（%）
宁夏回族自治区	西部	西北	0.51	3.51	13.72
广西壮族自治区	西部	华南	1.19	8.07	13.61
陕西省	西部	西北	1.25	8.23	13.39
西藏自治区	西部	西南	0.3	1.75	12.48

续表

地区	经济区域	地理区划	2002 年	2017 年	增速（%）
云南省	西部	西南	2.12	11.72	12.07
安徽省	中部	华东	2.87	15.44	11.87
江西省	中部	华东	2.02	10.09	11.32
海南省	东部	华南	0.48	2.32	11.08
吉林省	东北	东北	0.98	4.67	10.97
湖北省	中部	华中	2.57	11.83	10.71

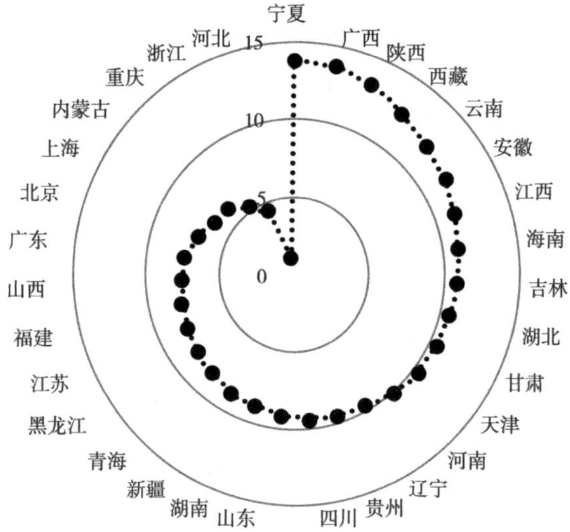

图4-41　2002—2017 年我国各省份载货汽车消费年均增速示意图（%）

第二节　我国汽车产销时空演变的典型特征、发展态势

参照常用的区域划分方法将全国31个省份（不包括港澳台）分成七个区域：东北（内蒙古、辽宁、吉林、黑龙江）、华东（上海、江苏、浙江、安徽、福建、江西、山东）、华中（河南、湖北、湖南）、华北（上海、江苏、浙江、安徽、福建、江西、山东）、华南（广东、广西、海南）、西北（陕西、甘肃、青海、宁夏、新疆）、西南（重庆、四川、贵州、云南、西藏），分析我国汽车消费生产制造、销售市场的区域差异变化趋势。

一、中国汽车生产制造格局时空演变特征

改革开放以来，中国通过合资方式引入通用、大众、标致、本田、丰田、日产等跨国汽车企业，使中国汽车制造业实现快速崛起。自2009年以来，中国已经连续10年成为全球最大汽车生产国。2018年，中国汽车产量全球占比达到30.4%。从2017年开始，汽车制造业已经成为中国产值规模第二、工业利润规模第一的制造业。然而现阶段，中国汽车制造业仍然被合资企业主导，中国品牌汽车的市场份额始终未突破50%，长期由合资企业主导的产业空间布局过于聚焦国内市场，中国品牌汽车的出口规模太小，且出口汽车价值偏低，致使其难以适应国际市场。现阶段，中国的汽车制造业正处于深度变革和转型期，“十四五”时期是中国汽车制造业培育世界级竞争力和迈向全球价值链中高端的关键时期，有必要从产业空间布局角度审视改革开放以来，中国汽车制造业生产空间格局演变特征、趋势及存在问题。为此，本节试图通过分析近40年来省际汽车生产空间格局演变特征、中国加入WTO以来的省际汽车产销空间分离趋势、省际汽车整车产能利用率等，梳理中国汽车制造业生产格局的时空演变特征，并对“十四五”时期中国汽车制造业的发展提出对策建议。改革开放以来，随着汽车制造业的快速发展壮大，汽车制造业成为中国的重要支柱产业，受到了国内众多学者的关注和研究。国内学者对汽车制造业生产格局的研究成果集中于研究方法、影响因素、产量预测等方面。其中，在汽车制造业布局研究方法方面，采用GIS空间分析方法研究产业布局特征，采用趋势聚类方法研究产业空间变迁，采用空间计量及地理统计方法研究空间分布的影响因素，采用EG指数和地理集中度指数分析产业空间集聚等。

数据来源与研究方法。由于国家统计局2012年才开始将汽车制造业作为单独行业进行统计，因此改革开放以来，汽车制造业工业产值、主营业务收入等数据难以统一，所以采用省际汽车产量作为衡量汽车制造业发展的主要数据。进而，结合中国加入WTO以后的省际汽车销量数据，分析中国汽车制造业生产和市场空间分离趋势。本节采用省际年度的新注册民用汽车数量来表示汽车销量，汽车产量及销量数据来源于中国统计年鉴，其中汽车产量数据的时间范围为1979—2018年，汽车销量数据的时间范围为2002—2018年。此外，对于海南（1988年设立）、重庆（1997年设立）等少数省份的行政区划调整，本节不做特别说明，仍将其作为一个独立省级区域进行研究，这与本节侧重研究空间

格局演变的主题不矛盾。本节采用的研究方法主要有：（1）Theil系数。Theil系数是衡量经济活动区域差异的一种测度方法，其数值越大，表示区域差异越大；反之，则表示区域差异越小。Theil系数具有可分解特性，可将不同年份的总体差异分解为区域内及区域间差异，同时可对区差异结构及其来源进行分解。（2）马尔科夫链方法。马尔科夫链指概率统计学中具有马尔科夫性质的随机过程，其主要特点就是所谓的“无后效性”。由于许多经济地理事件的变化过程具有或近似无后效性，使得马尔科夫链在人文社科研究中得到越来越多的应用。马尔科夫链方法的核心就是状态转移矩阵，可分为状态频数转移矩阵、概率转移矩阵和转移时间矩阵，本节采用转移概率矩阵和转移时间矩阵分析省际汽车制造业生产格局变化特征，采用开源矢量地理数据分析和空间计量软件包PySAL（Python Spatial Analysis Library）中的GIDDY（GeospatIal Distribution Dynamics）模块计算改革开放以来不同时期省际汽车产量的马尔科夫转移概率和转移时间矩阵。

（一）汽车生产制造格局时空演变及特征分析

总体上，改革开放40多年来，中国汽车生产制造格局由高度集中演变为相对集中，大致可以分成快速增长、高速增长、中低速增长3个发展阶段，省际汽车产量相对差异Theil系数呈现下降趋势，高产量、较高产量、中低产量、低产量等省际汽车产量类型保持不变的概率均超过0.85，汽车生产格局相对稳定。

1.汽车生产格局时空演变特征

从全国、区域及省际三个不同层面上展开分析，能够更全面地研究中国汽车制造业生产格局演变特征与趋势。具体而言，从全国层面可以区分不同发展阶段及总体趋势，从区域层面可以分析相对差异变化。

首先，从全国层面来看。总体上，改革开放以来，中国通过合资模式大量引进跨国汽车企业，汽车制造业总体保持较快增长趋势，经历了快速增长、高速增长及中低速增长3个发展阶段（见图4-42）。尽管在2008年金融危机后，中国品牌汽车受政策影响发展较快，到2018年中国已经连续10年成为全球最大汽车生产国，但汽车制造业被合资企业主导的局面并未得到根本改变。改革开放以来，北京吉普、上海大众、广州标致、一汽大众等众多合资汽车企业的成立使中国汽车产量快速增长，汽车总产量由1979年的18.6万辆增长到2018年的2781.9万辆，年均增速达到13.7%，经历了3个发展阶段。第一阶段

（1979—2000年），主要以合资汽车企业为主，中国品牌汽车企业的产量份额非常小，汽车产量年均增速为12.15%；第二阶段（2001—2008年），自中国加入WTO以后，越来越多的合资企业在国内设立，吉利、奇瑞、比亚迪等中国品牌汽车企业开始起步发展，中国汽车制造业迎来高速增长期，汽车产量年均增速高达21.86%；第三阶段（2009—2018年），自2008年金融危机后，国家实施小排量购置税减半、汽车下乡、新能源汽车购置税减免及补贴等多项政策，中国汽车产量在此阶段连续10年稳居全球第一，但增速明显降低并在2018年出现了负增长，年均增速降为8.10%。随着汽车产量的不断增长，中国汽车制造业在全球的影响力快速提升。2000年，中国汽车产量仅为207万辆，占全球汽车产量的比重仅为3.5%；2006年，中国汽车产量已经快速增长到727万辆，占全球比重达到10.5%；2009年，中国以1379万辆的汽车产量成为全球最大汽车生产国，全球占比达到22.3%；2018年，中国已经连续10年成为全球最大汽车生产国，汽车产量的全球占比提高到30.4%。现阶段，中国汽车制造业已经结束了连续30年的正向增长趋势，进入低速甚至负增长发展的全新阶段，未来高速增长的可能性非常小。

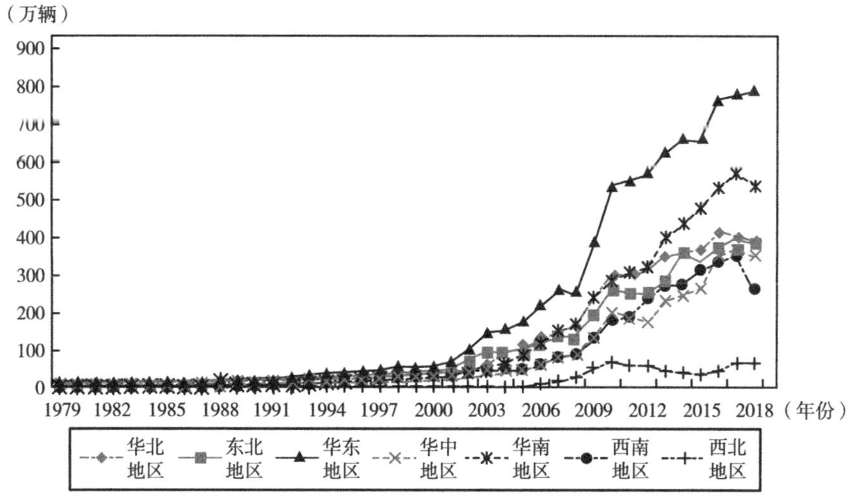

图4-42　1979—2018年中国主要区域汽车产量变化

其次，从区域层面来看。根据常用的地理区划方法可以将中国的汽车产业分为7个区域，进而可以从区域层面分析中国制造业生产空间格局时空演变及差异变化特征（见表4-29）。从生产规模看，华东地区一直是中国的主要汽车产区，2018年，华东地区的汽车产量达到788.17万辆，自改革开放以来的平均增速达到14.10%；其次为华南地区，2018年，该地区的汽车产量达到538.74万辆，年均增速19.73%；各地区均保持较高增长速度，不同时期的增速差异较为明显。其中，1979—2000年，各地区汽车产量年均增速均超过10%，西南地区年均增速高达21.79%；2001—2008年，随着中国加入WTO，越来越多的跨国汽车企业进入中国，使得各地区汽车产量呈现高速增长趋势，西北地区的汽车产量年均增速高达44.69%，华南地区的汽车产量年均增速达到36.17%；2009—2018年，世界金融危机后，国内各地区汽车产量增速明显下降，除华中地区仍保持两位数增长速度外，西北地区增速由2001—2008年的最高降为最低，年均增速仅为2.50%，这种现象也反映了当时中国品牌汽车的发展状况（西北地区的汽车产区主要在陕西，主要车型为比亚迪F3、速锐等紧凑型车），在车市竞争加剧的时期，国内品牌难以与合资品牌竞争。

表 4-29　　1979—2018 年不同阶段主要区域汽车产量年均增速变化

地区	年均增速	1979—2000 年	2001—2008 年	2009—2018 年	省份
全国	13.70	12.15	21.86	8.10	
华北地区	13.01	10.19	32.62	5.40	北京*、天津、河北、山西
东北地区	10.82	10.07	12.84	8.08	内蒙古、辽宁、吉林*、黑龙江
华东地区	14.10	12.77	19.93	8.20	上海*、江苏、浙江、安徽、福建、江西、山东
华中地区	13.52	10.67	18.97	11.52	河南、湖北*、湖南
华南地区	19.73	18.49	36.17	9.37	广东*、广西、海南
西南地区	17.44	21.79	16.29	7.84	重庆*、四川、贵州、云南、西藏
西北地区	16.17	12.04	44.69	2.50	陕西*、甘肃、青海、宁夏、新疆

注：*表示为所在区域的主要汽车产区。

基于Theil系数分析改革开放以来省际汽车产量的区域差异变化特点及趋势。总体上看，中国省际汽车产量Theil系数总体呈现下降趋势，由1979年的0.91逐渐下降到2010年的0.45，之后变化幅度非常小，说明改革开放以来中国省际汽车产量差异逐渐变小（见表4-30）。对Theil系数进行分解表明，中国省际汽车产量差异主要来自区域组内差异，组间差异只在改革开放初期较大，随后快速减小；对总体差异的贡献中，各时期的区域组内贡献要明显大于区域组间贡献。不同时期区域组内对总体差异贡献较大的区域也发生明显变化，早期贡献率较大的地区为东北地区（贡献率为25.51%），2018年，其贡献率逐渐下降到20.69%；西北地区变化最为明显，贡献率由改革开放初期的8.16%，增加到2018年的26.65%；华北地区的差异贡献率由1979年的19.05%下降到2018年的6.9%。省际汽车产量Theil系数呈现上述特征是由于各区域内具有产量明显较高的产区，差异非常显著且不断扩大。

表 4-30　　1979—2018 年省际汽车产量 Theil 系数变化

地区	年均增速	1979—2000 年	2001—2008 年	2009—2018 年	省份
全国	13.70	12.15	21.86	8.10	
华北地区	13.01	10.19	32.62	5.40	北京*、天津、河北、山西
东北地区	10.82	10.07	12.84	8.08	内蒙古、辽宁、吉林*、黑龙江
华东地区	14.10	12.77	19.93	8.20	上海*、江苏、浙江、安徽、福建、江西、山东
华中地区	13.52	10.67	18.97	11.52	河南、湖北*、湖南
华南地区	19.73	18.49	36.17	9.37	广东*、广西、海南
西南地区	17.44	21.79	16.29	7.84	重庆*、四川、贵州、云南、西藏
西北地区	16.17	12.04	44.69	2.50	陕西*、甘肃、青海、宁夏、新疆

注：*表示为所在区域的主要汽车产区。

最后，从省际层面来看。总体上，改革开放以来，中国省际汽车生产在空间上总体呈现集聚发展特征，早期高度集中，中后期则相对集聚，集中度整体呈现下降趋势，且有较为明显的波动性。因为中国汽车产业发展初期实施严格的产业管控政策，只有吉林长春、上海、北京、天津、湖北十堰及广东广州等少数区域才能发展整车制造业，导致汽车制造业的空间布局在很长一段时期内高度集中于这些政策允许区域。随后，随着汽车产业管控政策的解除，江苏、重庆、广西、四川等地区也逐渐成为汽车制造业集聚区。从省际汽车产量看（见表4-31），吉林、上海、广东、重庆、广西、北京是中国主要的汽车产地，变化较为明显的区域为广东和广西。其中，借助标致汽车发展较早的广东并没有成为早期的主要产区，直到1998年后，本田汽车、日产汽车等相继进入广东。2005年，广东的汽车产量成为全国第五；2018年，广东已经成为全国最大的汽车生产基地。2015年，广西则依托上汽通用五菱汽车实现快速崛起，汽车产量规模突破200万辆。

表 4-31　　1979—2018 年中国主要汽车生产省份情况　　单位：万辆

排序	1979 年	1985 年	1990 年	1995 年	2000 年	2005 年	2010 年	2015 年	2018 年
1	吉林（6.39）	吉林（9.77）	湖北（11.38）	吉林（17.75）	吉林（32.26）	北京（58.7）	上海（169.9）	重庆（260.9）	广东（321.6）
2	北京（2.43）	湖北（9.44）	北京（8.82）	北京（17.27）	重庆（25.28）	吉林（58.2）	吉林（164.2）	上海（243.0）	上海（297.8）
3	湖北（2.09）	北京（5.01）	吉林（7.33）	上海（16.27）	上海（25.27）	上海（48.5）	重庆（161.4）	广东（239.4）	吉林（276.9）
4	江苏（1.8）	辽宁（3.27）	江苏（4.63）	湖北（15.22）	湖北（18.62）	重庆（42.2）	湖北（157.8）	广西（229.4）	湖北（241.9）
5	上海（1.08）	江苏（2.45）	上海（2.81）	四川（13.23）	北京（13.71）	广东（40.2）	北京（150.3）	吉林（208.1）	广西（215.1）
6	山东（0.99）	天津（2.08）	四川（2.75）	天津（13.11）	江西（13.34）	湖北（38.9）	广西（136.6）	北京（202.4）	重庆（172.6）
7	辽宁（0.59）	山东（1.55）	天津（2.7）	江苏（12.52）	广西（12.78）	广西（37.7）	广东（134.8）	湖北（196.4）	北京（165.3）

数据来源：国家统计信息网，括号中数据为汽车产量。

从省际汽车产量集中度看，整体呈现下降趋势，且具有较为明显的波动性（见表4-32）。其中，1979年Top3（即产量排名前三的省市汽车产量之和）达到58.65%，Top5为74.14%，Top7则高达82.63%。改革开放后，随着德国大众、美国通用、法国标致、日本本田等跨国汽车集团进入国内，中国汽车制造业空间布局由高度集聚走向相对集聚发展。2018年，Top3下降到32.22%，Top5下降到48.64%，Top7则降为60.79%，空间集聚度仍然较高。具体到城市看，上海、广州、长春、重庆、北京、柳州是中国最重要的6个特大汽车城市，2015年的汽车年产量均超过200万辆。其中，上海汽车产业集聚程度最高，一个面积仅为98平方千米的上海安亭汽车城，汽车工业产值超过4000亿元，拥有研发、制造、销售、文化等完善的汽车产业链，是国内乃至全球一流的专业化汽车产业园。

表 4-32　　1979—2018 年中国主要汽车生产省份情况　　（%）

指标	1979 年	1985 年	1990 年	1995 年	2000 年	2005 年	2010 年	2015 年	2018 年
Top3 占比	58.65	55.37	53.58	35.31	40.04	28.97	27.13	30.34	32.22
Top5 占比	74.14	68.45	68.06	54.89	55.67	43.41	43.99	48.19	48.64
Top7 占比	82.63	76.75	78.67	72.53	68.3	56.83	58.85	64.46	60.79

数据来源：国家统计信息网。

2.省际汽车产量马尔科夫链分析

借助马尔科夫链方法，可以定量分析中国汽车生产格局的稳定性及变化特征。总体上看，高产量、较高产量、中低产量、低产量四种省际汽车产量类型保持不变的概率均超过0.85，中国汽车制造业生产格局有明显的路径依赖及锁定效应，不同时期汽车产量的马尔科夫转移概率矩阵与转移时间矩阵具有相似性，中低产量及较高产量类型之间的转换概率变化较为明显。

利用PySAL计算1979—2018年、1979—2000年、2001—2008年、2009—2018年4个时段的普通和空间马尔科夫链转移概率矩阵和转移时间矩阵，采用四分位数方法将汽车产量离散化为4种类型（高产量、较高产量、中低产量、低产量，分别用C4、C3、C2、C1表示），结果见表4-33。其中，1979—2018年的马尔科夫链转移概率矩阵中，对角线的数值均大于0.85，表明各类型较为稳定，不同类型的转换基本上仅限于相邻类型之间，如低产量类型转变为较高产量及高产量类型的概率均为0，这说明中国汽车制造业生产格局有明显的路径依赖及锁定效应。PySA还可以计算研究期内不同类型的稳态分布概率，高产量、较高产量、中低产量、低产量的稳态分布概率分别为0.23、0.30、0.31、0.15。从不同时期的马尔科夫链转移概率矩阵看，总体特征类似，中低产量及较高产量类型之间的转换概率有所增加。

1979—2018年的马尔科夫链转移时间矩阵，分析不同类型之间相互转移的平均时间，可从另一个角度分析中国省际汽车生产类型的时间变化特征。相对于1979年省际汽车产量类型，研究期内四种类型再次成为相同类型的平均时间都很短（不超过4.5年），而各类型相互转换的时间都较长。其中，低产量类型转换为中低产量类型的平均时间为28.4年，转换为较高产量类型的平均时间为43.5年，转换为高产量类型的时间为84.9年；中低产量类型转换为较高产量类型的平均时间为18年，转换为高产量类型的平均时间则达到了64.7年；较高产量类型转换为高产量类型的平均时间为48.6年。从不同时期马尔科夫链转移时间矩阵看，总体特点相似，低产量类型向上转移时间在不同时期明显不同，在1979—2000年转为中低产量类型的时间为22年，在2001—2008年转为中低产量类型的时间则为48年，在2009—2018年转为中低产量类型的时间则为64年。

表 4-33　　省际汽车产量空间马尔科夫链转移概率和转移时间矩阵

状态类型		1979—2018 年				1979—2000 年				2001—2008 年				2009—2018 年			
		C1	C2	C3	C4	C1	C2	C3	C4	C1	C2	C3	C4	C1	C2	C3	C4
转移概率	C1	0.95	0.04	0.00	0.00	0.96	0.04	0.00	0.01	0.96	0.04	0.00	0.00	0.98	0.02	0.00	0.00
	C2	0.04	0.85	0.11	0.00	0.05	0.82	0.14	0.00	0.00	0.89	0.11	0.00	0.03	0.84	0.13	0.00
	C3	0.00	0.09	0.85	0.07	0.00	0.14	0.79	0.07	0.00	0.04	0.84	0.11	0.00	0.14	0.81	0.05
	C4	0.00	0.00	0.06	0.94	0.00	0.00	0.05	0.95	0.00	0.00	0.11	0.89	0.00	0.00	0.06	0.94
转移时间	C1	3.8	28.4	43.5	84.9	3.8	22.0	35.7	81.2	3.9	48.0	72.0	99.6	3.9	64.0	78.2	124.2
	C2	69.8	3.9	18.0	64.7	46.9	3.9	17.2	70.8	138.0	3.9	24.0	51.6	184.0	3.9	14.2	60.2
	C3	85.5	15.7	4.5	48.6	60.7	13.8	4.6	57.5	160.5	22.5	4.4	27.6	197.3	13.3	4.4	46.0
	C4	102.4	32.6	16.9	3.9	80.7	33.8	20.0	3.9	170.1	32.1	9.6	3.9	213.3	29.3	16.0	3.9

（二）中国汽车制造业空间布局存在的问题

改革开放以来，由于长期过于依赖合资汽车企业，中国汽车制造业形成“大而不强”的局面，中国品牌汽车企业对产业空间的主导能力偏弱，这也是当前中国汽车制造业面临的主要问题，特别是面对国内汽车市场汽车产量下滑、汽车制造业本身发生重大变革、国家实施新一轮汽车产业开放政策等新形势，中国汽车制造业本身及在空间布局方面仍存在不少问题。

1.汽车产销空间分离趋势扩大

尽管汽车生产高度集聚有利于提高产业规模经济效应，但随着北京、上海、天津等产地汽车市场的逐渐饱和限牌限购政策的实施，中国汽车产地与市场的空间分离呈现扩大趋势，造成运输成本大幅度上升，有必要进行优化配置，促进汽车产销空间的合理匹配。造成这种局面的原因有多种，如限牌限购政策的实施、市场容量有限等。北京、上海作为中国主要的汽车生产基地，多年实施限牌限购政策，导致本地需求被大幅度限制，产量与销量之间的差距不断扩大；吉林、重庆等区域的本地汽车需求有限，导致产量与销量之间的差值也不断扩大；广东则是典型的产量与销量同步增长区域；天津作为较早发展汽车工业的地区，汽车产业并没有得到持续较好发展，汽车产量和销量的差距呈现扩大趋势。具体而言，吉林、湖北、上海、重庆等地区汽车产量与销量之间的差值在2010年就超过100万辆规模，表明从这些地区生产的汽车超过100万辆需要运往全国各地，运输成本会大幅度上升，吉林的这一状况尤为凸显。浙江、湖南、山西、四川、云南、贵州、江苏、山东、河南等地区成为主要的汽车输入地，2018年的产销差值分别达到−52.04万辆、−53.2万辆、−55.72

万辆、-59.91万辆、-63.54万辆、-72.66万辆、-83.25万辆、-108.71万辆、-125.33万辆。显而易见，中西部地区的汽车产量与市场需求不匹配，有必要将东部地区的产能向中西部地区转移。

2.不同地区整车产能利用率差异明显且整体较低

汽车产业是带动效应较强的先进制造业，因此，地方政府非常热衷于发展汽车制造业，重复投资、低效投资的汽车整车制造项目非常普遍。特别是近年来国家大力推动发展的新能源汽车项目更是遍地开花，使得中国整车产能大幅度提高，但国内汽车市场已经开始出现下滑态势，造成整车产能利用率低下，因此，有必要对低效产能整车制造项目进行全国范围内的清算并淘汰落后产能，优化产能利用率及空间布局。根据贺正楚（2018）的研究，2017年，中国整车产能超过6000万辆，但同年中国汽车产量仅为2892.47万辆，产能利用率仅为43.41%。而2018年，国内整车产量下滑导致产能利用率进一步降低到41.58%，造成大量汽车产业资源闲置。2018年，产量超100万辆且产能利用超过50%的地区仅有吉林（123.04%）、广西（97.75%）、上海（90.64%）、广东（83.66%）和北京（56.79%），有14个省市的汽车产能利用率不足30%（见表4-34）。

表4-34　　2018年中国省际汽车产能及利用率

省（区、市）	产能（万辆）	2018年产量（万辆）	产能利用率（%）
合计	6663.9	2771.13	41.58
吉林	225	276.85	123.04
云南	15	15.88	105.87
广西	220	215.05	97.75
上海	328.5	297.76	90.64
广东	384.4	321.58	83.66
辽宁	151	94.87	62.83
北京	291	165.26	56.79
安徽	152.5	82.43	54.05
河北	261	121.06	46.38
陕西	152.95	62.13	40.62
湖北	652	241.87	37.1
黑龙江	50	16.29	32.58
河南	183.5	58.91	32.1
重庆	578	172.64	29.87
浙江	400.5	119.22	29.77
福建	85	23.95	28.18
天津	315.2	86.26	27.37

续表

省（区、市）	产能（万辆）	2018 年产量（万辆）	产能利用率（%）
江西	226	54.98	24.33
四川	339.4	74.71	22.01
山东	474	87.94	18.55
湖南	290.95	52.9	18.18
江苏	708	121.89	17.22
新疆	24	2.48	10.33
甘肃	15	1.12	7.47
海南	30	2.11	7.03
内蒙古	40	0.54	1.35
贵州	71	0.45	0.63

3. 缺乏以中国品牌汽车企业为核心的大型专业化园区

由于中国汽车制造业长期过于依赖合资企业，导致现有大型汽车产业园基本上以合资企业为主，这类园区缺乏足够的研发创新能力，从全国范围来看，缺乏以中国品牌为核心的大型产业园。上海嘉定汽车城、吉林长春汽车基地、广州花都汽车城、重庆两江新区汽车产业基地、广西柳州柳东汽车产业基地、沈阳大东区汽车产业基地等大型专业化汽车产业园均以合资品牌为主，而广州番禺汽车城尽管以广汽传祺、广汽新能源等中国品牌为主，但规模和能级还有待进一步扩大。高等级专业化汽车产业园区是支撑中国汽车制造业迈向全球价值链中高端的重要支撑和平台，目前，国内绝大部分汽车产业园区由于产业规划起点不高、投入不足、经营管理方能级较低等问题，汽车产业要素难以实现高效集聚发展，导致如上海安亭汽车城那样的高等级、高规格汽车产业园太少。

4. 国家级汽车专业公共平台过于固化

大型综合性的国家级汽车及零部件检测、认证等专业平台在空间布局上过于固化，需要根据产业发展趋势进行调整。国家汽车质量监督检验中心分布于天津、重庆、襄阳、长春及上海，天津、重庆等地的汽车产业发展情况已出现较为明显的下滑态势，而作为主要汽车生产及消费版块的华南地区则缺少国家级的汽车公共服务平台。特别是随着新能源及智能网联汽车的加速发展，很多地方建设自动驾驶领域的测试基地且各自为政，难以有效提高资源利用效率，需要国家在“十四五”时期加强统筹。

5.产业空间布局亟待优化提升

改革开放以来，快速发展、扩张的国内市场使得中国汽车制造业的发展过于聚焦国内市场，难以适应“十四五”时期汽车产业更加开放发展的需求。多年来，中国汽车出口规模小，出口规模不超过120万辆，小于进口车规模。根据商务部对外贸易司于2019年12月30日发布的《中国汽车贸易高质量发展报告》显示，2018年，中国整车出口数量为101万辆，仅占国内产量的3.6%，说明中国汽车出口仍处于初级阶段。目前，中国汽车制造业空间布局主要围绕国内市场进行配置，中国品牌整车与零部件企业还没有具备与国际市场接轨的合作模式，已建成的国外工厂主要集中在巴西、马来西亚、印度、俄罗斯等经济发展水平不高的地区，在欧美等发达国家建立的工厂还很少且规模较小。“十四五”时期，国家将深入实施汽车产业新一轮的开放政策，有必要针对国际市场进行提前谋划布局，形成能够有效对接国内国外两个汽车市场的产业空间布局。

（三）中国汽车制造业的前景展望及启示

展望“十四五”时期，汽车制造业的全球化进程日益深入，中国汽车制造业的发展重点将聚焦在改善过于依赖合资品牌的局面和培育迈向全球价值链中高端新动力等方面。

1.“十四五”时期中国汽车制造业发展展望

第一，“十四五”时期的年度国内汽车产量仍将超过2500万辆规模。总体上，根据改革开放以来省际汽车产量的马尔科夫链转移概率矩阵及转移时间矩阵看，省际汽车产量体系较为稳定且各类型转移时间较长。因此，“十四五”时期中国汽车产量大幅度增长或下滑的可能性极小、小幅度增长或者下滑的可能性较大。结合国内及出口需求趋势，可以研判中国“十四五”时期的年度汽车产量仍将保持在2500万辆以上规模。虽然2018年中国开始出现汽车销量增速下滑态势，且2019年继续下滑，但并不意味着中国汽车市场开始明显萎缩。一方面，2018年，国内二手车交易量高达1382万辆，这意味着国内新车及二手车年度汽车需求总量超过4000万辆规模；另一方面，2018年，中国对“一带一路”沿线国家出口整车69万辆，占中国整车出口总量的69%。“一带一路”倡议的深入实施有望在“十四五”时期进一步提高中国新车和二手车出口规模。此外，“十四五”时期汽车制造业仍然是中国重要的支柱工业，且汽车制造业迈向全球价值链中高端也是深入落实《中国制造2025》的核心任务之一，而保持国内汽车制造业稳健发展是重要支撑，因此国家层面有可能出台相关政策保持汽车产业稳健发展。

第二，部分主要汽车生产基地将发生调整。随着中国品牌汽车的快速崛起及国内汽车市场竞争的不断加剧，部分合资品牌产量有望出现下滑甚至逐渐退出国内市场，从而致使过于依赖这些呈现下滑趋势品牌的产业基地也将出现汽车产量的较大幅度下滑。如长安铃木、现代起亚、长安福特、北京现代、东风雷诺等品牌近年来的销量大幅度下滑，其中铃木汽车已退出国内市场。因此，北京、重庆等过于依赖这些合资品牌的传统汽车产业基地，其汽车产量极有可能在“十四五”时期出现较大幅度下滑，而江苏、浙江、四川等地区将有望借助新能源汽车及中国品牌的崛起成为中国新的主要整车生产区。

第三，汽车产业有望迎来兼并重组浪潮。随着国内汽车市场竞争的加剧，部分中国品牌或合资品牌的汽车产量均出现大幅度下滑趋势，如力帆汽车、海马汽车、中华汽车、众泰汽车等中国品牌。“十四五”时期，中国汽车产业有望迎来兼并重组浪潮，提高闲置产能利用率。对于经济发达的东部地区，其汽车产业的兼并重组主要通过市场化机制运作；而对中西部地区汽车产业的兼并重组，需要国家层面的支持，促使上汽乘用车、广汽乘用车、吉利、比亚迪、长城等优质企业进入中西部地区投资，实现整车产能向中西部地区转移；鼓励造车新实力企业依托现有整车企业通过代工模式制造汽车，提高整车产能利用率。

第四，整车出口规模将有望突破200万辆。“十四五”时期，国内汽车市场的竞争将会日趋激烈，加大新车及二手车出口规模将成为中国汽车制造业的新方向和新动力。目前，国家已在推动二手车出口方面取得初步成效，吉利、上汽乘用车、比亚迪、奇瑞、广汽传祺等中国品牌汽车在核心技术领域也得到了长足发展，为“十四五”时期汽车制造业国际化战略的深入推进提供了保障，中国新车及二手车出口规模有望在“十四五”时期突破200万辆规模。

2.中国汽车制造业高质量发展的五点启示

一是大力发展新兴新能源及智能网联汽车产业，在空间布局上与传统汽车制造业高效融合。进一步理顺并制定合理的宏观产业扶持政策，巩固新能源汽车产业发展成效，合理高效利用现有整车产能，增强汽车制造业对电子信息、新能源、新材料等关联产业的辐射带动效应。进一步完善充电设施、加氢站等配套设施建设，培育汽车制造业新兴领域的全球竞争力，使其成为推动中国汽车制造业迈向全球价值链中高端的核心引擎。

二是鼓励中国品牌整车企业围绕“一带一路”沿线地区加快实施国际化战略，积极构建面向国内外两个市场的产业空间布局。积极鼓励中国品牌整车企业协同零部件企业在扩大产品出口总量的同时，重点围绕“一带一路”沿线市场加快国际化进程，协同构建面向国内外市场的供应链体系，积极建设海外工厂，提高中国品牌汽车全球竞争力。

三是改善过于依赖合资企业的发展模式，依托中国品牌汽车打造世界一流汽车产业平台。积极淘汰落后低效产能，重点围绕中国品牌汽车企业推进企业兼并重组进程，促进中国品牌整车与零部件企业形成创新互动互融的新型合作模式，改善国企汽车企业过于依赖外资的发展模式。重点围绕上海、广州、长春、柳州、武汉、重庆等特大汽车城市，进一步提升上海安亭汽车城、广州番禺汽车城等核心园区的全球高端资源集聚能力和水平，不断优化汽车制造业空间布局，争取在主要特大汽车城市分别打造适合自身发展需要的世界一流汽车产业平台，为中国汽车制造业迈向全球价值链中高端提供强大支撑。

四是优化配置国家级公共服务平台。以办理分公司的形式将国家级汽车检测资质及相关资源向华南地区倾斜，针对新能源汽车、智能网联汽车等新兴领域统筹建设国家级检测、测试基地，防止各地区单打独斗，提高已建基地的利用效率。

五是鼓励中国品牌汽车龙头企业形成一流的国际竞争力，强化其对产业空间布局的主导能力。尽管中国已有6家世界500强整车企业，但仍未培育出世界知名汽车品牌，因此仍需加强技术研发和集成创新能力，积极推进汽车产业内及关联行业自主品牌龙头企业的强强联合，形成全新的、能够迈向国际化的新型合资合作模式，助力汽车龙头企业形成一流的国际竞争力。通过发展壮大中国品牌龙头汽车企业，改善过于依赖汽车合资企业的发展模式，不断强化中国品牌汽车龙头企业对产业空间布局的主导能力。

二、加入WTO以来我国汽车市场的基本特征

自我国于2001年年底加入WTO以来，韩国现代、日本日产、德国宝马、日本马自达、德国奔驰、日本丰田等跨国汽车企业陆续进入国内并不断加快加大投资力度，使得我国汽车市场呈现快速发展趋势。加入WTO对我国汽车

产业及市场产生深远影响：一方面，使得我国从2009年起连续10年成为全球最大汽车市场；另一方面，明显抑制自主品牌汽车发展，使得我国汽车市场长期由合资品牌主导。当前，我国汽车市场已经结束了连续近30年正向增长趋势，开始进入低速甚至负增长的新阶段。长期高速发展使得我国汽车保有量快速增长，产生了一系列汽车社会问题，同时国内汽车市场已出现明显地区差异，部分省份已长时间实施的限牌限购政策对汽车消费形成抑制效应，电子商务、网约车等领域的繁荣发展使得汽车消费出现新需求。此外，加入WTO以来，我国汽车市场的快速扩张使得汽车制造业在2017年已成为我国主营业务收入规模第二、利润规模第一的支柱工业，而到2018年已开始出现下滑，并对我国经济发展产生重要影响，尤其是2020年暴发的新冠疫情已构成全球大流行并呈现常态化趋势、国家已经实施的新一轮汽车产业开放政策将使得国内汽车市场竞争更加激烈，因此研究我国自加入WTO以来的汽车市场的时空变化特征，对我国汽车工业在“十四五”时期及未来一段时期的稳健发展具有重要意义。

研究对象为我国31个省份（不包括港澳台）汽车市场时空变化趋势，采用省际的年度新注册民用汽车数量来表示汽车销量，这一指标包括了私家车、中大型载客汽车及各类民用载货汽车，因此能较为综合全面地反映我国加入WTO以来汽车市场总体情况及发展趋势。汽车销量及相关统计数据主要来源于国家统计年鉴。

（一）全国层面特征

加入WTO以来，随着越来越多的跨国汽车企业进入国内市场，汽车产量大幅度增长，促使我国汽车市场快速增长。2002—2018年，我国汽车销量从337.9万辆增长到2018年的2652.1万辆，年均增速高达13.76%。根据2008年金融危机对我国汽车市场的深远影响及增长速度差异，大致可以分成三个不同的阶段（见表4-35）。其中，第一个阶段（2002—2008年），汽车市场主要由合资品牌主导，年均增速14.02%；第二阶段（2009—2017年），吉利、长城、比亚迪等中国品牌汽车快速崛起，促使我国连续10年成为全球最大汽车市场，年均增速为10.65%，增速较上阶段放缓；第三个阶段（2018年以来），出现了自1990年以来的首次负增长，2019年的继续下滑及2020年暴发全球性新冠疫情，意味着我国汽车市场已进入全新的低速负增长阶段。

表 4-35 2002—2018 年我国汽车消费变化情况一览表

年份	汽车消费总量（万辆）	载客汽车（万辆）	载货汽车（万辆）
2002	337.19	229.43	99.37
2003	433.76	316.09	107.57
2004	451.17	333.21	102.96
2005	528.62	415.78	102.42
2006	573.03	467.90	92.54
2007	605.88	498.66	91.29
2008	741.03	605.50	112.81
2009	1245.97	1024.84	214.84
2010	1528.84	1254.68	263.77
2011	1624.25	1369.45	244.25
2012	1772.49	1524.89	238.63
2013	2030.96	1752.27	269.00
2014	2205.22	1936.67	254.22
2015	2331.75	2120.27	204.32
2016	2724.46	2464.84	250.73
2017	2800.40	2480.23	308.77
2018	2652.10	2287.64	203.15
年均增速（%）	13.76	15.54	7.66

分不同类型汽车销量看，载客汽车消费占比持续上升，从2002年的68.05%提高到2018年的87.25%，主要是由于小型载客汽车（即私家车）的高速增长，由2002年的149.13万辆增长到2018年的2287.64万辆，年均增速高达18.61%；载货汽车消费占比持续下降，从2002年的29.47%下降到2018年的12.21%，但仍然达到7.66%的年均增速，其中重型载货汽车和轻型载货汽车增长较快，年均增速分别达到10.84%和9.74%，表明我国快速发展的电商对载货汽车的需求较大且持续增长（见图4-43）。

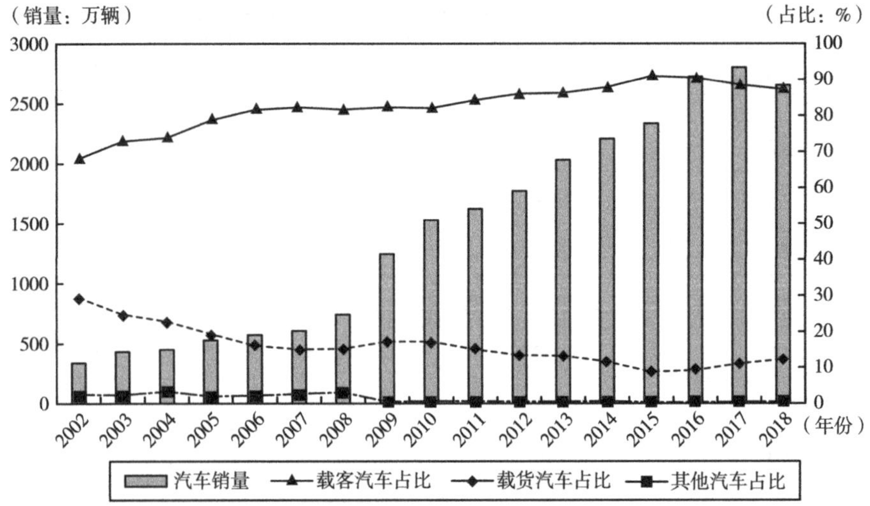

图4-43　2002—2018年我国汽车销量变化

（二）省际层面特征

从省际层面看，加入WTO以来，我国汽车市场主要分布于中东部地区，西部及东北地区的汽车市场规模小，总体上呈现出“基数小、高速增长；基数大、中高速增长”的特点。

省际汽车销量增速具有明显的空间分异性，广东、江苏、山东、河南、浙江、河北、四川、安徽、湖南及湖北是我国主要的汽车消费地区，这些省份2018年的新车销量均超过100万辆，其中广东、江苏则超过200万辆。从年均增速看，实施限牌政策的北京、上海、天津等地区增速较低，分别为4.81%、9.95%和10.23%；贵州、广西、安徽、江西、湖南等地区的增速非常高，分别为20.75%、19.63%、19.23%、18.48%、18.11%。但受市场下行态势影响，到2020年6个省汽车销量超过100万辆，仅广东超过200万辆。

（三）私家车消费特征

自我国加入WTO以来，越来越多跨国汽车企业进入国内市场，同时我国居民消费水平保持较快增长势头，加上2008年金融危机后国家实施了汽车下乡、小排量及新能源汽车购置补贴等政策，我国私家车销量从2002年的149.13万辆增长到2019年的2164.81万辆，年均增速高达17.04%，明显高于同期国内汽车总体销量的年均增速12.62%。从2003年开始，私家车销量占国内汽车销量比例首次突破50%并在2015年达到峰值89.47%，随后电子商务的繁荣发展使得货车销量快速增长，导致私家车销量占比有所下降，2019年私家车的市场份额仍然达到85.07%（见图4-44）。

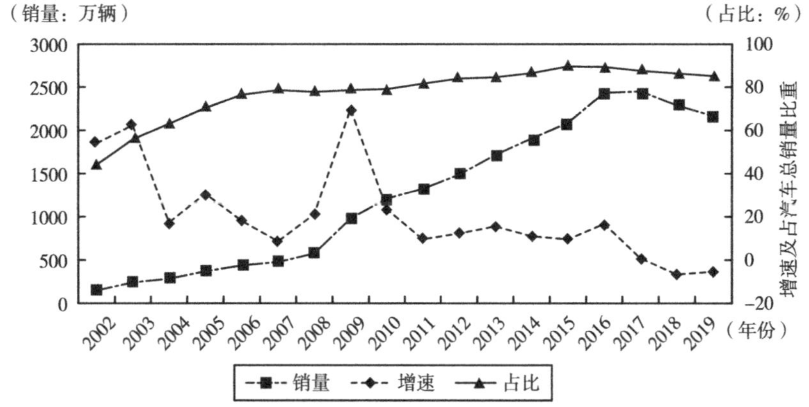

图4-44　2002—2019年我国私家车销量、增速及占汽车总销量比重变化

阶段发展特征。根据私家车销量的增长速度差异，可将我国入世以来的私家车消费发展划分成三个阶段：第一个阶段（2002—2008年），这个阶段汽车产品类型开始增多且价格还较为昂贵，私家车市场上车型由一汽大众、上海大众、东风日产、广汽本田等合资品牌主导，年均增速14.02%；第二阶段（2009—2016年），此阶段由于吉利汽车、长城汽车、比亚迪、广汽传祺、上汽荣威等自主品牌汽车的快速崛起，车型非常丰富且价格大幅度下降，促使我国在此期间连续8年成为全球最大汽车市场，年均增速为10.65%，增速放缓；第三个阶段（2017—2019年），出现了自1990年以来的首次负增长，随着2020年暴发全球性新冠疫情，我国私家车消费市场已进入以负增长或微增长为特点的新发展阶段。

区域发展特征。将全国省市划分为华北、东北、华东、华中、华南、西南、西北7个区域，七大区域的私家车销量年均增速均超过10%，差异较为明显，华东地区历年销量最高，东北和西北地区的销量明显较低。其中，华东地区销量最高，2019年达到742.91万辆，年均增速17.97%，西南及西北地区年均增速均超过20%，由于北京和天津较长时间实施限牌限购政策，导致华北地区年均增速仅为10.47%。从省份层面看，到2019年私家车销量超过200万辆的省份仅有广东，江苏、山东、河南、浙江、河北及四川等销量超过100万辆，宁夏、青海及西藏销量不超过10万辆，西藏不足4000辆。安徽、广西、江西、贵州、湖南、陕西、河南、重庆、甘肃、黑龙江、湖北及内蒙古的年均增速均超过20%，安徽则高达26.5%，西藏及北京年均增速较低，仅为1.08%和4.96%（见表4-36）。

表 4-36　　我国七大区域私家车销量及增速对比

区域	省份	私家车销量（万辆）			增速（%）
		2002年	2010年	2019年	
华北	北京、天津、河北*、山西	44.19	153.17	240.15	10.47
东北	内蒙古、辽宁*、吉林、黑龙江	9.46	120.81	141.74	17.26
华东	上海、江苏*、浙江、安徽、福建、江西、山东	44.74	438.41	742.91	17.97
华中	河南*、湖北、湖南	10.89	135.59	323.3	22.07
华南	广东*、广西、海南	21.18	139.9	296.53	16.79
西南	重庆、四川*、贵州、云南、西藏	12.59	141.87	282.03	20.07
西北	陕西*、甘肃、青海、宁夏、新疆	6.08	78.9	138.15	20.17
合计		149.13	1208.65	2164.81	17.04

注：带*为2019年所在区域销量最高省份。

三、基于空间马尔科夫链模型的汽车市场时空演变

（一）探索性空间数据分析与空间马尔科夫链模型

1.研究的对象与数据

本部分研究对象为我国31个省份（不包括港澳台）的汽车销量时空变化趋势，采用省际年度的新注册民用汽车数量来表示汽车销量，这一指标包括了私家车、中大型载客汽车及各类民用载货汽车，因此能较为综合全面地反映我国加入WTO以来汽车市场总体情况及发展趋势，汽车销量数据的时间范围为2002—2018年。

2.探索性空间数据分析ESDA

如前所述，探索性空间数据分析（Exploratory Spatial Data Analysis，ESDA），主要用以分析研究对象的空间分布格局、空间关联和集散特征，分别运用全局空间自相关以及局部空间自相关指标分析我国省际汽车销量的全局空间自相关、冷热区域分析，采用ArcGIS绘制分位数地图。

3.空间马尔科夫链模型

空间马尔科夫链模型，马尔科夫链指概率统计学中具有马尔可夫性质的随机过程，“无后效性”是其主要特点。由于许多经济地理事件的变化过程具有或近似无后效性，使得马尔科夫链在经济地理研究中得到越来越多的应用。马尔可夫链方法的核心就是状态转移矩阵，可分为状态频数转移矩阵、概率转移矩阵和转移时间矩阵，本部分采用转移概率。马尔科夫链转移概率及矩阵的一般形式如图4-45所示。

$$P_{ij}^{t,t+m}=\frac{\sum_t^m n_{ij}^{t,t+m}}{\sum_t^m n_i^t}\Rightarrow\begin{bmatrix}P_{1\to1} & P_{1\to2} & \cdots & P_{1\to N}\\ P_{2\to1} & P_{2\to2} & \cdots & P_{2\to N}\\ \cdots & \cdots & \cdots & \cdots\\ P_{N\to1} & P_{N\to2} & \cdots & P_{N\to N}\end{bmatrix}$$

图4-45　马尔科夫链转移矩阵示意图

左侧的$P_{ij}^{t,t+m}$表示经过m年后（m一般取值1，表示类型转移单位时间为1年，也可以设置为其他整数值）由i类型转变为j类型的概率，其中n_i^t表示第t年属于i类型的地区数量，$n_{ij}^{t,t+m}$表示第t年属于i类型的地区经过m年后变为j类型的区域数量，N表示状态类型数量。右侧矩阵为简化后的转移矩阵示意图，对角线元素则表示每种状态维持现状的概率，每行转移概率之和等于1。

空间马尔科夫链指在马尔科夫链基础上通过引入“空间滞后”分析地理空间状态转移变化的方法。与马尔科夫转移链只有1个矩阵不同，空间马尔科夫链转移概率矩阵有N个（N为转态类型数量，本部分将省际汽车销量离散化为高销量、较高销量、中低销量和低销量等四种类型，分别用C4、C3、C2、C1表示）。比较普通和空间马尔科夫链转移概率矩阵中的对应元素，可以得出一个区域单元状态类型转移的概率大小及与邻近区域之间的关系，从而分析空间溢出效应。此外，基于空间滞后概念还可以借助局域Moran散点图得到四种类型的销量状态类型（即HH、HL、LH、LL四种类型），借助马尔科夫链分析冷热区域类型的转移变化特点，这种方法称为LISA Markov Chain，可以分析我国省际汽车销量是否存在“俱乐部趋同”现象。本部分采用开源软件包PySAL（Python Spatial Analysis Library）中的GIDDY（GeospatIal Distribution Dynamics）模块计算我国汽车市场的马尔科夫转移概率矩阵及相关制图。

（二）基于空间马尔科夫链模型的汽车市场时空演变特征

1.基于分位数方法的销量类型变化

利用ArcGIS绘制2002—2018年部分年份省际汽车销量的四分位数图，总体上看，我国高销量地区和低销量地区的变化不明显，其中高销量地区包括广东、浙江、四川、江苏、河南、山东、河北等，低销量地区包括西藏、青海、甘肃等；较高销量和中低销量类型的变化较为明显，如天津、广西、陕西、贵州等。变化较为剧烈的省市有北京，从高销量类型变为中低销量类型；陕西、贵州等则从低销量类型转变为较高销量类型；上海和天津均从较高销量类型变为低销量类型。

2.基于空间马尔科夫链模型的分析

为深入分析加入WTO以来我国汽车市场的时空演变特征，基于马尔科夫转移概率和转移时间矩阵进行分析。利用PySAL计算2002—2008年（局部阶段）、2009—2018年（局部阶段）及2002—2018年（全局阶段）三时段汽车销量的普通和空间马尔科夫链转移概率矩阵深入分析加入WTO以来我国汽车市场在不同阶段的时空演变特征，其中空间滞后权重为距离权重，空间滞后类型也同样离散化为四种类型（高销量、较高销量、中低销量、低销量，分别用LAG3、LAG2、LAG1、LAG0表示），马尔科夫链转移概率和转移时间矩阵计算结果（见表4-37）。

表4-37　2002—2018年我国省际汽车销量马尔科夫链分析结果

空间滞后销量类型		转移概率矩阵												转移时间矩阵			
		总体				分阶段								2002—2018年			
		2002—2018年				2002—2008年				2009—2018年							
		C1	C2	C3	C4	C1	C2	C3	C4	C1	C2	C3	C4	C1	C2	C3	C4
P（*H0*）	C1	***0.85***	0.11	0.02	0.03	***0.79***	0.16	0.05	0.00	***0.90***	0.08	0.00	0.02	***3.9***	9.3	16.1	34.0
	C2	0.08	***0.77***	0.15	0.00	0.18	***0.69***	0.13	0.00	0.08	***0.78***	0.14	0.00	16.7	***3.9***	10.3	31.7
	C3	0.02	0.11	***0.82***	0.05	0.03	0.11	***0.79***	0.08	0.00	0.11	***0.84***	0.05	21.9	9.9	***4.4***	25.6
	C4	0.03	0.00	0.04	***0.94***	0.05	0.00	0.05	***0.90***	0.02	0.02	0.00	***0.97***	25.6	18.1	15.8	***3.9***
P（*LAG0*）	C1	***0.94***	0.04	0.00	0.01	***0.87***	0.13	0.00	0.00	***0.97***	0.03	0.00	0.00	***1.9***	26.1	61.0	58.9
	C2	0.15	***0.77***	0.08	0.00	0.25	***0.50***	0.25	0.00	0.13	***0.88***	0.00	0.00	12.9	***7.0***	45.0	55.5
	C3	0.00	0.06	***0.88***	0.06	0.00	0.20	***0.60***	0.20	0.00	0.00	***1.00***	0.00	25.6	25.7	***6.3***	35.8
	C4	0.05	0.00	0.05	***0.90***	0.13	0.00	0.13	***0.75***	0.00	0.00	0.00	***1.00***	22.3	35.4	40.0	***6.0***

续表

空间滞后销量类型		转移概率矩阵												转移时间矩阵			
		总体				分阶段								2002—2018 年			
		2002—2018 年				2002—2008 年				2009—2018 年							
		C1	C2	C3	C4	C1	C2	C3	C4	C1	C2	C3	C4	C1	C2	C3	C4
P（LAG1）	C1	***0.65***	0.24	0.12	0.00	***0.75***	0.13	0.13	0.00	***0.70***	0.30	0.00	0.00	***7.4***	9.6	8.8	60.2
	C2	0.07	***0.82***	0.11	0.00	0.12	***0.77***	0.12	0.00	0.00	***0.92***	0.08	0.00	17.3	***4.0***	8.9	60.4
	C3	0.08	0.04	***0.84***	0.04	0.20	0.20	***0.60***	0.00	0.00	0.00	***1.00***	0.00	19.8	20.4	***2.7***	51.5
	C4	0.00	0.00	0.06	***0.94***	0.00	0.00	0.00	***1.00***	0.00	0.11	0.00	***0.89***	36.8	37.4	17.0	***4.0***
P（LAG2）	C1	***0.73***	0.27	0.00	0.00	***0.60***	0.40	0.00	0.00	***1.00***	0.00	0.00	0.00	***9.6***	3.8	7.5	33.8
	C2	0.05	***0.63***	0.32	0.00	0.30	***0.70***	0.00	0.00	0.18	***0.46***	0.36	0.00	32.1	***4.4***	3.8	30.1
	C3	0.00	0.27	***0.65***	0.08	0.00	0.20	***0.70***	0.10	0.00	0.40	***0.53***	0.07	34.3	10.2	***4.8***	26.3
	C4	0.03	0.00	0.00	***0.97***	0.05	0.00	0.00	***0.95***	0.00	0.00	0.00	***1.00***	29.0	32.8	36.5	***2.2***
P（LAG3）	C1	***0.73***	0.13	0.00	0.13	***0.50***	0.00	0.50	0.00	***0.80***	0.10	0.00	0.10	***20.5***	17.4	13.0	19.0
	C2	0.06	***0.79***	0.15	0.00	0.13	***0.63***	0.25	0.00	0.10	***0.75***	0.15	0.00	59.6	***4.7***	8.4	30.5
	C3	0.00	0.08	***0.88***	0.04	0.00	0.00	***0.94***	0.06	0.00	0.04	***0.87***	0.87	76.9	17.3	***2.1***	28.5
	C4	0.00	0.00	0.10	***0.90***	0.00	0.00	0.10	***0.90***	0.13	0.00	0.00	***0.88***	86.9	27.3	10.0	***3.9***

基于转移概率矩阵的分析。总体上看，不同阶段省际汽车销量的马尔科夫转移概率矩阵总体上较为相似，但仍有差异。以2002—2018年为例，*P*（*H0*）马尔科夫矩阵（即未考虑空间滞后影响）对角线的数值均大于0.77，表明各类型相对稳定，其中*C4*（高销量类型）维持现状的概率最大0.94；各类型直接相互转移的概率不高，其中最大为*C2*（中低销量类型）转换为*C3*（较高销量类型）的概率0.15，总体上说明加入WTO以来我国省际汽车市场类型结构较为稳定。具体而言，2002—2018年*C1*（低销量类型）向上转移的平均概率为0.16（即0.11+0.02+0.03=0.16）；*C2*（中低销量类型）向上转移的平均概率为0.15，向下转移的平均概率为0.08；*C3*向上转移概率为0.05，向下转移的平均概率则为0.13；*C4*向下转移的平均概率为0.07。不同阶段的转移概率矩阵存在明显差异，其中2002—2008年的*P*（*H0*）马尔科夫矩阵的对角线数值均明显下降，反映了这段时期省际汽车市场类型变化较为激烈且向上转移概率相对较高，表明这个时期国内汽车市场处于快速上升期；*C2*变化概率较大且维持现状的概率下降为0.69，向下转移的概率提升到0.18，这种变

化主要体现在中西部省份，如新疆、陕西、广西等；*C1*类型的变化较为明显且向上转移的平均概率提高到0.21。而2009—2018年，各类型维持现状的概率均有所增大，表明国内汽车市场经过多年快速增长，这个时期省际汽车市场类型结构更为稳定。*C1*维持现状的概率提高到0.90，*C4*维持现状的概率提高到0.97，*C1*及*C2*等类型向上转移的概率变小，*C4*及*C3*向下转移的概率同样有所降低。

普通马尔科夫链模型通过引入空间滞后使得各种类型转移的概率发生明显改变，说明我国省际汽车市场受邻近地区的影响显著。以高销量类型为空间近邻，会提升向上转移的概率；以低销量类型为空间近邻，向下转移的概率会提高。以2002—2018年的*P*（*H0*）与*P*（*LAG0*）、*P*（*LAG1*）、*P*（*LAG2*）、*P*（*LAG3*）概率转移矩阵对比为例，*P*（*H0*）矩阵中*C1*维持现状的概率为0.85，在不同类型空间滞后影响下，其转移概率会发生明显变化。具体而言，若*C1*的空间滞后类型为*LAG0*，维持现状的概率增加到0.94，向上转移的概率降低至0.05；若空间滞后类型为*LAG1*，维持现状的概率则下降到0.65，而向上转移的概率则增加到0.36；若空间滞后类型为*LAG2*，向上转移的概率达到0.27；若空间滞后类型为*LAG3*，向上转移的概率达到0.26。

此外，利用LISA Markov Chain计算省际汽车销量冷热区域类型的转移概率，可以发现HH类型的数量上增加且区域变化较为明显，由2002年的3个（北京、山东、上海）逐步增加到2018年的6个（河南、江苏、安徽、浙江、湖北及湖南），北京和上海都因为限牌政策的实施，汽车销量增速明显低于周边省市，导致其LISA类型的变化。新疆、西藏等则长时间为LL类型，贵州则大部分时间为HL类型。LISA马尔科夫链转移概率矩阵显示各类型保持现状的概率均大于0.88，HH和LL类型保持现状的概率均超过0.91，说明我国省际市场存在明显的“俱乐部趋同”。

基于转移时间矩阵的分析。基于马尔科夫链转移时间矩阵可以分析我国省际汽车市场类型转换的时间变化特征。相对于研究期初期（即2002年）各省市的汽车销量类型，四种类型再次成为相同类型的平均时间都很短，而转换为其他类型的平均时间都较长，这种特征与转移概率矩阵的分析一致，即转移时间矩阵中的对角线数值低意味着保持类型不变的概率高。从表4-37中的*P*（*H0*）时间转移矩阵看，在2002年为*C1*的类型，再次为*C1*的平均时间为3.9年、转换为*C2*的平均时间为9.3年、转换为*C3*的平均时间为16.1年、转换为

*C4*的平均时间则需要34.0年；在2002年为*C2*的类型，转换为*C3*的平均时间为10.3年、转换为*C4*的平均时间则达到了31.7年；在2002年为*C3*的类型，转换为*C4*的平均时间为25.6年；在2002年为*C4*的类型，转换为*C3*的平均时间为15.8年、转换为*C2*的平均时间为18.1年、转换为*C1*的平均时间则需要25.6年。总体上看，若不考虑空间滞后影响，不同类型转换的平均时间都较长，而空间滞后的影响使得各类型转移的平均时间发生显著变化。具体而言，以高销量类型为空间近邻，向上转移的时间缩短，向下转移的时间延长；以低销量类型为空间近邻，向上转移的时间延长，向下转移的时间缩短。例如，若空间滞后类型为*LAG0*，在2002年为*C1*的类型，再次成为*C1*的平均时间由3.9年缩短为1.9年、转为*C2*的平均时间由9.3年延长为26.1年；若空间滞后类型为*LAG2*，在2002年为*C1*的类型，再次成为*C1*的平均时间由3.9年提高至9.6年、转为*C2*的平均时间由9.3年缩短为3.8年。

（三）小结

基于马尔科夫链、空间马尔科夫链、LISA空间马尔科夫链等方法系统分析了我国加入WTO以来汽车市场时空变化特征，研究发现：自加入WTO以来，随着大量跨国汽车企业进入国内并不断加大投资力度，使我国汽车销量快速增长并出现了合资为主高速增长、自主品牌崛起快速发展、整体车市下滑等三个发展阶段，17年间汽车销量年均增长速度达到13.76%，增速呈现不断放缓趋势并在2018年开始出现负增长；基于马尔科夫链模型的分析表明，自加入WTO以来，我国省际汽车市场四种类型的稳定性较高，各种类型保持不变的概率较高，均超过0.77，而各类型互相转换的概率不超过0.16；基于空间马尔科夫链方法的分析表明，我国省际汽车销量存在较为明显的空间自相关，高销量区域对与其相邻城市形成正向溢出效应，反之，低销量区域则存在负向溢出。我国省际汽车市场存在明显的“俱乐部趋同”现象，汽车销量热点及冷点区域维持现状的概率均超过0.91。总体上看，根据加入WTO以来省际汽车销量的空间马尔科夫链转移概率矩阵看，省际汽车市场体系较为稳定且各类型转换时间较长，因此未来“十四五”时期我国新车市场大幅度增长或下滑的可能性较小，小幅度增长或者下滑的可能性较大。

四、基于Theil指数的汽车消费市场区域差异变化

（一）用Theil指数测度汽车市场区域差异

当前，我国汽车市场已经结束了连续近30年正向增长的趋势并进入低速甚至负增长的新阶段，国内省际汽车消费市场已出现了非常明显的地区差异。一方面，长期高速发展使得我国汽车保有量快速增长，产生了一系列汽车社会问题，北京、上海、天津等部分地区已长时间实施限牌、限购政策，使得局部汽车需求旺盛地区的汽车消费受到了抑制；另一方面，中西部及农村地区则因为经济及金融发展水平较低，汽车消费市场长期处于低水平发展状态。随着新能源汽车、智能网联汽车等新兴领域的快速崛起，汽车产业将是我国未来现代产业体系的重要组成部分，也是我国贯彻落实《中国制造2025》的主要支撑，而稳健的汽车消费市场是实现这一目标的重要保障，因此研究分析国内汽车消费市场区域差异变化及影响因素的区域差异有重要意义。随着国内汽车市场的快速变化，国家需要根据区域差异制定有效的汽车市场刺激政策。

通过Theil指数来测度我国省际汽车销量的区域差异程度，Theil指数具有可分解特性，可将其分解为组内差异和组间差异，对我国汽车销量区域差异结构及其来源可进行有效分解。其公式如下：

$$T=\frac{1}{n}\sum_{i=1}^{n}\frac{y_i}{\mu}\log(\frac{y_i}{\mu})$$

公式中，T表示Theil指数值，y_i、μ分别代表i区域的汽车销量和所有省份汽车平均销量。利用Theil指数的可分解性质测度组内差异与组间差异对总差异的贡献率，记T_b与T_w分别为组间差距和组内差距，则可将Theil指数分解为$T=T_b+T_w$，T_b和T_w的计算公式如下：

$$T_b=\sum_{k=1}^{K}y_k\log\frac{y_k}{n_k/n},T_w=\sum_{k=1}^{K}y_k(\sum_{i\in g_k}\frac{y_i}{y_k}\log\frac{y_i/y_k}{1/n_k})$$

另外，值得注意的是群组内差距项分别由各群组的组内差距之和构成，各群组的组内差距的计算公式与样本总体的计算公式并无二致，只是将样本容量控制在第k组的个体数目n_k。如果省际汽车销量完全平均时，Theil指数为0；在极不平衡情况下，Theil指数为ln（31）=3.4012。

（二）绝对差异持续增大，相对差异呈现波浪式下降趋势

2002—2018年，我国汽车销量由337.9万辆快速增长到2652.1万辆，年均增速达13.76%。总体上看，加入WTO使得越来越多跨国汽车企业进入国内，我国汽车市场呈现较快发展趋势，绝对差异呈现逐年扩大趋势，而相对差异呈现波浪式下降趋势（见图4-46）。其中，我国省际汽车销量的极差、标准差等绝对差异在2002—2018年呈逐年扩大趋势。其中，极差由2002年的48.24万辆增至2018年的259.66万辆，年均增速达到11.09%；标准差由2002年的11.07上升至2018年的65.34，年均增速为11.74%。汽车销量的Theil指数、变差系数呈现相似的波浪式下降趋势。其中，变差系数由2002年的1.02下降到2018年的0.76，年均下降1.78%。Theil指数则由0.401下降至0.267，年均下降2.51%，其间可以分成明显的几个阶段，其中2007年达到峰值0.421，在2012年达到最低值0.242。

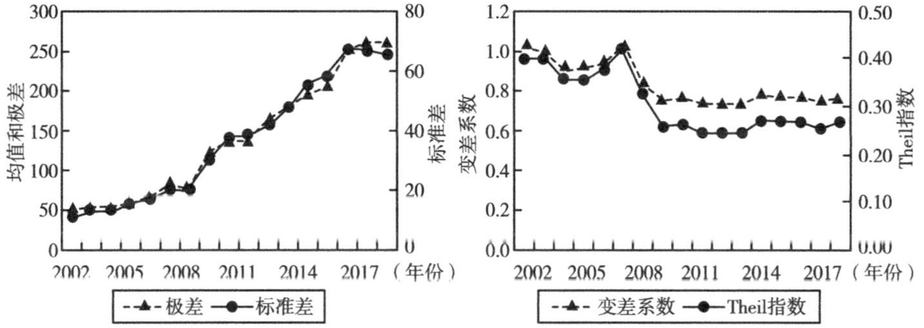

图4-46 2002—2018年省际汽车销量绝对差异与相对差异

（三）总体差异主要来自组内差，华东地区差异贡献率较大

从区域层面的汽车销量看，2002—2018年大部分区域的汽车销量均呈现不同程度的增长，其中年均增速最快的是华中地区，年均增速达17.16%，其次分别为西南（15.98%）、西北（15.93%）、华南（14.74%）、华东（14.31%）、东北（13.58%）、华北（8.16%）。汽车消费绝对数量增长最大的是华东地区，从2002年的104.24万辆增长到2018年的885.28万辆；东北及西北地区的汽车销量较小。

Theil指数可以测度组内差异与组间差异对总差异的贡献。总体上看，我国省际汽车销量Theil系数差异主要源自组内差异，组内差异贡献率长年保持

在60%以上（见图4-47）。其中，2002年组内差异贡献率为60.44%，组间差异贡献率为39.56%；2009年由于我国实施了汽车下乡、小排量购置税优惠、以旧换新、新能源汽车补贴等一系列汽车市场刺激政策，各地区的汽车销量快速增长，导致组间差异贡献率降为最低值27.69%，而组内差异贡献率则达到72.31%；到2015年，组间差异贡献率达到最高值41.21%，之后的组内差异贡献率变化相对较小。从7个区域Theil指数变化趋势看，除了华北地区呈现波动变化趋势，其他地区的Theil指数总体呈现下降趋势。其中，华南地区的Theil指数常年保持较高值，该区域的广东与广西、海南两地的汽车销量差异较为明显，差异贡献率常年保持在30%以上；华东地区的Theil指数变化幅度非常小，区域内部汽车市场结构相对稳定，差异贡献率保持在10%左右；西北地区的变化幅度最为激烈，尤其是2009年前后的变化非常激烈。

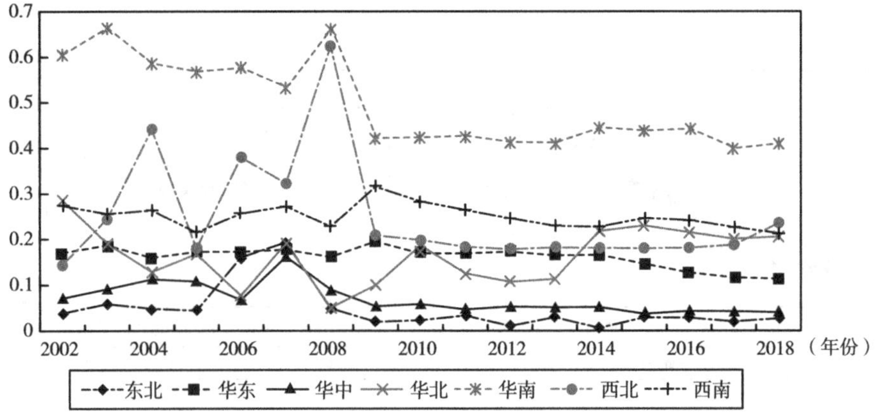

图4-47　2002—2018年各区域汽车销量Theil指数变化

总体来看，汽车消费市场总体发展较快，省际汽车销量相对差异逐渐变小。2002—2018年我国汽车消费市场总体呈现较快发展趋势，年均增速达13.76%；汽车销量的绝对差异呈现逐年扩大趋势，而相对差异呈现波浪式下降趋势。对Theil指数的分解表明我国省际汽车销量总体差异主要来自组内差异，组内差异贡献率常年保持在60%以上。具体到区域层面看，华南地区的Theil指数常年保持较高值，差异贡献率较大；西北地区的Theil指数变化较为激烈。

五、我国（省际）汽车市场产销空间分离变化特征

（一）产销差值的时空演变特征

基于汽车产销量差值分析省际汽车市场时空变化有助于深入了解我国汽车市场的分布特征与未来趋势，特别是“产销空间分离”现象。各省份所销汽车的原产地一般由本地生产、外省市生产及进口车型[①]三部分组成，由于难以获取各省份所销售汽车的具体来源，根据汽车产量与销量的差值将各省市分成两类：输入型（产量小于销量）汽车市场和输出型（产量大于销量）汽车市场，在地图上绘制出2002—2020年各省市的汽车产销差值及其变化趋势，可以发现主要有三种不同类型。

Ⅰ类为常年输出型汽车市场，如上海、重庆、吉林、天津、广西、辽宁等省份为我国主要的汽车输出省份，其中上海、天津由于长时间实施了限牌限购政策而使得本地汽车消费被抑制，而吉林、广西、重庆、辽宁等省份则由于本地消费需求有限，上海和吉林的汽车输出规模逐渐超过200万辆。

Ⅱ类为常年输入型汽车市场，东部、中部和西部地区均有分布。其中，东部地区的江苏、浙江、福建等省份，中部地区的河南、湖南、山西等省份，尽管这些地区本地汽车产量也较高，但汽车需求更大，部分省份的产销差值超过100万辆。西部地区包括新疆、甘肃、云南、四川、贵州等，这些地区经济发展及居民消费水平较低，汽车产量相对较低甚至没有汽车产量，从其他省份输入的汽车数量相对较少。国家在2009年后实施了汽车下乡、以旧换新、小排量汽车补贴等一系列宏观产业激励政策，汽车市场也呈现出由东向中、西部地区扩张的趋势，如四川的输入规模也逐渐超过80万辆。

Ⅲ类为变化剧烈型汽车市场，广东、北京等省份为汽车产销差值由负值转正值类型，其中广东是典型的汽车产销大省，具备发展成为输入型汽车市场的潜在条件，但由于广州、深圳等经济发达城市长时间实施限牌限购政策，导致潜在需求难以释放，北京也是类似原因；由正值转负值类型，如海南、安徽、江西等，这些省份在发展早期都是我国主要的汽车产地，但由于其他省份汽车产业的快速发展加上自身企业的衰落，汽车产量明显下滑，转变为输入型汽车市场。

---

① 我国年度进口车总量大约100万辆，占国内新车销量比例较低，如2018年我国进口汽车113.5万辆，占国内汽车销量比例为4%，故本书不考虑。

总体上看，上海、重庆、湖北、天津等主要输出型省份与主要输入型省份在空间上较为接近，而吉林虽是重要产地之一，但远离输入型汽车市场是导致我国省际汽车市场出现空间分离的重要原因，需要优化调整不同档次车型的产能布局，逐步将中低端车型产能往中西部地区转移，将有利于促进中西部汽车市场的繁荣。

（二）聚类分析“产销空间分离”特征

采用“tslearn”对2002—2018年省际汽车销量进行聚类分析，主要考虑省际汽车市场规模的差异且省际单元仅为31个，故采用*K-means*方法更合适且聚类数这一参数*K*取值为4较为合适。[①]四种聚类结果的汽车市场规模和空间分布明显不同，其中低销量省份主要分布于西北部、东北部及海南，年销量不足50万辆；较低销量主要分布于西南、北部及东部的福建和江西，年度汽车销量不高于80万辆；较高销量则主要分布于四川、湖南、湖北及安徽，年度汽车销量小于140万辆，具有明显的空间集聚特征；高销量则分布于广东、浙江、江苏、山东、河北及河南，其中广东和江苏在2018年超过200万辆。四种类型的聚类中心曲线也反映了不同类型市场的时间变化特征，低销量类型在我国加入WTO以来的大部分时间较为平缓，2015年则出现短期的快速上升态势，随后出现下滑；而较低销量类型则与低销量类型的变化明显不同，先快速上升而后出现平缓发展趋势。此外，从年均增速看，实施限牌政策的北京、上海、天津等省份增速相对较低，分别为4.81%、9.95%和10.23%；贵州、广西、安徽、江西、湖南等省份的增速非常高，分别为20.75%、19.63%、19.23%、18.48%、18.11%。

（三）产销空间加权均值中心轨迹变化

不管是汽车下乡、小排量购置税减半、以旧换新等汽车市场激励政策，还是越来越多城市实施的限牌限购政策，加上汽车产业发展早期受国家严格管控使得汽车生产格局相对固化，产销空间分离成为加入WTO以来我国汽车市场的一个显著特征。分别计算各年份省际汽车销量与产量的空间加权均值中心，并绘制移动轨迹线。总体上来看，加入WTO以来我国省际汽车产销量的加权均值中心未出现过重合或低于100km的空间接近，均呈现向西南方向移动的趋势，反映了受宏观

---

① 如果数据样本数较大，*K*值难以确定，可采用“tslearn”提供的“tslearn.clustering.silhouette_score”方法计算聚类结果的轮廓系数（Silhouette Coefficient）。计算不同*K*值下的轮廓系数，系数越接近1说明聚类结果更合理，从而确定适合的*K*值。

汽车市场激励政策影响下四川、贵州、云南等省份汽车市场的增长促使汽车产销空间加权均值中心往西南方向移动的趋势，其中汽车销量的空间加权均值中心往西南方向移动了169km，产量的空间加权均值中心往西南方向移动了222km；两者的差异性也较为明显，销量加权均值中心主要分布于河南东南部且迁移路线较为复杂，而受长期汽车产量较高的吉林地理位置影响显著，产量加权均值中心的分布靠北且主要分布于安徽西北部，空间变化幅度明显较大。产销空间加权均值中心之间的距离有下降趋势，2008年两者最为接近，距离为112km（见图4-48左上侧的距离曲线图）。总体上看，由于我国省际汽车生产在空间上逐渐固化，上海、重庆、湖北、天津、广东等汽车产地与江苏、浙江、河南、河北、四川等主要汽车市场在空间上较为接近，布局较为合理；而汽车产量常年位居国内前列的吉林和广西远离主要汽车市场是导致我国汽车产销空间分离的重要原因。

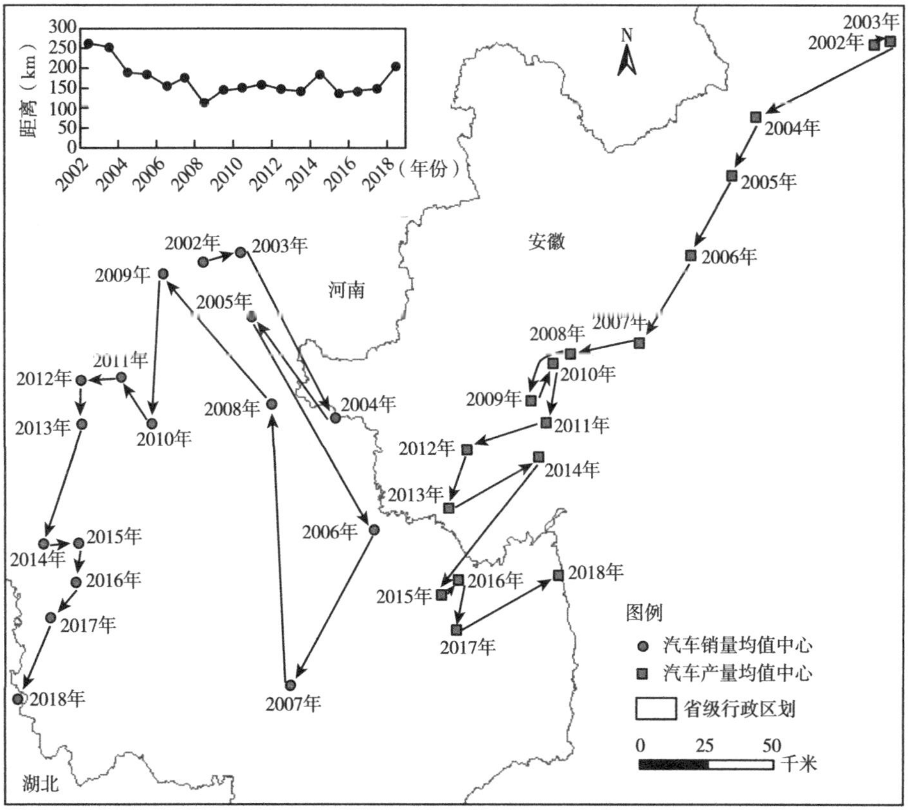

图4-48　2002—2018年我国省际汽车产销空间加权均值中心轨迹变化

注：该图基于国家标准地图服务网站（http://bzdt.ch.mnr.gov.cn/）下载的编号为GS（2019）1815号的地图制作。

第三节　新发展格局中的我国汽车市场新变革、新趋势

2020年、2021年中国汽车市场实现销售2531万辆、2627.5万辆，规模继续居全球首位，中国从2008年开始成为全球最大的汽车消费市场，连续13年保持榜首地位不变。当前，国内汽车市场最典型的新发展特征有：汽车产业从高速增长进入缓慢增长的新轨道，产销规模增大但增速显著放缓；国内汽车用户消费越来越理性，汽车市场从追求规模向追求品质发展；受环境保护大背景的影响，传统燃油车影响力开始减弱，新能源车开始成为市场的核心驱动力；等等。

一、汽车市场进入缓慢增长的新轨道

中国汽车市场的同比增速稳步下行。分阶段看，2005—2010年汽车市场规模快速攀升，复合增长率达到26%；2011—2015年汽车市场规模增大，但增速明显下行，复合增长率降为7%；2016—2020年汽车市场规模复合增长率为-3%。从具体时间节点看，2009年中国汽车市场规模首次突破1000万辆大关；此后销量持续攀升，到2017年规模达到2888万辆，2018年中国汽车市场销量出现下滑，下滑状态延续3年（见图4-49）。

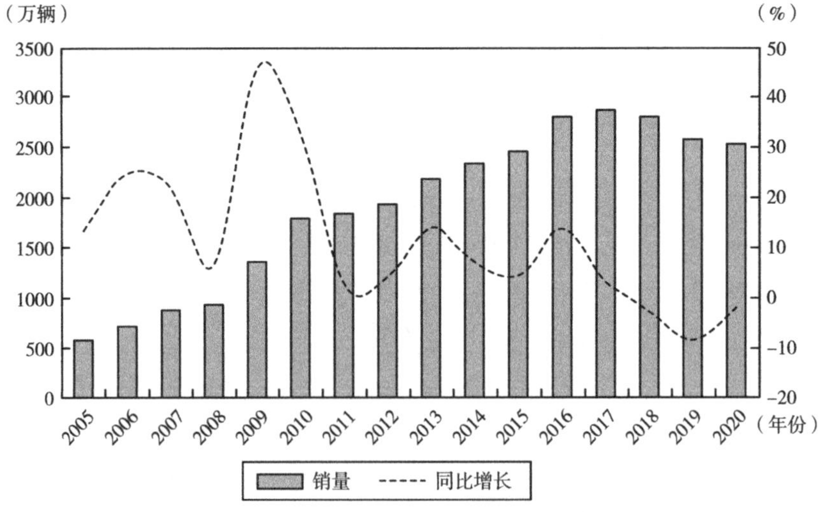

图4-49　2005—2020年中国汽车市场销量走势及增速

增速下行是产业生命周期规律叠加外部环境变动的结果。近3年中国汽车市场的连续负增长，有新冠疫情因素的影响，有购置税政策导致提前消费因素的影响，有新能源补贴政策退坡因素的影响，有中国宏观经济增速持续放缓因素的影响。多种因素的叠加，放大了对汽车市场的影响程度。以上这些因素都是短期影响因素，对市场造成震荡，但不会持续多年，而且都不至于导致出现负增长的极端状况。还有另外一个因素影响了汽车市场的走势，这就是产业周期（见表4-38）。通常一个产业发展分为四个阶段：起步期、成长期、成熟期和衰退期。根据规律特征，产业从成长期向成熟期过渡时，便会出现增速持续下行的状况。当前汽车市场处于成长期的后期，未来一段时期向成熟期过渡。该阶段规模仍会增加，但增速明显放缓，叠加外部环境影响因素，会出现连续的负增长。但从长期趋势来看，保持低速增长是该阶段的正常状态。

表4-38　产业生命周期规律

发展阶段	市场特征描述
起步期	产品技术上有较大不确定性，市场需求增长较快，产品品种和企业数量较少
成长期	产品技术逐步成熟，市场需求高速增长，产品品种和企业数量快速增多
成熟期	产品技术成熟，市场需求增长率不高，产品开发困难，企业数量开始缩减
衰退期	新技术突破难度增大，市场需求缩减，产品品种和企业数量快速减少

二、汽车市场从量变走向质变新阶段

（一）汽车市场集中度提升，强者变得更强

第一，汽车市场负增长，企业竞争加剧，销量向主流企业集团和品牌集中。具体表现在两个方面：从整体市场看，2020年销量TOP10汽车企业集团占据整体市场份额的9成，实现2264万辆的销量；从乘用车市场看，2015年TOP10品牌市场集中度为49%，2020年提升到60%，5年间集中度增加11个百分点。汽车市场集中度的增加，让有能力的企业更具规模效应，弱小的企业或产品直接被市场淘汰。第二，销量结束高增长，市场份额向主流细分市场集中。具体表现在：燃油微型轿车市场的消亡，小型车市场的萎缩，豪华品牌市场的高速增长。2015年燃油微型轿车销量规模为19万辆，2020年仅有3000辆。小型轿车和小型MPV市场规模逐步萎缩，2015年市场规模均超过100万辆，2020年分别缩减为40多万辆和30多万辆。2020年豪华品牌乘用车销量规模为

265万辆，而2015年仅有125万辆，2020年规模扩大了1倍多。集中度提升意味着中国汽车市场越来越成熟、市场竞争越来越激烈，企业从追求规模转向追求持续竞争能力和经济效益。汽车消费日趋理性，消费者从追求解决有无问题向追求内在品质转变。

（二）产品价格影响力减弱，性能更受关注

随着汽车的普及和规模的增加，汽车制造成本快速下降，汽车销售价格越来越低，同时居民收入增加，汽车用户对价格的关注度呈现下降趋势。从当前汽车用户结构看，首购用户比例在减少，增购用户和换购用户比例在增加，比较而言，增购和换购用户对价格的敏感度不如首购用户那么高。汽车成为最为广泛的日常代步交通工具，消费者对汽车的关注从价格转向性能、从外观转向内在。汽车的安全、舒适、操控、动力、智能功能是未来核心的关注要素，也是制造商提升产品竞争能力重点打造的方向。

增换购需求强劲，消费升级成主要趋势。2016—2020年，换购对于整体零售市场的贡献度由24.8%提高至33.6%，换购市场的重要性进一步提升。受消费升级趋势影响，品牌呈现向上升级走势，豪华、合资品牌凭借自身的品牌和产品优势，仍旧占据换购市场的主导地位，换购市场总体份额接近80%。此外，随着自主品牌实力和影响力的不断增强，2020年换购后选择自主品牌的用户比例较2019年增长1.5个百分点，提升至20.6%（见图4-50）。

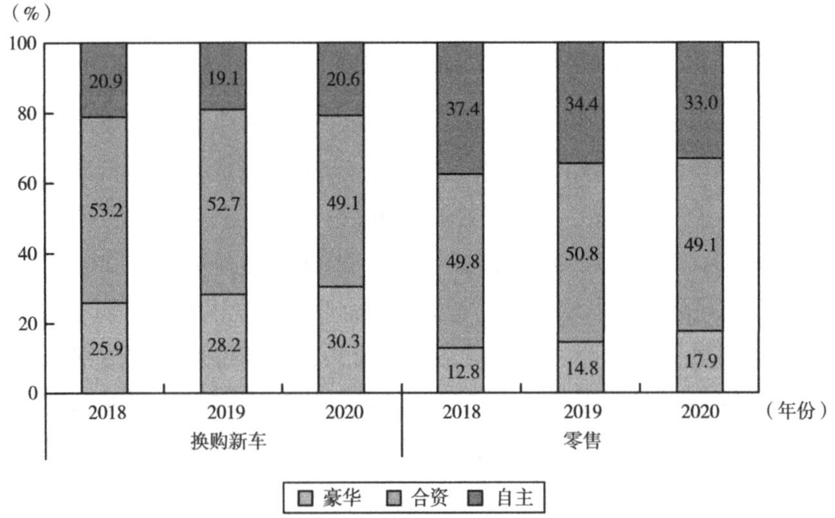

图4-50　2018—2020年中国乘用车换购后各品牌类别市场份额

（三）汽车技术“新四化”，软件成为核心

围绕“新四化”的概念，中国汽车技术快速革新和创新。2020年北京车展以“智领未来”为主题，国内外制造商展示了在智能化、电动化、网联化、共享化等方面的最新技术和产品。2021年上海车展以“拥抱变化”为主题，智能汽车成为核心话题，5G通信和人工智能新技术集中亮相，驱动汽车向智能化和网络化方向快速迈进。上海车展最大的热点是华为间接参与造车，发布Harmony OS智能座舱、智能驾驶计算平台MDC 810、4D成像雷达、自动驾驶开放平台、智能热管理系统等产品。科技感已成重要决策因素，智能网联汽车备受青睐。5G通信、高速公路网的快速发展，北斗卫星导航系统的全区域覆盖，高等级自动驾驶汽车道路测试的全面展开，以及智能座舱的加速创新，为智能网联汽车技术迭代升级和产品落地创造了新机遇。《麦肯锡2021汽车消费者洞察报告》显示：有80%的消费者将自动驾驶功能纳入选购下一台车时的重要考量；同时，70%的客户认可OTA模式，其中60%以上愿意为此付费。如何赶上数字化“特快车”，驱动汽车产品智能化变革，成为各车企不容忽视的议题。

汽车软件能力正逐渐取代传统硬件的统治地位。以大型乘用车为例，当前软件占整车价值的10%左右，全球知名机构预测2030年软件价值将提升到30%，软件技术型企业在未来汽车产业中将扮演重要角色。华为对外一直宣称不会造车，但2021年上海车展不造车的华为却成为主角。车展期间，华为自动驾驶视频火爆全网，汽车板块股票集体大涨，与华为合作车企股票一度出现大面积涨停，包括北汽蓝谷、长安汽车、小康股份等。华为为车企提供智能网联、智能驾驶、智能座舱、智能电动系统等汽车解决方案，不自己造车，但利用自身强大的软件定义汽车能力，协助主机厂实现造车。例如，极狐阿尔法S华为HI版，车型的智能座舱、智能网联、智能电动等部件系统均为华为提供。

未来，汽车消费市场需求朝着多元化、数字化、个性化发展，车企须以消费者大数据为依托，借助数字化工具连通线上线下触点，洞察客户需求变化，打造符合消费者预期的产品。而汽车与大数据的融合发展已是大势所趋，只有深化数字化变革，加快产品迭代更新，才是建立客户黏性、实现可持续发展的制胜关键。

三、新能源汽车等市场成为增长新动力

（一）新能源汽车接受度提升，自主新能源汽车影响力增强

经过多年的培育和扶持，中国新能源汽车市场逐步形成规模效应，2018年开始年销量超过100万辆大关。新能源产品供给逐步增多，特斯拉的国产化进一步提升了供给满足市场需求的能力；新能源汽车技术快速提升，包括电池续航里程、充电时间、电池安全性能等；新能源汽车的基础设施日益改善，2020年国内充电基础设施增量为46.2万台，公共充电基础设施增量同比增长12.4%。新能源汽车市场从政策扶持向市场驱动转换，近几年市场增速明显放缓，2019年新能源汽车销量出现负增长。尽管新冠疫情对车市造成了巨大影响，2020年新能源汽车市场仍然出现反弹，重新进入增长的轨道。

新能源汽车消费者接受度逐步提升。市场调查研究数据显示，消费者放弃购买新能源汽车的原因包括续航里程短、充电不方便、产品价格偏高、电池安全性顾虑。随着近几年新能源汽车的推广和技术的成熟，以上四大问题均有明显改善。在续航里程方面，纯电动汽车续航里程从主流100千米逐步拓展到当前主流400千米，部分车型甚至达到700千米，这与传统燃油车已经基本一致。在充电方面，充电桩建设力度不断加大，充电技术进步较快，宝马、戴姆勒、福特、大众等成立的合资企业IONITY通过输出功率350kW的直流快充桩，可以实现10~15分钟充至电池的80%。新能源汽车价格快速下降，电池价格从2015年约2.2元/wh下降至2020年约0.9元/wh，五菱宏光MINI现象启示企业可以从产品设计层面降低新能源汽车的价格。新能源汽车消费的主要抑制因素逐步被解决，新能源汽车也逐步被消费者接受。此外，新能源汽车有着独特的优势，包括安静、提速快、充电费用低等。新能源汽车产品正成为汽车市场新的增长动力。

中国品牌在新能源领域的影响力更大。中国品牌在新能源汽车市场的份额高于合资品牌，这与燃油汽车市场大不相同。数据显示，2020年中国品牌新能源汽车市场份额为75%，合资品牌仅为25%，中国品牌规模是合资品牌的3倍。2020年新能源乘用车市场畅销产品TOP10，除了特斯拉Model 3外，均为中国品牌产品，畅销产品TOP10依次为：特斯拉Model 3、宏光MINI、广汽AION.S、欧拉黑猫、奇瑞小蚂蚁、理想ONE、比亚迪汉、蔚来ES6、北汽EU系列、比亚迪秦。新能源汽车让中国品牌进入全新跑道，新跑道的各大制造厂商不论合资

还是自主，竞争能力基本相当。相比传统燃油汽车，中国新能源汽车品牌有更大的发挥空间、更多机遇，从市场规模和产品定价层面，市场的话语权更大。

（二）年轻、女性需求快速增长，汽车后市场稳中有新发展

年轻一代渐成汽车消费主力，女性购车需求快速增长。从整体乘用车市场来看，相比2015年，2020年消费群体年轻化趋势显著，"90后"消费群体占比由5.2%上升至30.9%，成为购车主力；且女性汽车消费需求显著增长，成为汽车市场不可忽视的消费群体。以上变化促使车企根据用户主体变化，改变自身的生产导向和营销方式，从把握用户消费偏好出发，从车辆属性、造型设计、动力性能等多方面布局，生产更贴近年轻用户消费需求的产品。

近年来，我国乘用车市场保有量继续保持稳步增长（见图4-51），截至2020年，乘用车保有量接近2.3亿辆，其中二手车保有量达4685.1万辆，占比20.6%，占比逐年提升。从车龄的角度来看，2016—2020年，汽车市场5年以上车龄占比分别为37.1%、40.0%、43.5%、47.4%、51.4%，车辆老龄化趋势逐渐明显（见图4-52），2020年中国汽车后市场行业规模达14665.3亿元，较2019年增加了1333.2亿元，同比增长10.0%，且将在未来持续保持增长。总的来说，逐年提升的汽车保有量、稳步增长的二手车保有量、逐步老化的车龄结构都为我国汽车的后市场领域提供了良好的发展基础。随着我国汽车行业保有车辆的数量及结构的双重变化，汽车后市场规模将逐年扩大，

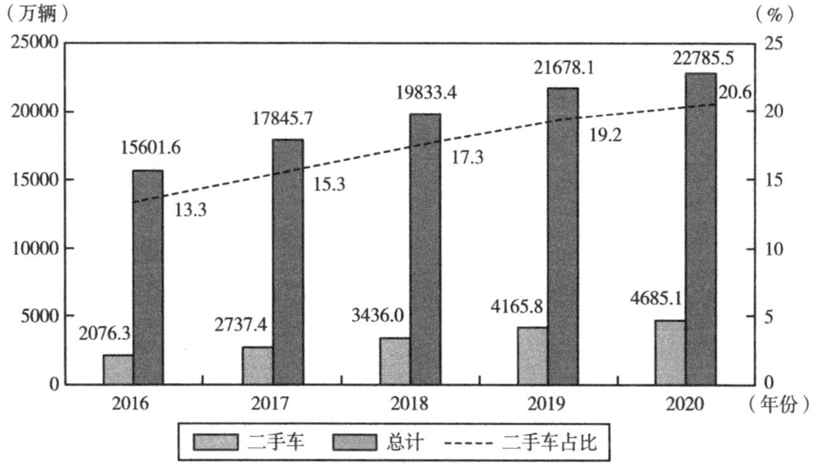

图4-51 2016—2020年中国乘用车市场保有量

我国汽车后市场的产品和服务万亿元市场的机会即将到来。未来，随着数字化转型的落地，汽车后市场逐渐成熟，多方融合的产业生态愈加丰富，刺激市场基于数据资产、业务联动及消费端催生多种服务形式，且在新能源汽车时代，汽车后市场将迎来多种能量补给模式、产品创新模式、营销服务模式的创新发展，互联网基因与汽车后市场继续融合发展，为我国汽车后市场的发展带来更多的可能性。

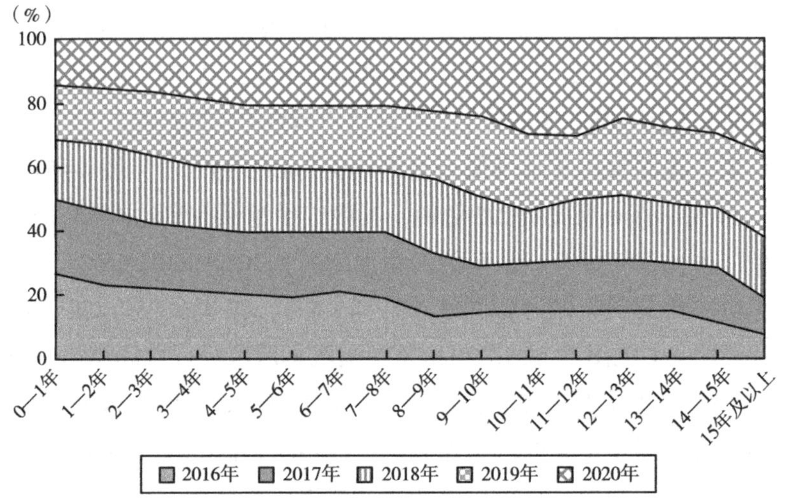

图4-52 2016—2020年我国乘用车市场保有量车龄变化情况

第四节 新冠疫情后中国汽车产销总体情况、空间差异

2020年，面对新冠疫情的巨大冲击，得益于中国政府高效得力的疫情防控措施及中国作为世界工厂和“超大市场”的独特优势，中国经济顶住压力，展现出强大韧性和活力，GDP首次突破100万亿元，逆势增长2.3%，成为全球唯一经济正增长的主要经济体。汽车行业面对新冠疫情积极推进产业转型升级，深化创新，汽车市场逐步复苏，全年产销增速稳中略降，汽车行业总体表现出强大的发展韧性和内生动力。

2021年，面对复杂严峻的国际环境和国内疫情散发等多重考验，我国经济持续恢复，逐步呈现稳定发展态势，高质量发展取得新成效，实现了“十四五”良好开局。汽车工业面对新冠疫情反复、芯片短缺、原材料及能源价格上涨等困难形势，紧抓新一轮科技变革为中国汽车产业大发展带来的巨大机遇，攻坚克难、努力拼搏，全年汽车实现产销双增，结束了连续3年的下降趋势，为我国工业经济持续恢复发展、稳定宏观经济增长贡献了重要力量。

一、中国汽车产业概况

（一）汽车产销总体规模

2020年，继2018年和2019年之后，2020年中国汽车市场再次下滑，全年累计销售2531.1万辆，同比下降1.9%。在需求结构上，乘用车和商用车分化明显，呈现乘用车弱、商用车强的态势，其中，乘用车销售2017.8万辆，同比下降6.0%，商用车销售513.3万辆，同比增长18.7%，其中，中重卡在“国三”淘汰、按轴收费等政策刺激下再创新高，全年累计销售177.8万辆，同比大涨35.4%；轻卡首次突破200万辆，全年销售219.9万辆，同比增长16.8%；微货销售70.8万辆，同比增长8.4%；客车销售44.8万辆，同比下降5.6%。新能源汽车全年累计销售136.7万辆，同比增长10.9%。2020年中国汽车产销虽小幅下滑，但中国占全球总销量的比重有所上升，仍以较大优势连续12年蝉联全球第一。

2021年，中国汽车产销分别达到2608.2万辆和2627.5万辆，同比增长3.4%和3.8%。从需求结构来看，乘用车和商用车分化明显，呈现乘用车强、商用车弱的态势，与2020年相反。全年乘用车产销分别为2140.8万辆和2148.2万辆，同比增长7.1%和6.5%，其中，轿车、SUV、MPV和交叉型四大类产销均保持小幅增长。商用车产销分别为467.4万辆和479.3万辆，同比下降10.6%和6.6%，结束了上年快速增长趋势，其中，中重卡、轻卡、微货均出现了不同程度下滑，仅有客车实现了正增长，但规模较小。2021年新能源汽车超预期增长，产销突破350万辆，分别达到354.5万辆和352.1万辆，同比增长均为1.6倍。汽车类零售额为4.4万亿元，同比增长7.6%，占全国社会消费品零售总额的10.0%。

截至2021年年底，中国机动车保有量达3.95亿辆，较2020年增加了0.23亿辆，同比增长6.2%，其中汽车保有量达3.02亿辆，较2020年增加了0.21亿辆，同比增长7.5%，汽车千人保有量达到214辆。2021年，中国新能源汽车保有量达784万辆，较2020年增加了292万辆，同比增长59.3%，其中纯电动汽车保有量达640万辆。中国新能源汽车保有量占汽车保有量的比例逐年攀升，2021年中国新能源汽车保有量占汽车保有量的2.6%，较2016年的0.5%增长了2.1个百分点，未来有望进一步提升。

（二）汽车商品进出口

1.汽车整车出口情况

2021年，中国车市结束了自2018年以来的三连跌，在疫情和“缺芯”双重影响下仍然能够回归正增长，背后离不开汽车出口的强力支撑。2021年，我国汽车出口创历史新高，全年累计出口201.5万辆，同比增长101.1%，标志着我国在迈向汽车强国的征程中，通过不断增长的汽车出口，展示中国汽车智能制造的能力，中国品牌“出海”进入高速成长期（见表4-39）。

表4-39　2015—2021年中国汽车出口量变化　（万辆，%）

年份	2015	2016	2017	2018	2019	2020	2021
出口量	70.9	72.9	89.6	104.1	102.4	99.5	201.5
同比增长	-23.5	2.9	22.9	16.1	-1.6	-2.9	101.1

资料来源：根据中国汽车工业协会数据整理。

2021年乘用车和商用车出口均呈现大幅增长态势，乘用车全年出口161.4万辆，同比增长110.5%。其中，轿车出口42.3万辆，同比增长114.6%；SUV出口111.4万辆，同比增长109.8%；MPV和交叉型乘用车规模较小，全年分别出口3.4万辆和4.2万辆。商用车出口也有较大增长，全年累计出口40.2万辆，同比增长70.7%。其中，货车出口35.0万辆，同比增长79.6%；客车出口5.2万辆，同比增长27.7%。新能源汽车全年累计出口31万辆，同比增长3倍，其中，纯电动汽车出口26.6万辆，同比增长4倍，插电式混合动力汽车出口4.2万辆，同比增长61.6%，燃料电池汽车仍处于探索阶段，规模很小。

2021年，绝大部分企业出口实现了正增长，且增幅很大，TOP10企业中，上汽以59.8万辆、29.7%的份额绝对优势排名第一；奇瑞以26.9万辆、13.3%的份额紧随其后；特斯拉国产第一年即实现了16.3万辆的出口量，排名行业第三，行业前三占比高达51.1%。长安、东风、长城和吉利以10万—15万辆出口量排名第4—7位，北汽、江汽和重汽出口规模为5万—8万辆。

从出口区域看，目前中国品牌在欧洲市场取得了明显突破，改变了长期以来过度依赖亚洲和非洲市场的局面。此外，2021年中国新能源汽车出口持续走强，且出口的主要市场集中在西欧的比利时、英国和澳大利亚等成熟市场，也从侧面反映出在全球汽车产业向新能源领域深度转型的风口下，中国汽车的制造能力和智能化水平正逐步被西方国家消费者所认可和接受。

2.汽车整车进口情况

2001年，在我国加入WTO（世界贸易组织）之后，汽车进口量逐年上升，2011年汽车进口量首次跃上百万辆级规模，但从2017年以来汽车进口量开始持续下行，2020年再次跌至百万辆以下，2021年的进口车市场受到低基数和市场需求回暖刺激而走强，全年汽车进口93.9万辆，但同比也仅微增0.6%（见表4-40）。

表4-40　2015—2021年中国汽车进口量变化　（万辆，%）

年份	2015	2016	2017	2018	2019	2020	2021
销量	110.2	107.7	124.7	113.8	105.3	93.3	93.9
同比增长	-22.7	-2.3	15.8	-8.7	-7.5	-11.4	0.6

资料来源：中国海关。

2021年，乘用车进口93万辆，与同期基本持平，占进口总量的99.0%，其中，轿车进口40.5万辆，同比增长2.4%，占乘用车进口总量的43.5%，较上年提升3.1个百分点；SUV进口49.3万辆，同比下降11.4%，占乘用车进口总量的53.0%，较上年下降2.7个百分点；MPV进口3.2万辆，同比下降16.8%，占乘用车进口总量的3.4%，较上年下降0.4个百分点；商用车进口很少，约1万辆。全年进口量呈现前高后低的特征。

从进口国来看，2021年中国整车进口量前十位的国家中，德国、日本、美国位居前三。其中，从德国进口最多，全年进口56.8万辆，同比增长10.4%，占进口总量的60.5%，较上年提升8.9个百分点；其次是日本，进口26.5万辆，同比下降27.3%，占比28.2%，较上年下降8.3个百分点；从美国进口2.5万辆，同比下降47.6%，占比2.7%，较上年下降2.1个百分点。2021年，进口量前十品牌合计进口86.3万辆，同比下降0.8%，占进口总量的91.9%，较上年提升4.8个百分点。其中，雷克萨斯进口21.9万辆，同比下降6.9%，连续三年排名第一；宝马进口16.6万辆，同比增长7.7%，奔驰进口16.5万辆，同比增长

12.6%，排名第二、第三位，以上三者合计占比达到58.6%，较上年提升4.9个百分点。

近些年，虽然国内豪华车市场持续走强，但平行进口车进口量却从2018年之后一路下滑。2020年7月“国六”排放标准全面实施，因缺少环保信息随车清单，平行进口汽车行业在2020年下半年至2021年上半年一度陷入停滞，后经政策调整，汽车平行进口业务自2021年5月起逐渐恢复常态化。受政策不明朗影响，2021年全国平行进口车全年累计进口量仅为2.94万辆，同比下降49%，占全国汽车进口总量的3.1%，较同期下降5.2个百分点。销量下滑更为惨重，2021年平行进口车全年仅销售8729辆，同比下降高达92%，即70%以上的平行进口车压在经销商手中。

（三）二手车交易情况

2021年全国累计交易二手车1758.5万辆，同比增长22.6%，各车型较2020年均有不同程度增长。其中，轿车交易1059.1万辆，同比增长23.3%；SUV交易197.6万辆，同比增长44.2%；MPV交易100.9万辆，同比增长21.2%；交叉型乘用车交易40.2万辆，同比增长18.6%；载货车交易145.4万辆，同比增长9.6%；客车交易132.0万辆，同比增长7.0%。

从车龄结构来看，2021年受新车市场供给不足的影响，很多消费者将目光投向车龄较短的准新车市场，车龄在3年以内车型交易414.8万辆，交易量与同期相比增长17.3%，占总交易量的23.6%；车龄在3—6年车型交易635.6万辆，占总交易量的36.1%，较同期下降1.6个百分点。车龄在7—10年车型交易423.1万辆，占总交易量的24.1%，较同期下降0.2个百分点。车龄在10年以上的车型交易285.1万辆，同比增长29.1%。

二、中国汽车消费市场规模

2021年，尽管受到新冠疫情、芯片短缺、原材料价格高涨等诸多不利因素影响，中国汽车工业仍凭借其强大的发展韧性，交出来一份满意的“答卷”。2021年，中国汽车实现销售2627.5万辆，较上年增加96.4万辆，同比增长3.8%，结束了连续三年的下滑趋势，距离2017年的最高峰（2887.9万辆）仍有260.4万辆差距。

乘用车市场。2021年，乘用车整体表现好于商用车，全年累计实现销售

2148.2万辆，同比增长6.5%，结束了连续三年下降趋势，四大细分市场全线回升，行业占比再次回升到80%以上（81.8%），处于行业主导地位。其中，轿车在新能源车带动下，行业占比略有回升，全年累计销售993.4万辆，同比增长7.1%；SUV表现最好，继续保持增长势头，全年销量首次突破千万辆大关，达到1010.1万辆，同比增长6.8%，在乘用车行业占比达到47.0%，连续两年超过轿车，成为需求规模最大的细分市场；MPV和交叉型乘用车结束了多年的下滑趋势，分别销售105.5万辆和39.1万辆，微增0.1%和0.8%，但二者行业占比仍在下滑。

商用车市场。2021年，商用车全年累计销售479.3万辆，同比下降6.6%，结束了上年快速增长趋势，再次跌至500万辆以下。其中，中重卡销售157.4万辆，同比下降11.5%；轻卡销售211.0万辆，同比下降4.0%；微货销售60.5万辆，同比下降14.7%；客车销售50.5万辆，同比增长12.6%，是商用车唯一正增长细分市场。

新能源车市场。2021年，新能源汽车爆发式增长，成为行业最大亮点，销售352.1万辆，同比增长高达1.6倍，对全球汽车产业电动化转型的引领作用进一步增强。其中，纯电动和插电式混合动力汽车产销均呈高速增长势头，全年电动车销售291.6万辆，同比增长161.5%，占新能源汽车总销量的82.8%，较上年提升1.2个百分点；插电式混合动力销售60.3万辆，同比增长140.4%，占新能源汽车总销量的17.1%；燃料电池汽车仅销售1596辆。2021年，新能源乘用车销售333.4万辆，同比增长167.5%，占新能源汽车总销量的94.7%，是绝对的主力，其中，纯电动乘用车销售273.4万辆，同比增长173.5%，插电式混合动力乘用车销售60.0万辆，同比增长143.2%；新能源商用车销售18.6万辆，同比增长54.0%，其中，纯电动商用车销售18.2万辆，同比增长57.1%，插电式混合动力商用车销售3242辆，同比下降24.2%。

三、中国乘用车产销格局

（一）乘用车整体市场

1. 市场恢复增长态势，SUV市场份额保持第一

2021年，中国乘用车市场产销分别为2141万辆和2148万辆，同比增长7.10%和6.46%，结束连续三年下降的局面。虽然受新冠疫情、“缺芯”、拉闸

限电等不利因素影响，但宏观经济整体稳中求进的恢复趋势未变，居民收入保持增长，消费需求得到进一步释放；同时中央及地方从政策端促进汽车消费，新能源汽车、中国品牌汽车发展达到历史最佳水平，2021年乘用车市场结束“三连降”趋势，产销双双突破2000万辆，市场恢复增长，增速创近五年新高（见表4-41）。

表4-41　　2009—2021年中国乘用车产销量统计　　（万辆，%）

年份	产量	同比增长	销量	同比增长
2009	1038	54.11	1033	52.93
2010	1390	33.83	1376	33.17
2011	1449	4.23	1447	5.19
2012	1552	7.17	1550	7.07
2013	1808	16.49	1793	15.71
2014	1993	10.23	1971	9.93
2015	2108	5.77	2115	7.31
2016	2442	15.84	2438	15.27
2017	2481	1.58	2472	1.40
2018	2353	-5.16	2371	-4.08
2019	2136	-9.22	2147	-9.44
2020	1999	-6.50	2018	-6.03
2021	2141	7.10	2148	6.46

资料来源：表中和文中数据如无特殊说明，均在参考中国汽车工业协会数据的基础上进行了适当整理，同时参考了同期上险数、公告数等数据，因而与中国汽车工业协会对外发布的数据略有出入，下同。

从区域市场看，四大区域均呈现恢复性走势，同比增速均为正。2021年，东部区域作为乘用车市场核心，销量突破1000万辆，达1024万辆，同比增速9.10%，市场份额50.46%，占比增加1.04个百分点，是四大区域中占比唯一增加的，这主要是因为东部是全国经济中心，经济发展较好，经济整体实力较强。其次为西部地区，销量457万辆，同比增长5.25%，市场份额22.59%，下降0.34个百分点。中部地区销量440万辆，同比增长4.18%，市场份额21.72%，下降0.56个百分点，下降幅度最大。东北销量106万辆，同比增长3.99%，市场份额5.22%，下降0.14个百分点。从具体省份来看，年销量超过200万辆的只有广东，年销量在100万—200万辆的有江苏、山东、浙江、河北、四川和河南。而从市场份额来看，东部除河北和北京份额下降外，其他省份均增加；西部除广西、新疆和内蒙古增加或不变外，其他省份均下降；中部只有湖北增加；东北只有吉林增加（见表4-42）。

表4-42　　2021年乘用车分地区销量统计

区域	销量（万辆）	同比增速（%）	占比（%）	占比变化（百分点）
东部	1024	9.10	50.46	1.04
西部	457	5.25	22.59	-0.34
中部	440	4.18	21.72	-0.56
东北	106	3.99	5.22	-0.14

注：东北地区包括黑龙江、吉林和辽宁；东部地包括北京、天津、河北、上海、江苏、浙江、福建、山东、广东和海南；中部地包括山西、安徽、江西、河南、湖北、湖南；其他省份划归西部地区。

SUV持续增长，市场份额仍保持细分市场第一。从车身类型看，轿车、SUV持续挤压MPV和交叉车型市场。2021年，轿车销量992万辆，同比增长6.79%，市场份额46.16%，份额增加0.14个百分点；SUV销量首次突破1000万辆，达1011万辆，同比增长6.94%，市场份额47.04%，份额增加0.21个百分点；MPV销量118万辆，同比增长0.60%，市场份额5.48%，份额下降0.32个百分点；交叉车型销量28万辆，同比增长4.07%，市场份额1.31%，份额下降0.03个百分点。继2020年SUV市场份额首次超过轿车之后，2021年这一趋势更加明显，SUV市场份额增加超轿车。中国品牌哈弗H6、长安CS75、吉利博越和比亚迪宋等核心产品，得益于更新换代后产品力提升，销量持续维持较高水平，年销量均超过20万辆；同时长安欧尚X5和哈弗大狗等差异化产品，得到年轻消费者喜爱，年销量达10万辆水平。合资品牌丰田RAV4、本田CR-V和本田缤智等日系产品，得益于品牌和产品口碑，销量再创新高，年销量超过15万辆。豪华品牌特斯拉Model Y“一枝独秀”，年销量成功突破20万辆，跻身SUV排名第6；同时宝马X3和奥迪Q3等车型年销量同样创历史新高，达15万辆年销量水平。总之，SUV市场产品表现“百花争艳”，核心产品均取得历史新突破（见表4-43）。

表 4-43　2021 年乘用车细分市场销量统计

车型类别	销量（万辆）	同比增速（%）	占比（%）	占比变化（百分点）
SUV	1011	6.94	47.04	0.21
轿车	992	6.79	46.16	0.14
MPV	118	0.60	5.48	-0.32
交叉车型	28	4.07	1.31	-0.03

2. 合资自主"此消彼长"，自主品牌强势突破

2021年，乘用车TOP10品牌表现各不相同，合资品牌仅丰田实现增长，而自主品牌除吉利外均实现了快速增长，具体排名为大众、丰田、本田、吉利、五菱、日产、长安、别克、哈弗和比亚迪，销量分别为217万辆、166万辆、153万辆、107万辆、105万辆、100万辆、97万辆、83万辆、77万辆和73万辆，同比增速分别为-16.97%、7.72%、-6.77%、-5.47%、56.15%、-11.58%、20.00%、-10.55%、2.64%和75.36%。五菱、比亚迪和长安的表现尤为突出，比亚迪主要得益于新能源产品热销，五菱主要得益于宏光MINI EV热销，而长安主要得益于产品更新换代（见图4-53）。

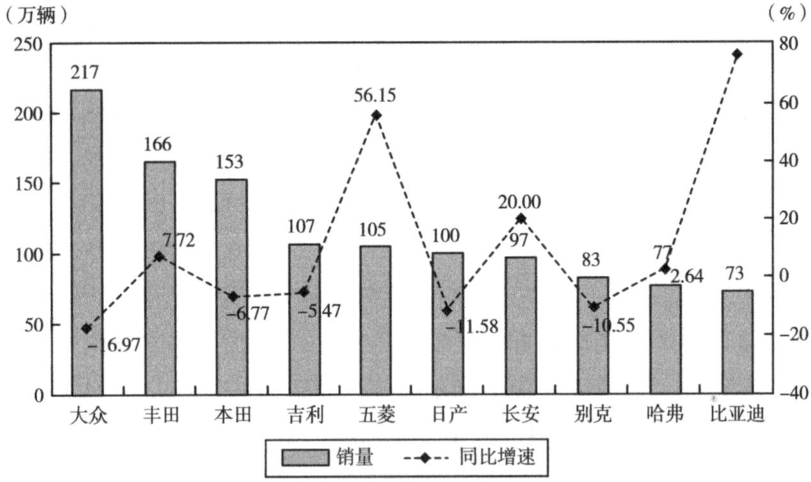

图 4-53　2021 年乘用车 TOP10 品牌销量统计

自主品牌强势突破，美系品牌延续增长。2021年乘用车分车系看，自主、合资自主和美系表现最好。2021年是自主品牌的"爆发"年，全年销量818万辆（不含合资自主），同比增速24.36%，市场份额38.06%，较同期增加5.48个

百分点，几乎所有的自主品牌都取得了不错的市场表现。一方面，吉利、长安、长城和比亚迪等传统自主品牌，得益于产品更新换代和全面的产品谱系，年销量均超过70万辆，为近几年最好。另一方面，蔚来、小鹏和理想等新造车势力，得益于新能源整体市场及产品力，均达到年销量接近10万辆水平。值得注意，合资自主在五菱和思皓品牌强势增长下，全年销量147万辆，同比增长23.57%，在所有车系中增速仅次于自主品牌。美系延续了同期的增长态势。福特推出领裕、EVOS、Mustang Mach-E等全新产品；林肯品牌旗下冒险家、航海家和飞行家销量处于增长期，特斯拉强势崛起，Model 3和Model Y年销量均超过20万辆。欧系、日系和韩系同比增速和市场份额均处于收缩状态，欧系主要是受大众品牌产品表现不及预期影响，日系主要是本田、日产和马自达的下滑导致，而韩系的现代和起亚延续了以往的下滑趋势（见表4-44）。

表4-44　　2021年乘用车分车系销量统计

车系	销量（万辆）	同比增速（%）	占比（%）	占比变化（百分点）
自主（不含合资自主）	818	24.36	38.06	5.48
欧系	468	-8.72	21.78	-3.62
日系	444	-4.48	20.65	-2.37
美系	219	12.96	10.22	0.59
合资自主	147	23.57	6.85	0.95
韩系	52	-25.00	2.44	-1.02

3.新能源渗透率快速上升，豪华品牌快速增长

经过政策的持续引导，新能源市场已经由政策驱动转向市场驱动，几乎所有厂商都已将新能源作为发展的重中之重。2021年新能源市场销量331万辆，同比增长167.76%，新能源渗透率达15.4%（2020年同期5.8%），均创历史新高。其中，纯电动销量271万辆，同比增长173.85%，市场份额81.95%，较同期增加1.82个百分点；插电混动销量60万辆，同比增长143.20%（见图4-54），主要是比亚迪DM-i车型和理想ONE的贡献。新能源市场格局基本形成，比亚迪、特斯拉和五菱处于第一梯队，年销量超过40万辆；欧拉、传祺和大众等品牌处于第二梯队，年销量在10万辆左右。2021年新能源乘用车销量TOP10品牌依次为比亚迪、特斯拉、五菱、欧拉、传祺、大众、荣威、小鹏、奇瑞和蔚来，销量依次为59万辆、48万辆、44万辆、14万辆、12万辆、12万辆、11万辆、

10万辆、10万辆、9万辆，同比增速依次为228.83%、252.20%、233.84%、140.00%、100.11%、112.05%、155.51%、263.46%、121.89%、108.84%。

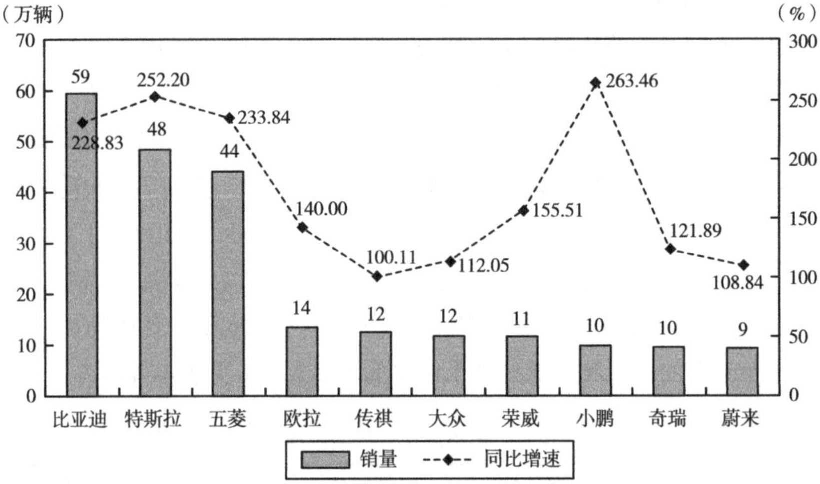

图4-54　2021年新能源乘用车销量TOP10产品统计

豪华品牌快速增长。2021年，豪华品牌销量296万辆，同比增速14.15%，好于整体市场；市场份额13.98%，较同期增加0.94个百分点，主要得益于特斯拉的贡献。宝马、奥迪和奔驰的“铁三角”位置无人撼动，但其增速远不及特斯拉和林肯新进入者，尤其是奥迪和奔驰均出现了不同程度的下降，这进一步说明蔚来、理想和小鹏的高速增长，一定程度上对其造成了冲击；但最大的冲击莫过于特斯拉，其年销量迅速达到48万辆水平，有挑战BBA三巨头的趋势。而路虎、捷豹和英菲尼迪等弱势豪华品牌，大有退出国内市场的风险（见图4-55）。

4.中国品牌市占率提升，向精细化、多元化发展

中国品牌市场占有率明显提升。2021年，中国品牌销量965万辆，同比大幅增长24.23%，市场份额44.91%，较2020年增加6.42个百分点，市场份额为近10年最好，中国品牌迎来了最好的发展机遇。中国品牌销量TOP10除吉利和荣威外，其余均实现了正增长，尤其是五菱、比亚迪、名爵和红旗同比增速均超过50%，具体TOP10中国品牌排名为吉利、五菱、长安、哈弗、比亚迪、奇瑞、传祺、名爵、荣威和红旗，销量依次为107万辆、105万辆、97万辆、77万辆、73万辆、67万辆、45万辆、45万辆、35万辆、30万辆。中国品

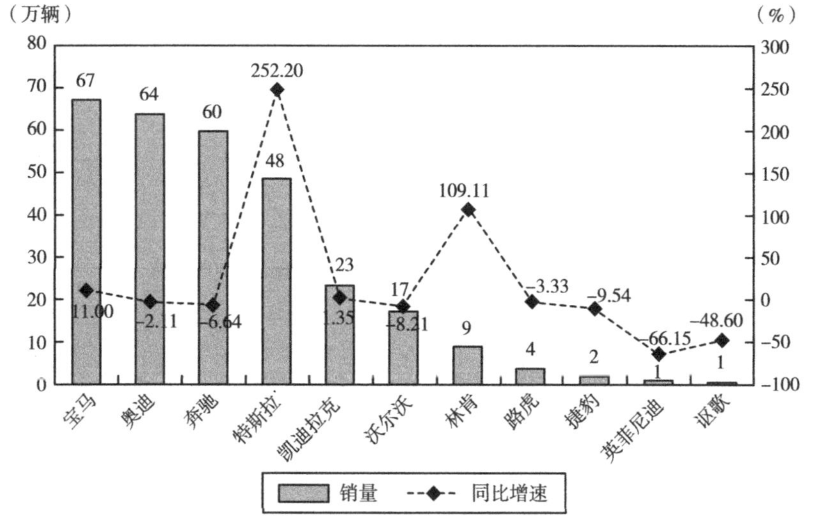

图4-55　2021年豪华品牌乘用车销量统计

牌新能源乘用车迅猛增长，2021年，传统燃料汽车仍是中国品牌发展的核心，销量717万辆，同比增速4.63%，不及整体市场增速。纯电动汽车销量首次超200万辆，达到202万辆，同比增长154.70%，市场份额增加10.74个百分点至20.97%，对中国品牌销量的贡献作用进一步显现（见图4-56、图4-57）。

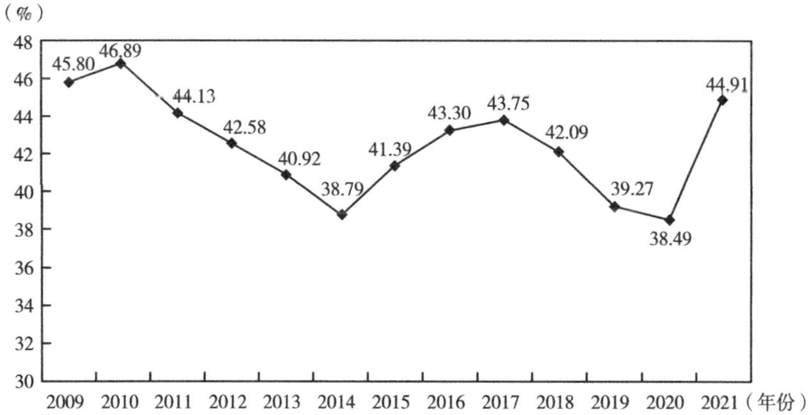

图4-56　2009—2021年中国品牌市场份额

中国品牌向上发展取得明显突破。中国品牌向上突破的步伐从未停歇，然而即使和合资品牌一较高下也难上加难，更不用说和奔驰、宝马和奥迪这样的豪华品牌竞争，但新能源却给中国品牌指明了向上突破的路径。以小鹏、蔚来

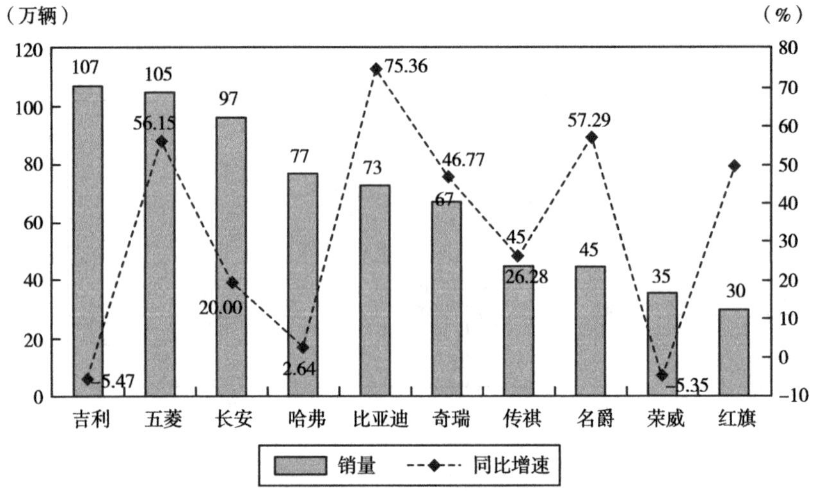

图4-57　2021年中国品牌乘用车销量TOP10统计

和理想为代表的高端新能源中国品牌，其价格与BBA不相上下，2021年均取得了接近10万辆的销量，同比增速更是大幅领先，而随着理想全尺寸SUV、蔚来ET7、小鹏G9等旗舰新能源SUV的交付，中国品牌彻底打破豪华品牌对高端市场的“垄断”将指日可待。中国品牌紧随需求变化，向精细化、多元化发展。中国努力实现共同富裕，目前已进入“第三消费时代”，家庭结构出现了小家庭、少子化趋势；需求呈现大品牌倾向降低、精细化、多元化的方向，中国品牌巧妙地抓住了这一点，差异化产品在市场逐步见效（见图4-58）。

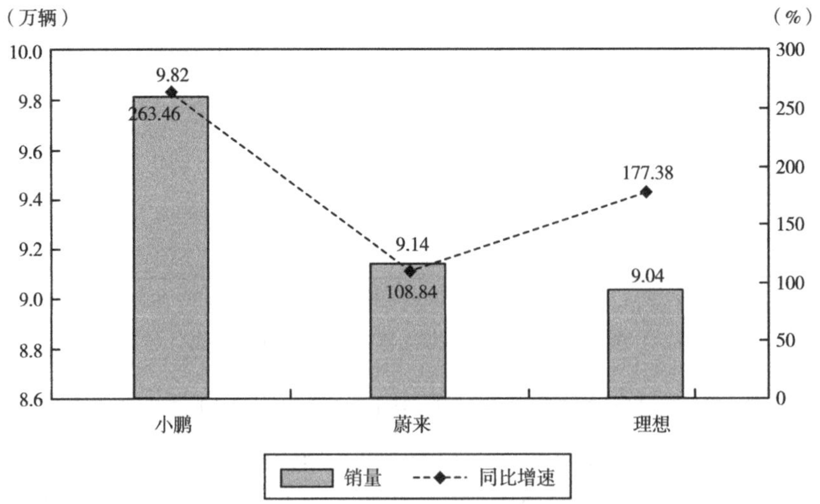

图4-58　2021年中国高端品牌销量统计

（二）轿车市场

2021年，轿车实现销售992万辆，同比增长6.8%，销量较2020年增加63万辆；占狭义乘用车市场比重为46.8%，较2020年上升0.2个百分点。轿车市场规模连续4年下滑后终于止跌回升（见图4-59）。

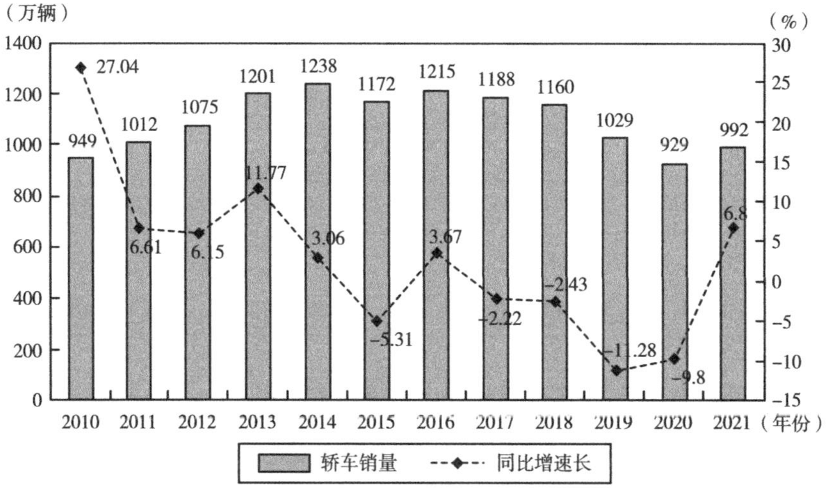

图4-59　2010—2021年轿车销量情况

从轿车细分市场结构占比来看，微型轿车、小型轿车、中型轿车、大型轿车结构比重上升，分别上升了5.3个百分点、0.6个百分点、1.2个百分点、0.3个百分点。微型轿车市场强势回升，已经创2009年以来轿车市场比重新高；小型轿车市场占比从2012年占比连续下降9年后实现了回升；中型轿车市场占比实现了连续5年的上升态势，创造了2009年以来的新高，目前占比达到17.9%。紧凑型轿车、豪华轿车结构比重下降，比2020年分别下降了6.9个百分点和0.5个百分点。紧凑型轿车市场份额从2016年的66.1%降至2021年的51.6%，下降了14.5个百分点，规模从2016年的803万辆降至目前的511万辆，几乎下降了300万辆，但目前仍占据轿车市场50%以上的份额，居主导地位。

从轿车细分市场来看，2021年轿车市场除紧凑型轿车下降外，其余细分市场均实现了增长。表现最好的是微型轿车市场，实现了倍数增长；小型轿车、中型轿车、大型轿车呈两位数增长，豪华轿车呈个位数增长。市场的变化除有自身规律变化外，2021年的芯片短缺也给细分市场带来一定影响。就目前现状来看，轿车市场低端与中高端表现相对强势，各细分市场的变化都包含了新能源的快速成长，新能源产品正成为改变细分市场及竞争格局的重要力量（见表4–45）。

表 4–45　2021 年轿车细分市场销量增长情况　（万辆，%）

细分市场	2021 年	2020 年	同比增长
微型轿车	87.27	32.15	171.47
小型轿车	59.45	50.53	17.64
紧凑型轿车	511.16	542.88	–5.84
中型轿车	177.59	155.27	14.37
大型轿车	9.04	5.25	72.01
豪华轿车	147.06	142.46	3.23
总计	991.56	928.54	6.79

具体来看，2021年轿车市场呈现出以下几个特点。

微型轿车市场，燃油微型轿车基本退出了历史舞台，可以说实现了全面的电动化。微型轿车产品呈现全面开花态势，新品效应也非常明显，继续以其高性价比撬动着微型轿车市场新的需求，家庭第二辆车、玩具车、摩托车以及低速电动车等代步产品的升级需求，拓宽了微型轿车市场，目前来看，微型轿车依然具备较大的市场潜力。

小型轿车市场，随着竞争力较强的新能源产品的导入，市场有企稳的态势。自主品牌车企凭借其推出竞争力较强的新能源产品，已经开始撬动之前合资车企霸占市场的竞争格局。从比亚迪海豚、欧拉好猫的市场走势来看，小型轿车的电动化步伐也会越走越快。目前来看，该市场有企稳回升态势。但由于该市场产品供给及新能源产品数量不多，短期来看市场规模很难有大的改变。

紧凑型轿车市场持续萎缩，竞争格局在发生悄无声息的变化，自主车企和自主品牌产品在向合资车企及其产品发起挑战。新能源产品秦PLUS已经显现爆款产品潜质，吹响了向传统燃油产品挑战的号角。紧凑型轿车市场为2021年唯一规模下降的轿车细分市场，主要产品基本全线下跌，由于市场规模大，单一产品销量高，芯片影响对该市场影响或许最明显。随着2022年芯片影响大幅减弱，紧凑型轿车市场或将迎来一个不错的反弹态势，市场的主导地位短期难以改变。

中型轿车市场呈现持续良好的增长态势，消费升级对该市场的促进作用已经开始显现，比亚迪汉、小鹏P7等新能源产品在该市场已经崭露头角，自主品牌通过新能源产品的切入，实现品牌向上的突破。随着消费升级，中型轿车市场的不断扩张，车企的产品布局及投放速度日益加快，预计2022年该市场依然会成为轿车主要增长的细分市场之一。

大型轿车市场呈快速增长态势，主要还是因为基数相对较小，一个产品表现相对突出，就会带来整个市场的快速增长。2021年主要还是红旗H9新品的良好表现以及红旗E-QM5新能源产品的销量贡献，目前，市场看好新能源产品蔚来ET7产品预期，从公布资料来看，2022年该市场有7款纯电动新车上市，大型轿车市场或将成为新能源产品突破的重要市场，在新能源产品的加持下或许该市场规模有所突破。

豪华轿车呈小幅增长态势，市场占比有所回落。豪华轿车强势品牌BBA产品已经受到特斯拉新能源产品的挑战，后续豪华轿车市场将面临燃油与新能源市场的激烈争夺，BBA轿车产品面临新能源转型。2021年，豪华轿车受芯片影响较大，考虑2022年芯片的恢复因素以及特斯拉的强势扩张，2022年该市场会有一个较好的增速，在消费升级趋势下，未来豪华轿车市场前景依然看好。

2021年，轿车市场止跌回升，总体来看，主要还是新能源产品的拉动，传统燃油产品表现依然不够理想，当然这与芯片短缺有一定关系，但总体来看，传统强势产品依然面临产品老化、换代速度慢等一系列问题，致使产品竞争力下降，尤其在合资车企上表现更加明显。新能源市场呈现快速发展态势，但未来一段时期，燃油车依然会处于主导地位，如何合理分配资源投放到新能源产品和燃油产品将是车企面临的重要考验。

（三）SUV市场

1.SUV市场消费数据

2021年“缺芯潮”席卷整个车市，但中国汽车市场的SUV风潮仍在延续，依然是当下最具活力的细分市场之一。2021年销售1010.6万辆，同比增长6.91%，为狭义乘用车三大类中增幅最高的市场（轿车市场2021年同比增长6.81%，MPV市场同比微增0.60%）。在狭义乘用车中的比重仍持续增长，且增幅最高，占狭义乘用车比重上升到47.67%，上升0.19个百分点，在新能源轿车市场的冲击下，增幅下滑。SUV国内销量按排量细分，2021年3.0升以上为唯一下滑的市场。新能源市场为增量及增幅均最大的市场，增量为54.77万辆，增量贡献度达75.84%，其次为1.0升<排量≤1.6升和2.0升<排量≤2.5升两个市场，增量分别为7.95万辆、6.13万辆，增量贡献度分别为11.01%、8.49%。1.0升<排量≤1.6升仍为SUV市场主导，2021年销量为517.27万辆，但占比下滑，2021年市场占比为54.95%，较2020年降低3.65个百分点。

从各系别表现来看，自主、美系、合资自主同比增长。自主SUV不断完善产品谱系，多元化布局产品，新能源加速渗透，同比增长13.87%，增量为61.00万辆，为SUV中表现最好的系别，贡献度为93.05%；美系在特斯拉Model Y带动下，同比增长28.92%，增量为19.03万辆；合资自主在江淮大众等新能源产品拉动下，同比增长8.87%，增量为2.53万辆。日系、欧系、韩系SUV市场占比下滑，2021年销量分别为179.64万辆、192.76万辆、21.37万辆，占比分别下滑2.09个、1.50个、0.91个百分点（见表4-46）。

表4-46　2021年SUV系别细分市场表现

系别细分	2021年销量（万辆）	2020年销量（万辆）	同比增长（%）	增量（万辆）	贡献度（%）	2021年占比（%）	2020年占比（%）	占比差（百分点）
自主	500.86	439.86	13.87	61.00	93.05	49.56	46.55	3.02
日系	179.64	187.75	-4.32	-8.11	-12.36	17.78	19.87	-2.09
欧系	192.76	194.48	-0.88	-1.72	-2.62	19.08	20.58	-1.50
美系	84.82	65.79	28.92	19.03	29.03	8.39	6.96	1.43
合资自主	31.10	28.56	8.87	2.53	3.87	3.08	3.02	0.05
韩系	21.37	28.56	-25.16	-7.18	-10.96	2.11	3.02	-0.91
SUV总量	1010.56	945.00	6.94	65.56	100.00	100.00	100.00	0.00

在中国品牌中，长城汽车、长安汽车和吉利汽车销量占比最大，分别为18.23%、17.34%、16.08%，长安汽车超越吉利汽车成为自主品牌第二。TOP10品牌中，仅吉利汽车和广汽乘用车下滑，其余均增长，下滑幅度分别为1.66%、5.86%。长城汽车、长安汽车、奇瑞汽车、比亚迪汽车、一汽集团、江淮汽车表现相对较好，增速超过全国平均水平，分别为10.05%、21.61%、30.31%、27.60%、34.62%、22.30%（见表4-47）。

表 4-47　2021 年中国品牌 SUV 销量 TOP10 企业表现　（万辆，%）

序号	企业简称	2021 年销量	2020 年销量	同比增速	2021 年占比
1	长城汽车	91.30	82.95	10.05	18.23
2	长安汽车	86.85	71.42	21.61	17.34
3	吉利汽车	80.53	81.89	-1.66	16.08
4	奇瑞汽车	65.85	50.53	30.31	13.15
5	上汽乘用车	35.24	34.22	2.99	7.04
6	比亚迪汽车	29.65	23.24	27.60	5.92
7	广汽乘用车	21.13	22.45	-5.86	4.22
8	一汽集团	15.32	11.38	34.62	3.06
9	江淮汽车	10.18	8.33	22.30	2.03
10	东风小康	10.00	9.46	5.67	2.00

从企业销量排名来看，2021年SUV销量排名前十家企业中，自主品牌由2020年的4家增长至5家，长城汽车销量优势依然相对明显，市场占有率（简称“市占率”）为9.03%，排名第一，且市场份额呈上升趋势，市场占有率提升0.26个百分点。长安汽车超越吉利汽车、一汽大众，排名由2020年的第四位提升至2021年的第二位，市占率仅次于长城，为8.59%，较2020年提升1.04个百分点，为2021年增幅最高企业。吉利汽车排名第三，2021年市场份额为7.97%，较2020年下滑0.70个百分点。中国品牌中还有奇瑞汽车、上汽乘用车进入前10，分别位居第五和第十，市占率分别为6.52%、3.49%，分别较2020年提升1.17个百分点、下滑0.13个百分点（见表4-48）。

表 4-48　2021 年 SUV 销量排名前十车企销售情况

车企	2021 年销量（万辆）	2020 年销量（万辆）	同比增长（%）	2021 年市占率（%）	2020 年市占率（%）	占比差（百分点）
长城汽车	91.30	82.95	10.05	9.03	8.78	0.26
长安汽车	86.85	71.42	21.61	8.59	7.56	1.04
吉利汽车	80.53	81.89	-1.66	7.97	8.67	-0.70
一汽大众	74.19	71.69	3.49	7.34	7.59	-0.24
奇瑞汽车	65.85	50.53	30.31	6.52	5.35	1.17
东风本田	43.82	45.46	-3.62	4.34	4.81	-0.47
上汽大众	43.69	53.97	-19.05	4.32	5.71	-1.39

续表

车企	2021年销量（万辆）	2020年销量（万辆）	同比增长（%）	2021年市占率（%）	2020年市占率（%）	占比差（百分点）
广汽本田	38.84	37.29	4.18	3.84	3.95	-0.10
上汽通用	38.84	43.44	-10.59	3.84	4.60	-0.75
上汽乘用车	35.24	34.22	2.99	3.49	3.62	-0.13
SUV总计	1010.56	945.00	6.94	100.00	100.00	0.00

2.SUV市场消费特征

SUV是从传统的越野车演变而来的，并且在硬派越野车的基础上进行了很多优化，不仅具有越野车威猛高大的形象，而且具有轿车的操控和舒适性，因此备受消费者的青睐。目前SUV的市场占有量仍在不断攀升，正在慢慢地蚕食轿车市场，传统燃油市场SUV市占率已经超越轿车。SUV能持续快速发展，与其一些特性是分不开的。

首先，SUV除了有高大威猛的身躯之外，还纳入各种现代的流行元素、运动风格，多元化的设计让SUV的颜值倍增。其次，SUV的空间更大，SUV车型和相同尺寸的轿车相比，空间更宽敞，后备箱也更大，实用性更强。正是由于SUV的空间大、坐姿高，因此视线也会比轿车的视线更好。而很多消费者更加钟爱这种高坐姿，所以会选择SUV车型。再次，SUV离地间隙更高，通过性能比轿车更加优越。虽然目前很多道路都是铺装道路，而且真正越野的人也是少之又少，但是国内的道路情况还是比较复杂的，难免会有一些非铺装的道路。越野车由于其越野的特性，因此相对比较“硬”，如果在城市道路上行驶，那么司乘人员的体验是非常差的。而SUV则有所不同，SUV采用的是轿车底盘，非承载式车身，因此舒适性几乎与轿车持平，同时在经过减速带、非铺装路面时舒适性会比轿车更高；最后就是SUV的安全性，国外对同级别的SUV和轿车进行了相同级别的碰撞测试，测试结果显示SUV的安全性相对于轿车更高。当然，这与SUV本身高大身材和重量有一定关系的。用户对轿车及SUV功能的评价（见图4-60）。

经过十年左右的高增长后，SUV市场预计将趋于理性，短期来看，近几年SUV火热之势不减，但在高基数下的高增长将难以持续；长期来看，需求增长预计进入调整期，电气化、共享化、软件化的发展，共同推动共享市场成熟，共享市场预计更偏好CAR，因此预计未来十年SUV和轿车市场占比将相对稳定，其中SUV市场需求主要来源于私人用车市场。

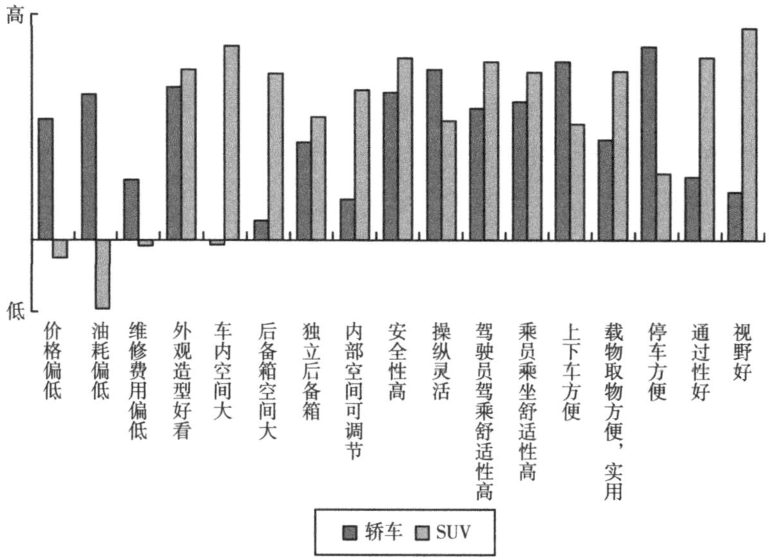

图4-60　用户对产品功能的评价

从供给和需求两方面来看，SUV市场表现如下。

小型SUV市场的发展经历了几个阶段：2012年随着上汽通用别克、长安CS35、长城M4的上市，小型SUV市场被点燃，因此，2012年也被称为“小型SUV市场元年”。随后几年，几款重磅产品相继上市，也让小型SUV市场进入快速发展期。从2017年开始，小型SUV市场就显现出下滑趋势，也由当初的蓝海逐步走向红海，进入调整期，在消费升级趋势的影响下，市场规模被中型SUV市场超越。虽然小型SUV市场面临着市场地位下降、销量持续下滑、市场竞争强度加剧、利润率降低等多重不利因素，但各品牌车企对它的重视程度仍较高。过去只在紧凑型市场大量出现的“双车型”战略，如今在小型SUV市场屡见不鲜。对于车企来说，通过在小型SUV市场推出产品，可以同时实现很多战略目标，如争夺新用户、适应城市级下沉趋势、未来能源结构转型。预判未来小型SUV市场供给仍将增加，价格下探至6万元，将转换微轿汽车升级需求，2025年前为市场增长窗口期。

随着城市SUV的普及和人民生活水平的提高，自驾行走户外的需求也越来越高。随着车企们洞悉硬派SUV这一细分市场的需求，自2021年以来，车企们在中国汽车市场上推出了众多硬派SUV，多款硬派SUV车型也加入市场。长期以来，国内硬派越野车市场存在两种现象。首先，该细分市场一直被豪华及合资品牌所“统治”，动辄二三十万元起步价甚至高达上百万元的售价，让人望而却步，由此造成该领域只被为数不多的越野玩家所关注，普通消费者难以进入；其次，国内越野SUV尽管拥有不错的动力性能和越野性，但大多数外观粗犷、内饰粗糙，驾控舒适体验感不佳。

不管前些年小型SUV、七座中型SUV甚至中大型SUV炒得多么火热，喧嚣之后，最主流消费者的选择仍然是紧凑型SUV，这也一直是各家主机厂的必争之地。2017—2018年是紧凑型SUV发展的高潮期，截至2021年年底，紧凑型SUV的车型数目达到248款，占SUV总数的四成，极大地丰富了SUV车型，并在SUV市场中占据重要地位，未来有望问鼎细分市场第一。很多人会认为紧凑型SUV市场早已饱和，但是事实证明，这仍然是最主流、有最多需求的SUV细分市场，仍然有着比想象中更大的增长潜力。而需求并非来自更多的产品投放，而是更好、更有特色、更能引起消费者共鸣的产品。

总体来看，2022年SUV市场仍将呈扩张趋势，但随着SUV产品电气化步伐提速，2022年新能源产品将冲击20万元以下市场，预计2022年15万元以上价格细分市场产品会呈现明显的价格下移趋势。一方面，SUV价格持续下探，消费结构不断上移；另一方面，车型结构更多元化，车企不断拓展延伸细分领域，以满足消费者的差异化需求。伴随着价格竞争，产品差异化，电动化、智能化、共享等新模式也将共同催生SUV市场发生巨大变化。未来，自主品牌在中国市场的地位将持续提升，但同时也需要认清自身的不足，注重技术创新。

四、新冠疫情下省际汽车销量变化及空间差异

2020年度汽车销量数据来源于汽车行业知名微信公众号“乘用车销量查询”公布的“2020年度各城市汽车终端零售销量排行”（https：//mp.weixin.qq.com/s/ cpqfPsdoC-YiV1XlZhc2og.），此销量数据为新车交强险数据。各省份的新冠肺炎累计确诊人数来自丁香园发布的“新型冠状病毒肺炎疫情实时动态”（https：//ncov.dxy.cn/ncovh5/view/pneumonia），通过网络爬虫抓取并整理，时间为2020年12月31日。

2020年新冠疫情概况。由于新冠疫情暴发于2019年春运期间，且武汉又是我国主要的交通枢纽之一，导致大量感染者快速扩散到全国各省市，确诊人

数呈现快速增长趋势，这是新中国成立以来我国遭遇的感染范围最广、传播速度最快、防控难度最大的公共卫生突发事件。在我国各级政府快速响应并出台一系列严格管控和救治措施后，武汉保卫战、湖北保卫战取得决定性成果，随后全国现存确诊数逐日下降。我国疫情防控取得重大战略成果。

（一）省际汽车销量分布及变化情况

新冠疫情影响下我国各区域的汽车消费变化。疫情影响下，2019—2020年我国汽车销量总体出现明显下降（-9.31%），各大区域汽车销量①都出现不同程度的负增长，其中，汽车消费下降最为明显的是西南地区，增速为-11.44%，依次为华南地区（-11.12%）、华中地区（-10.48%）、华东地区（-9.24%）、华北地区（-8.25%）、西北地区（-6.33%）、东北地区（-2.86%）；汽车消费绝对数量下降最多的是华东地区，从2019年的737.86万辆下降到2020年的669.86万辆，下降了68.18万辆。2020年汽车消费规模从大到小的地区依次为华东地区669.86万辆、华北292.42万辆、华南276.80万辆、华中264.86万辆、西南241.82万辆、东北134.43万辆、西北64.78万辆（见图4-61）。

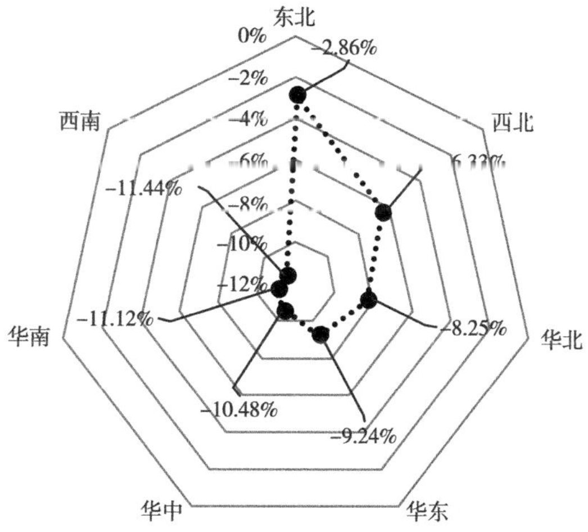

图4-61　2019—2020年我国各区域汽车消费增速示意图

① 汽车销量，主要以汽车上险数据为基础数据。上险量指的是车辆售出后买交通强制险的数量，衡量市场总需求的变化，跟一般公布的汽车销量略有差异。

新冠疫情影响下我国各省份的汽车消费变化。仅有5个省份汽车消费出现逆势增长，其中，汽车消费增速最高的是海南省，增速达32.57%，其次为天津（24.61%）、西藏（5.47%）、甘肃（3.11%）、辽宁（1.76%），虽然这5个省份地处不同区域，但五个省份的汽车消费市场规模均不大（小于50万辆）且累计确诊病例数均较少（小于350例）；而26个省份汽车消费出现不同程度的负增长，其中，有5个省份增速区间位于-5%—0，10个省份增速区间位于-10%—-5%，11个省份增速区间位于-18%—-10%，汽车消费下降幅度最大的3个省份为福建（-17.09%）、河北（-16.91%）、湖北（-15.51%）。汽车消费绝对数量增长最多的是天津市，从2019年的24.59万辆增长到2020年的30.64万辆，增长了6.05万辆；汽车消费绝对数量下降最多的是市场规模最大的广东省，从2019年的247.32万辆下降到2020年的216.88万辆，减少了30.44万辆。在2019年汽车消费大于70万辆的10个重点省份均出现较大幅度下降，其中，有5个省份（广东、河北、四川、安徽、湖北）的下降幅度大于10%，有5个省份（江苏、山东、浙江、河南、湖南）的下降幅度区间位于-10%—-5%，有9个省份汽车消费绝对数量下降超过10万辆。这一定程度表明，疫情影响下我国重点省份汽车消费具有明显的“基数大、降速明显”的特点（见表4-49）。

表4-49　2019年、2020年省际汽车销量变化情况及新冠肺炎累计确诊数

省份	地理区划	地理区划	2019年汽车销量	2020年汽车销量（辆）	增速（%）	累计确诊病例数据（百例）
安徽	华东	中部	767548	649640	-15.36	9.93
北京	华北	东部	565774	555930	-1.74	9.82
福建	华东	东部	604694	501349	-17.09	5.12
甘肃	西北	西部	232771	240001	3.11	1.82
广东	华南	东部	2473172	2168760	-12.31	20.44
广西	华南	东部	541230	466713	-13.77	2.64
贵州	西南	西部	509611	432662	-15.1	1.47
海南	华南	东部	99933	132483	32.57	1.71
河北	华北	东部	1225402	1018133	-16.91	3.73
河南	华中	中部	1409040	1279857	-9.17	12.99
黑龙江	东北	中部	309664	283465	-8.46	9.64

续表

省份	地理区划	地理区划	2019 年汽车销量	2020 年汽车销量（辆）	增速（%）	累计确诊病例数据（百例）
湖北	华中	中部	747756	631814	-15.51	681.49
湖南	华中	中部	801709	736921	-8.08	10.21
吉林	东北	中部	284560	281865	-0.95	1.57
江苏	华东	东部	1644211	1535962	-6.58	6.84
江西	华东	中部	535155	462188	-13.63	9.35
辽宁	东北	东部	490690	499339	1.76	3.47
内蒙古	东北	中部	298867	279588	-6.45	3.64
宁夏	西北	西部	83422	79829	-4.31	0.75
青海	西北	西部	70278	67656	-3.73	0.18
山东	华东	东部	1587382	1460631	-7.98	8.62
山西	华北	中部	502551	453741	-9.71	2.24
陕西	华北	西部	647650	590045	-8.89	5.06
上海	华东	东部	671799	646405	-3.78	15.11
四川	西南	西部	1117795	986493	-11.75	8.53
天津	华北	东部	245878	306388	24.61	3.09
西藏	西南	西部	36665	38670	5.47	0.01
新疆	西北	西部	305044	260276	-14.68	9.8
云南	西南	西部	607598	530858	-12.63	2.29
浙江	华东	东部	1567833	1440631	-8.11	13.06
重庆	西南	西部	458961	429542	-6.41	5.9

（二）区域汽车销量Theil系数及变化

利用Theil系数测度全国省际汽车销量的总体差异和组内差异、组间差异及其贡献，以及2019—2020年Theil系数变化情况。总体上看，省际汽车销量Theil系数总体差异、组间差异、组内差异均有所下降，组内差异对总体差异的贡献率大于组间差异的贡献率，组间与组内差异的贡献率变化较小，组间差异贡献率略有下降，2019年组内差异贡献率为58.42%，2020年组内差异贡献率为57.97%。具体来看，华南地区的Theil指数保持高位值，2019年、2020

年Theil系数分别高达50.1%、46.2%，说明区域中广东与广西、海南两地的汽车销量差异十分明显；西南地区的Theil指数也处于较高值，2019年、2020年Theil系数分别为23.9%、23%，说明区域中四川与重庆、云南、贵州，尤其是西藏的汽车销量差异较为明显；东北、华中地区的Theil指数处于低位置，2019年、2020年两个地区的Theil系数均＜5%，说明东北、华中两个区域内部各省市的汽车销量差异极小。2019—2020年7个区域Theil指数变化升降不一，东北、华中、华东地区的Theil指数分别上升了31.64%、12.45%、11.85%，华北、华南、西北、西南地区的Theil指数分别下降了36.21%、7.83%、7.68%、3.65%（见表4-50）。

表 4-50　　2019 年及 2020 年省际汽车销量 Theil 系数及变化

指标	2019 年	2020 年	变化率（%）
总体差异	0.291	0.276	-5.30
组间差异	0.121	0.116	-4.56
组内差异	0.170	0.160	-5.84
华东	0.103	0.115	11.85
东北	0.027	0.036	31.64
华北	0.122	0.078	-36.21
华中	0.044	0.049	12.45
华南	0.501	0.462	-7.83
西北	0.171	0.158	-7.68
西南	0.239	0.230	-3.65

（三）省际汽车市场时空集聚特征

对2020年的汽车销量进行空间自相关检验，结果显示：全局 Moran指数为0.061（p值为0.07），表明省际汽车销量存在显著的空间集聚特征，可以进行空间热点分析及下一步的空间计量模型分析。借助ArcGIS对2019年及2020年省际汽车销量展开热点分析，汽车销量热点分布于华东及华中地区，如上海、江苏、浙江、安徽、湖北、河南、湖南、江西及福建，销量冷点分布于西藏及青海，新冠疫情对我国省际汽车销量局部空间格局的影响很小，仅江苏地区热点的显著性水平有所变化。

第五节　中国新能源汽车发展历程、发展态势

一、五大发展阶段

从2001年“十五”国家“863计划”电动汽车重大科技专项启动算起，我国新能源汽车发展已历经20余年，我国新能源汽车实现从无到有、从小到大，产业体系日趋完善，技术水平显著提升，产业规模持续壮大，位列全球新能源汽车第一梯队。回顾过去，可将20余年发展历程分为“技术探索、试点示范、推广应用、快速发展、大规模化”五个阶段，每个阶段的技术水平、产品性能、产业结构、政策标准、市场推广等都发生了变化，呈现不同的发展特点。

（一）技术探索阶段（2009年以前）

此阶段主要特点为“技术创新布局和赛事活动示范”，主要由政府牵头引导，开展研发布局并推动行业开展技术创新，依托重大赛事活动开展示范。20世纪90年代，美国、日本、欧洲等国家和地区重视零排放汽车的发展，我国也将发展电动汽车提上了日程。“八五”“九五”期间，国家科技攻关计划等提出对具有长远战略意义的电动汽车产业，支持基础性技术攻关，实施电动汽车重大科技产业工程。21世纪开始，我国继续加强新能源汽车自主研发能力建设，并推动生产制造能力建设，支持整车和零部件企业产业化发展。“十五”时期（2001—2005年），我国明确了新能源汽车技术研发布局，开始实施“十五”国家“863计划”电动汽车重大科技专项，提出了“三纵三横”研发布局，即以混合动力汽车、纯电动汽车、燃料电池汽车三种整车技术路线为“三纵”，以多能源动力总成控制系统、电机及其控制系统、电池及其管理系统三个技术路线为“三横”，为我国新能源汽车技术创新和产业发展奠定了坚实的技术研发基础。“十一五”时期（2006—2010年），我国新能源汽车进入技术研发和产业化同步推进阶段，我国开始实施“十一五”国家“863计划”节能与新能源汽车重大项目，按照“三纵三横”的研发布局，以整车集成为载体、动力系统为核心，重点突破关键零部件瓶颈技术，支撑产业化示范推广。我国形成了55个节能与新能源汽车研发平台、87个产业化基地，建立了15个国家实验室和工程技术中心，累计申请专利2011项（含发明专利1015项），占全球专利总量的8%。此阶段，我国举办的重大国际活动、赛事开始示范使用新能源汽车，2008

年北京奥运会期间，新能源汽车“零失误、零故障”表现，为今后新能源汽车示范推广奠定了坚实基础。

（二）试点示范阶段（2009—2012年）

此阶段主要特点为“启动试点示范和明确发展战略”。中央政府在继续支持技术研发创新的基础上，还安排专项资金推动新能源汽车示范应用，并明确新能源汽车发展战略、研究制定新能源汽车产业发展规划以及相关支持政策。2009年1月，科技部、财政部、国家发展改革委、工信部联合启动“节能与新能源汽车示范推广应用工程”，行业俗称“十城千辆”工程。为了支持节能与新能源汽车示范推广，2009—2012年财政部对消费者购买列入《节能与新能源汽车示范推广应用工程推荐车型目录》（以下简称《推荐目录》）的车辆提供购置补贴，到2012年已累计投入200亿元。通过“十城千辆”工程，我国新能源汽车在产品数量、技术创新、市场推广和产业链等方面均实现了跨越式发展。在技术路线上，整车涵盖纯电动、增程式、并联混动、混联混动等多元化技术路线，动力电池形成了磷酸铁锂、锰酸锂、超级电容、镍氢等多种类型。从战略和政策上看，这一期间，国际上部分国家积极探索新能源汽车支持政策，我国抓住战略机遇做了大量探索和实践工作，2012年7月国务院印发《节能与新能源汽车产业发展规划（2012—2020年）》，确立了发展新能源汽车的国家战略，系统提出了市场、技术等目标。国家政策的大力支持，极大地调动了汽车企业研发生产新能源汽车的积极性，整车企业积极开展新能源汽车业务布局，部分企业积极推进新能源汽车技术研发与产业化，关键零部件产业开始集聚。到2012年，我国新能源汽车形成了近百家自主整车和零部件企业，形成超过60万辆整车生产能力，基本掌握了关键核心技术，累计示范推广节能与新能源汽车近3万辆。总体来看，该时期我国新能源汽车仍处于起步阶段，面临技术不成熟、产品成本高、市场推广缓慢、企业投入不足等问题，但在国家政策支持引导下，新能源汽车行业迎来了良好的发展氛围，各类资源开始向新能源汽车领域聚集。

（三）推广应用阶段（2013—2015年）

此阶段主要特点为“扩大推广应用和完善政策体系”，我国在前期试点示范基础上，将新能源汽车推广应用政策扩大到全国实施，并强化了新能源汽车政策体系建设，初步形成了涵盖补贴支持、税收优惠、技术创新、投资管理、准入管理、基础设施、交通出行等全方位的政策体系，国内外企业加速电动化布局，市场呈现爆发式增长。党中央、国务院对发展新能源汽车作出了一系列重要部署。2014年5月，习近平总书记在上海汽车集团考察时，提出“发展新能源汽车是我国从汽车大国迈向汽车强国的必由之路，要加大研发力度，认真研究市场，用好用活政策，开发适应各种需求的产品，使之成为一个强劲的增长点”。2013—2015年，国务院常务会议多次研究部署新能源汽车发展，提出了“政府公务用车、公交车要率先推广使用新能源汽车”“各地不得对新能源汽车实行限行、限购，已实行的应当取消”等要求。从中央到地方，我国新能源汽车得到了更大力度、更全面的政策支持，为加快推动当地新能源汽车产业发展，地方政府配套出台了产业规划、购置补贴、运营补贴、基础设施、交通管理等方面的支持政策文件，截至2015年年底共计出台超过160项政策文件。2013—2015年，我国新能源汽车进入产业化加快发展阶段。比亚迪、上汽、北汽等国内企业加快新能源汽车产业化步伐，部分产品技术接近同期国际先进水平，日产、丰田、宝马、大众、戴姆勒等跨国企业通过合资品牌渠道，正式在华布局本土化新能源汽车产品。到2015年，我国新能源汽车年销量已达到33万辆规模，占汽车整体市场的份额突破1%（1.35%），首次成为全球最大的新能源汽车市场，产业由导入期开始进入发展期。但该阶段，产业发展尚未成熟，政策体系仍处于不断完善之中，行业已出现投资过热、产品与客户真实需求匹配尚存不足、充电基础设施建设滞后、地方保护现象突出等问题。

（四）加速发展阶段（2016—2020年）

此阶段主要特点为“新能源汽车加速产业化步伐”，我国新能源汽车产业技术水平加快提升、成本不断下降、市场规模快速扩大，国家不断完善支持政策体系，同时坚持扶优扶强、向市场驱动转变，不断扩大新能源汽车对内、对外开放。我国新能源汽车政策体系进一步完善、支持力度更大，更加突出“扶优扶强”政策导向，产业由政策驱动为主向“政策+市场”双轮驱动转变，创造性地建立促进节能与新能源汽车协调发展的市场化机制，通过积分合规性倒逼企业加快新能源汽车布局；国家对新能源汽车购置补贴政策进行了动态调整，2020年开始，燃料电池汽车的购置补贴政策调整为示范应用支持政策，通过“以奖代补”方式，对入围示范的城市群给予奖励。国家从扩大对内、对外开放两方面综合施策，加快推动新能源汽车产业高质量发展。对内方面，我国进一步放宽投资准入管理，支持具备条件的传统汽车企业进入新能源汽车行业，具有互联网基因的蔚来、理想、小鹏等新势力企业纷纷以不同方式进入新能源汽车行业；对外方面，我国持续扩大新能源领域对外开放，2017年解除纯电动汽车合资企业数量限制，2018年正式取消新能源汽车整车制造外资股比限制，其中特斯拉于2019年1月在华工厂正式动工建设，于2020年1月在上海正式投产Model 3，并于当年成为纯电动乘用车销量第一的车型。此阶段，我国汽车产业电动化转型升级方向已形成广泛共识，并呈现电动化、网联化、智能化融合发展新趋势。2020年11月，国务院办公厅发布《新能源汽车产业发展规划（2021—2035年）》，提出了2025年新能源汽车新车销售占比20%，以及2035年新能源汽车核心技术达到国际先进水平、高度自动驾驶汽车实现规模化应用等中远期目标。到2020年年底，我国新能源汽车建立了贯通基础材料、电池、电机、整车、生产装备等产业链上下游，形成了华北、华中、长三角、珠三角、西南、东北六大产业聚集区，产品技术水平进入世界先进行列，产销规模连续六年位居全球第一，形成了全球辐射面积最大、服务车辆最全的充换电服务保障体系，产业进入发展快车道。

（五）大规模化阶段（2021年至今）

此阶段主要特点为“产业进入市场化、规模化发展新阶段”。2021年以来，我国新能源汽车国内外发展环境发生了较大变化，市场高速增长、新技术新模式层出不穷、跨界融合持续深入；国际竞争持续加剧、原材料价格上涨、芯片短缺、网络安全与数据安全等问题日益凸显。这一时期，我国新能源汽车发展仍处于“爬坡过坎”的关键时期，需要进一步优化政策环境。一是政策体系不断完善，如国家层面延续了购置补贴政策至2022年年底，按照既定补贴退坡力度执行，同时延续购置税减免优惠政策至2022年年底；二是碳达峰、碳中和目标要求将深度影响政策体系和产业发展，2021年10月国务院印发《2030年前碳达峰行动方案》提出要大力推广新能源汽车，设定到2030年当年新增新能源、清洁能源动力的交通工具比例达到40%左右的目标。随着智能电动汽车发展势头日益强劲，网络安全和数据安全被提上日程。2020年以来，新冠疫情肆虐全球，国际紧张局势愈演愈烈，芯片断供、供应链紧张、原材料上涨等问题对新能源汽车产业影响日益深入。到2021年年底，我国新能源汽车已成为引领全球汽车产业电动化转型的一股重要力量，累计推广规模达到784万辆，自主品牌可与跨国品牌同场竞技，智能辅助驾驶功能加速普及，产业进入了规模化快速发展新阶段。

二、六项产业数据

（一）中国市场渗透率突破10%关键节点

随着系列政策持续发力、经济环境持续向好和多款明星产品有效带动，2021年中国新能源汽车月度销量连续12个月打破同期历史纪录。2021年全年，新能源汽车产销分别完成354.5万辆和352.1万辆，同比分别增长159.5%和157.5%，新能源汽车市场渗透率也由2020年的5.4%大幅提升至2021年的13.4%。新能源乘用车市场表现亮眼，2021年中国新能源乘用车销量为333.4万辆，同比增长167.5%，SUV车型占比提升，2021年占比达35%，较2020年上升9个百分点。新能源商用车市场实现稳步增长，2021年销量达18.6万辆，同比增长54%（见图4-62）。目前我国新能源汽车市场已进入规模化快速发展新阶段，但也面临一些新情况、新问题，近期面临多重涨价风险，供需矛盾已经显现，提车周期普遍从1—2个月延长至4—5个月甚至半年。

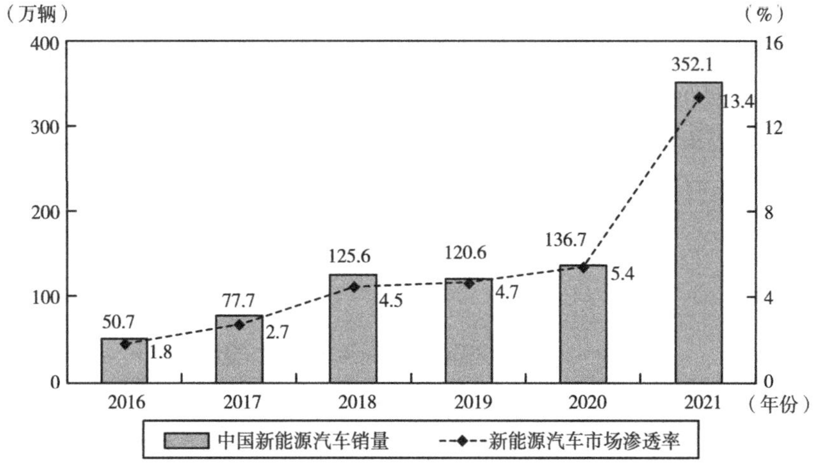

图4-62 2016—2021年中国新能源汽车销量及市场渗透率

（二）纯电动车型居主导地位占比超八成

据中国汽车工业协会统计，2021年中国纯电动汽车（BEV）、插电式混合动力汽车（PHEV）、燃料电池汽车（FCEV）销量分别为291.6万辆、60.3万辆和1596辆，占比分别为82.8%、17.1%和0.1%，纯电动车型占据市场主导地位。插电式混合动力车型主要集中在乘用车领域，主要车型包括理想ONE、比亚迪秦PLUS DM-i/宋PLUS DM-i/唐DM-i/汉PHEV等，以比亚迪DM-i系列为代表的新一代混动架构获得市场认可，带动2021年PHEV乘用车销量达60.3万辆，同比增长143%。非限购地区消费潜力日益显现，2021年非限购地区新能源汽车销量为213.5万辆，占比约69%；北京、上海、广州、深圳、天津、杭州、海南7个限购地区销量为95.1万辆，占比约31%，较2020年下降9个百分点。

（三）乘用车市场集中度稳定在七成左右

2021年中国新能源乘用车销量达到333.4万辆，排名前十企业合计销量约201.3万辆，占比69.1%，市场集中度同往年基本持平。长安和小鹏在2021年赶超了北汽新能源和奇瑞，成功进入销量前十行列。比亚迪、上汽通用五菱、特斯拉等头部企业优势逐步稳固，全年合计销量126.1万辆，占比43.4%，三家企业连续两年占比达到40%及以上。同时，中国品牌新能源乘用车2021年实现销量247.6万辆，同比增长1.7倍，占比74.3%。当前市场上具备电动化、网联化、智能化特征的智能电动汽车广受欢迎，中国新能源汽车企业顺应趋势，加速研发生产布局。除蔚来、小鹏、理想、合众、威马、零跑等新势力企业外，东风、上汽、长安、广汽、北汽、吉利、长城等汽车企业也先后推出了岚图、智己、飞凡、阿维塔、埃安、极狐、极氪、沙龙等全新品牌车型（见表4-51）。

表4-51　2019—2021年中国新能源乘用车企业销量排名前十　（万辆，%）

排名	2019年			2020年			2021年		
	企业	销量	占比	企业	销量	占比	企业	销量	占比
1	比亚迪	17.9	20.9	上汽通用五菱	16.5	14.7	比亚迪	52.6	18.1
2	北汽新能源	8.5	9.9	特斯拉	14.4	12.9	上汽通用五菱	42.3	14.6
3	吉利	6.5	7.6	比亚迪	13.8	12.4	特斯拉	31.2	10.7

续表

排名	2019年			2020年			2021年		
	企业	销量	占比	企业	销量	占比	企业	销量	占比
4	上汽乘用车	5.7	6.7	广汽乘用车	6.4	5.7	长城	13.4	4.6
5	上汽通用五菱	4.7	5.5	长城	5.5	4.9	广汽乘用车	12.3	4.2
6	奇瑞	3.9	4.5	北汽新能源	4.7	4.2	上汽乘用车	11.4	3.9
7	长城	3.6	4.2	蔚来	4.3	3.9	长安	10.2	3.5
8	长安	3.5	4.1	上汽乘用车	4.2	3.7	小鹏	9.7	3.3
9	江淮	3.2	3.8	奇瑞	4.0	3.6	理想	9.1	3.1
10	上汽大众	3.1	3.6	理想	3.3	3.0	蔚来	9.1	3.1

资料来源：机动车保险数据。

在产业融合发展趋势下，新能源汽车边界外延，参与企业逐渐增多，造车新势力企业逐步成为行业的一股重要力量。以蔚来、理想、小鹏、合众、威马、零跑等为代表的新势力企业，紧跟中国消费者需求变化，凭借智能化功能、科技感、性价比等特点，受到了年轻消费者的青睐，产销规模和市场份额不断提升。电动化水平稳中有升，智能化技术快速突破，在电动化方面，2021年新上市的纯电动乘用车在电池系统能量密度、整车能耗及续驶里程等关键技术指标方面继续保持平稳微增态势。

（四）客车、货车行业发展“冰火两重天”

2021年，在新冠疫情散发的情况下，受地方采购需求收缩、城市公交市场饱和、轨道交通挤压等因素影响，中国新能源客车市场持续下滑，全年销量为4.8万辆，同比下降22%。排名前十的企业新能源客车总销量3.5万辆，占比72.6%，市场集中度有所下降。其中，宇通客车继续保持行业领先优势，全年销售11369辆，占比23.5%（见表4-52）。市场下滑、配套条件不完善，制约客车企业做优做强。在客车市场趋于饱和、逐步下行的背景下，原以客车业务为主的宇通、金龙、中车电动等企业，逐步拓展货车和专用车业务领域，形成了覆盖环卫、城市物流配送、工程车等的新能源产品结构，全面发力新能源货车市场。

表 4-52　2019—2021 年中国新能源客车企业销量排名前十　（辆，%）

排名	2019 年			2020 年			2021 年		
	企业	销量	占比	企业	销量	占比	企业	销量	占比
1	宇通客车	20817	26.6	宇通客车	15825	25.4	宇通客车	11369	23.5
2	中通客车	6309	8.1	中车电动	5204	8.4	中通客车	4933	10.2
3	中车电动	5101	6.5	中通客车	4303	6.9	中车电动	3826	7.9
4	比亚迪	4352	5.6	比亚迪	4100	6.6	比亚迪	3336	6.9
5	北汽福田	3753	4.8	苏州金龙	3395	5.5	苏州金龙	2981	6.2
6	中汽宏远	3520	4.5	安凯客车	3101	5.0	厦门金龙	2506	5.2
7	珠海广通	3331	4.3	厦门金龙	3036	4.9	安凯客车	1740	3.6
8	苏州金龙	3293	4.2	北汽福田	3004	4.8	厦门金旅	1692	3.5
9	厦门金旅	3183	4.1	厦门金旅	2267	3.6	南京金龙	1460	3.0
10	厦门金龙	3166	4.0	上海申沃	2043	3.3	北汽福田	1263	2.6

资料来源：机动车保险数据。

2021年，新能源货车销量13.42万辆，同比实现翻倍增长。在“双碳”目标要求下，以及公共领域电动化及换电模式试点、燃料电池汽车试点等多方面政策的推进下，企业积极性提升，且市场需求进一步扩大，推动新能源货车市场呈现较好的发展势头。排名前十企业新能源货车总销量8.8万辆，占新能源货车市场的65.4%，市场集中度相比2020年有小幅提升（见表4-53）。行业头部企业市场格局趋于稳定，凭借在微轻型新能源货车市场领域的持续发力，东风、重庆瑞驰继续保持行业领先位置，并实现销量翻倍增长，全年共销售3.23万辆，占新能源货车市场的24%。主要新能源货车企业加强“十四五”时期战略规划布局，加速电动化和智能化转型，积极拓展多技术路线产品矩阵。2021年，新能源货车中搭载磷酸铁锂电池的车型占比达到95%，搭载三元锂电池的新能源货车车型占比不足5%，核心技术水平稳步提升。然而，电动化渗透率较低，2021年新能源货车仅占总体货车市场的3.1%，尤其是中重型货车领域，电动化渗透率不足1%，远低于行业平均水平；产品竞争力不足，相比燃油货车，新能源货车仍面临续驶里程不足、补能便利性差等问题，且车辆购置成本往往是同级别燃油车辆的2—3倍；燃料电池、换电等新技术、新模式虽加速在货车领域的应用，但新技术、新模式应用仍需政策引导支持。

表 4-53 2019—2021 年中国新能源货车企业销量排名前十 （辆，%）

排名	2019 年			2020 年			2021 年		
	企业	销量	占比	企业	销量	占比	企业	销量	占比
1	南京金龙	5147	14.2	东风	6277	11.4	东风	16824	12.5
2	吉利商用车	4510	12.4	重庆瑞驰	5266	9.5	重庆瑞驰	15491	11.5
3	东风	3202	8.8	奇瑞商用车	4738	8.6	华晨鑫源	9439	7.0
4	比亚迪	2888	7.9	南京金龙	4529	8.2	山西新能源	8116	6.0
5	奇瑞商用车	2112	5.8	长安	2794	5.1	奇瑞商用车	7613	5.7
6	湖北新楚风	1709	4.7	华晨鑫源	2627	4.8	长安	7246	5.4
7	江西昌河	1636	4.5	上汽通用五菱	2175	3.9	广西汽车	6425	4.8
8	长安	1506	4.1	北汽福田	2078	3.8	北汽福田	6330	4.7
9	北汽福田	1421	3.9	厦门金旅	2053	3.7	上汽通用五菱	5256	3.9
10	中通客车	1225	3.4	江西昌河	1970	3.6	厦门金旅	5209	3.9

资料来源：机动车保险数据。

（五）我国动力电池装车量全球占比超五成

2021年，我国动力电池装车量首次突破100GWh，达到154.5GWh，同比增长142.8%，占全球动力电池装车量比例由2020年的46.6%上升至52.1%，市场优势进一步提升。从企业来看，2021年全球动力电池装车量排名前十的企业中，我国企业占据6席，分别为宁德时代、比亚迪、中创新航、国轩高科、远景动力和亿纬锂能。其中，宁德时代连续五年装车量全球第一，2021年市场占比达到32.58%。从国内市场看，2021年我国动力电池装车量排名前十的企业中，LG新能源由第二名下降至第五名，中创新航和国轩高科分别上升至第三名和第四名，我国企业在国内市场的主导地位更加稳固（见表4-54）。此外，随着全球新能源汽车快速发展，欧美电池企业特斯拉、Northvolt、Britishvolt、ACC已基本完成上下游布局，开始加入全球动力电池市场竞争，对当前中、日、韩“三足鼎立”的产业格局发起挑战。

表 4-54　　2021 年中国及全球市场动力电池装车量排名　　（GWh，%）

排名	全球市场			中国市场		
	企业名称	配套量	占比	企业名称	配套量	占比
1	宁德时代	96.7	32.58	宁德时代	80.51	52.11
2	LG新能源	60.2	20.28	比亚迪	25.06	16.22
3	松下	36.1	12.16	中创新航	9.05	5.86
4	比亚迪	26.3	8.86	国轩高科	8.02	5.19
5	SKI	16.7	5.63	LG新能源	6.25	4.05
6	三星SDI	13.2	4.45	蜂巢能源	3.22	2.08
7	中创新航	7.9	2.66	塔菲尔	3.00	1.94
8	国轩高科	6.4	2.16	亿纬锂能	2.92	1.89
9	远景动力	4.2	1.42	孚能科技	2.45	1.59
10	亿纬锂能	3.1	1.04	欣旺达	2.06	1.33

资料来源：SNE Research、中国汽车动力电池产业创新联盟。

产品性能保持较高水平，先进电池技术不断涌现。2021年，纯电动乘用车动力电池系统能量密度平均值达到149.8Wh/kg，其中三元电池系统能量密度约为166.1Wh/kg，较2020年提高7.1%，最高值达到206Wh/kg；磷酸铁锂电池系统能量密度约为130.5Wh/kg，与2020年基本持平，最高值达到172.3Wh/kg。企业加速产业投资布局，未来存在产能过剩风险，我国多项举措强化行业管理，重点聚焦电池回收利用。

（六）服务保障能力稳步提升车桩比达3：1

2021年，中国充电桩年度建设数量达到93.6万个，保有量达到261.7万个，同比增长55.6%，车桩比从2020年的2.9：1微增至3.0：1，基本保持稳定。公共充电桩保有量114.7万个，其中，星星充电、特来电、国家电网、云快充、南方电网五家头部企业公共充电桩保有量约89.1万个，占比约78%。根据中国电动汽车充电基础设施促进联盟统计数据，截至2021年年底，公共充电桩保有量114.7万个，排名前十的区域共建成充电桩82.2万个，占比71.67%，区域集中度较高，主要分布在广东、上海、江苏、北京、浙江、山东、湖北、安徽、河南、福建等地区。2021年，公共充电桩数量超过10万个的运营企业共4家，比2020年多1家，前4家企业公共充电桩数量为85.15万个，占比74.2%；公共充电桩数量超过1万个的运营企业共13家，比2020年多3家，前

13家企业公共充电桩数量为106.54万个，占比92.9%（见表4–55）。

表4–55　　2020—2021年新能源汽车与充电基础设施保有量

年份	新能源汽车保有量（万辆）	充电基础设施保有量（万个）		车桩比
2020	492	168.2	80.7（公共）	
			87.4（私人）	2.9：1
2021	784	261.7	114.7（公共）	
			147.0（私人）	3.0：1

换电站建设规模不断扩大，2021年，重型货运、出租网约与私人乘用车等领域换电站建设不断加速。截至2022年3月底，全国已建成乘用车换电站1451座，其中蔚来汽车915座、奥动新能源429座、杭州伯坦108座；国家电投建成商用车换电站近100座。我国充电基础设施仍面临一些问题，充电设施布局不合理、不均衡，政策机制不完善，私人充电桩建设阻碍多，难以满足新形势下新能源汽车补能需要。

三、七大发展成效

在党中央、国务院的坚强领导下，在行业各方共同努力下，我国新能源汽车产业发展取得了“五个体系、两个能力”的明显成效，在全球范围内取得了一定的先发优势，成为引领全球汽车电动化转型发展的重要力量。

（一）构建了全方位、系统化的政策体系

截至2021年年底，我国制定出台了300多项政策措施，涵盖了战略规划、科技创新、投资管理、生产准入、积分管理、财政补贴、税收优惠、试点示范、基础设施、金融保险、安全监管及交通运输等12个方面，建立了覆盖新能源汽车全生命周期的全方位、系统化政策体系。宏观布局，多重角度对产业发展进行了顶层设计，如2010年新能源汽车被列为七大战略性新兴产业之一，2014年《能源发展战略行动计划（2014—2020年）》，将发展新能源汽车作为缓解能源问题的重要措施，提出要加快发展新能源汽车；2015年《中国制造2025》将节能与新能源汽车列为十大重点发展领域之一；2021年《2030年前碳达峰行动方案》明确“到2030年，当年新增新能源、清洁能源动力的交通

工具比例达到40%左右”。统筹兼顾，构建了覆盖车辆全生命周期的政策体系，如出台了《节能与新能源汽车产业发展规划（2012—2020年）》《关于加快新能源汽车推广应用的指导意见》，国家实施了“863计划”电动汽车重大科技专项和节能与新能源汽车重大项目，“新能源汽车产业技术创新工程”（2012—2016年）和国家重点研发计划“新能源汽车”，发布了《新建纯电动乘用车企业管理规定》《关于完善汽车投资项目管理的意见》《新能源汽车生产企业及产品准入管理规定》《汽车产业投资管理规定》等文件；同时在消费购买端、使用端均出台了相关扶持政策。与时俱进，建立了与产业发展阶段相适应的调整机制，结合产业不同发展阶段特征，我国针对新能源汽车产业出台了更为深入务实、精细化、可操作的政策措施。例如，补贴政策方面，为探索正确的产业发展路径和方向，我国从“十城千辆”开始逐步积累经验，随着产业技术的提高和规模的扩大，不断提高补贴门槛，并将补贴标准与产品技术水平挂钩，推动企业加快技术创新。

（二）构建了专业化、完备的技术标准体系

截至2021年年底，我国已发布106项新能源汽车国家和行业标准，涵盖新能源汽车基础通用、整车、关键零部件、充换电等多个领域，形成了相对完善的新能源汽车标准体系，对新能源汽车产业发展起着重要的支撑作用。自2010年开始，在工业和信息化部、国家标准化管理委员会的支持和指导下，全国汽车标准化技术委员会开展了中国电动汽车标准体系研究、电动汽车综合标准化工作研究、电动汽车“十二五”“十三五”“十四五”标准化工作规划研究等活动，形成了一系列电动汽车标准体系研究成果（见图4-63）。

构建完整的新能源汽车整车标准体系，将电动汽车划分为纯电动汽车、混合动力电动汽车和燃料电池电动汽车三大类，根据不同的电动汽车类型，分别形成了面向电动汽车安全性、动力性、经济性等车辆主要指标或性能的技术标准，不断修订完善新能源汽车安全、技术条件、远程管理相关标准，同时加快智能网联汽车车载信息交互、车路协同、信息安全相关标准制定。强化动力电池安全、性能要求，我国动力电池标准体系围绕安全、性能、循环寿命、互换性与循环利用等方面展开，在规范产品生产、统一测试方法、促进技术提升、支撑政府管理方面起到了重要作用。初步形成燃料电池电动汽车标准体系，我国已发布15项燃料电池电动汽车国家、行业标准，涵盖了整车、关键零部件、

接口设施等多个领域，初步形成了相对完善的燃料电池电动汽车标准体系。推动充换电标准统一，2015年我国全面修订充电接口标准，在确保与2011版兼容性的基础上进一步优化充电系统安全性，2021年我国发布的《电动汽车换电安全要求》推荐性国家标准，是汽车行业在换电模式领域制定的首个基础通用类国家标准，填补了汽车行业的标准空白。同时，我国牵头完成多项国际电动汽车技术法规，成功实现由全球新能源汽车标准法规“跟随者”向“主导者”的转变。

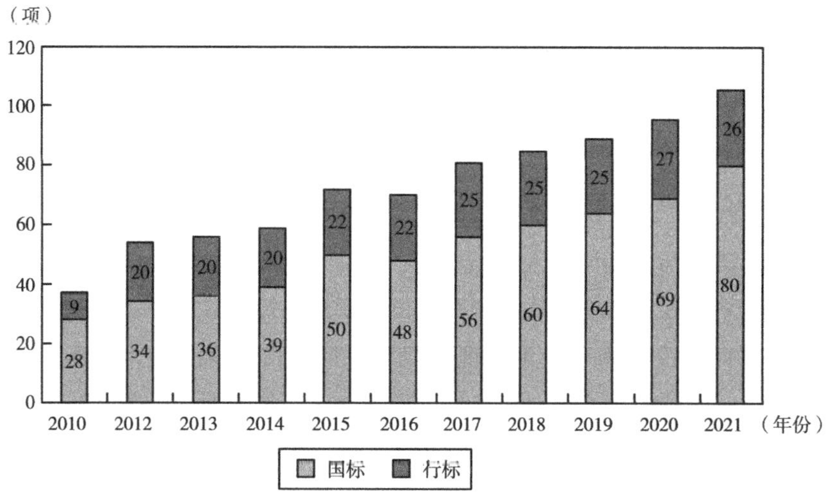

图4-63　2010—2021年新能源汽车领域标准数量统计（汽车行业归口）

（三）形成了结构完整、自主可控的产业体系

新能源汽车产销量的快速增长，带动了上下游产业投资，贯通了基础材料、关键零部件、整车、制造装备等产业链关键环节，我国已形成了种类齐全、配套完整、自主可控的新能源汽车产业体系。我国新能源汽车生产企业实现数量和质量双提升，截至2021年，我国新能源汽车生产企业数量已接近200家，比亚迪、广汽埃安、上汽通用五菱、蔚来、理想、小鹏等企业带动我国新能源汽车市场规模和产业竞争力不断提升，在2021年全球新能源汽车销量前十企业中，我国占据六席。我国成为全球重要的新能源汽车零部件产业基地，同时，我国是目前全球最大的新能源汽车生产国和消费国，并形成了完整的新能源汽车零部件产业链体系。我国主流新能源汽车企业的零

部件国产化率基本超过80%，部分企业达到90%以上，目前外商投资的汽车零部件企业已超过10000家。我国新能源汽车形成了覆盖范围更广的“集群化”产业格局，我国传统汽车产业主要分布于以一汽、东风、长安、上汽、北汽和广汽为主的东北、华中、西南、长三角、京津冀和珠三角六大区域，新能源汽车产业分布也基本趋同于这六大产业集群，同时覆盖范围持续向周边地区辐射、扩展和延伸。我国新能源汽车产业链、价值链向更高层级转移，汽车正从移动工具向能源终端和数字空间转变，并逐渐成为构建智慧能源、智能交通、智慧城市的关键要素，新能源汽车产业链也从以动力电池、电机、电控为主，逐渐扩展成以智能网联等零部件为代表的新型产业链体系。

（四）形成了丰富多样、全球最大的市场体系

新能源汽车市场从择优选择城市试点示范到全国范围内大规模推广，从公共领域车辆试点切入到以私人消费为主，从中资品牌本土化发展向“走出去”参与全球竞争，逐步实现了从无到有、由弱变强的跨越式发展。规模从不足万辆到位居世界首位，2012年前新能源汽车推广应用步伐缓慢，仅在部分城市形成了试点，年度销量不足万辆，且应用场景基本为城市公交车，私人消费较少；2013—2015年，我国逐步形成了从小规模试点到规模化应用的推广模式，市场实现了从万辆到十万辆级的突破；2016—2020年，新能源汽车技术水平和产品品质显著提升，消费者接受度逐步提升，市场也实现由十万辆到百万辆的历史性跨越；2021年，我国新能源汽车销量达到352.1万辆，市场规模连续七年稳居世界首位，保有量达784万辆，占全球总量的50%以上。市场结构快速转变，消费主体由公共领域向私人领域转变，消费结构由乘商并重向乘用车为主转变，消费区域由限购城市向非限购城市转变，市场因素对新能源汽车发展的推动作用越来越大。中资品牌从本土走向国际，全球销量前十的车企中，中资品牌从2009年的0家增长至2021年的3家（比亚迪、上汽通用五菱、上汽），中资品牌新能源汽车产品销往全球40多个国家。产品数量持续丰富并形成竞争优势，我国在售新能源乘用车车型数量由2010年的不足10款，增长至2021年的超过300款（见图4-64）。

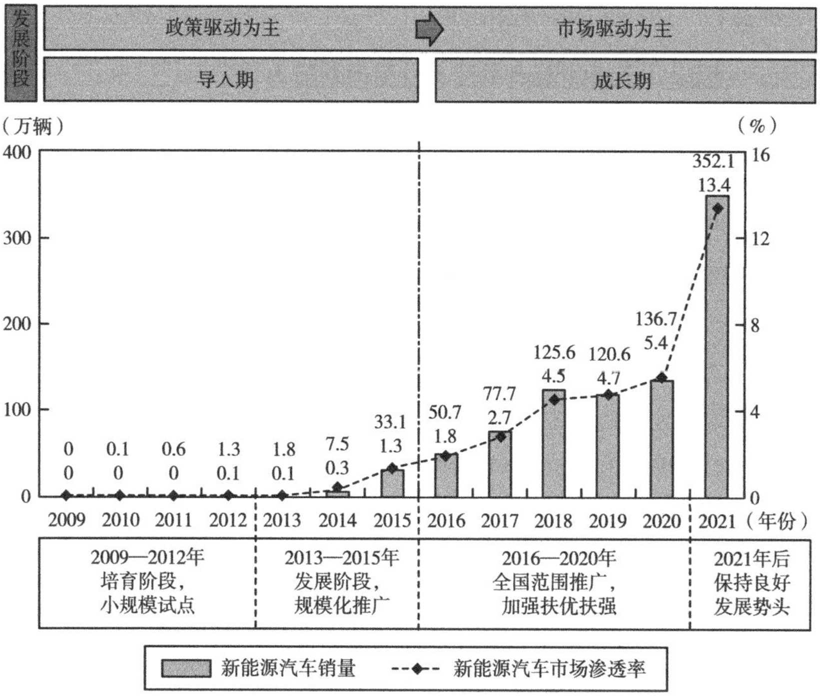

图4-64 中国新能源汽车市场发展阶段

（五）建成了模式多样、全球最大的充换电体系

新能源汽车补能环境持续向好，充电基础设施规模加速扩大，自2009年新能源汽车“十城千辆”示范工程开始，充电设施由试点城市、电力与能源企业率先布局，从公共领域开始萌芽。2012—2021年，我国充电设施保有量从1.8万个增至261.7万个，并从2016年起，超过欧洲成为全球公共充电网络最大的经济体。市场结构从大型国有企业主导向各类企业充分竞争演变，2014年及以前，充电设施建设运营主要由国有企业主导，2014年国家电网对社会资本参与充换电设施建设“全面放开”，到2017年前十名运营商中国有企业和民营企业数量基本相同。截至2021年年底，前十名运营商中仅有国家电网、南方电网、上汽安悦3家国有企业，民营企业成为充电市场的重要支撑力量，充电设施行业已形成多种资本、多个行业协同发展、充分竞争的开放格局。新技术、新模式加快发展，充电形态多样化，支持更快充电速度的大功率充电已经开始示范应用，换电技术和商业模式应用领域不断扩展，快充为主、换电为辅的公共充电网络日趋成熟，以公共快充、快换网络为“主动脉”，以私人桩、目的地桩

为“毛细血管”的补能网络逐渐成形。

（六）大幅提升了新能源汽车技术自主创新能力

通过构建产业技术创新体系，以及“扶优扶强”的政策导向，我国新能源汽车研发投入力度不断加大，自主创新能力得到显著提升，在新能源整车、动力电池、电机电控、智能网联等方面均取得长足进步和良好成效，部分技术和产品达到世界领先水平。新能源汽车关键性能不断提升，多元化技术模式加速涌现。我国早期新能源汽车主要基于传统燃油车平台进行改造开发，2018年才出现首个电动汽车专属平台（长城汽车ME平台）；截至2021年，我国主流新能源汽车企业均开发了电动汽车专属平台，如比亚迪e平台、广汽GEP平台、吉利SEA浩瀚平台等。电动汽车专属平台在产品模块化、轻量化、全线控等方面具有较大技术先进性，对整车动力性、经济性提升明显。动力电池围绕新技术、新工艺、新体系加速创新，技术水平处于全球领先地位，围绕关键性能、安全可靠和资源利用等方面涌现出诸多创新性技术产品，如刀片电池、CTP（Cell To Pack）、弹夹电池、无钴电池、钠离子电池等。2021年我国纯电动乘用车动力电池系统成本已降到1元/Wh以下，较2009年下降超过85%。电机电控主要技术指标不断突破，我国自主研发的驱动电机及控制器产品能够覆盖360kW以下各类新能源汽车电驱动系统的动力需求，电机功率密度、电机系统效率、控制器功率密度等关键指标不断取得突破。我国部分企业产品进入了国际汽车供应体系，依托技术进步产品实现批量出口。新能源汽车成为实现智能网联功能最优应用平台，智能化水平加速提升。

（七）显著增强了新能源汽车产业的国际竞争力

中国新能源汽车产业国际竞争力指数从2012年开始已经连续发布10年，成为判断我国新能源汽车产业发展方向的重要风向标，由环境竞争力、基础竞争力、产业支撑力、显示竞争力、企业竞争力、产品竞争力六大方面组成。中国从2012年排名第五位稳步提升至2021年排名第二位，新能源汽车产业国际竞争力稳步提高。环境竞争力，排名世界第二。基础竞争力，稳步提升至全球第二位。产业支撑力，位居世界第一。显示竞争力，连续七年居全球首位。企业竞争力，达到发达国家水平。产品竞争力，大幅提升至第二位。

自2009年试点示范以来，经过10余年发展，在全行业共同努力下，我国新能源汽车领域基本摘掉了传统汽车“缺少核心技术、落后于人”的帽子，新能源汽车产业在引领全球电动化转型升级的同时，也为世界发展新能源汽车提供了中国经验：顶层战略，抢抓战略机遇并保持战略定力；政府角色，充分发挥政府在战略性新兴产业发展中的重要作用；政策支持，建立系统、精准、开放的政策法规体系；生态体系，利用好超大规模市场优势，建立内循环生态体系；产业布局，以开放的思维推进产业变革发展。

问题反思。回顾我国新能源汽车产业发展，历程坎坷、过程艰难，发展过程中出现过很多问题，如新能源汽车替代优势不足，产品推广依赖政策扶持；下一代关键核心技术仍需突破，电池梯次利用及回收利用体系尚不健全；产品质量参差不齐，性能、一致性、可靠性方面仍有提升空间；行业出现过盲目重复性建设，企业出现过骗取政府补贴资金行为；充电设施建设运营难；全国大市场尚未统一；规模化发展所需的关键原材料对外依存度高；等等。上述问题有的已经解决，有的正在缓解，有的仍然存在甚至更严峻。需要说明的是，造成上述问题的原因是综合性的、多方面的，值得我们深入分析和反思：在管理层面，管理体系有待完善，适应新能源汽车产业发展变革需要；在政策层面，政策导向的前瞻性、稳定性、预警性不够；在产业层面，基础不牢、前瞻不够、国际思维不足；等等。

5

Chapter

第五章 影响因素实证分析

第一节 “一带一路”汽车市场的主要影响因素

一、变量选择与模型设计

由于对“一带一路”沿线国家的研究还未大规模展开，长时期的面板数据不容易获取，因此考虑到统计数据的可获取性，本节仅选择2005—2016年“一带一路”沿线国家的经济、人口、汽车产量等部分指标的面板数据建立分析模型，然而面板模型对数据要求较为严格，而希腊、巴勒斯坦、塞浦路斯、奥地利、波斯尼亚等国家的统计数据缺失，故本节面板数据模型分析过程只采用55个国家共12期的数据。从所研究的问题出发，本节选择双对数面板数据模型展开分析，所得到的参数估计即为解释变量1%增量变动对汽车销量的拉动，对变量值取对数有助于消除面板模型可能存在的异方差，模型计算采用R语言的plm软件包。

一般线性面板数据模型为：

$$y_{it} = \beta_0 + \beta_1 X_{it} + \varepsilon_{it} \tag{5-1}$$

公式（5-1）中，y_{it}表示被解释变量，i表示“一带一路”沿线国家，t表示时间，X_{it}表示解释变量，β_0为截距系数，β_1为回归系数，ε_{it}为残差项。根据前面的变量分析，本节最终构建如下实证分析模型：

$$\begin{aligned}\ln CarXL_{it} = \beta_0 + \beta_1 \ln CarCL_{it} + \beta_2 \ln GDP_{it} + \\ \beta_3 \ln CityRK_{it} + \beta_4 \ln RK1564_{it} + \varepsilon_{it}\end{aligned} \tag{5-2}$$

公式（5-2）中，各变量具体解释见表5-1。

表 5-1　面板模型的变量及数据说明

变量类型	变量名称	变量单位	均值	标准差	最小值	最大值
被解释变量	汽车销量：CarXL	辆	229566.2	534240.6	800	3669277
解释变量	汽车产量：CarCL	辆	251292.5	603546.8	5264	4488965
	地区生产总值：GDP	亿美元	1892.556	3329.135	23.12	22635.23
	城镇人口：CityRK	万人	2297.733	5537.932	26.84	43877.74
	15-64岁人口占总人口比重：RK15-64	%	67.27517	5.735796	51.58	85.87

注：截面单位为55个，12期共660个观测值。

二、变量平稳性及模型序列相关检验

为避免模型分析出现伪回归现象并确保结果的有效性，须对数据进行平稳性判断，即单位根和模型序列相关检验。采用“fUnitRoots”软件包的adfTest函数对变量进行单位根检验，结果见表5-2：Dickey-Fuller检验结果显示各变量均在1%水平上通过了显著性检验，均不存在单位根。

表 5-2　变量单位根检验

指标	lnCarXL	lncarCL	lnGDP	lnCityRK	lnRK15-64
Dickey-Fuller检验	-4.3209	-4.701	-6.647	-4.5135	-4.6603
p-value	0.01	0.01	0.01	0.01	0.01

采用Wooldridge检验对模型进行自相关检验，用plm的pwartest函数的检验公式（5-1）的模型进行序列相关检验，计算结果为：F=2.8078，df1=1，df2=603，p-value=0.09433，P值大于0.05，拒绝“面板数据存在系列相关”的原假设，可以认为模型不存在序列相关。因此，可以进行下一步的面板数据回归分析。

三、三种效应面板模型分析

为确定合适的面板数据分析模型，用plm函数分别计算面板数据的混合模型、固定效应模型及随机效应模型，用F检验和豪斯曼检验确定采用何种模型（见表5-3）。其中，用plm的pFtest函数对混合模型与固定效应模型比较，F检验结果：F=142.44，df1=54，df2=601，p-value＜2.2e-16，由于P值＜2.2e-16，故拒绝“混合效应模型优于固定效应模型”的原假设，应采用固定效应模型；用plm的phtest函数对固定效应模型和随机效应模型比较，豪斯曼检验结果：chisq=6.7652，df=4，p-value=0.1488，显示P值＞0.05，故应该采用随机效应模型。综上所述，故采用随机效应模型结果对“一带一路”沿线国家汽车销量的影响因素进行分析，GDP、汽车产量、城镇人口规模、15—64岁人口占总人口比重四个变量均对促进汽车消费有重要影响，系数均通过5%显著水平检验。

表5-3　三种效应面板模型分析结果

变量及指标	OLS混合模型	固定效应模型	随机效应模型
log（GDP）	0.093** （0.045）	0.040* （0.021）	0.042** （0.021）
log（CarC）	0.083*** （0.017）	0.264*** （0.083）	0.171*** （0.044）
log（CityRK）	0.860*** （0.077）	0.447 （0.307）	0.543*** （0.170）
log（XFRK1564）	9.277*** （1.104）	3.070* （1.686）	3.318*** （1.243）
Constant	−35.223*** （4.761）		−8.108* （4.915）
Observations	660	660	660
R^2	0.422	0.056	0.095
Adjusted R^2	0.419	−0.035	0.089
F Statistic	119.762***（df=4;655）	8.887***（df=4;601）	68.725***

注：*p＜0.1；**p＜0.05；***p＜0.01，括号内数值为相关系数标准误。

此外，由于“一带一路”沿线国家地区差异较大，对西亚、南亚、独联体、东盟及中亚地区分别构建随机效应模型并比较，最终5个面板数据随机效应模型分析结果见表5-4。

表 5-4　“一带一路”沿线重点区域随机效应模型面板数据结果对比

变量及指标	模型 1	模型 2	模型 3	模型 4	模型 5
	西亚	南亚	独联体	东盟	中亚
lnGDP	0.021* (0.082)	1.482*** (0.000)	0.564*** (0.000)	-0.019 (0.905)	-0.572** (0.018)
lnCarCL	-0.001 (0.986)	0.033** (0.012)	0.215*** (0.000)	0.194*** (0.001)	-0.248*** (0.000)
lnCityRK	0.270 (0.150)	-0.004 (0.971)	0.066 (0.789)	0.467* (0.066)	9.883*** (0.000)
lnRK1564	-1.241 (0.350)	-8.263*** (0.000)	-2.385 (0.538)	13.714*** (0.000)	-12.468*** (0.004)
_cons	14.342*** (0.004)	34.442*** (0.000)	15.678 (0.332)	-50.588*** (0.000)	0.735 (0.967)
N	180	60	72	120	48

注：$^{*}p<0.1$，$^{**}p<0.05$，$^{***}p<0.01$，括号内数值为相关系数标准误。

四、结果分析

从面板数据随机效应模型分析结果看，“一带一路”沿线国家的GDP、汽车产量、城镇人口、15—64岁人口占总人口比重等变量对汽车销量有密切影响。

GDP的影响。在其他变量不变情况下，GDP增长1%，汽车销量则增长0.042%。根据各国家GPD平均数据1892.556亿美元及汽车销量平均数据为229566.2辆可知，“一带一路”沿线国家GDP每增加1亿美元，汽车销量增加约509辆。GDP对汽车消费的影响在不同区域存在较大差异，其中南亚地区GDP对汽车销量的影响最为显著，系数为1.482%，表明经济增长将对以印度、巴基斯坦、孟加拉国等为主的南亚汽车消费市场有显著促进作用。

汽车产量的影响。绝大部分“一带一路”沿线国家都不具备汽车生产能力，纯粹靠进口则增加汽车购置成本，因此汽车产量对汽车销量影响也较为明显，汽车产量增加1%，汽车销量则增加0.171%。汽车生产能力对汽车消费的影响有显著异质性，其中独联体作为“一带一路”沿线地区主要的汽车生产区，对本地区汽车销量的影响也明显强于其他地区，系数达到0.215%。

城镇人口规模的影响。城镇人口规模增长1%，汽车销量增长0.543%，表明城镇人口的增长非常有利于促进“一带一路”沿线国家的汽车销量。城市化水平对汽车消费的影响也同样有显著异质性，中亚地区由于经济水平及汽车消费能力较弱，城镇化水平的影响非常显著，系数达到9.883%。

15—64岁人口占总人口比重的影响。这一变量对汽车销量影响最为显著，这一变量体现了一个国家主要汽车消费群体的比例，这一变量比重每增长1%，约增加0.67个百分点，汽车销量则增长3.318%。15—64岁人口占总人口比重对汽车消费的影响也同样有显著异质性，其中东盟地区这一变量对汽车消费的影响最为显著，系数达到13.714%。

第二节　中国汽车消费市场的影响因素分析

一、加入WTO后我国省际汽车市场影响因素实证分析

（一）基本假设与模型设计

1.基本假设

自加入WTO以来，我国省际汽车销量呈现区域性非均衡增长，导致局部区域汽车保有量过快增长并产生一系列汽车社会问题，同时汽车市场开始出现负增长态势。总体上看，影响我国汽车销量的因素变得异常复杂。为此，对影响我国汽车消费的因素提出以下几点假设。

假设1：我国汽车产量高的省市对本地汽车销量的影响不再显著，但会对周边区域的汽车销量形成显著的正向空间溢出效应。我国汽车制造业在发展早期实施了严格的管控政策，只有在吉林长春、北京、上海、天津、湖北十堰、广东广州等少数区域能发展汽车制造业，经过多年发展，这些经济率先发展地区的汽车市场逐渐接近饱和，特别是一些地区还实施限牌限购政策，导致本地生产的大部分汽车只能在外地销售，进而形成空间溢出效应，预计为正向效应。

假设2：不断上涨的用车成本已对我国汽车销量形成抑制效应。和早期汽车专属于政府用车、少数高收入群体不一样，早期汽车市场被生产端控制，高额汽车成本并不会对汽车销量形成抑制效应。自我国加入WTO以来，我国汽

车产量及价格已经发生明显变化，汽车产品已经普及到普通家庭。随着汽车保有量高速增长，停车难、交通拥堵、使用成本不断上涨等因素，加上网约车、公共交通的不断完善，预计不断上升的用车成本已经成为抑制我国汽车销量增长的重要因素。

假设3：汽车相关产业政策的实施对汽车市场增长或抑制作用均非常显著。其中，汽车购置税减半、汽车下乡、新能源汽车补贴等政策会对汽车销量形成显著影响，预计为正向效应。而汽车限牌和限购政策尽管只是在少数省市实施，但这些地区的经济水平较高、购车需求旺盛，这些政策的长期实施也会对汽车销量形成明显影响，预计为负向效应。

假设4：电子商务的繁荣发展已成为我国汽车销量增长的新驱动力。电子商务的繁荣发展会导致省市间的公路货运量大幅度增长，对重型、中小型等载货汽车的需求会大幅度增长，预计繁荣发展的电子商务对我国汽车销量形成正向效应。

2.实证模型设计

由于我国省际汽车销量可能存在空间相关性及时间相关性，解释变量也可能存在空间溢出效应，不仅要关注本地区解释变量对本地区汽车销量的影响，还要关注其他地区解释变量对本地区汽车销量的影响，因此构建如下空间面板数据杜宾模型：

$$Y_{it}=\rho W_nY_{it}+\beta X_{it}+\theta W_nX_{it}+\varepsilon_{it}+c_i \tag{5-3}$$

公式（5–3）中，Y_{it}为i地区t时期的汽车销量，Y_{it-1}则为i地区（t–1）时期的汽车销量，W_n为空间权重，考虑到国内汽车产品均面向全国销量，故采用空间距离权重；W_nY_{it}为i地区t时期的汽车销量空间滞后项；X_{it}为i地区t时期的解释变量，W_nX_{it}为i地区t时期的解释变量的空间滞后项；c_i为$n\times1$维的个体固定效应项；ε_{it}为残差项。为了分析我国省际汽车销量的时间关联性，还将引入动态面板数据模型：

$$Y_{it}=\sigma Y_{it-1}+\rho W_nY_{it}+\beta X_{it}+\theta W_nX_{it}+\varepsilon_{it}+c_i \tag{5-4}$$

公式（5–4）中，当σ=0时，为静态空间面板数据模型；当ρ=θ=0时，为动态面板数据模型；当σ=ρ=θ=0时，为普通面板数据模型。相对于普通面板数据模型，由于引入了解释变量和被解释变量的空间或时间滞后项，对估计参数的解释变得较为复杂，某个解释变量对被解释变量的总效应与其系数大小并不相等。而空间计量模型中的滞后项不但能够实现本地解释变量对本地区被解释变量的影响，而邻近地区解释变量对本地区被解释变量的影响，前者称为直接效应，后者则称为间接效应。直接效应和间接效应可通过偏导数方法进行计算，公式（5-3）经过变换得到如下公式：

$$Y_{it}=(I-\rho W_n)^{-1}(\alpha_i+X_{it}\beta+W_nX_{it}\theta+\lambda_{it}+\varepsilon_i) \tag{5-5}$$

根据公式（5-5），解释变量的数学期望E（Y_{it}）在时期t对解释变量X_{it}的偏导数分别为：

$$\left[\frac{\partial E(Y_{it})}{\partial x_{it}},\cdots,\frac{\partial E(Y_{it})}{\partial x_{nt}}\right]=\begin{bmatrix}\frac{\partial E(Y_{1t})}{\partial x_{1t}} & \cdots & \frac{\partial E(Y_{1t})}{\partial x_{nt}}\\ \vdots & \ddots & \vdots\\ \frac{\partial E(Y_{nt})}{\partial x_{1t}} & \cdots & \frac{\partial E(Y_{nt})}{\partial x_{nt}}\end{bmatrix}=(I_n-\rho W_n)^{-1}\left[\beta I_n+\theta W_n\right] \tag{5-6}$$

LeSage和Pace（2010）基于偏导数矩阵提出了一种平均指标法，即偏导数矩阵对角线上元素的平均值为直接效应系数，而非对角线上的元素的行平均值则表示间接效应。

（二）变量选择

汽车作为现代社会的大众化消费品，其销量应遵循经济学基本的供需理论和商品价格理论，即与居民消费水平、汽车成本（包括购车和使用成本）、产量等因素直接相关。王其藩（2002）、尹小平（2011）等研究表明，公路长度、城镇居民收入、GDP、燃油消费量、金融业发展水平等因素也是影响我国汽车销量的重要因素。电子商务的繁荣发展促进了对载货汽车的需求，网约车的快速发展也成为汽车消费的新需求，分别选择公路货运量和公路客运量来反映这两个因素的影响。此外，我国政府层面对市场经济具有较强的影响力，宏观政策对我国汽车市场同样影响明显，如果汽车购置税减半、汽车下乡、汽车限牌、新能源汽车补贴及免征购置税等对汽车销量产生影响，通过设置虚拟变量进行实证分析。为此，综合以上分析并结合长时间序列数据的可获得性，选择地区生产总值、居民消费水平、金融业增加值、城镇化率、汽车成本价格指数、汽车产量、民用汽车拥有量、公路客运量、公路货运量、高速公路里程占公路里程比重以及两个产业政策相关的虚拟变量等12个解释变量。各变量统计描述见表5-5。

表 5-5　　变量及数据统计描述

	变量	单位	均值	标准差	最小值	最大值	预期效应
Y_{it}	新注册民用车：*Cars*	万辆	44.22	47.54	0.19	265.41	
X_{it}	地区生产总值：*GDP*	亿元	14198.40	14737.13	162.04	89705.23	+
	居民消费水平：*Con*	千元	11.68	8.67	2.30	53.62	+
	金融业增加值：*FinGDP*	亿元	821.71	1100.29	2.81	6853.01	+
	城镇化水平：*Urban*	%	50.21	15.11	19.89	89.61	+
	汽车成本价格指数：*Cost*		272.95	47.41	185.80	430.20	-
	汽车产量：*CarPro*	千辆	486.42	656.26	0.00	3182.10	+
	民用汽车拥有量：*CarOwn*	万辆	283.97	321.15	5.87	1929.55	+
	公路货运量：*Freight*	百万吨	747.13	632.15	2.01	3152.23	+
	公路客运量：*Passager*	百万人	683.67	683.15	1.25	5565.10	+
	高速公路占比：*Highway*	%	2.43	1.47	0.00	7.41	+
	实施汽车消费激励政策：*IP*	-	0.375	0.4846	0	1	+
	实施汽车限牌限购政策：*RP*	-	0.0544	0.2241	0	1	-

注：截面单位为31个，16期共496个观测值。

地区生产总值、居民消费水平、金融业增加值、城镇化率等解释变量较为直观，不再细说；对两个虚拟变量进行详细说明。

汽车成本价格指数（Cost）。由于省际汽车价格、燃油价格、配件价格、维修费用等直接反映汽车使用成本的长时间序列数据难以获得，用车用燃料及零配件类居民消费价格指数、车辆使用及维修费类居民消费价格指数来反映省际汽车使用成本。两种价格指数均以2002年为基数年，根据历年指数进行计算并求和。自我国加入WTO以来，各省市的汽车成本价格指数年均增速均高于2%，其中北京地区的年均增速最高，达到4.32%；黑龙江的年均增速最低，为2.02%。

实施汽车消费激励政策（IP）。根据实施政策的年份和区域进行赋值（政策实施年份取值1，否则取值0）。自我国加入WTO以来，我国主要实施了以下汽车消费刺激政策：小排量购置税减免，实施期限为2015年10月1日起至2016年年底；汽车下乡政策，实施期限为2009年3月1日至2010年年底；汽车以旧换新政策，实施期限为2009年8月10日至2010年年底；新能源汽车补贴及免征购置税，实施期限为2013年至2017年。

实施汽车限牌限购政策（RP）。根据实施政策的年份和区域进行赋值。自我国加入WTO以来，主要有北京、上海、天津、广州、深圳、贵阳等城市实施了限牌政策，部分城市实施限牌限购政策还不足以显著影响到所在省份的汽车销量变化，故只针对北京、上海、天津三个省市在实施限牌限购政策的年份，其相应年份的虚拟变量取值为1。其中，上海自1994年以来实施汽车牌照控制政策，北京从2011年开始实施限牌政策，天津则在2014年开始实施。

（三）实证模型系数估计

1.变量单位根及空间自相关检验

为避免面板数据模型参数估计出现伪回归现象并确保结果的有效性，须对数据（对变量取对数）进行单位根检验。采用Stata中的Levin–Lin–Chu检验和Im–Pesaran–Shin检验对变量（不包括虚拟变量）原序列和一阶差分序列进行单位根检验，结果表明所有变量原序列和一阶差分序列均不包含单位根，为平稳序列。此外，采用Stata的“spatgsa”命令对各年份的省际汽车销量进行Moran检验，结果显示省际汽车销量存在显著的空间依赖性，可以使用空间面板数据杜宾模型。

2.空间杜宾模型估计结果与效应分解

采用Stata的“XSMLE”模块进行空间杜宾模型实证分析，得到6种估计结果（见表5–6）。

表5–6 空间杜宾模型的计量结果

变量及指标	固定效应模型		随机效应模型			
	静态模型	动态模型	全样本	除2004年	除2011年	除2016年
	①	②	③	④	⑤	⑥
lnGDP	0.366* （1.65）	0.315 （1.33）	0.634*** （7.57）	0.634*** （7.38）	0.613*** （7.22）	0.636*** （7.31）
lnCon	0.812*** （3.05）	0.630** （2.21）	0.426** （2.40）	0.407** （2.20）	0.380** （2.11）	0.479** （2.43）
Urban	0.011 （0.95）	0.009 （0.71）	−0.015*** （−3.21）	−0.016*** （−3.38）	−0.015*** （−3.09）	−0.017*** （−3.28）
lnCost	−0.632* （−1.79）	−0.414 （−1.10）	−0.111 （−0.43）	−0.135 （−0.50）	−0.225 （−0.84）	−0.175 （−0.59）

续表

变量及指标	固定效应模型		随机效应模型			
	静态模型	动态模型	全样本	除 2004 年	除 2011 年	除 2016 年
	①	②	③	④	⑤	⑥
lnFinGDP	0.107 (1.21)	0.048 (0.49)	0.207** (2.56)	0.221** (2.57)	0.245*** (2.94)	0.201** (2.36)
IP	0.207*** (4.98)	0.201*** (4.80)	0.166*** (4.06)	0.160*** (3.89)	0.205*** (4.64)	0.173*** (4.03)
Highway	0.065** (2.16)	0.041 (1.28)	0.062** (2.49)	0.064** (2.50)	0.062** (2.44)	0.060** (2.30)
RP	−0.503*** (−2.98)	−0.434** (−2.52)	−0.778*** (−6.17)	−0.790*** (−6.20)	−0.788*** (−6.02)	−0.749*** (−5.52)
L.lnCars		0.235*** (5.28)				
_cons			−3.680*** (−2.64)	−3.447** (−2.38)	−2.996** (−2.08)	−3.337** (−2.10)
Wx:						
lnCarPro	0.245*** (4.68)	0.297*** (5.38)	0.070* (1.74)	0.069* (1.72)	0.058 (1.47)	0.073* (1.76)
lnCarOwn	−0.787*** (−5.44)	−0.650*** (−4.20)	−0.488*** (−3.76)	−0.464*** (−3.45)	−0.428*** (−3.19)	−0.504*** (−3.70)
lnFreight	0.589*** (2.62)	0.356 (1.47)	0.270*** (3.19)	0.241*** (2.74)	0.250*** (2.91)	0.286*** (3.19)
lnPassenger	0.047 (1.16)	0.029 (0.68)	0.007 (0.20)	−0.006 (−0.17)	−0.001 (−0.02)	0.004 (0.10)
Spatial rho	0.139 (1.22)	0.088 (0.73)	0.234** (2.31)	0.247** (2.39)	0.199* (1.86)	0.225** (2.14)
Variance:						
sigma2_e	0.116*** (15.23)	0.123*** (15.78)	0.124*** (14.86)	0.125*** (14.27)	0.129*** (14.37)	0.131*** (14.32)
lgt_theta			−0.305 (−1.02)	−0.226 (−0.71)	−0.180 (−0.58)	−0.241 (−0.77)
N	465	434	496	465	465	465
R^2	0.678	0.755	0.897	0.895	0.899	0.891

注：***、**和*分别表示结果在1%、5%和10%水平上显著；括号内为对应系数z值。

包括静态固定效应模型①和动态固定效应模型②、四种随机效应模型③—⑥，其中模型①和②是用以对比分析，而模型④—⑥用以对随机效应模型进行稳健性检验。静态固定效应和随机效应的豪斯曼检验结果为chi2（9）= -29.23，表明应该采用随机效应模型，而Wald和Lratio检验结果表明空间自相关和空间误差模型不适合本案例，模型④—⑥各解释变量的估计系数符号一致，表明模型③通过稳健性检验，故采用模型③结果进行分析。表5-7显示，随机效应空间杜宾模型的空间自相关系数（Spatial rho）大于0且通过了5%的显著性检验，说明我国省际汽车销量存在显著的空间自相关。其次，汽车成本价格指数lnCost和公路客运量lnPassenger估计结果未经过显著性检验，城镇化水平Urban、实施汽车限牌限购政策RP、汽车保有量lnCarOwn等解释变量的估计系数为负，其余解释变量的估计系数大于0且通过显著性检验。

相对于一般面板数据模型，空间杜宾模型由于同时引入了解释变量和被解释变量的空间滞后项，对估计参数的解释与普通面板数据模型有差异，故采用模型③的总体效应、直接效应和间接效应的估计系数展开分析（见表5-7）。

表 5-7　　总体效应分解：直接效应和间接效应

变量	总体效应	直接效应	间接效应
lnGDP	0.744*** (6.48)	0.642*** (7.42)	0.102* (1.76)
lnCon	0.488** (2.40)	0.421** (2.44)	0.067 (1.42)
Urban	-0.017*** (-3.09)	-0.015*** (-3.22)	-0.002 (-1.50)
lnCost	-0.126 (-0.43)	-0.107 (-0.43)	-0.019 (-0.41)
lnFinGDP	0.240*** (2.64)	0.207*** (2.72)	0.033 (1.43)
IP	0.196*** (4.30)	0.170*** (4.15)	0.026* (1.81)
Highway	0.071** (2.35)	0.061** (2.43)	0.010 (1.35)
RP	-0.896*** (-5.65)	-0.773*** (-6.21)	-0.123* (-1.74)
lnCarPro	0.047* (1.80)	0.002 (1.29)	0.045* (1.81)

续表

变量	总体效应	直接效应	间接效应
lnCarOwn	−0.337*** （−2.77）	−0.012 （−1.43）	−0.325*** （−2.86）
lnFreight	0.183*** （2.80）	0.006 （1.53）	0.176*** （2.85）
lnPassenger	0.007 （0.18）	0.007 （0.18）	0.001 （0.15）

注：***、**和*分别表示结果在1%、5%和10%水平上显著；括号内为对应系数z值。

（四）假设检验及实证结果分析

1.对四个假设的检验及分析

检验假设1，成功。汽车产量lnCarPro的直接效应估计系数为0.002，未经过显著性检验，说明本地汽车产量对本地汽车销量的影响非常小且不显著；间接效应估计系数为0.045且经过10%的显著性检验，表明汽车产量对周边省市汽车销量形成正向的空间溢出效应。北京、上海、天津等主要汽车生产基地，不管是由于汽车市场逐渐饱和，还是实施限牌限购政策，都促使形成“产地汽车大部分外地销售”的现象。lnCarPro总体效应估计系数为0.047且通过10%显著性检验，说明汽车产量总体上会对汽车销量形成促进作用，因此，对假设1的检验成功。

检验假设2，不成功。汽车成本价格指数lnCost的总体效应、直接效应及间接效应估计系数均为负值且均未通过显著性检验，但固定效应静态模型①中lnCost的估计系数则为负值且通过10%的显著性检验。这说明不断上涨的汽车成本确实会对汽车销量形成抑制效应，但通过价格指数而来的lnCost变量无法直接实地反映汽车成本，使得模型③估计系数并不显著，因此，对假设2的检验并不成功。

检验假设3，成功。虚拟变量IP总体效应、直接效应和间接效应的估计系数均为正值且通过显著性检验，说明国家实施的汽车购置税减半、汽车下乡、新能源汽车补贴等政策对汽车销量的提升非常明显。相对于没有实施激励政策的年份，通过实施激励政策可以提高汽车销量19.6%。虚拟变量RP总体效应、直接效应和间接效应的估计系数均为负值且通过显著性检验，说明即使局部地区（特别是北京、上海等汽车需求旺盛省市）实施限牌限购政策也已对汽车销量形成显著抑制效应，总体效应的估计系数达到了-0.896。总体而言，自WTO以来实施的汽车产业相关的政策对促进汽车消费或抑制汽车增长均产生了显著效应。

检验假设4，基本成功。电商发展对汽车的需求主要通过公路货运量的快速增加来体现，lnFreight直接效应系数为0.006且未通过显著性检验，表明本地区公路货运量对汽车销量的影响小且不显著，可能是因为省际汽车销量中货车销量占比不高，也可能是由于北京、上海等经济发达区域对货车的注册及使用有较多限制；间接效应系数为0.176且经过1%显著性检验，说明周边区域的公路货运量对本地汽车销量形成显著正向空间溢出效应；总体效应的估计系数为0.183且通过显著性检验，说明公路货运量总体上会对汽车销量形成正向促进效应，因此，对假设3的检验基本成功。

2.其他解释变量的分析

地区生产总值的总体效应、直接效应和间接效应的估计系数均显著为正。从直接效应来看，地区生产总值lnGDP对本地区汽车销量的影响系数为0.642且通过了1%的显著性检验，说明良好的经济水平能够明显促进本地区汽车销量增长。从间接效应来看，lnGDP的空间溢出效应显著为正，说明邻近地区的GDP对本地汽车消费形成正向空间溢出效应。由于本节的汽车销量数据为新车注册数据，不少车主到经济发达地区购车（一般经济发达地区具有新车价格优惠较大、金融服务较好等优势），购车后再回到户籍地注册，从而对本地汽车销量形成正向空间溢出效应。

lnCon、lnFinGDP、Highway三个解释变量均对汽车销量形成显著促进作用，其总体效应和直接效应估计系数显著为正，而间接效应均为正但不显著。说明较高的居民消费水平、发达的金融业、高速公路占比较高均能有效促进本地区的汽车消费，三个解释变量的间接效应系数为正但不显著，未形成显著空间溢出效应。

Urban、lnCarOwn两个解释变量的总体效应估计系数均显著为负，对汽车销量形成抑制效应。其中，Urban的总体效应和直接效应估计系数显著为负，而汽车保有量lnCarOwn的总体效应和间接效应估计系数显著为负，说明自我国加入WTO以来，汽车保有量快速增长，我国汽车消费已出现局域性的饱和，过高的城镇化率意味着人口过于集中，同时北京、上海、天津等城市化水平较高的区域实施了限牌限购政策，加上汽车保有量过快增长，造成一系列汽车社会问题，整体对汽车消费形成了抑制效应。但两者的空间溢出效应存在明显差异，Urban未形成显著的空间溢出效应，而lnCarOwn形成显著为负的空间溢出效应，表明汽车保有量较高的周边区域会对本区域汽车消费形成抑制效应，可能是因为较高的汽车保有量意味着更为发达的汽车维修及售后市场，吸引更多新车在周边地区注册和使用。

lnPassenger这一变量各种效应估计系数均为正值但不显著，表明公路客运量这一解释变量只能间接反映对中大型载客汽车的需求，而当前繁荣发展的网约车大部分以小型载客汽车为主，加上越来越多的公路客运逐渐被更便捷的城际轨道、高铁、航空等取代，导致这一解释变量对我国整体汽车消费的促进效应不显著。

（五）总结

基于2002—2018年省际汽车产销量及相关统计数据，采用ESDA方法、DTW时间序列聚类分析、面板数据空间杜宾模型分析了加入我国省际汽车市场时空演变特征及影响因素。通过研究，发现如下现象。

（1）自加入WTO以来，随着大量跨国汽车企业进入国内并进行大规模投资，以及居民消费能力的不断提升，17年间汽车销量年均增长速度达到13.76%，增速呈现不断放缓趋势并在2018年、2019年开始出现负增长。

（2）基于DTW方法的省际汽车销量聚类分析结果表明，我国四种类型（低销量、较低销量、较高销量及高销量）汽车市场具有明显空间分异性而同类型呈现空间集聚特征，聚类中心曲线反映了不同类型的演变模式存在明显差异。

（3）“产销空间分离”逐渐成为我国汽车市场的重要特征，越来越多城市实施限购政策、汽车生产空间格局逐渐固化以及吉林、广西等汽车高产量省份远离消费市场是重要原因。

（4）省际汽车销量加权均值中心主要分布于河南东南部，省际汽车产销量的加权均值中心未出现过重合或低于100km的空间接近，均呈现向西南方向移动的趋势。

（5）面板数据空间杜宾模型实证分析表明，地区生产总值、居民消费水平、金融业增加值、高速公路里程占比、汽车产量、公路货运量、实施汽车消费激励政策等解释变量的总体效应估计系数均显著为主，对汽车销量形成正向促进效应，其中地区生产总值、汽车产量等变量的间接效应估计系数显著为正，对邻近区域汽车销量形成正向空间溢出效应；居民消费水平、金融业增加值、高速公路里程占比等解释变量未形成显著的正向空间溢出效应；城镇化水平、汽车保有量、实施限牌限购政策等均对汽车销量形成显著为负的效应。

二、我国汽车消费市场区域差异影响因素的省际差异

前文从东北、华东、华中、华北、华南、西北及西南七个区域视角，基于Theil指数分析了我国2002—2018年汽车消费市场的总体及区域差异变化趋势。汽车消费市场总体发展较快，省际汽车销量相对差异逐渐变小，2002—2018年我国汽车消费市场总体呈现较快发展趋势，年均增速达到13.76%；汽车销量的绝对差异呈现逐年扩大趋势，而相对差异呈现波浪式下降趋势。对Theil指数的分解表明我国省际汽车销量总体差异主要来自组内差异，组内差异贡献率常年保持在60%以上，具体到区域层面看，华南地区的Theil指数常年保持较高值，差异贡献率较大；西北地区的Theil指数变化较为激烈。当前，随着国内汽车市场的快速变化，国家需要根据区域差异制定有效的汽车市场刺激政策，本节基于2002—2017年面板数据，采用分位数回归方法实证分析汽车销量影响因素的省际差异，在实证分析基础上促进我国汽车消费市场发展。

（一）模型构建

本节基于面板数据，采用分位数回归方法分析我国省际汽车销量影响因素的省际差异。通过结合面板数据和分位数回归模型的优势，可以更好地在控制个体差异的基础上对解释变量条件分布的不同分位点上各种变量之间的关系进行分析，对非正态分布或异常值出现时的估计具有较强的抗扰性，可以更清晰地分析解释整个分布以及处理数据的异质性问题。根据本节研究对象及变量构建如下面板数据模型：

$$Y_{it}=\beta_0+\beta_i X_{it}+\varepsilon_{it} \tag{5-7}$$

公式（5-7）中，Y_{it}为i地区t时期的汽车销量，X_{it}为i地区t时期的解释变量，β_0、β_i分别为解释变量系数；ε_{it}为残差项。在此基础上，构建面板数据分位数回归模型：

$$Q_{Y_{it}}^{(\tau)}(\tau\mid x_{it})=\alpha_i+X_{it}^{T}\beta_\tau+\varepsilon_{it}, i=1,2,\cdots,N,\ t=1,2,\cdots,T \tag{5-8}$$

公式（5-8）中，τ为分位数，α_{it}表示截面固定效应且其不依赖于分位数τ的值，其他与公式（5-7）一致。

（二）变量选取

参照田晟（2009）、马丽平（2014）等研究，选取居民消费水平、汽车产量、金融发展水平、汽车市场刺激政策等作为影响汽车消费市场因素。相关统计数据均来源于历年《中国统计年鉴》及各省市统计公报，时间为2002—2017年。

被解释变量。汽车销量（Cars），为省际新注册民用汽车数量，相对于汽车厂商公布的汽车销量数据（包括了并未出售的部分库存车），这一数据能更真实反映省际汽车销量情况。

解释变量。包括居民消费水平、汽车产量、金融增加值和汽车市场刺激政策虚拟变量，各变量及统计描述见表5-8。此处对汽车市场刺激政策虚拟变量进一步说明，根据实施政策的年份和区域进行赋值（政策实施年份取值1，否则取值0）。2002年以来，我国主要实施了以下汽车市场刺激政策：小排量购置税优惠，实施期限为2015年10月1日起至2016年年底；汽车下乡政策，实施期限为2009年3月1日至2010年年底；汽车以旧换新政策，实施期限为2009年8月10日至2010年年底；新能源汽车补贴及免征购置税，实施期限为2013—2017年。

表5-8　变量说明及统计描述

变量	定义	单位	均值	标准差	最小值	最大值
Cars	新注册乘用车	万辆	36.55	42.48	0.12	233.08
Cons	居民消费水平	千元	11.68	8.67	2.30	53.62
CarPro	汽车产量	千辆	486.42	656.26	0.00	3182.1
MSP	市场刺激政策	—	0.375	0.4846	0	1
FinGDP	金融业增加值	亿元	821.71	1100.29	2.81	6853.01

注：市场刺激政策（Market stimulus policy）。

对于面板数据而言，运用分位数回归方法的关键在于消除个体间的差异。为了避免伪回归并确保模型估计有效性，对所有非虚拟变量（对变量取对数）进行单位根检验。基于Stata16采用“Levin-Lin-Chu”和“Im-Pesaran-Shin”方法进行单位根检验，结果见表5-9。结果显示在所有变量在5%的水平下统计检验显著，为平稳序列。

表 5-9　　变量单位根检验

变量	原序列				结论
	Levin-Lin-Chu 检验		Im-Pesaran-Shin 检验		
	统计值	P 值	统计值	P 值	
lnCars	-4.8557	0.0001	-4.8557	0.0001	平稳
lnCon	-7.5164	0.0000	-7.5164	0.0000	平稳
lnFinGDP	-6.0261	0.0000	-6.0261	0.0000	平稳
lnCarPro	-4.5014	0.0000	-4.5014	0.0000	平稳

基于Stata16采用Kao和Pedroni检验方法对面板数据模型进行协整检验，结果见表5-10，各项检验统计指标的结果均表明被解释变量与解释变量之间存在协整关系。

表 5-10　　协整检验

检验方法	检验统计指标	统计值	P 值
Kao检验	Modified Dickey-Fuller t	-3.1579	0.0008
	Dickey-Fuller t	-6.4523	0.0000
	Augmented Dickey-Fuller t	-1.8771	0.0303
	Unadjusted modified Dickey-Fuller t	-13.5222	0.0000
	Unadjusted Dickey-Fuller t	-10.9725	0.0000
Pedroni检验	Modified Phillips-Perron t	4.4361	0.0000
	Phillips-Perron t	-4.0510	0.0000
	Augmented Dickey-Fuller t	-4.3067	0.0000

（三）实证结果分析

对公式（5-7）和公式（5-8）分别用一般面板数据模型和分位数方法进行估计，并对结果进行对比，选择合适的估计结果进行分析。其中，固定效应模型估计结果显示：F（30，461）=11.92（Prob＞ F=0.0000），表明固定效应模型优于混合回归模型；对固定效应模型和随机效应模型进行豪斯曼检验，结果显示：chi2（4）=37.84（Prob＞chi2=0.0000），表明固定效应模型好于随机效应模型，因此，可以采用基于固定效应模型的分位数回归模型进行下一步分析。采用Stata的“xtqreg”模块计算，得到各分位数下的模型估计结果（见表5-11）。

表 5-11　　面板数据模型估计结果

变量	普通面板数据		面板数据分位数回归（分位数）								
	RE	FE	0.1	0.2	0.3	0.4	0.5	0.6	0.7	0.8	0.9
	（1）	（2）	（3）	（4）	（5）	（6）	（7）	（8）	（9）	（10）	（11）
lnCons	0.011 （0.11）	0.935*** （6.23）	0.801** （2.21）	0.865*** （3.55）	0.897*** （4.65）	0.930*** （6.15）	0.949*** （6.90）	0.971*** （7.22）	0.990*** （6.85）	1.012*** （6.08）	1.039*** （5.08）
lnCarPro	0.031*** （3.06）	0.023 （1.59）	0.020 （0.73）	0.022 （1.15）	0.022 （1.50）	0.023** （1.96）	0.023** （2.20）	0.024** （2.28）	0.024** （2.16）	0.024* （1.91）	0.025 （1.58）
lnFinGDP	0.726*** （12.54）	0.187** （2.07）	0.297 （1.37）	0.244* （1.67）	0.219* （1.89）	0.192** （2.11）	0.176** （2.14）	0.158** （1.96）	0.142 （1.64）	0.125 （1.25）	0.103 （0.84）
MSP	0.173*** （3.80）	0.185*** （4.26）	0.257** （2.54）	0.223*** （3.26）	0.206*** （3.81）	0.188*** （4.44）	0.178*** （4.62）	0.166*** （4.41）	0.156*** （3.85）	0.144*** （3.10）	0.130** （2.27）
_cons	-1.306*** （-8.45）	-0.158 （-0.71）									
N	496	496	496	496	496	496	496	496	496	496	496

注：*、**、***分别表示10%、5%、1%水平下显著；括号内数值表示z值。

对比分析固定效应模型与分位数回归估计结果，可以发现各变量估计系数的符号一致，但系数大小明显不同。其中，从核心解释变量居民消费水平看，除了在随机效应模型中的估计系数不显著，固定效应模型和分位数模型的各分位数下的估计系数在5%的显著性水平下均显著为正，估计系数值随着分数点提高而逐步提高（见图5-1），说明居民消费水平对汽车消费的影响在高销量省份明显高于低销量省份。具体而言，汽车销量0.9分位数下的省份，如广东、江苏等汽车高销量省份，居民消费水平增长1%，可促进汽车销量增长1.039%。

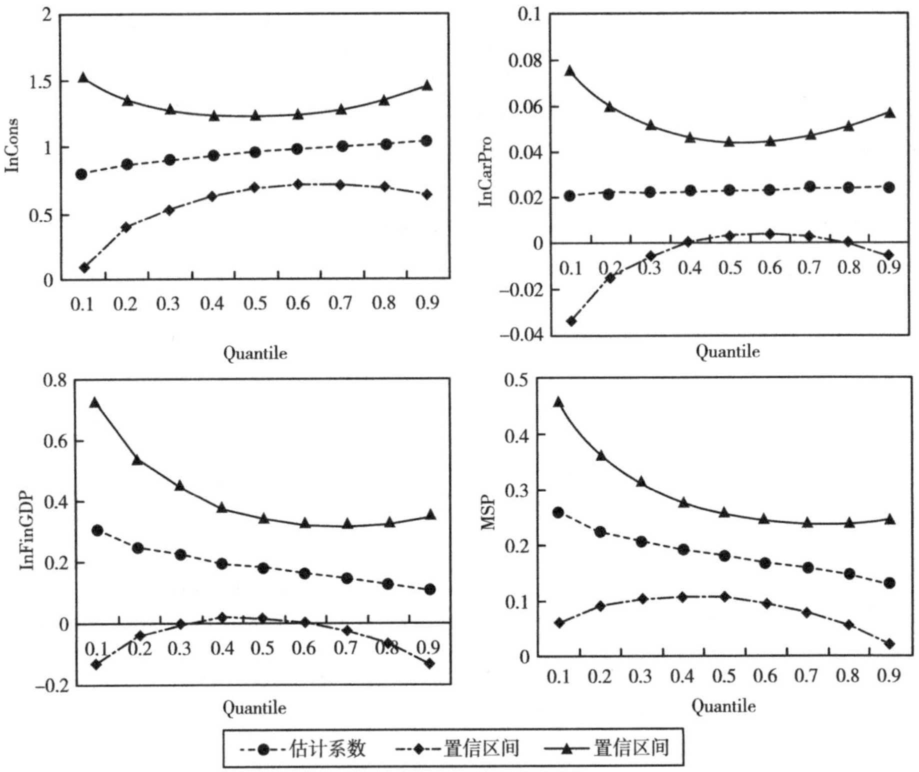

图5-1　各变量不同分位点的估计系数及95%置信区间

汽车市场刺激政策虚拟变量MSP的估计系数在所有分位点的估计系数中均显著为正，表明相对于未实施政策的年份，通过实施刺激政策，可以明显促进汽车销量提升，但随着分位点的提高呈现下降趋势。具体而言，汽车销量0.3分位点下的省市，如甘肃、海南、宁夏等地区，在实施刺激政策的年份，可促使汽车销量增加20.6%；而0.9分位点下，在实施刺激政策的年份，可促使汽车销量增加13.0%。

而汽车产量对汽车销量的影响仅在0.4、0.5、0.6及0.7分位点下的估计系数显著为正且变化较小，相对于其他解释变量，汽车产量的估计系数明显较小，说明我国汽车产销已出现较为明显的空间分离现象，本地汽车产量对本地汽车销量的影响相对不明显。汽车销量较低地区的汽车产量较低或者无汽车产量，如西藏、青海、宁夏等地区，而产量较高地区的汽车市场逐渐饱和且部分地区实施了限牌限购政策，如北京、上海等地区，导致高分位点下的估计系数也不显著。

金融增加值对汽车销量的影响与汽车产量类似，在最低和较高分位数点对汽车销量的影响都不显著，其估计系数仅在0.2、0.3、0.4、0.5、0.6分位点下显著为正且呈现逐渐变小趋势，说明金融发展水平对中低销量地区的汽车销量影响显著且较为明显。

（四）结论

面板数据分位数回归模型显示，汽车销量的影响因素在不同分位点的估计系数存在明显的区域差异。其中，核心变量居民消费水平对汽车消费的影响显著为正且随分数点提高而增加，在高销量区域明显高于低销量区域；汽车市场刺激政策虚拟变量的估计系数在所有分位点的估计系数中均显著为正，表明相对于未实施政策的年份，通过实施刺激政策可以明显促进汽车销量提升，但随着分位点的提高呈现下降趋势；汽车产量对汽车销量的影响仅在0.4、0.5、0.6及0.7分位点下的估计系数显著为正、变化较小且估计系数明显较小；金融增加值对汽车销量的影响在较低和较高分位数点对汽车销量的影响都不显著，其估计系数仅在0.2、0.3、0.4、0.5、0.6分位点下显著为正且呈现逐渐变小趋势，说明金融发展水平对中低销量地区的汽车销量影响显著且较为明显。

汽车产业作为我国重要支柱产业，而稳健发展的汽车消费市场是汽车产业进一步做强做大的根本保障。面对已出现下滑态势的汽车市场，提出以下建议：在“十四五”时期及未来，应对汽车市场下滑制定的汽车市场刺激政策应该充分考虑区域差异，政策应该重点面向汽车中低销量区域，围绕小排量汽车的购置税减免、皮卡车允许进城等方面出台刺激政策，而在经济水平较高的东部沿海省市，重点围绕汽车消费结构升级出台相对激励政策。针对汽车中低销量区域及农村地区出台有针对性的汽车信贷消费方案，释放汽车消费潜力。增强汽车中低销量地区经济发展水平，提高居民收入水平，培育汽车消费新增长区。

三、我国汽车“产销空间分离”影响因素——基于动态面板数据SDM模型

研究对象为我国31个省份（由于数据难以获取，未包括香港特别行政区与

澳门特别行政区、台湾地区）汽车产销差值及空间分离变化趋势，采用各省份年度民用汽车新增注册量来表示汽车销量，包括私家车、中大型载客汽车及各类民用载货汽车，能较为全面地反映我国加入世界贸易组织（WTO）以来汽车市场总体状况，相关数据来源于国家统计年鉴，时间阶段为2002—2019年，其中2002—2017年的数据用于动态面板数据空间杜宾模型分析。

前文已经采用探索性空间数据ESDA分析我国省际汽车销量空间分布集散特征和产销空间分离新趋势，研究发现：（1）2002年以来汽车销量年均增长速度达到12.62%，增速呈现不断放缓趋势并在2018年开始出现连续3年的负增长态势，新冠疫情加剧了下行态势。（2）“产销空间分离”逐渐成为我国汽车市场的重要特征之一，越来越多的城市实施限牌限购政策，省际汽车生产空间格局逐渐固化，吉林、广西即为典型样本。（3）多年来产量与销量差值变化反映出输出型市场（产量大于销量）在空间上逐渐固化，上海、吉林最为明显；输入型市场（销量大于产量）主要分布于东部地区，但呈现出向中西部转移趋势；广东、北京、海南等部分省份产销差值变化剧烈。

（一）变量选择

采用的研究方法为空间面板数据模型，包含了截面个体、时间及空间滞后三方面的信息，相对于截面数据可以改善时间序列分析中多重共线性带来的估计效果较差的问题，相对于一般面板数据还能够分析被解释变量或解释变量的空间溢出效应。空间面板数据模型已广泛应用于人文及经济地理学领域。省际汽车销量可能具有空间自相关和时间自相关特点，尝试采用静态和动态空间面板杜宾模型，从中选择合适的模型进行实证分析，采用Stata16的“XSMLE”模块计算。

汽车作为一般性商品，其生产、分配、交换、消费等各环节同样遵循供求理论、价格均衡理论等基本规律，王其藩（2002）、巫细波（2020）等研究表明，公路长度、城镇居民收入、GDP、燃油消费量、金融业发展水平等因素也是影响我国汽车销量的重要因素。我国宏观政策对汽车市场同样影响明显，如汽车购置税减半、汽车下乡、汽车限牌、新能源汽车补贴及免征购置税等对汽车销量也会产生影响。为此，综合以上分析并结合长时间序列数据的可获得性，本节选择地区生产总值、居民消费水平、金融业增加值、城镇化率、汽车产量、民用汽车拥有量、公路货运量、高速公路里程占公路里程比重以及两个产业政策相关的虚拟变量等10个指标作为解释变量，其中汽车产量及两个虚拟变量为核心解释变量，其他为空间变量，各变量的统计特征描述见表5-12。

表5-12　　变量及数据统计描述

	变量	单位	均值	标准差	最小值	最大值	预期效应
被解释变量	新注册民用车：*Cars*	万辆	48.6	51.1	0.2	265.6	
核心解释变量	汽车产量：*CarPro*	千辆	528.3	700.7	0.0	3215.8	+
	实施汽车消费激励政策：*IP*	–	0.33	0.47	0	1	+
	实施汽车限牌限购政策：RP	–	0.06	0.24	0	1	–
控制变量	地区生产总值：*GDP*	亿元	16025.9	16940.0	162.0	107671.1	+
	居民消费水平：*Con*	千元	13.7	10.7	2.3	69.4	+
	金融业增加值：*FinGDP*	亿元	994.8	1343.3	2.8	8881.4	+
	城镇化水平：*Urban*	%	51.4	15.1	19.9	89.6	+
	民用汽车拥有量：*CarOwn*	万辆	339.5	392.5	5.9	2333.7	+
	公路货运量：*Freight*	百万吨	796.6	667.8	2.0	3152.2	+
	高速公路占比：*Highway*	%	2.5	1.5	0.0	8.1	+

注：截面单位为31个，16期共496个观测值。

其中，地区生产总值、居民消费水平、金融业增加值、城镇化率等解释变量较为直观，此处不予赘述。对两个虚拟变量进行说明：（1）实施汽车消费激励政策（IP）。根据政策实施的年份和区域进行赋值（政策实施年份取值1，否则取值0）。自我国加入WTO以来，国家层面实施的重点政策包括：汽车下乡政策（2009年3月至2010年12月）、以旧车换新车政策（2009年8月至2010年12月）、新能源汽车补贴及免征购置税政策（2013—2017年）、小排量汽车购置税减免政策（2015年10月至2016年12月）。（2）实施汽车限牌限购政策（RP）。根据实施政策的年份和区域进行赋值。自我国加入WTO以来，主要有北京、上海、天津、广州、深圳、贵阳等城市实施了限牌政策，但部分城市实施限牌限购政策还不足以显著影响到所在省份的汽车销量变化，本节只以北京、上海、天津为样本，在实施限牌限购政策相应年份的虚拟变量取值为1。上海自1994年以来、北京自从2011年以来、天津自2014年开始实施该类政策。

（二）模型设计

实践表明，宏观政策对汽车市场的健康发展极为重要，表现出与政策导向相一致的拉动效应或抑制效应。由于省际产销空间分离程度难以具体量化，因此对产销空间分离现象的实证分析转化为对以下假设的检验：各省份本地汽车产量对本地汽车销量的影响不显著，但会对周边区域的汽车销量形成显著的正向空间溢出效应。我国汽车制造业在发展早期实施了严格的管控政策，只有在吉林长春、北京、上海、天津、湖北十堰、广东广州等少数区域能发展汽车制造业。经过多年发展，这些经济率先发展地区的汽车市场逐渐接近饱和，特别是一些地区还实施限牌限购政策，导致本地生产的大部分汽车只能在外地销售，进而形成正向空间溢出效应，因此可以通过这种思路验证汽车市场是否存在产销空间分离现象。此外，由于我国省际汽车销量可能存在空间相关性及时间相关性，解释变量也可能存在空间溢出效应，不仅要关注本地区解释变量对本地区汽车销量的影响，还要关注其他地区解释变量对本地区汽车销量的影响，进而可以构建动态空间面板数据杜宾模型SDM如下：

$$Y_{it}=\sigma Y_{it-1}+\rho W_nY_{it}+\beta X_{it}+\theta W_nX_{it}+\varepsilon_{it}+c_i \tag{5-9}$$

方程（5-9）中，Y_{it}为i地区t时期的汽车整车销量，$Y_{it}-1$则为i地区（$t-1$）时期的汽车销量，W_n为空间权重，考虑到国内汽车产品均面向全国销售，故采用空间距离权重；W_nY_{it}为i地区t时期的汽车销量空间滞后项；X_{it}为i地区t时期的解释变量，W_nX_{it}为i地区t时期的解释变量的空间滞后项；ε_{it}为残差项；C_i为$n\times1$维的个体固定效应项。相对于普通面板数据模型，由于引入了解释变量和被解释变量的空间或时间滞后项，对估计参数的解释变得较为复杂，某个解释变量对被解释变量的总效应与其系数大小并不相等。而空间计量模型中的滞后项不但能够实现本地解释变量对本地区被解释变量的影响，而且能够反映邻近地区解释变量对本地区被解释变量的影响，前者称为直接效应，后者则称为间接效应。

（三）变量检验

首先要对数据对数值进行单位根检验，以规避模型参数估计出现伪回归现象。本节运用Stata软件中的Levin-Lin-Chu检验和Im-Pesaran-Shin检验方法对变量（不包括虚拟变量）原序列和一阶差分序列进行了单位根检验，结果显示所有变量原序列和一阶差分序列均不包含单位根，均为平稳序列（检验结果见表5-13）。

表 5-13 变量单位根检验

变量	原序列				一阶差分序列			
	Levin-Lin-Chu 检验		Im-Pesaran-Shin 检验		Levin-Lin-Chu 检验		Im-Pesaran-Shin 检验	
	统计值	P 值	统计值	P 值	统计值	P 值	统计值	P 值
lnCars	−4.8557	0.0001	−4.8557	0.0001	−12.4593	0.0000	−10.2532	0.0000
lnGDP	−13.9360	0.0000	−13.9360	0.0000	−1.8481	0.0323	−2.4587	0.0070
lnCon	−7.5164	0.0000	−7.5164	0.0000	−6.4973	0.0000	−7.6044	0.0000
lnFinGDP	−6.0261	0.0000	−6.0261	0.0000	−5.8604	0.0000	−6.3912	0.0000
Urban	−5.1834	0.0000	−5.1834	0.0000	−9.3053	0.0000	−7.4396	0.0000
lnCost	−8.6185	0.0000	−8.6185	0.0000	−5.7858	0.0000	−7.0404	0.0000
lnCarPro	−4.5014	0.0000	−4.5014	0.0000	−7.5707	0.0000	−7.5606	0.0000
lnCarOwn	−4.5806	0.0000	−4.5806	0.0000	−7.1366	0.0000	−5.2219	0.0000
lnFreight	−3.1429	0.0008	−3.1429	0.0008	−7.3891	0.0000	−8.6791	0.0000
Highway	−1.4918	0.0679	−1.4918	0.0679	−9.9883	0.0000	−10.0982	0.0000
lnPassenger	−2.7110	0.0034	−2.7110	0.0034	−4.6760	0.0000	−8.5885	0.0000

此外，采用Stata的“spatgsa”命令对各年份的省际汽车销量进行Moran检验，结果显示省际汽车销量存在显著的空间自相关（见表5-14），可以使用空间面板数据杜宾模型。

表 5-14 汽车销量的空间自相关检验

年份	G 统计值	E（G）	sd（G）	z	P 值
2002	0.032	0.019	0.004	2.902	0.002
2003	0.033	0.019	0.004	3.229	0.001
2004	0.030	0.019	0.004	2.979	0.001
2005	0.031	0.019	0.004	3.023	0.001
2006	0.030	0.019	0.004	2.736	0.003
2007	0.029	0.019	0.005	2.318	0.010
2008	0.029	0.019	0.004	3.013	0.001
2009	0.027	0.019	0.003	2.586	0.005
2010	0.025	0.019	0.003	1.997	0.023

续表

年份	G 统计值	E（G）	sd（G）	z	P 值
2011	0.026	0.019	0.003	2.358	0.009
2012	0.027	0.019	0.003	2.718	0.003
2013	0.027	0.019	0.003	2.605	0.005
2014	0.026	0.019	0.003	2.206	0.014
2015	0.026	0.019	0.003	2.304	0.011
2016	0.026	0.019	0.003	2.377	0.009
2017	0.026	0.019	0.003	2.344	0.010
2018	0.024	0.016	0.003	2.508	0.012
2019	0.026	0.018	0.003	2.540	0.011

（四）模型估计结果

用Stata的“xsmle”模块对上述方程（5-9）进行估计，得到静态固定效应、动态固定效应及4种随机效应等6种估计结果（见表5-15），其中模型①和模型②是用以对比分析，模型④—⑥用以稳健性检验。Hausman检验结果显示chi2（8）=7.61且未通过显著性检验，表明采用随机效应模型更合适，而Wald和LR检验结果表明空间SAR模型和空间SEM模型不适合本案例，模型④—⑥各解释变量的估计系数符号基本一致，表明模型③通过稳健性检验，故采用模型③结果进行分析。

表中显示，随机效应空间杜宾模型的空间自相关系数（Spatial rho）为0.218且通过了10%的显著性检验，说明省际汽车市场存在显著的空间溢出效应。实施汽车消费激励政策IP、lnGDP、lnFinGDP、Highway、lnFreight、lnCarOwn等解释变量的估计系数显著为正，城镇化水平Urban、实施汽车限牌限购政策RP、解释变量的估计系数显著为负。

表 5-15　　空间杜宾模型的计量结果

变量及指标	固定效应模型		随机效应模型			
	①静态模型	②动态模型	③全样本	④除 2003 年	⑤除 2011 年	⑥除 2017 年
IP	0.209*** （5.76）	0.208*** （5.65）	0.225*** （6.43）	0.230*** （6.44）	0.261*** （7.18）	0.249*** （6.57）

续表

变量及指标	固定效应模型		随机效应模型			
	①静态模型	②动态模型	③全样本	④除 2003 年	⑤除 2011 年	⑥除 2017 年
RP	−0.126 (−0.75)	−0.149 (−0.88)	−0.263** (−2.47)	−0.279** (−2.48)	−0.236** (−2.10)	−0.270** (−2.46)
lnGDP	0.345** (2.37)	0.300* (1.95)	0.125* (1.81)	0.145* (1.94)	0.081 (1.13)	0.144** (2.01)
lnCon	−0.547*** (−2.95)	−0.500*** (−2.60)	−0.114 (−1.38)	−0.102 (−1.13)	−0.162* (−1.92)	−0.115 (−1.33)
Urban	−0.009 (−0.90)	−0.008 (−0.82)	−0.005* (−1.79)	−0.006* (−1.84)	−0.004 (−1.39)	−0.005* (−1.68)
lnFinGDP	0.063 (0.79)	0.040 (0.47)	0.145** (2.27)	0.138** (1.99)	0.162** (2.50)	0.135** (2.01)
Highway	0.060** (2.37)	0.045* (1.69)	0.079*** (4.28)	0.083*** (4.20)	0.080*** (4.22)	0.081*** (4.24)
lnCarOwn	1.064*** (6.65)	0.885*** (5.07)	0.766*** (9.82)	0.754*** (9.00)	0.799*** (9.75)	0.755*** (9.37)
L.lnCars		0.194*** (4.47)				
_cons			−2.582*** (−8.83)	−2.666*** (−8.38)	−2.439*** (−8.06)	−2.670*** (−8.87)
Wx:						
lnGDP	−0.210 (−0.66)	−0.143 (−0.40)	−0.086 (−0.68)	−0.078 (−0.58)	−0.144 (−1.11)	−0.065 (−0.49)
lnFinGDP	−0.238 (−0.92)	−0.154 (−0.54)	−0.111 (−0.70)	−0.142 (−0.85)	−0.066 (−0.40)	−0.126 (−0.77)
lnCarPro	0.236*** (5.09)	0.274*** (5.70)	0.052* (1.90)	0.058** (1.98)	0.056** (2.07)	0.049* (1.80)
lnCarOwn	−0.253 (−0.73)	−0.297 (−0.82)	−0.348* (−1.74)	−0.302 (−1.43)	−0.317 (−1.54)	−0.343* (−1.66)
lnFreight	0.684*** (3.54)	0.519** (2.52)	0.404*** (3.11)	0.387*** (2.80)	0.459*** (3.44)	0.397*** (2.94)
Spatial rho	0.068 (0.65)	0.031 (0.28)	0.218** (2.31)	0.205** (2.10)	0.143 (1.42)	0.203** (2.07)

续表

变量及指标	固定效应模型		随机效应模型			
	①静态模型	②动态模型	③全样本	④除 2003 年	⑤除 2011 年	⑥除 2017 年
Variance:						
sigma2_e	0.103*** (16.70)	0.108*** (17.19)	0.115*** (15.97)	0.117*** (15.47)	0.115*** (15.56)	0.120*** (15.48)
lgt_theta			1.175* (1.70)	1.023 (1.64)	1.154* (1.79)	1.336* (1.70)
N	558	527	558	527	527	527
R^2	0.861	0.871	0.925	0.921	0.927	0.922

注：***、**和*分别表示结果在1%、5%和10%水平上显著；括号内为对应系数z值。

空间面板数据杜宾模型由于同时引入了解释变量和被解释变量的空间滞后项，对估计参数的解释与一般面板数据模型存在明显不同，估计系数可以进一步分解为总体效应、直接效应及间接效应（见表5-16），采用模型③的估计系数展开分析。

表 5-16　　空间面板数据杜宾模型估计结果效应分解

解释变量	总体效应	直接效应	间接效应
IP	0.259*** (6.71)	0.226*** (6.27)	0.033** (2.05)
RP	-0.304** (-2.34)	-0.265** (-2.38)	-0.039 (-1.45)
lnCarPro	0.036* (1.91)	0.001 (1.41)	0.035* (1.91)
lnGDP	0.098* (0.85)	0.127* (1.78)	-0.029 (-0.34)
lnCon	-0.121 (-1.29)	-0.105 (-1.30)	-0.016 (-0.99)
Urban	-0.006** (-1.99)	-0.005** (-2.00)	-0.001 (-1.34)
lnFinGDP	0.082* (0.68)	0.140** (2.23)	-0.058 (-0.57)
Highway	0.091*** (4.36)	0.079*** (4.45)	0.012* (1.79)

续表

解释变量	总体效应	直接效应	间接效应
lnCarOwn	0.640*** （4.71）	0.761*** （10.07）	-0.121 （-1.06）
lnFreight	0.269*** （3.19）	0.008* （1.82）	0.260*** （3.19）

注：***、**和*分别表示结果在1%、5%和10%水平上显著；括号内为对应系数z值。

（五）实证结果分析

对“产销空间分离”假设的检验及分析。表5-16显示汽车产量lnCarPro的直接效应估计系数为0.001，未通过显著性检验，表明该省市汽车产量对本地销量的影响非常小且不显著；间接效应估计系数为0.035且经过10%显著性检验，表明该省市汽车产量对周边省市汽车销量形成正向的空间溢出效应，省际汽车市场确实存在显著的产销空间分离现象。lnCarPro总体效应估计系数为0.036且通过10%显著性检验，说明汽车产量总体上会对汽车销量形成促进作用，因此成功检验对我国省际汽车市场存在“产销空间分离”假设。

宏观政策对省际汽车市场的影响。虚拟变量IP总体效应、直接效应和间接效应的估计系数均为正值且通过显著性检验，说明国家实施的激励性政策的效果显著，相比于未实施激励政策的年份，实施激励政策可以提高汽车销量25.9%。虚拟变量RP总体效应和直接效应的估计系数均为负值且通过显著性检验，说明即使局部地区实施限牌限购政策，也对汽车销量形成显著抑制效应，总体效应的估计系数达到了-0.304，相对于未实施限牌限购政策的区域，汽车销量减少26.2%（即［1-exp（-0.304）］×100%=26.2%），可见宏观政策对促进汽车消费的需求拉动或抑制都具有显著效应。

其他解释变量的分析。首先，lnGDP、lnFinGDP、Highway、lnFreight、lnCarOwn等解释变量的总体效应和直接效应估计系数均显著为正，说明较高的经济发展水平、发达的金融业、高速公路占比较高、发达的公路货运及数量庞大的汽车保有量均能有效促进本地区的汽车消费；从间接效应来看，Highway和lnFreight的空间溢出效应显著为正，说明邻近地区的高速公路及公路货运水平提升会对本地汽车消费形成正向空间溢出效应，解释变量lnGDP、lnCon、lnFinGDP、lnCarOwn的间接效应系数为负不显著，未形成显著空间溢出效应。其次，Urban的总体效应及直接效应估计系数均显著为负，对汽车销量形成抑制效应。随着北京、上海、天津等城市化率较高的区域越来越多地实施限牌限购政策，加上汽车保有量过快增长，造成一系列汽车社会问题，高城市化率整体上对省际汽车消费形成了抑制效应。再次，居民消费水平lnCon变量三种效应的估计系数均为负值且未通过显著性检验，而模型①和模型②的估计系数则显著为负，可能是因为北京、上海等越来越多的居民消费水平较高区域实施限牌限购政策，导致居民消费水平与汽车销量形成一定的负相关。

实证分析表明，我国省际汽车市场确实存在显著的“产销空间分离”现象；地区生产总值、金融业增加值、高速公路里程占比、汽车产量、汽车保有量、公路货运量、汽车消费激励政策等解释变量的总体效应估计系数均显著为主，对汽车销量形成正向促进效应，其中公路货运量、汽车产量等变量的间接效应估计系数显著为正，对周边区域汽车销量形成正向的空间溢出效应；居民消费水平、金融业增加值、高速公路里程占比等解释变量未形成显著的正向空间溢出效应；城镇化水平、限牌限购政策等对汽车销量形成显著的负效应。

四、我国汽车产销空间的影响因素分析——考虑新冠疫情的影响

总体而言，学者们对汽车产销空间关系及演变的研究目前还较为缺乏，而且对汽车产业、产销市场及关联影响方面的研究视角、研究方法仍可拓展。鉴于此，基于长时间序列（2002—2020年）省际面板数据展开研究，本节重点构建动态空间面板数据杜宾模型探讨我国汽车市场产销空间分离的影响因素。为后疫情时代和制造强国战略背景下我国汽车制造与消费市场协调发展及推动构建新发展格局，提供启示借鉴与决策参考。

（一）变量选择

本节分别运用空间面板数据模型，包含了截面个体、时间及空间滞后三方面的信息，相对于截面数据，可以改善时间序列分析中多重共线性带来的估计效果较差的问题，相对于一般面板数据，还能够分析被解释变量或解释变量的空间溢出效应。空间面板数据模型已广泛应用于人文及经济地理学领域，我国省际汽车销量可能具有空间自相关和时间自相关特点，尝试采用静态和动态空间面板杜宾模型，从中选择合适的模型进行实证分析，采用Stata16的“XSMLE”模块计算。

本节研究对象为我国31个省份（由于数据难以获取，未包括香港特别行政区与澳门特别行政区、台湾地区）汽车产销差值及空间分离变化趋势，采用各省市年度民用汽车新增注册量来表示汽车销量，包括私家车、中大型载客汽车及各类民用载货汽车，能较为全面地反映我国加入世界贸易组织（WTO）以来汽车市场总体状况，相关数据来源于国家统计年鉴，时间阶段为2002—2020年。

汽车作为一般性商品，其生产、分配、交换、消费等各环节同样遵循供求理论、价格均衡理论等基本规律，王其藩（2002）、巫细波（2020）等研究表明，公路长度、城镇居民收入、GDP、燃油消费量、金融业发展水平等因素是影响我国汽车销量的重要因素。我国宏观政策对我国汽车市场同样影响明显，如汽车购置税减半、汽车下乡、汽车限牌、新能源汽车补贴及免征购置税等对汽车销量会产生影响，新冠疫情的影响也是显而易见的。为此，综合以上分析并结合长时间序列数据的可获得性，我们选择地区生产总值、金融业增加值、城镇化率、汽车产量、民用汽车拥有量、公路货运量、高速公路里程占公路里程比重、两个产业政策相关的虚拟变量及疫情相关虚拟变量等11个指标作为解释变量，各变量的统计特征描述见表5-17。

表5-17　　变量及数据统计描述

变量		单位	均值	标准差	最小值	最大值	预期效应
被解释变量	新注册民用车：*Cars*	万辆	50.14	51.89	0.19	265.64	
解释变量	汽车产量：*CarPro*	千辆	543.44	714.12	0.00	3215.80	+
	实施汽车消费激励政策：*IP*	–	0.32	0.47	0.00	1.00	+
	实施汽车限牌限购政策：*RP*	–	0.06	0.24	0.00	1.00	–
	地区生产总值：*GDP*	亿元	16901.29	17942.15	162.04	110760.90	+
	金融业增加值：*FinGDP*	亿元	1085.56	1474.66	2.81	9906.99	+
	城镇化水平：*Urban*	%	52.00	15.16	19.89	89.61	–
	民用汽车拥有量：*CarOwn*	万辆	368.08	427.84	5.87	2537.10	+
	公路货运量：*Freight*	百万吨	812.84	675.35	2.01	3152.23	+
	公路客运量：*Passenger*		632.73	647.74	1.25	5565.10	
	高速公路占比：*Highway*	%	2.60	1.51	0.00	8.07	+
	新冠疫情：*Covid*	–	0.05	0.22	0.00	1.00	–

注：截面单位为31个，19期共589个观测值。

其中，地区生产总值、居民消费水平、金融业增加值、城镇化率、汽车产量等解释变量较为直观，此处不予赘述；对三个虚拟变量进行说明：（1）实施汽车消费激励政策（IP）。根据政策实施的年份和区域进行赋值（政策实施年份取值1，否则取值0）。自我国加入WTO以来，国家层面实施的重点政策包括：汽车下乡政策（2009年3月—2010年12月）、以旧车换新车政策（2009年8月—2010年12月）、新能源汽车补贴及免征购置税政策（2013—2020年）、小排量汽车购置税减免政策（2015年10月—2016年12月）。（2）实施汽车限牌限购政策（RP）。根据实施政策的年份和区域进行赋值。自我国加入WTO以来，主要有北京、上海、天津、广州、深圳、贵阳等城市实施了限牌政策，但部分城市实施限牌限购政策还不足以显著影响到所在省份的汽车销量变化，本节只以北京、上海、天津为样本，在实施限牌限购政策相应年份的虚拟变量取值为1，上海自1994年以来、北京自从2011年以来、天津自2014年开始实施该类政策。（3）新冠疫情。2020年年初暴发的新冠疫情对汽车市场造成了明显冲击，加剧了国内汽车市场的下行态势，将2020年份的虚拟变量取值为1，其他年份则为0。

（二）模型设计

实践表明，宏观政策对汽车市场的健康发展极为重要，表现出与政策导向相一致的拉动效应或抑制效应。由于省际产销空间分离程度难以具体量化，因此对产销空间分离现象的实证分析转化为对以下假设的检验：各省份本地汽车产量对本地汽车销量的影响不显著，但会对周边区域的汽车销量形成显著的正向空间溢出效应。我国汽车制造业在发展早期实施了严格的管控政策，只有在吉林长春、北京、上海、天津、湖北十堰、广东广州等少数区域能发展汽车制造业，经过多年发展，这些经济率先发展地区的汽车市场逐渐接近饱和，特别是一些地区还实施限牌限购政策，导致本地生产的大部分汽车只能在外地销售，进而形成正向空间溢出效应，因此可以通过这种思路验证汽车市场是否存在产销空间分离现象。此外，由于我国省际汽车销量可能存在空间相关性及时间相关性，解释变量也可能存在空间溢出效应，不仅要关注本地区解释变量对本地区汽车销量的影响，还要关注其他地区解释变量对本地区汽车销量的影响，进而可以构建动态空间面板数据杜宾模型SDM如下：

$$Y_{it}=\sigma Y_{it-1}+\rho W_n Y_{it}+\beta X_{it}+\theta W_n X_{it}+\varepsilon_{it}+c_i \tag{5-10}$$

方程（5–10）中，Y_{it}为i地区t时期的汽车整车销量，Y_{it-1}则为i地区（t–1）时期汽车销量，W_n为空间权重，考虑国内汽车产品面向全国销售，故采用空间距离权重；$W_n Y_{it}$为i地区t时期的汽车销量空间滞后项；X_{it}为i地区t时期的解释变量，$W_n X_{it}$为i地区t时期的解释变量的空间滞后项；ε_{it}为残差项；C_i为$n\times 1$维的个体固定效应项。相对于普通面板数据模型，由于引入了解释变量和被解释变量的空间或时间滞后项，对估计参数的解释变得较为复杂，某个解释变量对被解释变量的总效应与其系数大小并不相等。而空间计量模型中的滞后项不但能够实现本地解释变量对本地区被解释变量的影响，而且能够反映邻近地区解释变量对本地区被解释变量的影响，前者称为直接效应，后者则称为间接效应。

（三）变量检验

首先要对数据对数值进行单位根检验，以规避模型参数估计出现伪回归现象。本节运用Stata软件中的Levin–Lin–Chu检验方法对变量（不包括虚拟变量）原序列和一阶差分序列进行了单位根检验，结果显示所有变量原序列和一阶差分序列均不包含单位根，均为平稳序列（检验结果见表5–18）。

表 5–18 变量单位根检验

变量	原序列		一阶差分序列	
	统计值	P 值	统计值	P 值
lnCars	7.2242	0.0000	–7.2242	0.0000
lnGDP	–15.2796	0.0000	–15.2796	0.0000
lnFinGDP	–8.8034	0.0000	–8.8034	0.0000
Urban	–3.0743	0.0011	–3.0743	0.0011
lnCarPro	–5.3520	0.0000	–5.3520	0.0000
lnCarOwn	–9.7135	0.0000	–9.7135	0.0000
lnFreight	–5.6254	0.0000	–5.6254	0.0000
Highway	–5.7825	0.0000	–5.7825	0.0000
lnPassenger	–3.5785	0.0002	–3.5785	0.0002

此外，采用Stata的“spatgsa”命令对各年份的省际汽车销量进行Moran检验，结果显示2002—2020年我国省际汽车销量存在显著的空间自相关（见表5–19），可以使用空间面板数据杜宾模型。

表 5-19 汽车销量的空间自相关检验

年份	G 统计值	E（G）	sd（G）	z	P 值
2002	0.837	0.690	0.073	2.006	0.022
2003	0.843	0.690	0.072	2.126	0.017
2004	0.849	0.690	0.065	2.433	0.007
2005	0.827	0.690	0.066	2.061	0.020
2006	0.844	0.690	0.068	2.258	0.012
2007	0.825	0.690	0.074	1.828	0.034
2008	0.852	0.690	0.061	2.665	0.004
2009	0.818	0.690	0.054	2.346	0.009
2010	0.805	0.690	0.055	2.080	0.019
2011	0.812	0.690	0.053	2.280	0.011
2012	0.825	0.690	0.053	2.537	0.006
2013	0.827	0.690	0.053	2.592	0.005
2014	0.837	0.690	0.057	2.600	0.005
2015	0.841	0.690	0.056	2.687	0.004
2016	0.843	0.690	0.056	2.750	0.003
2017	0.840	0.690	0.054	2.771	0.003
2018	0.845	0.690	0.055	2.785	0.003
2019	0.847	0.690	0.056	2.780	0.003
2020	0.844	0.690	0.055	2.787	0.003

（四）模型估计结果

用Stata的“xsmle”模块对上述方程（5-10）进行估计，得到静态固定效应、动态固定效应及4种随机效应等6种估计结果（见表5-20），其中模型①和模型②是用以对比分析，模型④—⑥用以稳健性检验。

表 5-20 空间杜宾模型的计量结果

变量及指标	固定效应模型		随机效应模型			
	①静态模型	②动态模型	③全样本	④除 2003 年	⑤除 2011 年	⑥除 2017 年
IP	0.234*** （6.52）	0.229*** （6.52）	0.208*** （5.65）	0.212*** （5.70）	0.245*** （6.32）	0.238*** （6.01）
RP	−0.567*** （−4.00）	−0.436*** （−3.09）	−0.816*** （−7.25）	−0.834*** （−7.28）	−0.824*** （−7.12）	−0.796*** （−6.80）

续表

变量及指标	固定效应模型		随机效应模型			
	①静态模型	②动态模型	③全样本	④除 2003 年	⑤除 2011 年	⑥除 2017 年
lnGDP	0.420*** (3.78)	0.288** (2.42)	0.634*** (9.56)	0.642*** (9.38)	0.609*** (9.20)	0.656*** (9.66)
Urban	0.020** (2.54)	0.010 (1.25)	−0.008** (−2.46)	−0.009*** (−2.66)	−0.009** (−2.55)	−0.008** (−2.41)
lnFinGDP	0.281*** (4.36)	0.161** (2.33)	0.308*** (5.47)	0.311*** (5.30)	0.321*** (5.68)	0.281*** (4.80)
Covid	−0.275*** (−3.48)	−0.151* (−1.92)	−0.233*** (−3.01)	−0.234*** (−2.98)	−0.224*** (−2.86)	−0.189** (−2.32)
Highway	0.094*** (3.73)	0.061** (2.32)	0.083*** (3.73)	0.090*** (3.86)	0.086*** (3.83)	0.082*** (3.57)
L.lnCars		0.340*** (8.41)				
_cons			−4.250*** (−12.18)	−4.317*** (−11.95)	−4.145*** (−12.01)	−4.336*** (−12.26)
Wx:						
lnCarPro	0.228*** (4.69)	0.270*** (5.47)	0.059 (1.55)	0.057 (1.50)	0.050 (1.38)	0.052 (1.39)
lnCarOwn	−0.610*** (−5.00)	−0.452*** (−3.62)	−0.332*** (−3.11)	−0.294*** (−2.64)	−0.287*** (−2.62)	−0.317*** (−2.93)
lnFreight	0.630*** (3.16)	0.378* (1.84)	0.235*** (2.72)	0.201** (2.22)	0.268*** (3.02)	0.237*** (2.70)
lnPassenger	−0.070 (−1.17)	−0.040 (−0.69)	−0.124** (−2.37)	−0.110** (−2.05)	−0.150*** (−2.73)	−0.115** (−2.13)
Spatial:						
rho	0.160 (1.56)	0.087 (0.82)	0.258*** (2.82)	0.237** (2.50)	0.194** (1.99)	0.233** (2.45)
Variance:						
sigma2_e	0.116*** (17.14)	0.115*** (17.63)	0.129*** (16.36)	0.132*** (15.90)	0.132*** (15.96)	0.135*** (15.94)
lgt_theta			−0.155 (−0.50)	−0.080 (−0.25)	−0.010 (−0.03)	−0.047 (−0.15)
N	589	558	589	558	558	558
r2	0.590	0.737	0.902	0.899	0.906	0.900

注：***、**和*分别表示结果在1%、5%和10%水平上显著；括号内为对应系数z值。

Hausman检验结果显示chi2（7）=8.19且未通过显著性检验，表明采用随机效应模型更合适，而Wald和LR检验结果表明，空间SAR模型和空间SEM模型不适合本案例，模型④—⑥各解释变量的估计系数符号基本一致，表明模型③通过稳健性检验，故采用模型③结果进行分析。

随机效应空间杜宾模型的空间自相关系数（Spatial rho）为0.258且通过了1%的显著性检验，说明省际汽车市场存在显著的空间溢出效应。实施汽车消费激励政策IP、lnGDP、lnFinGDP、Highway、lnFreight等解释变量的估计系数显著为正，城镇化水平Urban、实施汽车限牌限购政策RP、公路客运量lnPassenger、汽车保有量lnCarOwn、新冠疫情Covid等解释变量的估计系数显著为负。

（五）实证结果分析

空间面板数据杜宾模型由于同时引入解释变量和被解释变量的空间滞后项，对估计参数的解释与一般面板数据模型存在明显不同，估计系数可以进一步分解为总体效应、直接效应及间接效应（见表5-21），采用模型③的估计系数展开分析。

表5-21　空间面板数据杜宾模型估计结果效应分解

解释变量	总体效应	直接效应	间接效应
lnCarPro	0.043* （1.66）	0.002 （1.36）	0.041* （1.66）
IP	0.244*** （6.03）	0.209*** （5.87）	0.035** （2.42）
RP	−0.960*** （−7.07）	−0.820*** （−7.42）	−0.140** （−2.36）
lnGDP	0.752*** （8.02）	0.641*** （9.35）	0.111** （2.32）
Urban	−0.010** （−2.53）	−0.009*** （−2.59）	−0.001* （−1.66）
lnFinGDP	0.365*** （5.15）	0.311*** （5.42）	0.053** （2.15）
Covid	−0.270*** （−3.01）	−0.231*** （−3.02）	−0.039* （−1.87）

续表

解释变量	总体效应	直接效应	间接效应
Highway	0.098*** (3.57)	0.084*** (3.69)	0.014** (1.99)
lnCarOwn	-0.237*** (-2.60)	-0.009 (-1.60)	-0.228*** (-2.66)
lnFreight	0.164** (2.43)	0.006 (1.64)	0.158** (2.46)
lnPassenger	-0.084** (-2.15)	-0.003 (-1.56)	-0.081** (-2.16)

注：***、**和*分别表示结果在1%、5%和10%水平上显著；括号内为对应系数z值。

新冠疫情对国内汽车市场的抑制效应显著为负。Covid解释变量的总体效应、直接效应和间接效应均显著为负且通过显著性检验，表明新冠疫情对我国汽车消费市场形成了显著抑制效应。

即使考虑疫情因素的影响，我国省际汽车市场仍存在显著的“产销空间分离”现象。结果显示汽车产量lnCarPro的直接效应估计系数为0.002，未通过显著性检验，表明省市汽车产量对本地销量的影响非常小且不显著；间接效应估计系数为0.041且经过10%显著性检验，表明省市汽车产量对周边省市汽车销量形成正向的空间溢出效应，省际汽车市场确实存在显著的产销空间分离现象。lnCarPro总体效应估计系数为0.043且通过10%显著性检验，说明汽车产量总体上会对汽车销量形成促进作用，我国省际汽车市场存在显著的“产销空间分离”现象。

宏观政策对省际汽车市场具有显著的影响。虚拟变量IP总体效应、直接效应和间接效应的估计系数均为正值且通过显著性检验，说明国家实施的激励性政策的效果显著，相比于未实施激励政策的年份，实施激励政策可以提高汽车销量24.4%。虚拟变量RP总体效应和直接效应的估计系数均为负值且通过显著性检验，说明即使局部地区实施限牌限购政策，也对汽车销量形成显著抑制效应，总体效应的估计系数达到了-0.960，相对于未实施限牌限购政策的区域，汽车销量减少61.71%（即［1-exp（-0.960）］×100%=61.71%），可见宏观政策对促进汽车消费的需求拉动或抑制都具有显著效应。

其他解释变量的分析。首先，lnGDP、lnFinGDP、Highway等解释变量的总体效应、直接效应和间接效应估计系数均显著为正，说明较高的经济发展水平、发达的金融业、发达的高速公路等因素均能有效促进本地区及周边区域的汽车消费，具有显著的正向空间溢出效应；lnFreight变量的总体和间接效应系数显著为正，说明公路货运的繁荣总体上会促进汽车消费，邻近地区公路货运水平提升会对本地汽车消费形成正向空间溢出效应。其次，lnCarOwn、Urban、lnPassenger等变量的总体效应及间接效应估计系数均显著为负，对汽车销量形成抑制效应。随着北京、上海、天津等城市化率较高的区域越来越多实施限牌限购政策，汽车保有量的过快增长造成一系列汽车社会问题，高城市化率整体上对省际汽车消费形成了抑制效应。由于我国汽车消费仍然以私家车为主，客运量lnPassenger估计系数显著为负，表明高铁、地铁、长途客运等公共交通的繁荣对汽车消费形成抑制效应。

总体上来讲，地区生产总值、金融业增加值、高速公路里程占比、汽车产量、公路货运量、汽车消费激励政策等变量的总体效应估计系数均显著为正，对汽车销量形成正向促进效应，其中公路货运量、汽车产量等变量的间接效应估计系数显著为正，对周边区域汽车销量形成正向的空间溢出效应；新冠疫情、城镇化水平、限牌限购政策、汽车保有量等对汽车销量形成显著的负效应。

第三节　中国私家车消费市场的影响因素分析

一、"入世"以来我国私家车消费变化特征与区域差异

私家车市场的高速发展使我国从2009年起已经连续多年成为全球最大汽车市场，促使汽车制造业在2017年开始已成为我国主营业务收入规模第二、利润规模第一的支柱工业。然而，随着国内私家车市场在2018年和2019年的连续下滑，加上新冠疫情在全球呈现常态化趋势，我国私家车市场面临进一步下行压力。

（一）阶段特征

自我国加入WTO以来，越来越多跨国汽车企业进入国内市场，同时我国

居民消费水平保持较快增长势头，加上2008年金融危机后国家实施了汽车下乡、小排量及新能源汽车购置补贴等政策，我国私家车销量从2002年的149.13万辆增长到2019年的2164.81万辆，年均增速高达17.04%，明显高于同期国内汽车总体销量的年均增速12.62%（见图5-2）。

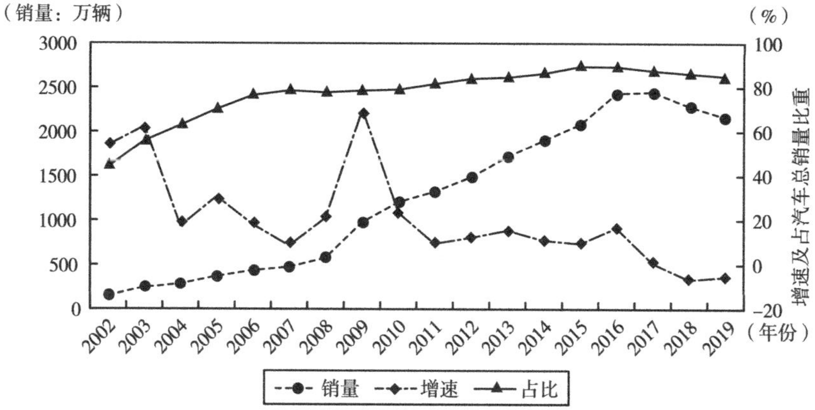

图5-2　2002—2019年我国私家车销量、增速及占汽车总销量比重变化

从2003年开始，私家车销量占国内汽车销量比例首次突破50%，并在2015年达到峰值89.47%。随后，电子商务的繁荣发展使得货车销量快速增长，导致私家车销量占比有所下降，2019年私家车的市场份额仍然达到85.07%。2002—2019年根据增长速度差异可明显分成三个阶段：第一个阶段（2002—2008年），汽车市场主要由合资品牌主导，年均增速14.02%；第二阶段（2009—2016年），吉利汽车、长城汽车、比亚迪、广汽传祺、上汽荣威等中国品牌汽车快速崛起，促使我国在此期间连续8年成为全球最大汽车市场，年均增速为10.65%，增速放缓；第三个阶段（2017—2019年），出现了自1990年以来的首次负增长，随着2020年暴发全球性新冠疫情，我国私家车市场已进入以负增长或微增长为特点的新发展阶段。为深入分析2002年以来我国私家车市场的时空演变特征，基于马尔科夫转移概率矩阵进行分析。

（二）区域差异

从七大区域私家车销量看，地区差异较为明显，其中华东地区销量最高，2019年达到742.91万辆，年均增速17.97%，西南及西北地区的年均增速均超过20%（见表5-22），由于北京和天津较长时间实施限牌限购政策，导致华北地区年均增速仅为10.47%。从省市层面看，到2019年私家车销量超过200万辆的省份仅有广东，江苏、山东、河南、浙江、河北及四川等省市的销量超过100万辆，宁夏、青海及西藏的销量不超过10万辆，西藏地区不足4000辆。安徽、广西、江西、贵州、湖南、陕西、河南、重庆、甘肃、黑龙江、湖北及内蒙古的年均增速均超过20%，安徽则高达26.5%，西藏及北京年均增速较低，仅为1.08%和4.96%。

表 5-22　我国七大区域私家车销量及增速对比

区域	省份	私家车销量（万辆）			增速（%）
		2002 年	2010 年	2019 年	
华北	北京、天津、河北*、山西	44.19	153.17	240.15	10.47
东北	内蒙古、辽宁*、吉林、黑龙江	9.46	120.81	141.74	17.26
华东	上海、江苏*、浙江、安徽、福建、江西、山东	44.74	438.41	742.91	17.97
华中	河南*、湖北、湖南	10.89	135.59	323.3	22.07
华南	广东*、广西、海南	21.18	139.9	296.53	16.79
西南	重庆、四川*、贵州、云南、西藏	12.59	141.87	282.03	20.07
西北	陕西*、甘肃、青海、宁夏、新疆	6.08	78.9	138.15	20.17
合计		149.13	1208.65	2164.81	17.04

注：带*为2019年所在区域销量最高省份。

（三）省际不同类型私家车市场的演变特征

为深入分析我国不同类型（高销量、较高销量、中低销量及低销量）私家车市场的演变特征，基于马尔科夫转移概率矩阵进行分析。利用PySAL计算2002—2008年（局部阶段）、2009—2016年（局部阶段）、2017—2019年（局部阶段）及2002—2019年（全局阶段）四个时段私家车销量的马尔科夫链转移概率矩阵，结果见表5-23。总体上看，不同阶段省际私家车销量的马尔科夫转移概率矩阵对角线数值普遍较大且呈现增大趋势，表明我国不同类型的私家车市场格局具有明显惯性特征且愈加稳固，但各类型之间也以较低的概率相互转换。以2002—2019年为例，四种类型的马尔科夫转移概率矩阵对角线数值均大于0.72，表明各类型相对稳定，其中C3（高销量类型）维持现状的概率最大0.91；各类型直接相互转移的概率不高，其中最大为C2（较高销量类型）转换为C1（中低销量类型）的概率0.17，即使其他时期也未超过0.19。

表 5-23　　2002—2019 年我国省际私家车销量马尔科夫链分析结果

市场类型 时间	2002—2019年（全局）				2002—2008年（局部）				2009—2016年（局部）				2017—2019年（局部）			
	C0	C1	C2	C3	C0	C1	C2	C3	C0	C1	C2	C3	C0	C1	C2	C3
低销量类型C0	**0.85**	0.13	0.00	0.02	**0.77**	0.19	0.00	0.04	**0.89**	0.09	0.00	0.02	**0.94**	0.06	0.00	0.00
中低销量类型C1	0.12	**0.72**	0.16	0.00	0.17	**0.73**	0.10	0.00	0.09	**0.73**	0.18	0.00	0.06	**0.81**	0.13	0.00
较高销量类型C2	0.01	0.17	**0.75**	0.08	0.02	0.12	**0.76**	0.10	0.00	0.18	**0.71**	0.10	0.00	0.14	**0.86**	0.00
高销量类型C3	0.02	0.01	0.06	**0.91**	0.04	0.00	0.08	**0.88**	0.02	0.02	0.07	**0.89**	0.00	0.00	0.00	**1.00**

二、“入世”以来我国私家车消费变化的影响因素分析

（一）模型设计

由于我国省际私家车销量及相关解释变量均可能存在空间溢出效应，不仅要关注本地区解释变量对本地区私家车销量的影响，还要关注其他地区解释变量及未知因素对本地区私家车销量的影响，因此构建如下面板数据空间杜宾误差模型：

$$Y_{it} = \rho W_n Y_{it} + \beta X_{it} + \theta W_n X_{it} + \mu_{it} + c_i$$
$$\mu_{it} = \lambda \sum_{j=1}^{n} W_{ij} \mu_{jt} + \varepsilon_{it} \tag{5-11}$$

公式（5-11）中，Y_{it}为i地区t时期的私家车销量，Y_{it-1}则为i地区（$t-1$）时期的私家车销量，W_n为空间权重，采用空间距离权重；W_nY_{it}为i地区t时期的私家车销量空间滞后项；X_{it}为i地区t时期的解释变量，W_nX_{it}为i地区t时期的解释变量的空间滞后项；c_i为$n\times 1$维的个体固定效应项；ε_{it}为残差项，μ_{it}为误差项，反映了邻近地区的解释变量关于被解释变量的误差冲击对本区域的影响。

（二）变量选择及检验

一般而言，私家车销量遵循经济学基本的供需理论和商品价格理论，即与居民收入水平、汽车成本（包括购车和使用成本）、产量等因素直接相关。王其藩（2002）、巫细波（2020）等学者的研究表明，居民收入、GDP、燃油消费量、公路长度、金融业发展水平等因素也是影响我国汽车销量的重要因素。我

国宏观政策对汽车市场影响非常明显，如汽车购置税减半、汽车下乡、汽车限牌、新能源汽车补贴及免征购置税等产业政策对汽车销量产生显著影响（葛志专等，2020），可通过设置虚拟变量进行实证分析。为此，综合以上分析并结合长时间序列数据的可获得性，选择居民消费水平、汽车使用成本价格指数、两个产业政策相关的虚拟变量、地区生产总值、金融业增加值、城镇化率、汽车产量、民用汽车拥有量、高速公路里程占公路里程比重等10个解释变量。各变量统计描述见表5-24。

表5-24 变量及数据统计描述

变量		单位	均值	标准差	最小值	最大值	预期效应
Y_{it}	新注册私家车：*Cars*	万辆	40.47	45.45	0.12	235.08	
X_{it}	居民收入水平：*Con*	千元	13.65	10.65	2.30	69.44	+
	汽车使用成本价格指数：*Cost*	–	279.92	49.97	185.80	444.75	–
	实施汽车消费激励政策：*IP*	–	0.33	0.47	0	1	+
	实施汽车限牌限购政策：*RP*	–	0.24	0.00	1	0.24	–
	地区生产总值：*GDP*	亿元	16025.89	16940.02	162.04	107671.10	+
	金融业增加值：*FinGDP*	亿元	994.82	1343.29	2.81	8881.41	+
	城镇化水平：*Urban*	%	51.35	15.10	19.89	89.61	+
	汽车产量：*CarPro*	千辆	528.25	700.68	0.00	3215.80	+
	民用汽车拥有量：*CarOwn*	万辆	339.53	392.52	5.87	2333.73	+
	高速公路占比：*Highway*	%	2.54	1.50	0.00	8.07	+

注：截面单位为31个，18期共558个观测值。

由于私家车价格、燃油价格、配件价格、维修费用等直接反映汽车使用成本的长时间序列数据难以获得，采用车辆使用及维修费类居民消费价格指数、车用燃料及零配件类居民消费价格指数来反映我国私家车使用成本。两种价格指数均以2002年为基数年，根据历年指数进行计算并求和。自2002年以来，各省市的私家车使用成本价格指数年均增速均高于2%，其中宁夏、北京的年均增速较高，分别达到4.46%和4.16%；黑龙江的年均增速最低，为2.05%。

产业政策方面，总体上有促进和抑制消费的两大类政策。其中，实施汽车消费激励政策（IP）虚拟变量根据实施政策的年份和区域进行赋值（政策实施年份取值1，否则取值0）。2002年以来，我国主要实施了以下汽车消费刺激政策：小排量购置税减免，实施期限为2015年10月1日起至2016年年底；汽车下乡政策，实施期限为2009年3月1日至2010年年底；汽车以旧换新政策，实施期限为2009年8月10日至2010年年底；新能源汽车补贴及免征购置税，实施期限为2013—2019年。实施汽车限牌限购政策（RP）虚拟变量根据实施政策的年份和区域进行赋值。自2002年以来，主要有北京、上海、天津、广州、深圳、贵阳等城市实施了限牌政策，部分城市实施限牌限购政策还不足以显著影响到所在省份的汽车销量变化，故只针对北京、上海、天津三个城市在实施限牌限购政策的年份，其相应年份的虚拟变量取值为1。其中，上海自1994年以来实施汽车牌照控制政策，北京从2011年开始实施限牌政策，天津从2014年开始实施。

为避免面板数据模型参数估计出现伪回归现象并确保结果的有效性，须对数据（对变量取对数）进行单位根检验。采用Stata中的Levin–Lin–Chu检验和Im–Pesaran–Shin检验对变量（不包括虚拟变量）原序列和一阶差分序列进行单位根检验，结果表明所有变量原序列和一阶差分序列均不包含单位根，为平稳序列。此外，采用Stata的“spatgsa”命令对各年份的省际私家车销量进行Moran检验，结果显示省际私家车销量存在显著的空间依赖性，可以使用面板数据空间计量模型。

（三）模型估计结果

采用Stata的“spxtregress”模块进行空间杜宾误差模型实证分析，得到六种估计结果（见表5–25），包括一般面板数据的固定效应模型①和随机效应模型②、空间面板数据的固定效应模型③以及四种随机效应模型④—⑦，其中模型①—③是用以对比分析，而模型⑤—⑦用以对随机效应模型进行稳健性检验。

表5–25　空间杜宾误差模型的估计结果

变量	一般面板数据模型		空间面板数据模型				
	①固定效应	②随机效应	③固定效应	④随机效应	⑤除2005年	⑥除2010年	⑦除2016年
lnCon	−0.490** （−2.32）	−0.209** （−2.04）	−0.315 （−1.56）	0.416*** （3.23）	0.446*** （3.32）	0.381*** （2.88）	0.453*** （3.37）
lnCost	0.326 （1.10）	0.781*** （3.78）	0.347 （1.19）	−0.553*** （−9.06）	−0.551*** （−8.90）	−0.558*** （−7.95）	−0.564*** （−9.05）
IP	0.193*** （4.93）	0.225*** （6.07）	0.189*** （3.13）	0.412*** （3.90）	0.436*** （3.91）	0.286*** （2.96）	0.454*** （4.04）

续表

变量	一般面板数据模型		空间面板数据模型				
	①固定效应	②随机效应	③固定效应	④随机效应	⑤除 2005 年	⑥除 2010 年	⑦除 2016 年
RP	−0.854*** (−6.08)	−0.682*** (−6.02)	−0.478*** (−3.19)	−0.364*** (−3.68)	−0.379*** (−3.73)	−0.416*** (−3.89)	−0.362*** (−3.53)
lnGDP	0.629*** (3.79)	0.231*** (2.61)	0.377** (2.35)	−0.205*** (−2.61)	−0.222*** (−2.72)	−0.177** (−2.03)	−0.205** (−2.56)
lnFinGDP	0.017 (0.19)	0.187*** (2.81)	0.111 (1.32)	0.143** (2.40)	0.156** (2.47)	0.170*** (2.63)	0.136** (2.26)
Urban	0.004 (0.34)	0.008** (2.37)	0.011 (1.12)	−0.008** (−2.14)	−0.008** (−2.28)	−0.008** (−2.05)	−0.008** (−2.21)
Highway	0.078*** (2.85)	0.103*** (4.72)	0.063** (2.38)	0.080*** (3.70)	0.079*** (3.52)	0.083*** (3.63)	0.082*** (3.63)
lnCarPro	0.012 (0.94)	0.013 (1.51)	0.009 (0.73)	0.020*** (3.04)	0.021*** (3.07)	0.017** (2.28)	0.020*** (3.01)
lnCarOwn	0.819*** (4.84)	0.573*** (6.78)	0.915*** (5.58)	1.001*** (11.59)	0.999*** (11.16)	0.967*** (10.88)	1.002*** (11.27)
_cons	−8.945*** (−6.89)	−8.533*** (−7.54)					
Wd: lnCarPro			0.177*** (2.90)	0.117*** (3.63)	0.115*** (3.50)	0.105*** (2.91)	0.119*** (3.64)
lnCarOwn			0.133 (0.30)	0.634* (1.91)	0.643* (1.87)	0.525 (1.51)	0.661* (1.94)
lnFinGDP			−0.666** (−2.27)	−0.582** (−2.15)	−0.584** (−2.08)	−0.613** (−2.12)	−0.595** (−2.15)
lnCars			0.270 (1.53)	−0.289** (−2.10)	−0.319** (−2.21)	−0.067 (−0.50)	−0.304** (−2.13)
e.lnCars			−0.006 (−0.02)	1.291*** (20.05)	1.277*** (19.32)	0.668*** (8.68)	1.299*** (18.96)
N	558	558	558	558	527	527	527

注：***、**和*分别表示结果在1%、5%和10%水平上显著；括号内为对应系数z值。

静态固定效应和随机效应的豪斯曼检验结果未通过显著性检验，表明随机效应模型更合适，而Wald和Lratio检验结果表明空间自相关和空间误差模型不适合本案例，模型⑤—⑦各解释变量的估计系数符号一致，表明模型④通过稳健性检验，故采用模型④结果进行分析。表5-25显示，首先，随机效应空间杜宾误差模型的空间自相关系数（Wd：lnCars）小于0且通过了5%的显著性检验，说明我国省际私家车市场存在显著为负的空间自相关效应。其次，误差项（Wd：e.lnCars）大于0且通过了%1的显著性检验，说明邻近区域私家车销量的误差冲击对本区域私家车销量产生显著为正的空间溢出效应。

（四）实证结果分析

（1）居民可支配收入lnCon、金融业lnFinGDP、高速公路占比Highway、汽车产量lnCarPro、汽车保有量lnCarOwn五个解释变量均对汽车销量形成显著促进作用，说明本地的居民消费水平、金融业、高速公路、汽车产量、汽车保有量等因素均能有效促进本地区的私家车消费。此外，汽车产量lnCarPro和汽车保有量lnCarOwn两个解释变量的空间滞后性显著为正，说明周边区域的汽车产量和保有量对本地私家车消费形成促进效应，具有显著的正向空间溢出效应；而金融业lnFinGDP的空间滞后项则显著为负，周边区域的金融业对本地私家车消费具有抑制效应，说明贷款消费已成为私家车消费的主流方式，发达的金融业不但能促进本地私家车消费，还会吸引周边区域的消费者到本地贷款消费，进而形成负向空间溢出效应。

（2）地区生产总值lnGDP、城镇化水平Urban、汽车成本价格指数lnCost三个变量的估计系数均显著为负。一般而言，发达的经济水平能有效促进私家车消费，模型①—③中的lnGDP估计系数均显著为正，也证实了这一点。但由于北京、上海、天津、广东的广州及深圳等经济发达地区均已长时间实施了限牌限购政策，导致GDP与私家车销量之间出现负相关，这也表明GDP对私家车销量的影响存在异质性。近年来，我国私家车消费已出现局域性的饱和，过高的城镇化率意味着人口过于集中，同时北京、上海、天津等城市化水平较高的区域实施了限牌限购政策，加上汽车保有量过快增长，造成一系列汽车社会问题，整体上对私家车消费形成了抑制效应。此外，汽车成本价格指数lnCost的估计系数均为负值且均通过1%显著性检验，这说明不断上涨的汽车成本确实会对私家车销量形成抑制效应。

（3）产业政策对私家车消费的影响显著，促进和抑制效应同时存在。其中，虚拟变量IP的估计系数均为正值且通过显著性检验，说明国家实施的汽车购置税减半、汽车下乡、新能源汽车补贴等政策对私家车销量的提升非常明显。相对于没有实施激励政策的年份，通过实施激励政策可以提高汽车销量41.2%。而虚拟变量RP的估计系数均为负值且通过显著性检验，说明即使局部地区（特别是北京、上海等汽车需求旺盛省市）实施限牌限购政策也已对私家车消费形成显著抑制效应。总体而言，我国实施多年的汽车产业相关的政策对私家车消费的促进或抑制效应均非常显著。

总体上来看，影响我国私家车消费的因素具有复杂性。研究表明：省际私家车市场具有显著为负的空间自相关特征，邻近省份私家车销量的误差冲击对本省私家车销量产生显著为正的空间溢出效应；不同产业政策对私家车消费的影响差异明显，汽车消费激励政策对私家车消费具有显著促进效应，限牌限购政策则具有显著抑制效应；本地的居民消费水平、金融业、高速公路、汽车产量、汽车保有量等因素均能显著促进本地区的私家车消费，其中汽车产量和汽车保有量对私家车消费形成了显著的正向空间溢出效应，而金融业具有显著的负向空间溢出效应；越来越多的区域实施了长时间的限牌限购政策，加上我国人口分布不均衡，导致地区生产总值和城镇化水平两个因素对私家车消费形成显著的抑制效应，不断上涨的汽车成本也对私家车销量形成抑制效应；产业政策对私家车消费的影响显著，促进和抑制效应同时存在。

三、政策干预、收入与使用成本增长对私家车消费市场影响——基于空间杜宾误差模型

私家车消费是我国新冠疫情后推动汽车产业高质量发展并带动经济复苏的重要领域，深入分析我国私家车消费时空变化特征及影响因素，对改善我国私家车消费下滑态势有重要意义。一方面，上海、北京、天津等汽车产销大市由于限牌限购政策的实施，汽车产量增长的同时汽车销量却大幅度萎缩，虽然汽车集聚生产有利于提高汽车产业空间组织效率，但市场增长潜力较大的中西部省份的汽车生产规模却非常小，汽车产地与市场空间分异的加剧提高了汽车运输成本；另一方面，汽车市场多年高速增长的同时也伴随着省际汽车消费的显著地区差异，东部地区汽车消费已转向以更换升级和新能源汽车为重点，而中西部首次消费仍占主流，需要更多物美价廉的传统汽车产品。此外，长期高速发展使得我国汽车保有量快速增长并产生了一系列汽车社会问题，同时部分省

份长时间实施的限牌限购政策对汽车消费形成抑制效应，电子商务、网约车等领域的繁荣发展使汽车消费出现新需求。因此，研究产业政策、居民收入及使用成本增长对我国私家车市场的影响，提出“十四五”及未来一段时期促进私家车市场稳健发展的对策建议，对我国经济复苏及“十四五”高质量发展具有重要作用。

（一）影响机制

我国私家车市场总体上受宏观政策影响较为明显，促进和抑制私家车消费的政策往往同时存在于不同省市，居民收入增长尽管可以促进私家车消费，但在不同地区的效果差异也较为明显，导致政策干预、居民收入及使用成本增长对我国私家车消费的影响较为复杂。

促进机制。实施汽车消费激励政策、居民收入水平提高均能够有效促进私家车消费。自2008年爆发全球性金融危机以来，我国为刺激经济发展，针对汽车消费实施了多项促进政策，具体包括：小排量购置税减免，实施期限为2015年10月1日起至2016年年底；汽车下乡政策，实施期限为2009年3月1日至2010年年底；汽车以旧换新政策，实施期限为2009年8月10日至2010年年底；新能源汽车补贴及免征购置税，实施期限为2013—2019年。此外，尽管居民收入水平增长会直接促进私家车消费，但居民收入较高的华北、华东、华南等地区越来越多城市实施了限牌限购政策，居民收入增长的促进作用会被减弱，甚至有可能导致两者之间呈现负相关。

抑制机制。实施汽车限牌限购政策对私家车消费的抑制作用最为明显，特别是这些政策主要作用于经济发达且消费旺盛的区域。我国实施限牌限购的城市主要有北京、上海、天津、广州、深圳、贵阳、杭州等，特别是上海自1994年以来就实施了汽车牌照控制政策，北京从2011年开始实施限牌政策，天津则在2014年开始实施。此外，私家车使用成本也在明显提升，对私家车消费形成明显抑制。

（二）模型设计及变量选择

由于我国省际私家车销量及相关解释变量均可能存在空间溢出效应，不仅要关注本地区解释变量对本地区私家车销量的影响，还要关注其他地区解释变量及未知因素对本地区私家车销量的影响，因此，构建如下面板数据空间杜宾误差模型：

$$
\begin{aligned}
&Y_{it} = \rho W_n Y_{it} + \beta X_{it} + \theta W_n X_{it} + \mu_{it} + c_i \\
&\mu_{it} = \lambda \sum_{j=1}^{n} W_{ij} \mu_{jt} + \varepsilon_{it}
\end{aligned}
\tag{5-12}
$$

公式（5–12）中，Y_{it}为i地区t时期的私家车销量，W_n为空间权重，采用空间距离权重；W_nY_{it}为i地区t时期的私家车销量空间滞后项；X_{it}为i地区t时期的解释变量，W_nX_{it}为i地区t时期的解释变量的空间滞后项；C_i为$n\times1$维的个体固定效应项；ε_{it}为残差项，μ_{it}为误差项，反映了邻近地区的解释变量关于被解释变量的误差冲击对本区域的影响。

一般而言，私家车销量遵循经济学基本的供需理论和商品价格理论，即与居民收入水平、汽车成本（包括购车和使用成本）、产量等因素直接相关。王其藩（2002）、巫细波（2020）等学者的研究表明，居民收入、GDP、燃油消费量、公路长度、金融业发展水平等因素也是影响我国汽车销量的重要因素。

我国宏观政策对汽车市场影响非常明显，如汽车购置税减半、汽车下乡、汽车限牌、新能源汽车补贴及免征购置税等产业政策对汽车销量产生显著影响，可通过设置虚拟变量进行实证分析。为此，综合以上分析并结合长时间序列数据的可获得性，选择居民消费水平、汽车使用成本价格指数及两个产业政策相关的虚拟变量4个变量作为核心解释变量，同时选择地区生产总值、金融业增加值、城镇化率、汽车产量、民用汽车拥有量、高速公路里程占公路里程比重6个解释变量。各变量统计描述见表5–26。实施汽车消费激励政策（IP）及实施汽车限牌限购政策（RP）虚拟变量的赋值原则为政策实施年份取值1，否则取值0。由于私家车价格、燃油价格、配件价格、维修费用等直接反映汽车使用成本的长时间序列数据难以获得，采用车辆使用及维修费类居民消费价格指数、车用燃料及零配件类居民消费价格指数来反映我国私家车使用成本。两种价格指数均以2002年为基数年，根据历年指数进行计算并求和。自2002年以来，各省市的私家车使用成本价格指数年均增速均高于2%，其中宁夏、北京的年均增速较高，分别达到达到4.46%和4.16%；黑龙江的年均增速最低，为2.05%。

表 5-26 变量及数据统计描述

变量			单位	均值	标准差	最小值	最大值	预期效应
Y_{it}		新注册私家车：*Cars*	万辆	40.47	45.45	0.12	235.08	
X_{it}	核心变量	居民收入水平：*Con*	千元	13.65	10.65	2.30	69.44	+
		汽车使用成本价格指数：*Cost*	–	279.92	49.97	185.80	444.75	–
		实施汽车消费激励政策：*IP*	–	0.33	0.47	0	1	+
		实施汽车限牌限购政策：*RP*	–	0.24	0.00	1	0.24	–
	控制变量	地区生产总值：*GDP*	亿元	16025.89	16940.02	162.04	107671.10	+
		金融业增加值：*FinGDP*	亿元	994.82	1343.29	2.81	8881.41	+
		城镇化水平：*Urban*	%	51.35	15.10	19.89	89.61	+
		汽车产量：*CarPro*	千辆	528.25	700.68	0.00	3215.80	+
		民用汽车拥有量：*CarOwn*	万辆	339.53	392.52	5.87	2333.73	+
		高速公路占比：*Highway*	%	2.54	1.50	0.00	8.07	+

注：截面单位为31个，18期共558个观测值。

（三）实证分析

变量单位根及空间自相关检验。为避免面板数据模型参数估计出现伪回归现象并确保结果的有效性，需对数据（对变量取对数）进行单位根检验。采用Stata中的Levin–Lin–Chu检验和Im–Pesaran–Shin检验对变量（不包括虚拟变量）原序列和一阶差分序列进行单位根检验，结果表明所有变量原序列和一阶差分序列均不包含单位根，为平稳序列。此外，采用Stata的“spatgsa”命令对各年份的省际汽车销量进行Moran检验，结果显示省际私家车销量存在显著的空间依赖性，可以使用面板数据空间杜宾误差模型。

空间杜宾误差模型估计结果。采用Stata的“spxtregress”模块进行空间杜宾误差模型实证分析，得到六种估计结果（见表5–27）。包括一般面板数据的固定效应模型①和随机效应模型②、空间面板数据的固定效应模型③以及四种随机效应模型④—⑦，其中模型①—③是用以对比分析，而模型⑤—⑦用以对随机效应模型进行稳健性检验。静态固定效应和随机效应的豪斯曼检验结果为chi2（11）=114.88且未通过显著性检验，表明随机效应模型更合适，而Wald和Lratio检验结果表明空间自相关和空间误差模型不适合本案例，模型⑤—⑦各解释变量的估计系数符号一致，表明模型④通过稳健性检验，故采用模型④

结果进行分析。表5-27显示，首先，随机效应空间杜宾误差模型的空间自相关系数（Wd：lnCarP）小于0且通过了5%的显著性检验，说明我国省际私家车市场存在显著为负的空间自相关效应，周边省份私家车市场对本地形成抑制效应。其次，误差项（Wd：e.lnCarP）大于0且通过了%1的显著性检验，说明邻近区域关于被解释变量的误差冲击对本区域私家车销量产生显著为正的影响。

表5-27　　　　空间杜宾误差模型的计量结果

变量	一般面板数据模型		空间面板数据模型				
	①固定效应	②随机效应	③固定效应	④随机效应	⑤除2005年	⑥除2010年	⑦除2016年
lnCon	-0.490** （-2.32）	-0.209** （-2.04）	-0.315 （-1.56）	0.416*** （3.23）	0.446*** （3.32）	0.381*** （2.88）	0.453*** （3.37）
lnCost	0.326 （1.10）	0.781*** （3.78）	0.347 （1.19）	-0.553*** （-9.06）	-0.551*** （-8.90）	-0.558*** （-7.95）	-0.564*** （-9.05）
IP	0.193*** （4.93）	0.225*** （6.07）	0.189*** （3.13）	0.412*** （3.90）	0.436*** （3.91）	0.286*** （2.96）	0.454*** （4.04）
RP	-0.854*** （-6.08）	-0.682*** （-6.02）	-0.478*** （-3.19）	-0.364*** （-3.68）	-0.379*** （-3.73）	-0.416*** （-3.89）	-0.362*** （-3.53）
lnGDP	0.629*** （3.79）	0.231*** （2.61）	0.377** （2.35）	-0.205*** （-2.61）	-0.222*** （-2.72）	-0.177** （-2.03）	-0.205** （-2.56）
lnFinGDP	0.017 （0.19）	0.187*** （2.81）	0.111 （1.32）	0.143** （2.40）	0.156** （2.47）	0.170*** （2.63）	0.136** （2.26）
Urban	0.004 （0.34）	0.008** （2.37）	0.011 （1.12）	-0.008** （-2.14）	-0.008** （-2.28）	-0.008** （-2.05）	-0.008** （-2.21）
lnRoad	0.151*** （4.55）	0.137*** （4.32）	0.395*** （4.48）	0.068 （0.95）	0.068 （0.93）	0.069 （0.92）	0.074 （1.00）
Highway	0.078*** （2.85）	0.103*** （4.72）	0.063** （2.38）	0.080*** （3.70）	0.079*** （3.52）	0.083*** （3.63）	0.082*** （3.63）
lnCarPro	0.012 （0.94）	0.013 （1.51）	0.009 （0.73）	0.020*** （3.04）	0.021*** （3.07）	0.017** （2.28）	0.020*** （3.01）
lnCarOwn	0.819*** （4.84）	0.573*** （6.78）	0.915*** （5.58）	1.001*** （11.59）	0.999*** （11.16）	0.967*** （10.88）	1.002*** （11.27）
_cons	-8.945*** （-6.89）	-8.533*** （-7.54）					
Wd：							
lnRoad			-0.300*** （-2.98）	0.287*** （2.94）	0.311*** （2.95）	0.301*** （3.10）	0.283*** （2.91）

续表

变量	一般面板数据模型		空间面板数据模型				
	①固定效应	②随机效应	③固定效应	④随机效应	⑤除 2005 年	⑥除 2010 年	⑦除 2016 年
lnCarPro			0.177*** （2.90）	0.117*** （3.63）	0.115*** （3.50）	0.105*** （2.91）	0.119*** （3.64）
lnCarOwn			0.133 （0.30）	0.634* （1.91）	0.643* （1.87）	0.525 （1.51）	0.661* （1.94）
lnFinGDP			−0.666** （−2.27）	−0.582** （−2.15）	−0.584** （−2.08）	−0.613** （−2.12）	−0.595** （−2.15）
lnCars			0.270 （1.53）	−0.289** （−2.10）	−0.319** （−2.21）	−0.067 （−0.50）	−0.304** （−2.13）
e.lnCars			−0.006 （−0.02）	1.291*** （20.05）	1.277*** （19.32）	0.668*** （8.68）	1.299*** （18.96）
N	558	558	558	558	527	527	527

注：***、**和*分别表示结果在1%、5%和10%水平上显著；括号内为对应系数z值。

（四）实证结果分析

虚拟变量IP的估计系数均为正值且通过显著性检验，说明国家实施的汽车购置税减半、汽车下乡、新能源汽车补贴等政策对汽车销量的提升非常明显。相对于没有实施激励政策的年份，通过实施激励政策可以提高汽车销量41.2%。而虚拟变量RP的估计系数均为负值且通过显著性检验，说明即使局部地区（特别是北京、上海等汽车需求旺盛省市）实施限牌限购政策也已对汽车销量形成显著抑制效应。总体而言，我国实施多年的汽车产业相关的政策对私家车消费的促进或抑制效应均非常显著。居民可支配收入lnCon的估计系数为0.416且通过1%显著性检验，表明居民可支配收入对促进私家车消费形成了显著为正的促进作用。汽车成本价格指数lnCost的估计系数均为负值且均通过1%显著性检验，这说明不断上涨的汽车成本确实会对私家车销量形成抑制效应，此变量估计系数绝对值明显大于收入水平估计系数，表明使用成本上涨抑制私家车消费的强度明显高于收入带来的促进效应。

lnFinGDP、Highway、lnCarPro、lnCarOwn、lnRoad五个解释变量均对汽车销量形成显著促进作用，说明发达的金融业、较高的高速公路占比、本地汽车产量高、庞大的汽车保有量、完善的交通网络均能有效促进私家车消费。此外，lnCarPro、lnCarOwn及lnRoad的空间滞后项系数均显著为正，说明周边区域的汽车产量、保有量及交通概况均能显著促进本地私家车消费；而lnFinGDP的空间滞后项系数显著为负，周边区域发达的金融业会分流本地私家车消费，从而形成负向空间溢出效应。此外，地区生产总值lnGDP、城镇化水平Urban的估计系数均显著为负。一般而言，经济水平较高省市的私家车消费会较为旺盛，模型①—③中的lnGDP估计系数均显著为正，也证实了这一点。但由于北京、上海、天津、广东的广州及深圳等经济发达地区均已长时间实施了限牌限购政策，导致GDP与私家车销量之间出现负相关，这也表明GDP对私家车销量的影响存在空间异质性。近年来，我国汽车保有量快速增长，导致私家车消费已出现局域性的饱和，过高的城镇化率意味着人口过于集中，同时北京、上海、天津等城市化水平较高的区域实施了限牌限购政策，加上汽车保有量过快增长，造成一系列汽车社会问题，整体对汽车消费形成了抑制效应。

基于2002—2019年省际私家车产销量及相关统计数据，分析了政策干预、收入与使用成本增长与私家车市场的促进与抑制效应，同时采用马尔科夫链模型、面板数据空间杜宾模型分析了加入WTO以后我国省际汽车市场时空演变特征及影响因素。马尔科夫链模型显示，我国高销量、较高销量、中低销量及低销量四种类型的私家车市场格局具有明显惯性特征且愈加稳固，各类型之间相互转换的概率不超过0.19。④空间杜宾误差模型实证分析表明，我国省际私家车市场存在显著为负的空间自相关效应，政策干预、收入与使用成本增长均产生显著促进或抑制效应，实施激励政策产业的促进效应高于限牌限购政策的抑制效应，同时使用成本上涨抑制私家车消费的强度明显高于收入带来的促进效应。此外，发达的金融业、较高的高速公路占比、本地汽车产量高、庞大的汽车保有量、完善的交通网络等因此均能显著促进私家车消费，还检测到部门控制变量具有显著的空间溢出效应。由于部分经济发达省份长期实施限牌限购政策，导致地区生产总值、城镇化水平与私家车销量形成显著负相关。

为此，提出几点政策建议：针对我国私家车消费的地区差异，因地制宜实施有针对性的消费激励政策。其中，经济水平较高的东部沿海省市，重点围绕汽车升级消费出台相对激励政策，如对豪华中高端车、新能源汽车的消费，须从大排量汽车税调整、新能源汽车牌照免费等方面入手，限购地区在疫情期间适当释放购车指标；中西部地区，大部分地区还处于首次汽车消费阶段，围绕小排量汽车的购置税减免、皮卡车允许进城等方面出台刺激政策。提高中西部地区经济发展水平，完善汽车金融政策，培育汽车消费新增长区。空间杜宾模型分析表明地区生产总值、居民消费水平等对汽车销量有显著为正的促进效果，因此加快中西部地区的发展步伐，加快提高经济发展水平、确实提高居民收入有利于促进中西部地区的汽车消费。同时完善汽车金融政策，针对中西部、农村地区等金融行业不发达地区，出台更加合理的汽车信贷消费方案，释放汽车消费潜力。因车施策，针对不同类型、不同领域的汽车需求特征，实施差异化汽车管理措施。如针对网约车、电商领域的货车需求要出台有针对性的政策，尤其是对快速增长的重型货车的管理与使用，避免出现类似共享自行车野蛮增长的情况，避免对地方城市管理造成较大负面影响。把握后疫情时代窗口期，转为危机，与时俱进，积极推进线上线下汽车市场的深度融合，稳步提升汽车产销供应链条的稳定性，把握新能源和智能网联等未来汽车的发展方向，完善汽车服务及售后市场，培育汽车生产和消费链条的新制造、新零售、新模式、新业态发展壮大。

四、城镇化对我国私家车消费的影响因素实证研究——基于省际面板数据差分GMM模型

（一）变量选择与模型设计

相关研究显示，汽车产量、公路长度、城镇居民收入、GDP、石油消费量等是影响我国汽车销量的重要因素，结合本节研究区域及数据可获取性，侧重从经济、人口、汽车产量等方面分析我国2002—2017年民用小汽车销量的影响因素（见表5-28）。

被解释变量：私人汽车销量（即新注册民用小客车）；核心变量：城镇化水平、汽车使用成本价格指数；控制变量：地区生产总值、民用汽车保有量、汽车产量、公路汽车客运量、金融业增加值。

表5-28　　变量及数据统计描述

变量	单位	均值	标准差	最小值	最大值	预期效应
新注册民用小客车：*Cars*	万辆	36.55	42.48	0.12	235.08	
地区生产总值：*GDP*	亿元	14198.4	14737.13	162.04	89705.23	+
汽车费用价格指数：*Cost*	–	272.94	47.41	185.8	430.2	–
民用汽车保有量：*CarOwn*	万辆	283.97	321.15	5.87	1929.55	+

续表

变量	单位	均值	标准差	最小值	最大值	预期效应
城镇化水率：*Urban*	%	50.21	15.11	19.89	89.61	-
汽车产量：*CarPro*	千辆	486.42	656.26	0.001	3182.1	+
公路汽车客运量：*Passenger*	百万人	683.67	683.14	1.25	5565.1	+
金融业增加值：*FinGDP*	亿元	821.71	1100.29	2.81	6853.01	+

注：截面单位为31个，16期共496个观测值。汽车费用价值指数为车用燃料及零配件类居民消费价格指数和车辆使用及维修费类居民消费价格指数之和，以2002年为基数年，根据历年指数进行计算，这一合成变量用以反映车辆使用成本的增长。

对变量值取对数有助于消除面板数据模型可能存在的异方差，构建如下静态面板模型：

$$\ln Cars_{it} = \beta_0 + \beta_1 \ln CarPro_{it} + \beta_2 \ln GDP_{it} + \beta_3 \ln FinGDP_{it} + \beta_4 \ln Cost_{it} + \beta_5 \ln CarOwn_{it} + \beta_6 \ln Passenger_{it} + \beta_7 Urban_{it} + \varepsilon_{it} \quad (5-13)$$

公式（5-13）中，$\ln Cars_{it}$表示被解释变量，i表示各省市，t表示时间，$\ln GDP_{it}$等表示解释变量，β_0为截距系数，$\beta_1 \cdots \beta_7$为回归系数，ε_{it}为残差项。由于静态面板模型忽略了被解释变量滞后期对其当期的动态影响，估计结果相对动态面板模型将会产生较大偏误，汽车消费具有较为明显的惯性效应，因此，为了克服静态面板模型的不足，故建立动态面板计量模型，其表达形式为：

$$\ln Cars_{it} = \beta_0 + \beta_1 \ln CarPro_{it} + \beta_2 \ln GDP_{it} + \beta_3 \ln FinGDP_{it} + \beta_4 \ln Cost_{it} + \beta_5 \ln CarOwn_{it} + \beta_6 \ln Passenger_{it} + \beta_7 Urban_{it} + \beta_8 \ln Cars_{it-1} + \varepsilon_{it} \quad (5-14)$$

公式（5-14）中，$\ln Cars_{it-1}$表示被解释变量滞后项，其他则与公式（5-13）类似。动态面板模型采用差分广义矩（Difference GMM）进行估计，差分GMM模型考虑了$\ln Cars_{it-1}$滞后项所产生的内生性问题，在一定程度上克服了静态模型因忽略内生性问题而产生的偏误。需要注意的是，动态面板差分GMM模型须满足两个条件：随机误差项不存在序列相关、不存在弱工具变量，因此，模型估计之后还必须对二者进行检验，在Stata中可分别采用Arellano-Bond检验和Sargan检验进行验证。

为避免模型分析出现伪回归现象并确保结果的有效性，须对数据进行平稳性判断，即单位根和模型协整检验。采用Stata中的Levin-Lin-Chu检验和Im-Pesaran-Shin检验对变量原序列和一阶差分序列进行单位根检验，结果显示（见表5-29）：所有变量原序列和一阶差分序列均不包含单位根，为平稳序列。

表 5-29　　变量单位根检验

变量	原序列				一阶差分序列			
	Levin-Lin-Chu 检验		Im-Pesaran-Shin 检验		Levin-Lin-Chu 检验		Im-Pesaran-Shin 检验	
	统计值	P 值	统计值	P 值	统计值	P 值	统计值	P 值
lnCarP	-1.7544	0.0397	-1.7544	0.0397	-9.7034	0.0000	-10.3951	0.0000
lnGDP	-13.9360	0.0000	-13.9360	0.0000	-1.8481	0.0323	-2.4587	0.0070
lnFinGDP	-6.0261	0.0000	-6.0261	0.0000	-5.8604	0.0000	-6.3912	0.0000
Urban	-5.1834	0.0000	-5.1834	0.0000	-9.3053	0.0000	-7.4396	0.0000
lnCost	-8.6185	0.0000	-8.6185	0.0000	-5.7858	0.0000	-7.0404	0.0000
lnCarPro	-4.5014	0.0000	-4.5014	0.0000	-7.5707	0.0000	-7.5606	0.0000
lnCarOwn	-4.5806	0.0000	-4.5806	0.0000	-7.1366	0.0000	-5.2219	0.0000
lnPassenger	-2.7110	0.0034	-2.7110	0.0034	-4.6760	0.0000	-8.5885	0.0000

（二）实证结果分析

采用Stata对公式（5-13）分别采用混合普通最小二乘法（Pooed OLS）、固定效应（Fixed Effects，FE）和随机效应（Random Effects，RE）三种方法对静态模型进行估计，对公式（5-14）采用动态差分GMM模型进行动态模型进行估计，对四种模型估计结果进行对比，选择合适的模型分析影响我国民用小汽车销量的因素。此外，为保证实证结果的科学准确性，有必要对估计模型进一步做稳健性检验。而采用的方法可以是去掉样本中的极端值或者部分样本然后对子样本重新估计，如果子样本和全样本实证结果相近，则表明结果具有稳健性，研究结论可靠；反之则不具稳健性。不少研究人员均采用此方法对动态GMM 模型进行稳健性检验，本部分参考这种方法对估计结果做进一步的稳健性检验，得到3种动态差分GMM模型的估计结果，最终得到6种面板数据模型的估计结果（见表5-30）。

表 5-30　　面板数据模型估计结果

变量及相关统计值	A. 静态面板数据模型			B. 动态差分 GMM 模型		
	(1) OLS混合效应	(2)固定效应	(3)随机效应	(4)总体	(5)剔除北京	(6)剔除上海
lnGDP	0.115 (1.34)	0.505* (2.43)	0.115 (1.10)	0.596*** (4.94)	0.568*** (3.41)	0.596*** (6.98)
lnCost	0.762*** (4.91)	−0.129 (−0.37)	0.724*** (4.22)	−0.436*** (−5.09)	−0.356*** (−3.41)	−0.436*** (−6.08)
lnCarOwn	0.791*** (10.72)	0.946*** (5.26)	0.874*** (9.81)	0.720*** (4.95)	0.838*** (6.63)	0.800*** (5.85)
lnCarPro	0.00574 (0.79)	0.00841 (0.56)	0.00474 (0.51)	0.0121*** (4.25)	0.0160** (2.84)	0.0126*** (3.87)
lnPassenger	0.0472* (1.98)	0.0598 (1.42)	0.0392 (1.35)	0.113*** (8.42)	0.171*** (9.20)	0.106*** (8.08)
lnFinGDP	0.157** (2.84)	−0.0967 (−1.02)	0.0979 (1.50)	0.167*** (4.93)	0.105 (1.60)	0.225** (3.08)
Urban	0.000174 (0.08)	0.00521 (0.41)	0.00179 (0.63)	−0.0350** (−3.08)	−0.0331*** (−3.86)	−0.0534*** (−4.81)
L.lnCarP				0.0633*** (4.56)	0.0329* (2.54)	0.0590** (3.05)
Constant	−7.716*** (−8.16)	−5.872*** (−4.72)	−7.594*** (−7.59)	−3.854*** (−8.14)	−4.672*** (−9.89)	−3.658*** (−7.40)
Observations	496	496	496	434	420	420
Adjusted R^2	0.921	0.863				
AR (1)_Prob				0.0520	0.0558	0.0500
AR (2)_Prob				0.9784	0.9248	0.9611
Sargan				30.55334	29.5315	28.30955
(Prob > chi2)				1.0000	1.0000	1.0000

注：* $p<0.05$，** $p<0.01$，*** $p<0.001$，括号内为对应系数t值；L.lnCarXL、L.lnServGDP分别表示变量lnCarXL、lnServGDP的滞后项。

表5-30中第(1)列为OLS估计结果，这种方法忽略了个体异质性，容易导致估计结果存在较大偏误；第(2)列是面板数据固定效应模型估计结果，此方法考虑了“一带一路”沿线国家之间个体差异，估计结果相比普通最小二乘法更优，F检验(Prob > F=0.0000)检验结果也证实了这一点；第(3)列是面板

随机效应模型估计结果，此方法比固定效应节省了比较多的自由度，Hausman检验结果：chi2（7）=23.82（Prob＞chi2=0.0012），表明固定效应估计结果好于随机效应模型。第（4）列是动态差分GMM模型实证结果，动态差分GMM模型既考虑各样本个体差异，也克服了lnCars内生性产生的偏误，其中AR（1）P值为0.0520＞0.05且AR（2）P值为0.9784＞0.05，说明模型一阶和二阶均不自相关，随机干扰项不存在序列相关；Hansen P值为1.000＞0.05，说明不存在过度识别现象，模型选取的工具变量非常合理。差分GMM估计两个条件均满足，表明估计结果是无偏一致估计，具有实际参考意义。此外，第（5）和第（6）列是剔除部分样本后的动态差分GMM模型估计结果，两种模型均不存在二阶自相关和过度识别问题，子样本估计各变量的显著性及估计系数的正负号均与总体样本估计结果基本一致，说明模型没有因为样本改变而发生明显变化，即模型是稳健的，总体样本估计结果具有实际参考意义。通过以上分析可知，第（4）列动态差分GMM实证结果优于其他实证结果，因此，对各变量系数和显著性的分析将按第（4）列结果进行评价。

汽车销量滞后一项L.lnCars在1%置信水平下显著且其系数估计值为0.0633＞0，说明汽车销量滞后一期对当期具有显著促进作用，表明我国民用小汽车销量存在明显的惯性效应。汽车费用价值指数lnCost和城镇化率Urban这两个变量的估计系数均为负，这与研究预期一致，其中lnCost估计系数为-0.436，表明车用燃料、零配件、车辆使用及维修费等费用的逐年上涨，对民用小汽车消费形成显著的抑制效应；Urban估计系数为-0.0350，表明城镇化率每提高1个百分点，民用小汽车销量下降3.5%，表明随着我国近10年汽车消费的高速增长，我国大部分城镇化程度较高的省份汽车消费市场较为饱和，而且这些区域的公共交通不断完善，导致过高的城镇化率抑制汽车消费。变量lnGDP在1%置信水平下显著，表明GDP增长1%，汽车销量则增长0.596%，经济增长是我国民用小汽车消费的主要影响因素，仅次于汽车保有量这一因素。此外，lnCarOwn、lnCarPro、lnPassenger和lnFinGDP等变量均在1%置信水平下显著而且估计系数均大于0，表明这些变量均对各省份民用小汽车消费有正向促进效应，其中lnCarOwn估计系数为0.720，汽车保有量对汽车消费的影响最大，表明汽车保有量大的区域，汽车维修、消费、金融等服务业均较为发达，因此对民用小汽车消费促进作用较为明显；lnCarPro估计系数为0.0121，各省份汽车产量对汽车销量的影响相对其他因素较小，我国汽车消费的市场化程度高，而且汽车产量较高地区的汽车市场经过多年发展已经相对饱和；lnPassenger估计系数为0.113，说明公路客运量方面对汽车消费的促进作用较为明显；lnFinGDP估计系数为0.167，表明发达的金融业有利于促进汽车消费金融的普及和发展，汽车按揭消费方式的流行非常有利于促进汽车销量增长。

第四节　新冠疫情对中国汽车消费影响分析

自2020年3月12日世界卫生组织宣布新冠疫情构成全球大流行，新冠疫情全面冲击世界经济运行、生活运转，国家治理体系和治理能力迎来前所未有的重大考验。新冠疫情对中国经济（尤其是2020年上半年）各项指标造成不同程度的影响，工业和服务业下滑，供应链和物流承压，市场消费和投资减少。内需是中国经济平稳的“压舱石”。汽车是极为重要的大宗消费品，中国是全球第一大汽车消费市场，汽车产业是中国经济增长的“倍增器”，汽车消费是我国实现“双循环”战略的重要组成部分，汽车消费市场复苏也成为考验新冠疫情影响下世界经济重启的一道关键考题。因此，研究分析新冠疫情对我国汽车消费的总体影响及各区域差异，既可总体反映我国汽车消费市场在疫情前后的时空演变特征与发展趋势，也可以具体分析我国各区域（东北、华东、华中、华北、华南、西北、西南）和省际层面的影响差异，并为应对新冠疫情对汽车消费的影响及消除区域差异提供决策参考。

新冠疫情暴发以来，国内外学者从疫情对经济社会、各行各业、城市运行、人文交流等的影响等方面开展了一系列研究，起初针对新冠疫情对汽车业影响的研究主要集中在社会调查、市场预测、行业风险等方面。如汽车商业评论于疫情刚刚暴发之初（2020年2月3日）推出了《新冠大疫对中国汽车业影响调查》，共收到1183份有效数据，调查了疫情影响持续时间、最担心的行业风险、企业采取的应对举措、疫情对消费者首购与升级的刺激、2020年车市的预判等。李方生等从全球汽车产业链、企业经营状况、汽车市场风险3个方面系统分析了新冠疫情对全球和中国汽车产业的影响，并在此基础上提出应对举措。吕沛颖等采用空间杜宾模型实证分析了2020年新冠疫情对全球汽车市场的影响，实证结果显示疫情显著加剧了全球汽车销量下滑且呈现明显的地区差异。从产业链、供应链视角研究新冠疫情对汽车业影响的研究也有不少，Belhadi Amine等从供应链的预测能力、适应能力、反应能力、恢复能力、学习能力5个维度构建了供应链韧性评价指标体系，通过熵权-TOPSIS法对新冠疫情下的汽车企业供应链韧性进行评价，并力图合理重构供应链危机应对体系；余振等总结与汲取了汽车制造和服务供应链对新冠疫情适应力方面的经验教训；刘瑶等剖析了疫情蔓延对汽车等产业全球供应链体系的持续影响及我国供应链面临的挑战，分析了疫情影响下汽车等中国制造业参与全球产业链的变化及重构策略。也有部分针对疫情对新能源汽车影响的研究，吴征等梳理了疫情期间国内主要城市出台的新能源汽车促消费政策角度与力度，并在分析政策实施效果的基础上提出促进新能源汽车消费的措施建议；王宇露等基于问卷调查分析，运用感知风险和感知收益模型研究了新冠疫情期间消费刺激政策对新能源汽车购买意愿的影响。

现有文献对研究新冠疫情对我国汽车市场的影响有较好的启示与借鉴。但总体上看，现有文献研究角度过于单一且多为定性分析，而我国是一个多元而又不平衡的市场，不同地区的汽车消费者存在着明显的差异，特别是2020年疫情对经济社会的剧烈冲击下，缺乏对新冠疫情影响下的汽车销量变化尤其是空间差异的定量研究。因此，本节侧重于定量分析疫情前后（2019—2020年）我国省际汽车销量变化及空间差异性，采用探索性空间数据分析省际汽车销量的全局Moran指数并进行空间分布制图，通过Theil指数来测度我国省际汽车市场（销量）的区域差异程度，使用局域热点识别省际汽车销量空间集聚特征，并采用空间杜宾模型实证分析新冠疫情对汽车消费的影响，以期准确评估新冠疫情对汽车消费的影响与空间差异，从而为疫情下政府（车企）根据区域差异制定有效的汽车市场刺激政策（营销策略）提供参考依据。

一、数据来源及研究方法

本部分研究区域包括31个省份，不包括港澳台。2020年度汽车销量数据来源于汽车行业知名微信公众号“乘用车销量查询”公布的“2020年度各城市汽车终端零售销量排行”（https：//mp.weixin.qq.com/s/cpqfPsdoC- YiV1XlZhc2og），此销量数据为新车交强险数据。各省市的新冠肺炎累计确诊人数来自丁香园发布的“新型冠状病毒肺炎疫情实时动态”（https：//ncov.dxy.cn/ncovh5/view/pneumonia），通过网络爬虫抓取并整理，时间为2020年12月31日。

（1）探索性空间数据分析。本部分主要用ESDA分析省际汽车销量的全局

Moran指数并进行空间分布制图。

（2）Theil指数测度。通过Theil指数来测度我国省际汽车市场（销量）的区域差异程度。Theil指数具有可分解特性，可将其分解为组内差异和组间差异，对我国汽车销量区域差异结构及其来源可进行有效分解。其公式如下：

$$T=\frac{1}{n}\sum_{i=1}^{n}\frac{y_i}{\mu}\log(\frac{y_i}{\mu}) \tag{5-15}$$

公式（5-15）中，T表示*Theil*指数值，y_i、μ分别代表i区域的汽车销量和所有省市汽车平均销量。利用*Theil*指数的可分解性质测度组内差异与组间差异对总差异的贡献率。假设n个样本被分为K组，每组分别为g_k（k=1，2，...，K），第k组g_k中的个体数量为n_k，则有$\sum_{k=1}^{K}n_k=n$，y_i与y_k分别表示区域i销量份额与k组累计销量份额，记T_b与T_w分别为组间差距和组内差距，则可将*Theil*指数分解为$T=T_b+T_w$，T_b和T_w的计算公式如下：

$$T_b=\sum_{k=1}^{K}y_k\log\frac{y_k}{n_k/n},T_w=\sum_{k=1}^{K}y_k(\sum_{i\in g_k}\frac{y_i}{y_k}\log\frac{y_i/y_k}{1/n_k}) \tag{5-16}$$

另外，值得注意的是群组内差距项分别由各群组的组内差距之和构成，各群组的组内差距的计算公式与样本总体的计算公式并无区别，只是将样本容量控制在第k组的个体数目n_k。如果省际汽车销量完全平均时，Theil指数为0；在极不平衡情况下，*Theil*指数为ln（31）=3.4012。为分析我国省际汽车区域差异，参照常用的区域划分方法将全国31个省份（不包括港澳台）分成七个区域：东北（内蒙古、辽宁、吉林、黑龙江）、华东（上海、江苏、浙江、安徽、福建、江西、山东）、华中（河南、湖北、湖南）、华北（上海、江苏、浙江、安徽、福建、江西、山东）、华南（广东、广西、海南）、西北（陕西、甘肃、青海、宁夏、新疆）、西南（重庆、四川、贵州、云南、西藏）。

（3）局域热点分析。Local Getis-Ord Gi方法用于识别省际汽车销量区域空间集聚特征。其中，热点表示现存确诊人数的高值集聚区，即现有确诊人数的z值得分（即用来衡量样本均值偏离整体均值的方差倍数）大于1.65且p值小于0.1的城市；同理，冷点则表示低值集聚区，即z值得分小于-1.65且p值小于0.1的城市，本部分采用ArcGIS软件计算。

（4）空间杜宾模型。空间截面数据包含了截面个体及空间滞后两个方面的信息，相对于一般截面数据还能够分析被解释变量或解释变量的空间溢出效应。空间杜宾模型已广泛应用于人文地理与区域经济领域。本部分采用Stata17的“spregress”模块计算。

二、新冠疫情影响下的省际汽车销量变化及空间差异

(一) 省际汽车销量分布及变化情况

新冠疫情影响下我国七大区域的汽车消费变化。疫情影响下2019—2020年我国汽车销量总体出现明显下降(-9.31%),各大区域汽车销量[①]都出现不同程度的负增长(见图5-3)。其中,汽车消费下降最为明显的是西南地区,增速为-11.44%,依次为华南地区(-11.12%)、华中地区(-10.48%)、华东地区(-9.24%)、华北地区(-8.25%)、西北地区(-6.33%)、东北地区(-2.86%);汽车消费绝对数量下降最多的是华东地区,从2019年的737.86万辆下降到2020年的669.86万辆,下降了68.18万辆。2020年汽车消费规模从大到小依次为华东地区669.86万辆、华北292.42万辆、华南276.80万辆、华中264.86万辆、西南241.82万辆、东北134.43万辆、西北64.78万辆。

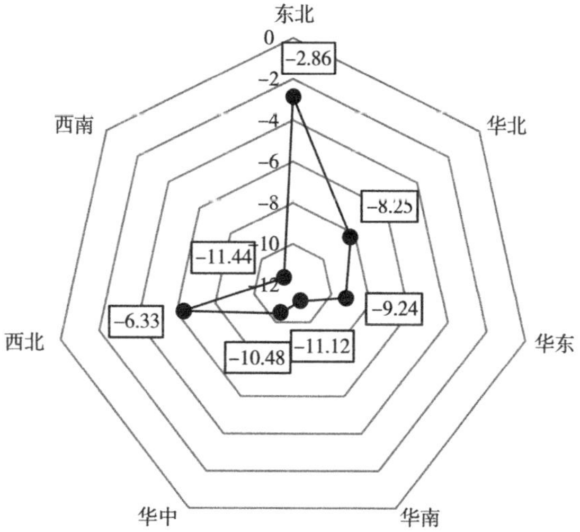

图5-3 2020年我国七大区域汽车消费增速示意图

① 汽车销量,主要以汽车上险数据为基础数据,上险量指的是车辆售出后买交通强制险的数量,衡量市场总需求的变化,跟一般公布的汽车销量略有差异。

新冠疫情影响下我国各省份的汽车消费变化。仅有5个省份汽车消费出现逆势增长，其中，汽车消费增速最高的是海南省，增速达32.57%，其次为天津（24.61%）、西藏（5.47%）、甘肃（3.11%）、辽宁（1.76%），虽然这5个省份地处不同区域，但5个省份的汽车消费市场规模均不大（小于50万辆）且累计确诊病例数均较少（小于350例）；而26个省份汽车消费出现不同程度的负增长，其中，有5个省份增速区间位于-5%—0，10个省份增速区间位于-10%—-5%，11个省份增速区间位于-18%—-10%，汽车消费下降幅度最大的3个省份为福建（-17.09%）、河北（-16.91%）、湖北（-15.51%）。汽车消费绝对数量增长最多的是天津市，从2019年的24.59万辆增长到2020年的30.64万辆，增长了6.05万辆；汽车消费绝对数量下降最多的是市场规模最大的广东省，从2019年的247.32万辆下降到2020年的216.88万辆，减少了30.44万辆。2019年汽车消费大于70万辆的10个重点省份均出现较大幅度下降，其中，有5个省份（广东、河北、四川、安徽、湖北）的下降幅度大于10%，有5个省份（江苏、山东、浙江、河南、湖南）的下降幅度区间位于-10%—-5%，有9个省份汽车消费绝对数量下降超过10万辆。这一定程度表明，疫情影响下我国重点省市汽车消费具有明显的“基数大、降速明显”的特点。

（二）省际汽车销量Theil系数及变化

利用Theil系数测度全国省际汽车销量的总体差异和组内差异、组间差异及其贡献，以及2019—2020年Theil系数变化情况。总体上来看，省际汽车销量Theil系数总体差异、组间差异、组内差异均有所下降，组内差异对总体差异的贡献率大于组间差异的贡献率，组间与组内差异的贡献率变化较小，组间差异贡献率略有下降（见表5-31），2019年组内差异贡献率为58.42%，2020年组内差异贡献率为57.97%。

表5-31　2019—2020年省际汽车销量Theil系数及变化

指标	2019年	2020年	变化率（%）
总体差异	0.291	0.276	-5.30
组间差异	0.121	0.116	-4.56
组内差异	0.170	0.160	-5.84
华东	0.103	0.115	11.85
东北	0.027	0.036	31.64

续表

指标	2019年	2020年	变化率（%）
华北	0.122	0.078	-36.21
华中	0.044	0.049	12.45
华南	0.501	0.462	-7.83
西北	0.171	0.158	-7.68
西南	0.239	0.230	-3.65

具体来看，华南地区的Theil指数保持高位值，2019年、2020年Theil系数分别高达50.1%、46.2%，说明区域中广东与广西、海南两地的汽车销量差异十分明显；西南地区的Theil指数也处于较高值，2019年、2020年Theil系数分别为23.9%、23%，说明区域中四川与重庆、云南、贵州，尤其是西藏的汽车销量差异较为明显；东北、华中地区的Theil指数也处于低位置，2019年、2020年两个地区的Theil系数均＜5%，说明东北、华中两个区域内部各省市的汽车销量差异极小。2019—2020年7个区域Theil指数变化升降不一，东北、华中、华东地区的Theil指数分别上升了31.64%、12.45%、11.85%，华北、华南、西北、西南地区的Theil指数分别下降了36.21%、7.83%、7.68%、3.65%。

（三）省际汽车市场时空集聚特征

对2020年的汽车销量进行空间自相关检验，结果显示：全局 Moran指数为0.061（p 值为0.07），表明省际汽车销量存在显著的空间集聚特征，可以进行空间热点分析及下一步的空间计量模型分析。借助ArcGIS对2019年及2020年省际汽车销量展开热点分析，汽车销量热点分布于华东及华中地区，如上海、江苏、浙江、安徽、湖北、河南、湖南、江西及福建，销量冷点分布于西藏及青海，新冠疫情对我国省际汽车销量局部空间格局的影响很小，仅江苏地区热点的显著性水平有所变化。

三、新冠疫情对汽车消费影响的实证分析

（一）变量选择与模型设计

为检验新冠疫情对我国汽车消费的冲击，考虑到我国汽车市场及相关影响因素可能存在空间自相关性，分别采用一般线性回归及空间回归据模型进行估

计。以各省份汽车上险数量为因变量，以各省份累计新冠肺炎感染确诊病例数据为核心变量，参考巫细波等（2020）的研究，选择经济发展水平、收入水平、汽车服务业水平、疫情前汽车市场规模等对汽车消费有影响的因素为控制变量（见表5-32）。构建如下一般回归模型：

$$Y=\alpha+\beta X+\varepsilon \tag{5-17}$$

公式（5-17）中，Y为各省份的汽车销量，X为核心及控制变量，ε为残差项。

表5-32　　变量及数据统计描述

变量		单位	样本数	均值	标准差	最小值	最大值	说明
因变量	Cars2020	千辆	31	627.35	497.89	38.67	2168.76	汽车上险数；
核心变量	COVID19	百例	31	149.48	809.66	0.01	4512	2020年年底新冠肺炎累计确诊病例数，预计负向效应
控制变量	Income	千元	31	30.64	12.36	19.14	69.44	居民可支配收入，预计正向效应
	GDP	亿元	31	31784.94	25949.28	1697.82	107671.1	经济发展水平，预计正向效应
	N4S	个	31	717.97	568.33	27	2414	用汽车4S店数量反映汽车服务水平，预计正向效应
	Cars2019	千辆	31	691.76	561.44	36.67	2473.17	疫情前汽车消费规模，2019年汽车上险数据，预计正向效应

由于我国省际汽车市场可能存在空间相关性，而疫情、汽车服务业水平、疫前汽车市场规模等变量也可能存在空间溢出效应，因此构建如下截面数据的空间杜宾模型：

$$Y=\alpha WY+\beta X+\theta WX+\varepsilon \tag{5-18}$$

公式（5-18）中，Y为各省份汽车销量；W为空间权重，考虑到汽车消费、新冠疫情等因素对其他地区的影响不仅限于周边省份，故采用空间距离权重；WY为因变量的空间滞后项；X为核心及控制变量，WX为核心和控制解释变量的空间滞后项；ε为残差项。

（二）实证结果分析

采用Stata16对公式（5-17）进行一般线性回归，对公式（5-18）分别用广义空间两阶段最小二乘法（GS2SLS）和最大似然法（MLE）估计空间杜宾模型估计，最终得到3种估计结果（见表5-33）。3种估计结果的系数符号及显著性基本一致，根据R^2及Wald Test看，GS2SLS估计结果更佳，故以结果③展开分析。

表 5-33　　　　　　　　　　**模型估计结果**

变量	一般回归模型	空间杜宾模型	
	① OLS	② MLE	③ GS2SLS
COVID19	−0.089* （−1.96）	−0.088** （−2.03）	−0.092*** （−3.27）
Income	1.451*** （3.20）	1.550*** （4.26）	1.396*** （4.86）
N4S	0.170** （2.38）	0.131** （2.15）	0.185*** （2.80）
Cars2019	0.706*** （9.81）	0.741*** （12.15）	0.686*** （11.04）
_cons	−24.991 （−1.70）	−26.276** （−2.55）	−24.406*** （−4.28）
Wd：			
N4S		−0.414* （−1.79）	−0.645** （−2.51）
Cars2020		0.475* （1.82）	0.743*** （2.63）
e.Cars2020		−2.144*** （−2.66）	−7.509*** （−4.90）
N	31	31	31
R^2	0.997	0.9972	0.9973
Wald Test	–	9.49**	42.39***

注：（1）* p＜0.05，** p＜0.01，*** p＜0.001，括号内为对应系数t值。

核心解释变量“COVID19”的估计系数显著为负，表明新冠疫情对我国汽车消费形成了显著抑制。具体而言，在其他变量不变的情况下，所在省份累计确诊病例每提高一单位（百例）会减少0.092千辆的汽车销量，在疫情较为严重的湖北、广东、上海、浙江等地区尤为明显。Income、N4S、Cars2019等变量估计系数均显著为正，其中收入水平对汽车销量的影响明显高于其他因素。

空间杜宾模型估计结果显示："Wd"项中的"Cars2020"系数显著为正，表明因变量具有显著为正的空间自相关，邻近地区汽车销量对本地形成正向空间溢出效应；而误差的空间滞后项"e.Cars2020"估计系数也显著负正，表明除了"COVID19"核心解释变量对汽车销量形成显著为负的效应，还存在其他未知因素也对汽车消费形成显著为负的抑制效应，如实施限牌限购政策、汽车市场已出现周期性下行态势等因素。此外，N4S的空间滞后项估计系数则显著为负，这说明如果周边地区的汽车品牌4S店数量更多且品牌更齐全，意味着汽车服务业水平更高，会对本地汽车销量形成抑制效应。

四、结论与建议

（一）结论

本节基于我国31个省份的新冠肺炎累计确诊数（截至2020年12月31日）、2019—2020年汽车销量、经济发展水平、汽车服务业水平等统计数据，分析了新冠疫情在2020年省际层面对汽车消费的影响及区域差异，得到以下结论。

（1）新冠疫情影响下2019—2020年我国汽车销量总体出现明显下降（-9.31%），各大区域汽车消费都出现不同程度的负增长，其中，汽车消费下降幅度和规模最大的分别是西南地区（-11.44%）和华东地区（-68.18万辆）；26个省份汽车消费出现不同程度的负增长，消费下降幅度和规模最大的分别是福建（-17.09）和广东（-30.44万辆），仅有5个省份出现逆势增长。总体上来看，疫情影响下我国重点省市汽车消费具有明显的"基数大、降速明显"特点。

（2）受新冠疫情影响，省际汽车销量Theil系数总体差异、组间差异、组内差异2019—2020年均有所下降，组内差异对总体差异的贡献率大于组间差异的贡献率，组间与组内差异的贡献率变化不大。华南、西南地区的Theil系数较大，说明各区域内各省市汽车消费的差异明显；东北、华中地区的Theil系数较小，说明各区域内部各省市汽车消费的差异不明显。2019—2020年七大区域Theil指数变化升降不一。

（3）空间自相关检验显示，省际汽车消费存在显著的空间集聚特征，我国汽车销量热点分布于华东及华中地区，销量冷点分布于西藏及青海，新冠疫情对我国省际汽车销量局部空间格局的影响很小。

（4）新冠疫情对我国汽车消费形成了显著抑制作用，所在省份累计确诊新冠肺炎病例每提高100例会减少920辆的汽车销量，在疫情较为严重的湖北、广东、上海、浙江等地区尤为明显。各因素中收入水平对汽车消费的促进作用最为明显。

（5）空间杜宾模型分析表明，2020年邻近地区汽车销量对本地形成正向空间溢出效应；除了“COVID19”核心解释变量对汽车销量形成显著为负的效应，还存在限牌限购政策等其他未知因素对汽车消费形成显著为负的抑制效应；周边地区汽车服务业水平更高（4S店数量更多），会对本地汽车销量形成抑制效应。

（二）建议

总体上，我国汽车消费市场受到新冠疫情较大的负面影响和抑制作用，只是各省份汽车消费受到的影响大小不一、变化幅度不等，各省份的汽车消费差异各有不同。根据以上分析提出以下几点对策建议。

（1）新冠疫情影响下我国汽车销量总体出现明显下降，各地区程度不同，重点省份汽车消费具有明显的“基数大、降速明显”特点。因此，为消除疫情影响，在采取普适性的经济复苏和消费刺激政策的基础上，各省份要根据当地汽车消费规模、消费特点和变化趋势，因地制宜实施地方特色的汽车消费。在汽车消费规模较大或者经济（收入）水平较高的省份，可侧重于围绕汽车消费结构升级（豪华中高端车、新能源及智能汽车等）出台相关政策，从而稳定和升级此类地区的汽车消费存量；在汽车消费规模较小或者经济（收入）水平不高的省份，可侧重于促进居民首次购买汽车（小排量、中低端等）消费出台购置税减免、金融信贷支持等相关政策，培育和扩大此类地区的汽车消费增量。

（2）省际汽车销量Theil系数总体、组间和组内差异2019—2020年均有所下降，表明我国省际汽车消费市场的区域差异正在缩小；但是七大地区的Theil系数大小不一，说明各区域内部的差异不同。因此，要准确把握各省份汽车消费的特征与差异，针对不同地区的差异化程度实施不同的发展策略和政策措施，如华南地区的Theil指数很高，可能需要对该地区内的广东与广西、海南采取差别较大甚至完全不同的促进汽车消费政策；而东北、华中地区的Theil指数很低，这两个地区内的省市或许可以采取较为相似的汽车消费促进政策。

（3）准确把握新冠疫情对个人出行方式偏好的逐步转变和我国汽车消费的持续影响。疫情流行期间直至疫情完全消除，借助个人汽车出行被视为抵御感染风险和疫情传播的一种保障，越来越多的消费者会选择驾驶个人车辆而非乘坐公共交通工具。因此，应结合低成本汽车贷款和经济复苏刺激政策，转危为机，努力将个人出行方式的转变转化为汽车销售的增长和汽车消费需求的释放。

（4）收入水平的估计系数显著为正且对汽车销量的影响明显高于其他因素，因此，要扩大汽车消费，关键是要多渠道提高居民收入水平，重点是要践行“十四五”规划建议提出的“着力提高低收入群体收入，扩大中等收入群体”等举措，建立健全居民收入增长长效机制，提升居民消费能力与汽车消费空间的匹配度，以此释放我国汽车消费潜力，提升汽车消费水平。同时，面对突发性、传染性较强的大规模疫情，在疫情得到有效防控后，建议实施一揽子、一系列经济复苏和消费促进政策，全方位降低和消除新冠疫情对我国（尤其在疫情较为严重的湖北、广东、上海、浙江等省份）汽车消费产生的抑制作用和负面影响。

第五节　新冠疫情对全球汽车市场影响的实证分析

新冠疫情对全球经济造成了巨大冲击，受此影响的汽车市场在2020年出现明显下滑态势。不同于2003年暴发的“非典”疫情，新冠肺炎的潜伏期更长、无症状感染者更多，因此导致新冠肺炎的传染性更强；同时由于全球各国家和地区之间的协同防疫成效有限和疫苗普及区域差异等问题，导致新冠疫情常态化趋势愈发明显。在全球大流行的冲击下，各国都首先采取了封闭等管控措施，因此全球各个地区的各行各业都相应地受到冲击，尤其是高度全球化的汽车产业。由于目前已有的相关文献缺乏定量的研究，加上世界汽车市场具有发展不平衡的特点，全球供应链环环相扣，不同的发展水平相互制约，在新冠疫情的冲击下更是加剧了汽车消费的空间差异。为此，我们将全球划分为19个区域，重点在于研究疫情前后世界各个区域之间的汽车销量变化和空间差异，构建空间计量模型定量评估新冠疫情对全球汽车销量的影响。

一、研究区域、数据来源及研究方法

（一）研究区域

为了分析新冠疫情对全球区域间汽车市场的影响及差异，本节将全球分为中亚、东亚、西亚、南亚、东南亚、中欧、东欧、西欧、南欧、北欧、中美洲、北美洲、南美洲、中非、东非、西非、南部非洲、北非、大洋洲19个区域。

（二）数据来源

本书各国家和地区汽车产销量数据来源于世界汽车制造商协会（http://www.oica.net/），需要特别说明的是大部分国家和地区只有汽车销量数据，少部分国家和地区才有产量数据；各国家和地区新冠疫情相关统计数据来源于丁香园发布的"新型冠状病毒肺炎疫情实时动态"（https://ncov.dxy.cn/ncovh5/view/pneumonia），通过网络爬虫抓取并整理，时间为2020年12月31日；GDP、人口规模等统计数据则来源于联合国统计数据库（http://data.un.org/）。

（三）研究方法

1.全局和局部Moran指数

为分析全球汽车市场的汽车销量空间集聚特征，采用空间自相关指数Moran指数进行分析。计算公式为：

$$I=\frac{\sum_{i=1}^{n}\sum_{j=1}^{n}\omega_{ij}(y_i-\overline{y})(y_j-\overline{y})}{s^2\sum_{i=1}^{n}\sum_{j=1}^{n}\omega_{ij}},\ s^2=\frac{1}{n}\sum_{i=1}^{n}(y_i-\overline{y}) \tag{5-19}$$

公式（5-19）中，Moran指数I的取值范围为[-1，1]。当I大于0时，表明事物具有正的空间自相关性，即高值与高值集聚、低值与低值集聚。当I小于0时，表明事物具有负的空间自相关性，即高值与低值集聚、低值与高值集聚。当I为0时，表明事物之间不存在空间自相关性，空间事物完全随机分布。

全局Moran指数能够揭示出空间事物的整体集聚特征，而使用局部Moran指数能够进一步分析局部空间集聚特征。局部Moran指数（local indicators of spatial association，LISA），是由Anselin提出的指数，计算公式为：

$$I = z_i \sum_{j=1}^{n} \omega_{ij} z_j,\ z_i = \frac{y_i - \bar{y}}{s},\ s = \sqrt{\frac{1}{n}\sum_{i=1}^{n}(y_i - \bar{y})^2} \tag{5-20}$$

公式（5–20）中，当I大于0时，表明该区域由相似值进行空间聚集（高观测值与高观测值聚集，低观测值与低观测值聚集）。当I小于0时，表明该区域由非相似值进行空间聚集（高观测值与低观测值聚集，低观测值与高观测值聚集）。当I为0时，表明该区域并不存在聚集，即该区域的分布呈现随机性。

2.空间杜宾模型

为了定量研究新冠疫情对全球汽车销量的影响，构建普通回归模型，计算公式如下：

$$y = \beta_0 + \beta_1 x + u \tag{5-21}$$

公式（5–21）中，y为全球各个区域的汽车销量，x为解释变量，u为扰动项。但考虑到全球19个区域汽车市场可能存在空间自相关效应，为避免普通回归模型的局限性，须构建空间杜宾模型分析解释变量x与因变量y的关系及空间溢出效应。公式如下：

$$y = \beta_0 \omega y + \beta_1 x + \theta \omega x + u \tag{5-22}$$

公式（5–22）中：ω为空间权重，本节采用空间邻接矩阵。ωx、ωy分别为解释变量的空间滞后项和因变量的空间滞后项。空间杜宾模型的估计方法有两种，分别是最大似然估计法（MLE）和广义空间两阶段最小二乘估计（GS2SLS），本节所使用的估计方法为最大似然估计法（MLE）。所使用的命令为Stata 17中的“spregress”。根据空间滞后项的不同，分别构建SAR（因变量的空间滞后模型）、SEM（误差项的空间滞后模型）和SDM模型（因变量、误差项和解释变量的空间滞后模型）进行对比分析并选择最合适的空间计量模型。

二、新冠疫情影响下的全球汽车市场销量变化及空间自相关特征

（一）全球汽车市场销量变化情况

总体上来看，全球汽车市场从2018年开始呈现负增长态势，而在2020年席卷全球的新冠疫情加剧了全球汽车市场的下滑态势，全球的汽车销量由2019年的9131.47万辆下降至2020年的7655.72万辆，同比下滑16.16%，而疫情风

险较高地区的汽车销量下滑幅度普遍超过20%。根据2020年年底全球19个地区的新冠肺炎累计确诊数增速、现存确诊数、感染率及汽车销量、增速等数据分析研判各地区新冠疫情影响下的汽车市场发展态势（见表5-34）。

表5-34　2020年新冠疫情概况及2019—2020年汽车销量概况

区域	新冠疫情概况（万例、%、例/百万人）			汽车市场（万辆、%）		
	现存确诊	增速	感染率	2019年	2020年	增速
东亚	5.58	0.51	243	3301.6	3204.25	-2.95
北美洲	795.68	3.4	57246	1945.59	1598.05	-17.86
西欧	626.8	2.59	40621	675.64	511.13	-24.35
中欧	105.59	2.57	30906	596.96	482.32	-19.2
南欧	315.56	2.06	35642	447.39	307.96	-31.17
南亚	31.17	4.02	6872	403.48	306.31	-24.08
南美洲	106.53	3.97	30610	417.66	294.49	-29.49
东南亚	22.42	2.82	2471	349.55	235.94	-32.5
东欧	99.33	3.86	22915	205.56	173.01	-15.83
西亚	60.22	2.2	17230	261.38	171.89	-34.24
大洋洲	1.38	2.02	1399	119.66	103.24	-13.72
北欧	48.04	2.07	25503	104.08	83.7	-19.58
中美洲	51.12	3.53	11594	167.68	80.67	-51.89
南部非洲	18.48	3.53	5698	59.32	37.79	-36.29
北非	13.39	3.13	3737	53.38	35.3	-33.87
中亚	8.05	3.36	5147	17.52	29.67	69.35
东非	5.38	3.48	872	1.01	—	—
西非	2.5	3.19	667	3.35	—	—
中非	0.8	3.15	523	0.66	—	—

注：感染率为每百万人出现的确诊病例数，增速为2020年3月12日至2020年12月31日累计确诊数增速，感染率为每百万人出现的累计确诊人数，现存确诊为2020年12月31日的现存确诊数；东非、西非、中非等部分地区缺少2020年度数据。

截至2020年年底，汽车市场规模较大、疫情控制较好且预期风险较低的地区只有东亚、中欧、西亚、大洋洲等地区，东亚地区作为全球最大汽车市场且疫情防控效果较好，2020年汽车销量仅下滑2.95%。特别是中国市场，得益于疫情防控的良好成效，距离疫情暴发不到半年，到2020年5月份的汽车销量达到219.4万辆，实现同比增长达到14.5%，结束了连续21个月的下降趋势，成为全球新冠疫情暴发以来率先大规模复苏的汽车市场；北美为仅次于东亚的汽车消费市场，但疫情较为严重，现存确诊、增速及感染率等指标普遍较高，导致美国2020年汽车销量同比下降17.86%；南欧、南美洲、西欧等主要汽车市场的疫情也较为严重，汽车市场同样较大规模萎缩，同比下降幅度分别为31.17%、29.49%和24.35%；在汽车销量市场体量小的地区（2019年和2020年的汽车年销量均在100万辆以下的地区），如南部非洲、北非、东非、西非、中非地区，在2020年受到疫情冲击后，下降幅度都达到了30%以上。值得一提的是中亚地区的汽车销量在2020年增长了69.35%，在世界汽车市场全面萎缩的情况下尤为凸显，可能是由于新冠疫情导致该地区公共交通出行受管制反而促进了私人汽车消费，此外中亚地区地广人稀且汽车销量市场体量小，2020年仅新增12.15万辆就实现明显增幅。

为了进一步分析新冠疫情对汽车市场的影响，将汽车年销量数据的时间尺度扩大到2005—2020年。

具体来看，2005—2018年，全球汽车销量总体呈现上涨态势，但区域差异也较为明显。其中，19个区域中有12个区域（北美洲、南亚、中美洲、中非、北欧、南部非洲、中亚、东南亚、中欧、大洋洲、东亚、南欧）的汽车销量呈现增长趋势，平均增长65.83%；7个区域（北非、西亚、南美洲、东非、西欧、东欧、西非）的汽车销量呈现下降趋势，平均下降18.77%。2018—2019年，全球汽车市场开始萎缩，全球共有14个区域（西非、南亚、东非、东亚、大洋洲、北非、南部非洲、东南亚、南美洲、西亚、中美洲、北美洲、东欧、南欧）的汽车销量下滑，平均下降5.86%；只有5个地区（西欧、北欧、中亚、中欧、中非）的汽车销量在上升，但是增长幅度较小，平均增长率为4.33%。到2020年，受新冠疫情影响的全球汽车市场下滑态势明显加剧，全球只有1个地区（中亚）的汽车销量呈现增长趋势，增长率为69.31%，其他18个地区（西非、东非、中非、中美洲、南部非洲、西亚、北非、东南亚、南欧、南美洲、西欧、南亚、北欧、中欧、北美洲、东欧、大洋洲、东亚）的汽车销量都有显著的下降，平均下降38.17%，而2018—2019年的下降幅度仅为5.86%。

（二）全球汽车市场空间自相关特征

根据研究分析可知，全球19个地区汽车销量可能也存在空间自相关特征，而汽车销量是否存在空间自相关特征与后文的实证分析密切相关。采用ArcGIS对2020年全球汽车销量（取对数）进行全局和局部Moran指数分析。基于邻接矩阵计算得到2020年的全球汽车销量的全局莫兰指数值为0.547（P值为0.000151），表明存在显著的正向空间自相关性现象，即汽车销量高值与高值聚集、低值与低值聚集的现象显著。进一步计算全球汽车市场销量的局部Moran指数，结果发现北非、西非、中非、南部非洲、东非地区呈现显著的销量低值聚集模式，而南亚地区则呈现显著的销量高值聚集特征，在其他地区的汽车销量未呈现出明显的空间集聚模式。

三、新冠疫情对全球汽车市场影响的实证分析

（一）变量选择与模型设计

在前文中已表明新冠疫情对全球汽车市场有明显抑制效应，进一步采用计量模型对此假设进行实证分析。因变量为2020年全球汽车销量，核心变量为各地区累计确诊病例数，参照巫细波等（2020）的研究，选取各地区已有汽车市场规模（即2015—2020年的平均汽车销量）、2020年汽车产量、2020年地区人口总数、2020年人均GDP等为控制变量。为了消除计量模型可能存在的异方差，对因变量和自变量取对数。其中，“lnCarSales”为2020年年底统计的全球汽车销量（取对数），“lnCovid”为累计确诊病例数（取对数），“lnCarMarket”为2015—2020年5年平均汽车销量（取对数），“lnCarProduction”为2020年汽车产量（取对数），“lnPopulation”为2020年地区人口总数（取对数），“lnPerGDP”为2020年人均GDP（取对数）。由于全球地区层面的汽车销量存在显著空间自相关现象，一般截面数据回归模型将不再适用，为此分别构建了空间自相关模型（SAR）、空间误差模型（SEM）和空间杜宾模型（SDM），采用最大似然估计法（MLE）进行估计。

（二）实证结果分析

根据前文的模型设计采用Stata 17进行普通回归模型与空间计量模型的估计，得到4种估计结果，包括普通回归模型（OLS）及3种空间计量模型（SAR、

SEM和SDM）。根据实证分析结果，通过各个变量的显著性及R2、WaldTest判断，可以看出普通回归模型中的核心变量“lnCovid”的影响不够显著，而SAR、SEM的WaldTest不显著，SDM模型的核心变量显著且WaldTest显著，因此，SDM模型实证分析结果较好，故采用SDM模型估计结果展开分析（见表5-35、表5-36）。

表 5-35　　变量及数据统计描述表

变量		样本数	均值	标准差	最小值	最大值
因变量	lnCarSales	19	4.469	2.317	-0.400	8.072
核心变量	lnCovid	19	5.033	1.765	1.712	7.641
控制变量	lnCarMarket	19	4.772	2.278	-0.274	8.144
	lnCarProduction	19	2.750	5.653	-9.210	8.737
	lnPopulation	19	5.511	1.051	3.315	7.411
	lnPerGDP	19	8.959	1.373	6.852	11.03

表 5-36　　实证分析结果

变量	普通回归模型	空间计量模型		
	OLS	SAR	SEM	SDM
lnCovid	-0.093 (-1.48)	-0.132** (-2.11)	-0.086* (-1.67)	-0.101* (-1.70)
lnCarMarket	0.652** (2.67)	0.664*** (3.39)	0.663*** (3.20)	0.844*** (4.53)
lnCarProduction	0.107* (1.84)	0.108** (2.31)	0.113** (2.34)	0.069 (1.58)
lnPerGDP	0.237 (0.99)	0.281 (1.43)	0.164 (0.80)	0.045 (0.25)
lnPopulation	0.304 (1.27)	0.328* (1.69)	0.255 (1.26)	0.111 (0.64)
_cons	-2.496 (-1.05)	-2.692 (-1.40)	-1.766 (-0.88)	-0.247 (-0.14)
W:				
lnCarSales		-0.037 (-1.05)		-0.099** (-2.24)

续表

变量	普通回归模型	空间计量模型		
	OLS	SAR	SEM	SDM
e.lnCarSales			−0.632 （−1.16）	−1.225* （−1.71）
lnCarProduction				0.059** （2.37）
N	19	19	19	19
R^2	0.982	0.988	0.987	0.988
WaldTest		1.10	1.35	8.74*

注：*$p < 0.05$，**$p < 0.01$，***$p < 0.001$。

SDM模型估计结果显示，核心变量“lnCovid”系数显著为负，表明新冠疫情对2020年全球汽车销量有显著抑制作用，与前面的分析一致；解释变量“lnCarMarket”估计系数显著为正，即新冠疫情暴发前的汽车市场规模对2020年汽车市场形成正向促进效应，也在一定程度上说明全球地区汽车市场具有明显惯性效应；因变量空间滞后项“lnCarSales”的估计系数显著为负，表明地区周边地区汽车市场会抑制本地汽车市场，具有显著的负向空间溢出效应，而因变量误差项“e.lnCarSales”的估计系数显著为负，表明模型误差项存在空间负相关，除了核心变量“lnCovid”对汽车销量形成显著为负的效应，还存在其他未知因素也对各地区汽车销量形成显著为负的抑制效应；此外，控制变量“lnCarProduction”的直接估计系数为正但不显著，而其空间滞后项估计系数则显著为正，表明本地汽车产量对本地汽车市场的促进作用不显著，但周边地区汽车产量会促进本地区汽车销量，具有明显的正向空间溢出效应，这是因为汽车制造业作为技术和资本密集型产业，只有东亚、北美、西欧、南欧等少数地区才有大规模的汽车制造业。总体上看，SDM模型很好地实证了新冠疫情对全球汽车市场的抑制效应及其空间溢出效应。

四、结论和建议

(一) 结论

本节在分析新冠疫情对全球19个区域汽车销量影响的基础上，进一步采用空间杜宾模型进行了实证分析。总体上看，全球汽车市场受到了新冠疫情的显著冲击，不同地区的影响程度差异明显。研究发现如下现象。

新冠疫情显著加剧了全球汽车销量的下降态势。2015—2018年全球汽车销量总体呈现上升的趋势，2018年全球汽车市场开始出现轻微下降态势，受到新冠疫情冲击之后，2020年全球汽车销量的下降态势明显加剧。在疫情严重的北美洲地区，汽车销量的下降幅度高达17.86%，但在疫情控制较好的地区如东亚地区，汽车销量下降的幅度仅为2.95%。而SDM模型估计结果也显示新冠疫情对全球汽车销量产生显著为负的效应，表明严格防控疫情对缓解汽车销量下降有显著促进作用，东亚地区的汽车市场变化也验证了这点。

Moran指数分析结果显示，2020年全球汽车销量有显著的空间聚集效应。全局和局部Moran检验结果显示，2020年全球汽车销量呈现显著的空间正自相关性，即全球汽车销量呈现显著的高值与高值聚集、低值与低值聚集的现象。具体而言，2020年全球汽车销量高值集聚区出现在南亚地区，而销量低值集聚区在中非、东非、西非、南部非洲、北非等地区。

空间杜宾模型估计结果显示存在空间溢出效应，邻近地区的汽车销量会对本地区的汽车销量造成抑制效应，而邻近地区的汽车产量会对本地区的汽车销量有积极影响。根据SDM模型估计结果显示，因变量空间滞后项“lnCarSales”的估计系数为负，表明邻近地区汽车市场也会对本地汽车消费造成抑制作用。控制变量“lnCarProduction”的空间滞后项的估计系数显著为正，表明邻近地区的汽车产量增加会促进本地区汽车销量。

（二）建议

对促进新冠疫情影响下全球汽车市场复苏提出如下几点建议。

（1）加强全球防疫合作，尽量减少疫情带来的负面影响。2020年，全球汽车销量受到了严重冲击，这与新冠疫情的暴发有重要的关系，对疫情进行严格的防控、减少感染病例是缓解汽车销量下降的关键并且由于新冠疫情席卷全球，疫情阻碍了汽车产能和销量扩张，给全球各个地区的经济都带来了严重的破坏。

（2）加强汽车产能合作与供应，及时停止贸易战。SDM模型显示汽车产量具有显著的正向空间溢出效应，因此疫情防控效果较好且汽车产能较大，地区应提高产量和出口供应，有利于恢复全球汽车消费市场，这对新冠疫情暴发以来率先大规模复苏的中国汽车制造业而言是全球价值链提升的新契机，国家层面应积极鼓励汽车出口，为全球汽车市场贡献中国力量。此外，新冠疫情除了直接对汽车行业造成冲击，也间接影响了全球半导体市场，导致全球汽车行业都面临着严重的缺芯问题，而以中美贸易摩擦为代表的贸易战更是严重影响了全球汽车产能，若继续这场贸易战，将会在疫情的影响下为世界汽车行业笼罩上又一层阴影，因此，应及时停止贸易战。

（3）因地制宜，实施汽车消费刺激政策。为了减少疫情带来的影响，结合不同国家和地区的发展水平和消费趋势，制定不同的汽车消费刺激政策。在汽车销售的冷点地区，适合颁布促进人们首次购买汽车的优惠政策，以及相应的金融贷款支持；在汽车销售的热点地区，更适合在新能源汽车、无人驾驶领域提供政策支持，鼓励人们消费升级。

6
Chapter

第六章 战略路径与对策建议

第一节 中国汽车企业“走出去”SWOT分析

根据波特钻石理论模型（Michael Porter Diamond Model），分析我国汽车产业走出去的竞争力。

波特认为，决定竞争力的要素主要有如下四个：（1）生产要素。其主要包括人力资本、自然资源、知识资本、国家基础设施建设等。低级生产要素包括自然资源、气候、地理位置、人口统计特征等，而高级生产要素包括通信基础设施、复杂和熟练劳动力、科研设施以及专门技术知识等，波特认为高级要素更为重要。（2）需求条件。波特理论十分强调国内需求在刺激和提高国家竞争优势中的作用。同时，当地国的需求是否充足，将是决定产品销量，甚至是企业生死存亡的重要因素。（3）相关产业与支持产业的表现。如企业上下游的支撑力度、产业集群状态等。（4）企业的战略结构和竞争对手。国内与国际的竞争环境以及与竞争对手相比的水平。

同时，从模型我们也可以看出外部的机会与政府的影响也与四个要素相互作用着。通过SWOT工具展现其基本四个要素，将中国汽车企业面临的基于内外部竞争环境和竞争条件下的态势，将优势、劣势、机会和威胁通过矩阵列举排列出来，然后利用系统分析的思想，从中得出一系列相应的结论，根据研究结果给出相应的发展战略、计划以及对策等。

一、“汽车生产要素”维度

从生产要素视角分析，我们可以看出：人才作为最重要的要素，近30年的汽车行业队伍的发展已经积累到相当的规模，有分析指出整车及零部件上下游相关从业人员超过2500万人，其中相关工程师超过500万人，并且主要年龄结构以青壮年为主，工程经验也进一步得到了锻炼，但整体研发创新在汽车行业显得相对活力不足。同时，在管理经验上显得明显人才贮备不足，特别是在走向国际化的过程中，优秀的管理人员的稀缺则会成为制约企业进一步发展的瓶颈；另外，工程师文化尚未成熟，官本位思想较重，比如加班文化在“一带一路”沿线国家的接受程度相对低，在进一步“走出去”的过程中，这些都会成为外国工程师选择中国公司的考虑因素。

在生产要素的其他方面，国内有着其他国家难以比拟的优势，比如车用钢铁制造体量全球排名第一，在水电配置方面，国内有着协调统一的供给，保证了国内企业生产的稳定。但走出去之后，当地国的能源压力包括生产用水电、车用油的稳定供给始终是汽车行业发展的重要限制因素。另外，中国作为为数不多的全地形国家（即平稳路、颠簸路、沙漠地、高寒地等），在车型开发与试验积累上具有先天优势，即在中国设计的车，满足中国全地形设计后，在理论上即可以满足其他国家的要求。这里也牵涉相互认证设计标准的潜在机会，故更多参与国际汽车组织（如世界汽车工业协会、钢铁工业协会）中去，更多地参与制定标准，是中国汽车行业一条任重道远之路（见表6-1）。

表 6-1　　基于生产要素的 SWOT 分析列表

S（Strong）优势	W（Weak）劣势
➢ 国内工程师队伍庞大，以青壮年为主，制造工人经验丰富，可更多外溢到国外市场 ➢ 汽车需求的钢铁、稀土等产业规模全球第一 ➢ 电力、水资源配置到位 ➢ 国内涵盖全地形地貌，利于新车型实验，满足其他市场要求	➢ 工程师队伍顶尖工程师与具有优秀管理经验的人才准备不足 ➢ 优质特种钢材生产水平偏低 ➢ 研发创新能力与国外公司存在差距。右舵（一般岛国与英联邦国家）设计生产配套不足；柴油车设计经验欠缺 ➢ 加班文化在“一带一路”沿线国家接受度值得探究，官本位思想严重
O（Opportunity）机会	**T（Threat）威胁**
➢ 通过本土化策略，逐步培养管理人员队伍素质 ➢ 构建营销体系，健全售后等软实力 ➢ 与当地供应商、国外优势供应商共赢当地市场，增强协同关系 ➢ 参与国际汽车组织、共同标准的制定	➢ 能源压力，全球变暖带来的碳排放的要求 ➢ 关键零部件可能的短缺（如芯片） ➢ 国内人力成本上升

二、“市场需求条件”维度

从人均国内GDP与汽车销量的线性关系来看，人均国内GDP的上升会带来相应的汽车销量的上升，“一带一路”沿线国家总体基本为发展中国家，随着“一带一路”倡议的深入推广，需求端市场巨大。当前国内汽车产销量均超过全球产销量四分之一，2018年之后整体销量开始下滑，标志着国内消费市场已从增量市场转化为存量市场，但是国内客户的群体多样化划分催生了多层次的产品，差异化的产品能更好地满足“一带一路”沿线国家的产品需求（非洲人喜爱音乐，上车即开音响系统，泰国人喜爱皮卡等）。

另一分析的事实是，其他品牌在“一带一路”沿线国家的先入优势明显，如东南亚基本是日系车占主导地位，中国汽车进入国外市场多数还是依靠性价比取胜，从而利润率低，客观上拉长了投资回报周期。在质量方面，虽然前文提及的国际汽车权威机构JDPOWER分析数据显示中国品牌质量与国外品牌的质量表现在迅速地缩小，但长期形成的中国产品质量低的认知依然普遍，依然会制约着中国汽车的在国外的发展（见表6-2）。

表6-2　　基于需求条件的SWOT分析列表

S（Strong）优势	W（Weak）劣势
➢ 国内汽车产销量均为全球产销量四分之一，企业规模效应明显 ➢ 国内多样化的用户需求催生了多层次的产品供给（丰富的高中低端产品） ➢ “一带一路”沿线国家多为发展中国家，为增量市场，需求市场巨大	➢ 2018年之后，国内消费市场从增量市场转为存量市场，从中反映出汽车消费需求在国内高峰期已至 ➢ 受新冠疫情与政治影响，部分国家汽车消费市场出现波动，出现下行趋势
O（Opportunity）机会	**T（Threat）威胁**
➢ 可以依托本土市场的巨大需求，不断培育新供应商与管理技术 ➢ 细分市场，针对不同市场与民族爱好开发特定产品 ➢ 加强质量管控，实际落地先进制造与精益生产等体系	➢ 整车产品需求多是性价比车型，利润率低，带来企业回报率低，投资回报周期拉长 ➢ 长期形成的对中国产品质量的先入性偏见导致对中国产品的需求下降

三、“汽车相关产业与产业支撑”维度

相关产业与支持产业的表现主要是指企业上下游的支撑力度、产业集群

状态等。在这方面国内产业链齐全，可以作为对外投资的产业链的后备支撑力量，在同期开发生产的车型中能够确保在发生不可预测的情况如地震、洪灾等供应链风险时，国内产业链可以弥补企业经营的稳定性。但我们也要看到国内主机厂下游优秀供应商体系薄弱，关键零部件的设计开发依然依赖外方强（如电子架构、底盘调教等）。

从行业外部因素支撑来看，“一带一路”目前很多项目为基础设施建设，后期将有利于当地国的汽车产业的发展，汽车工业投资厂房建设经验丰富，工期与产能节奏有效缩短，抢占商机。在金融层面，亚投行、丝路基金等为中国汽车企业“走出去”提供了资金保障，但当前国际商务中不得不考虑SWIFT体系对关税的影响，势必会影响到企业的投资与收益，人民币逐渐国际化，则有利于更多双边对接协议，降低金融风险（见表6–3）。

表6–3 基于相关产业与支持产业表现的SWOT分析列表

S（Strong）优势 ➢ 国内产业链齐全，可确保对外投资当地国生产链低风险 ➢ 国内产品门类齐全，从低端到高端商务车乘用车 ➢ 新能源汽车先发优势，尤其电池业务 ➢ 亚投行、丝路基金等为提供融资平台 ➢ RCEP、中欧投资协定等	W（Weak）劣势 ➢ 油品质量全国范围未达到统一“国六”标准 ➢ 国内优秀供应商体系薄弱，关键零部件供应上多依赖外方 ➢ 汽车行业上、下游供应商的质量管控体系仍待加强
O（Opportunity）机会 ➢ 外汇增多，人民币汇率稳定，利于推动汽车行业对外投资 ➢ 人民币逐渐国际化，更多双边对接协议有利于规避全球金融风险	T（Threat）威胁 ➢ 城市交通压力与环境保护等的压力 ➢ 进出口企业的金融关税风险 ➢ 境外媒体的经常性负面报误导性报道 ➢ 当地国政治波动

四、“企业战略结构和竞争对手”维度

从目前各企业公布的战略目标来看，多数汽车企业认识到未来汽车发展的方向，并且制定了新四化的方向（电动化、智能化网联化、共享化、国际化），例如上海汽车与吉利汽车均在国内国外市场的规划中体现出新四化战略；但是企业间通常缺乏适当的合作，例如中国汽车企业在国外为中标的相互压低价格的事件层出不穷，典型的如在收购英国老牌汽车名爵时，上汽与南汽争执不下，最终上汽获得技术知识产权，而南汽获得生产装备，名爵汽车的一分为二

的策略使企业获得了利益的扩大，而上汽与南汽则缺乏整体收购合作策略。奇瑞汽车出口埃及也是重实干轻战略的体现，埃及市场的开拓则完全是由国外代理商主动联系奇瑞获得奇瑞风云的埃及代理权，从而开拓了埃及市场，后期才有奇瑞汽车海外战略的逐渐清晰。

和竞争对手相比，传统汽车巨头形成的行业壁垒则更多地体现在零部件的供应体系，例如，发动机、变速箱、悬架、轮胎、电子架构等，供应商体系的进入壁垒，使得中国汽车"走出去"需要更积极探求全球化的供应链体系的建立。另外，越来越多的国家表达对"一带一路"的持续看好，签署了更多的"一带一路"倡议合作协议，南非与新西兰也均表达共建"一带一路"的意向，这些积极的信号，使得企业需要更注重长期经营，更多地参与当地公益活动，培养出中国企业的商誉（见表6-4）。

表 6-4　　基于企业的战略结构和竞争对手的 SWOT 分析列表

S（Strong）优势	W（Weak）劣势
➢ "一带一路"政府政策性支持，与当地国共建投资平台、投资协定等 ➢ 多数汽车企业制定新四化（电动化、智能网联化、共享化、国际化）战略 ➢ 运营方式相对灵活	➢ 与竞争对手相比，中国企业通常重实干、轻战略 ➢ 企业出海抱团性不强，存在恶性竞争 ➢ 未形成强有力的品牌附加值
O（Opportunity）机会	**T（Threat）威胁**
➢ 各企业不断加大研发，寻求与外方研究机构合作，提升研发能力 ➢ 制定长期战略，深耕"一带一路"市场，抛弃短期财务盈利理念，注重商誉 ➢ 更注重参与当地公益，实际行动融入当地发展	➢ 竞争对手对新科技初创公司入股或收购，从而产生行业进入壁垒 ➢ 竞争对手在当地国的先入优势，如日系品牌在东南亚的地位 ➢ 贸易壁垒

第二节　中国汽车国际化、高端化战略路径

一、国际化战略路径

（一）因地制宜，分区、分类施策

全球以及"一带一路"汽车市场发展存在不均衡和不充分，且处于深刻变化中，我国应深入研究全球以及"一带一路"沿线国家汽车产业的生产—销售

（供给—需求）态势、市场差额情况，同时结合影响汽车市场的经济发展、人口规模、贸易政策、消费特点等因素，因地制宜、分类施策，选择不同区域的重点国家、不同企业的合适品牌，提高与全球重点区域（国家）汽车市场的国际产能合作的针对性和有效性。

以“一带一路”沿线为例：针对“一带一路”沿线东盟地区，中国汽车要“走进”东盟，应重点关注东盟地区的汽车进口重点国家，可采取在当地建厂生产和积极出口贸易相结合方式，同时加大对吉利等自主品牌在当地投资建厂的鼓励和支持。根据该区域消费特点，出口车型应以中高端车型为主。针对“一带一路”沿线南亚地区，中国汽车进入南亚地区，应以鼓励自主品牌企业到海外（南亚当地）建厂投资为主，在近期瞄准中低端汽车市场，未来随着南亚地区经济实力和消费水平的提升，远期可输出中高端汽车产品。针对“一带一路”沿线西亚和中亚地区，建议出口到该地区的汽车以中低端产品为主。针对“一带一路”沿线中东欧和独联体国家，建议出口商用车以新能汽车产品和中低端汽车产品为主，鼓励广汽、日产等新能源商用车企业进一步做大做强，适时收购境外的知名品牌、销售网络和研发机构，提升中国汽车品牌影响力和国际竞争力。

（二）协同合作，资、技、品并重

政府主管部门和汽车行业协会应通过加强大湾区乃至中国各大汽车企业、各大汽车名城之间的资源有效对接与市场顺畅沟通，协同合作，发挥企业合力。通过产能合作、并购重组、建立战略联盟等方式，共同商讨、研究与创新适合中国汽车企业联合走向世界的有效模式与路径，探索战略性入股合资伙伴，快速拓展整合全球生产和销售网络，加快实现中国汽车跨企业、跨品牌、跨地区“1+1+1＞3”的联合抱团走向“一带一路”。顺应全面开放新格局和“一带一路”倡议有关要求，针对重点市场，通过在当地联合设立产品研发中心、技术攻关平台、属地化销售渠道、共享全球营销网络、属地投资建厂制造等途径，在产品出口、跨国并购、技术输出、品牌打造、联合采购等方面共同深化国际国内汽车产业合作，推动从“单纯的产品、资本输出”转向“资本、技术、品牌、服务等输出并重”。

（三）因势利导，研、产、销并行

中国正在开启新一轮高水平对外开放的新征程，汽车等先进制造业的投资贸易自由化、便利化水平将进一步大幅提升。当前，中国汽车的基本格局是合资企业与自主车企共生发展，汽车合资企业股比放开及关税降低已成必然，中国自主汽车品牌迎来严峻挑战。“对外开放、去弱留强”是汽车未来发展的主旋律。因此，要积极顺应新一轮汽车产业开放新趋势，紧紧围绕全球重点区域与“一带一路”沿线国家，内生发展和外部战略合作并举，既要修炼内功（研发、生产），也要强化外功（销售网络、品牌形象），从注重生产、制造向强调研发、生产、销售、服务等产业链一体化提升转变；应着力打造全球汽车研发生态，构建“新能源+智能网联”汽车产业链，推动发展外贸新业态，做大做强汽车及零部件进出口业务，建设汽车国际生产销售体系，健全汽车产业创新开放共享体系，进一步提高中国自主品牌汽车产品核心竞争力和品牌影响辐射力。

二、价值链升级路径

产业价值链升级一般存在四种升级模式：工艺流程升级、产品升级、功能升级和链条升级。根据国际经验并结合汽车产业特点，汽车产业价值链升级也同样遵循从流程升级到产品升级、功能升级及链条升级。显然，对中国汽车产业而言，链条升级才是未来全球价值链升级的重点和关键。我国汽车产业存在合资、外资独资、民营等多种类型的汽车整车和零部件企业，各自在全球汽车产业价值链的位置差异较大，因此各类企业升级模式存在较大差别（见表6–5）。

表 6–5　汽车产业价值链升级内在行为及外在表现

升级方式	内在行为	外在表现	我国实际情况
工艺流程升级	重视零部件供应链管理和质量控制系统的改变，引进新的机器设备及自动化生产线等，强化企业电子商务能力	通过提高质量和周转效率，降低汽车生产和营销成本；缩短汽车开发周期，提升利润	乘用车整车企业大规模使用自动化总装线，商用车及大部分零部件企业有待升级；企业电子商务水平较高
产品升级	加快新车型开发和旧车型更新换代步伐，提高汽车设计和市场部门业务能力，加强与零部件供应商或消费者在新产品推出过程中的交流互动	不以牺牲市场份额为代价的汽车价格的提升，新车型销售率的提升，自主品牌汽车销售率得到改善	依托国内SUV市场快速增长，大部分整车企业已进行产品升级，特别是自主品牌将主要产品由轿车升级为SUV

续表

升级方式	内在行为	外在表现	我国实际情况
功能升级	进入汽车产业链中新连接点并转移旧有连接点，获取产业链中更高附加值环节，低附加值环节被分离	产业链中劳动分工发生变化，承担产业链中关键功能；利润率更高，劳动技能和薪酬水平提升	通过大规模增加汽车电子及辅助驾驶功能，大幅度提高产品竞争力
链条升级	由传统燃油汽车生产经营活动进入新能源汽车或智能汽车新产业链条，不断增加新能源及智能汽车的市场份额	新型汽车产品利润率大幅度提升，新能源和智能汽车市场占有率较快上升	依托新能源汽车产业激励政策，逐步将汽车产业链由传统燃油汽车切换到新能源及智能汽车产业链，自主品牌快速成长，逐步掌握价值链中高端

总体而言，中国汽车产业沿全球价值链曲线的升级路径可以包括：一是基于市场扩张能力的升级，依托合资及自主品牌通过产品升级和功能升级方式进一步抢占国内汽车市场份额，重点依托自主品牌加强国外市场扩张，在新冠疫情冲击下，北美、西欧、南亚、南美等国外大部分汽车产区的疫情风险还长期存在，汽车产能受到明显冲击，中国汽车产业在产业链和供应链方面的优势将更加凸显，合资企业的国内工厂有望成为面向国内、外两大市场的生产基地。二是基于技术能力的升级，重点依托自主品牌整车及零部件企业，坚持自研攻关、技术购买、技术集成、跨国人才引进等多元化研发模式，积极引导自主品牌与零部件企业形成协同研发创新新局面，推动自主品牌汽车零部件企业实现工艺流程升级、产品升级和功能升级，同时推进新能源汽车及汽车电子部件检测测试平台建设，加快自动驾驶综合测试场地建设，通过发展汽车产业新兴领域实现链条升级。三是市场扩张能力和技术能力的组合升级。随着国内传统汽车领域的市场竞争不断加剧，单纯的品质和价格竞争已难有作为，而新能源汽车逐渐成为市场扩张的新领域，因此基于市场扩张能力和技术能力的组合升级模式将是汽车产业全球价值链升级的可行可靠模式。

具体来看，中国汽车产业价值链升级路径有如下几种。

（一）以技术创新奠定升级基础

技术创新是全球价值链下汽车产业升级的基础，技术创新是一项高投入的工程。要提升中国汽车产业的技术创新能力，实现从“低附加值的制造环节”向“高附加值的研发设计和品牌等环节”延伸，从而实现汽车企业乃至整个汽车产业的核心动态能力的培育，这就使汽车企业需要很强的技术能力与资金实力为支撑。一是加大研发经费投入，二是坚持多元化自主研发方式，三是强化整车及零部件核心技术研发。随着我国实施汽车产业合资股比开放、单一合资品牌企业数量限制、汽车进口关税税率下调等新一轮汽车产业合资开放政策，越来越多外资企业将进入中国，复杂多变的国际政治形势使得过于依赖外资的中国汽车制造业存在诸多潜在风险，因此非常有必要强化中国自主品牌整车及零部件核心技术研发。

（二）以集群化发展打造升级平台

以促进汽车产业集群内合作和提升产业集群内服务为重点，通过产业集群化发展打造主要汽车制造城市群乃至中国汽车制造业升级平台。一方面是促进汽车产业集群内合作。为了产生更大的协同效应，产业集群内部各组织之间应进一步加强合作。我国拥有多个汽车产业集群，各汽车产业集群的优势和特点存在明显差异，可以进行集群内合作，从而实现优势互补。另一方面是侧重提升产业集群内服务。在产业集群内，可以通过创新服务平台的构建，来促进技术创新成果的转移与扩散，最终实现技术创新成果产业化。以汽车产业自主创新体系与汽车产业公共技术平台为基础，重点围绕创新服务平台、汽车产业发展战略研究平台、汽车行业公共技术平台、高效融资平台、人力资源平台等平台建设来提升产业集群内的服务水平。

（三）以产业融合促进产业链升级

面向现代化、面向未来，汽车产业的重点或许不在于汽车制造业本身，而在于要抓住我国新一轮汽车产业开放机遇，并顺应国家汽车产业新一轮发展大势，以新兴汽车产业为抓手，带动关联产业大发展，形成以汽车为特色的新一代信息技术、新能源、新材料、人工智能等关联产业大产业集群，为中国汽车制造业全球价值链升级提供强大支撑。新一代信息技术、新能源、新材料、人工智能作为未来全球产业的重点领域，任何一个城市都须有侧重地发展特色领域才能形成竞争力，而正在发生重大变革并有广阔发展前景的汽车产业则是各大制造大城可以谋划的亮点。重点依托汽车制造基地，围绕产业链高端环节，引进与新兴汽车产业关联的企业集聚发展，推动形成以汽车为特色并具有全球影响力的新兴支柱产业群，从而实现汽车产业全球价值链升级。

第三节　提升中国汽车产业竞争力的专项工程

一、实施“民族汽车品牌提升”工程

“把民族汽车品牌搞上去”，是时代赋予的使命。2020年7月，习近平总书记在参观“一汽”时明确提出：“一定要把关键核心技术掌握在自己手里，我们要立这个志向，把民族汽车品牌搞上去。”现阶段，民族汽车品牌经过多年发展积累，在技术应用、产品品质、体系能力等多方面具备与外资、合资品牌竞争的综合实力，却因品牌力弱势遭遇生存空间被合资品牌不断挤压的困境。因此，品牌向上成为当前民族车企实现突围的核心诉求。

（一）准确把握中国民族汽车品牌高端化、市场年轻化、新能源领域等竞争趋势

民族汽车品牌高端化的竞争趋势。一方面，民族汽车品牌近些年技术不断发展，产品品质持续提高，已经具备了冲击高端市场的实力。另一方面，随着我国经济发展，居民收入持续增长，我国开始进入新的消费时代，消费升级需求日益增加，消费者已经不仅把汽车作为交通工具，而是有了更多定制化、个性化、多元化的需求，近些年来豪华汽车销量的持续攀升就是消费者消费升级的表现之一。同时，工业4.0时代背景下，数字化、智能化的新技术在汽车产业得到广泛应用，汽车也正在从机械产品加速向智能化系统控制的移动终端转变，汽车电动化、智能化、网联化发展新趋势下汽车产品和产业全面重构，民族汽车品牌获得重大的发展机遇，在智能电动新赛道上，民族汽车品牌更有机会并跑，甚至领跑。民族汽车的发展历经从早年难以突破15万元价位的瓶颈，到领克、WEY、星途等品牌第一轮向上攻坚，再到蔚来、新红旗、岚图等品牌第二波集体高端化。无论是传统车企还是造车新势力，都想在消费大升级的趋势下摆脱国产车“低廉”的固有印象，向上攻坚中高端领域，也切实取得了一定的成效。

民族汽车市场深入年轻群体的竞争趋势。中汽中心数据显示，截至2020年年底，中国18—24岁驾照持有人数量超过4000万人，超过60%的年轻汽车兴趣群体计划在5年内购买个人名下的车辆；年轻群体表现出更高的车辆置换意愿，对于名下已有车辆的汽车兴趣人群，选择计划在3年以内和3—5年这两个

时间段进行车辆置换的人群比例明显更高。这些数字意味着未来几年年轻群体将成为中国汽车市场的消费主力，年轻人在购买决策的链路中呈现更加快速、短链的特征，因此汽车品牌能否向年轻化成功转型，获得年轻群体的用户心智是影响品牌竞争力的重要因素。目前大部分汽车企业已经意识到这一趋势，纷纷向品牌年轻化方向转型，加快实施汽车品牌年轻化战略。

民族汽车发力新能源领域的竞争趋势。无论是从市场格局还是产业变革来看，中国汽车品牌都已进入新的发展阶段，在这个阶段，新能源汽车将成为竞争的焦点。在新能源汽车板块，目前头部三强的新能源汽车销量在总销量中的占比较低。2021年民族汽车品牌第一梯队的新能源汽车销量增速较快，但占比依然较低，而民族汽车品牌第二梯队已经利用新能源汽车的先发优势，快速占领市场，实现弯道超车。2021年五菱新能源汽车销量39.64万辆，同比增长239.27%，占比42.6%，五菱汽车仅靠五菱宏光mini一款新能源车型就卖出39万辆，超越别克、丰田、本田，跻身年度汽车销量第六名。比亚迪已经率先完成向新能源赛道的切换，2021年新能源汽车销量52.58万辆，同比增长264.70%，占比73%，成为民族汽车品牌年度销量第五。同样，造车新势力蔚来、理想、小鹏在2021年都实现一倍以上的增长，让新能源汽车成为2021年最火热的风口，获得全社会的关注。未来3—5年是新能源汽车发展的重大战略机遇期，在新能源汽车领域的布局将很大程度上影响第一、第二梯队所有头部民族汽车品牌未来一段时间的发展状况。

（二）坚持市场导向、场景驱动、技术创新，借助新能源赛道提升民族汽车品牌

新能源市场的迅猛发展，新能源汽车销量的逆势增长，都表明这一产业的未来可期，同时预示着市场竞争的激烈与品牌战略的重要性。民族汽车品牌借助这一发展机遇，于竞争中寻找机会，在电动智能汽车新时代展现民族汽车品牌的核心竞争力和战斗力。坚持市场导向，民族汽车品牌坚持以客户为中心，以市场为导向，提供高科技的产品与极致的服务，新势力车企要把准消费者技术领先的消费倾向，把科技感、智能化做到极致；民族汽车品牌要把握消费升级趋势，同时满足各细分市场的需求。坚持场景驱动，民族汽车品牌针对不同的使用场景，精准开发车型，满足用户需求的同时实现技术迭代和创新，有能力的传统车企在商用车领域形成全场景布局，推动交通系统智慧方案的发展和

实践，在场景应用和用户体验中体现产品价值和品牌价值。坚持技术创新，民族汽车品牌坚持核心技术的自主研发，在动力电池领域全面完成产业化布局，形成规模化的“三电”生产能力，在氢燃料领域探索和突破，在智能软件领域打造SOA电子电器架构和各种基于自身新能源车型开发的原生智能模块架构等，民族汽车品牌用技术创新硬实力打造品牌新力量。

（三）变革营销方式，加速组织敏捷性、品牌高端化转型，构建民族汽车品牌发展体系

应对机遇挑战，加速组织敏捷性转型。新技术对包括汽车产业在内的经济社会各个领域的渗透性、扩散性越来越强，产业迭代速度越来越快；在政策、技术与市场等多重因素的影响下，汽车产业与能源、交通、信息通信等领域有关技术加速融合；同时新冠疫情突袭、消费社会的变化、汽车用户需求的升级等也加剧了车企面临的种种挑战，对于企业的工作方式、数字化需求、人才培养、客户服务和可持续发展提出了更高的要求。敏捷性组织建设能够帮助汽车企业应对快速变化的汽车用户需求，及时了解用户痛点，并提出高效的解决方案，是帮助民族汽车品牌赢得挑战的内部力量源泉。为此，民族汽车企业组织敏捷性转型：一要制定明确的企业发展目标和战略规划，加固“一盘棋”思想，营造公开透明、信任积极的工作环境；二是打造灵活的组织协作模式，改变层层汇报和传达指令的风格，将汽车企业的研发、制造、供应链、销售等智能并联，提高组织工作效率，促进各部门间更好地合作；三是贯彻“以人为本”的人才管理理念，人才招聘时不必拘泥于汽车行业内部，也要注意引入行业外的优秀人才，同时建立、完善人才培养制度，形成学习、考核和激励共行的企业管理措施。

变革营销方式，助力民族汽车品牌高端化发展。后疫情时代稳定性政策影响力消退，行业总体集中效应显著，中国汽车行业进入品牌超量时代，车市消费升级这一趋势将更加明显。未来3—5年是民族汽车品牌高端化发展的重要战略机遇期，企业需要思考如何走好高端化战略这步棋。高端化内核是用户的情感认可，因此民族汽车品牌要想走好高端化路线，必须通过品牌营销动作与用户建立共情。互联网技术的发展极大地改变了人们接受信息的效率和方式，企业营销手段也必须进行相应变革：一是制定好数字化营销战略，以数据为核心，融合线上与线下的数据，掌握购车全链各核心节点数据，结合不同场景的数据特点，分析和判断用户行为与转化特征，打造更好的营销组合策略。二是探索不同圈层内心需求，打造有情感、有价值的定制化内容。汽车营销内容未来应该围绕消费者地域及自身特点，挖掘消费者深层次需求、兴趣和生活状态，通过形态多元的触客方式，与用户建立强情感链接，为用户提供深层次的情绪价值，从而撬动用户。三是多渠道构建品牌私域，深度运营，打造品牌特色。汽车厂商需要构建自身的私域流量池，重视对私域用户的生命周期管理，持续输出品牌价值和文化，提升品牌认同度，开发用户终身价值，从存量用户中挖掘新的增长突破口。

顺应消费趋势，构建民族汽车品牌发展体系。当前阶段我国消费社会的总体特征是开始进入第四消费时代，并与第二、第三消费时代并存，在第二、第三、第四消费社会并存的背景下，汽车消费者类型展现出丰富多样的特点：第二消费社会的用户对于汽车的需求是以家用为主、追求高性价比；第三消费社会的用户表现出对个性化的追求，愿意为汽车品牌支付更多的溢价，汽车的使用场景更为丰富，用户与汽车之间的关系更为紧密，汽车用户需求展现出多元化特点；第四消费社会的用户更多地展现出对简约、科技、智能的追求，也更加理性。总的来说，在我国当前消费社会下，用户需求展现出多元化的总体特征和追求科技、智能、简约的发展趋势。2021年中国汽车市场正在形成“动力技术多元化，多技术路线共存，电动化与智能化、网联化技术齐头并进”的发展格局。在此基础上，构建民族汽车品牌发展体系：一是在汽车产业的当前趋势下找准品牌所处的赛道，民族汽车品牌需要在电动化、智能化和网联化趋势下保持清醒，做好前期调研，确定赛道与竞品。二要找对自己的用户，深入接触目标用户群体，了解用户的需求与痛点，企业需要定位好自己的目标人群，才能为后续的品牌建设工作提供基础和依据。三要在用户真实需求和痛点的基础上打造产品和营销内容。四是选择恰当的媒介和渠道，让营销内容和产品触达用户，让用户在脑海中建立起品牌心智。

二、实施“智能网联汽车加速”工程

为增强产业的核心竞争力，促进产业快速发展，建议借鉴国内其他省市的成功经验，打破行政区划限制，以“建设自动驾驶试验区，打造国际智驾生态高地”为目标，全面推进智能网联汽车产业集群化发展。

（一）促进智能网联汽车产业补链强链

发挥传统汽车龙头企业和造车新势力在技术、市场、资本、人才、品牌等方面的领先优势和带动作用，紧抓汽车产业转型大趋势，联合政产学研用等机构共同“建链”“强链”“补链”，吸引、集聚一批高水平的具有较强创新能力的汽车零部件企业，构建以龙头企业为核心的智能网联汽车上下游企业协同发展格局。一是以智能网联汽车产业“链长制”为先导，围绕产业“建链”，鼓励企业并购重组，实现“控链”“补链”。二是构建智能网联汽车精准招商格局，引进自带生态圈的组织者，整体引进产业组织者的自身生态链，激发蝴蝶效应。三是实施以商招商的智能网联汽车激励政策，坚持龙头企业招商和配套产业招商双轮驱动，发挥龙头企业的影响，深挖配套企业资源，达到“招商一个，引来一串”的效果。四是坚持招商引智双管齐下，在继续鼓励智能网联汽车企业开展前沿研发的同时，进一步强化与高校、科研院所、产业集团、跨国公司的科技交流合作，打破合作停留在“报告里、协议中、纸面上”的现状，切实打造智能网联汽车院地企合作创新共同体、利益共同体、发展共同体。

（二）推进智能网联汽车零部件国产化替代

针对芯片、连接器等核心零部件问题，分别提出不同的替代方案，可鼓励支持芯片企业加入智能网联汽车产业链，从研发设计、替代制造、并购重组等方面，进行全方位推进。优化整车生产企业采购政策，引导主机厂和一级供应商在新项目上对国内供应商予以倾斜，扶持国内供应商的技术升级和质量管控提升。建立智能网联汽车产业学院，提供创新人才支撑。鼓励高校建设以智能网联汽车产业为导向的特色产业学院，构建一批特色化专业，培育一批产业创新人才，汽车领域龙头企业联合职业学校、高校共同组建产教融合学科和技术中心，共建智能网联汽车人才实训基地。建立智能网联汽车研发机构。以龙头企业为核心，与清华大学、北京大学、中山大学、华南理工大学、香港科技大学等高校及境外顶尖研究机构合作，共建高水平研究院、重点实验室，形成市场化运行的智能网联汽车新型研发机构，建设智能网联汽车产业发展战略智库，构建“政产学研金服用”协同创新模式，为培育智能网联汽车产业集群提供前沿技术研发、创新服务、成果转化，构建产业链、供应链与创新链融合发展的新机制。

（三）建立智能网联汽车（无人驾驶）实验区

借鉴北京、上海、广州、重庆、深圳、杭州等城市建设智能网联汽车试验示范基地的做法，将城市内部、城市之间的现行分散的测试区域及道路串联起来，“串珠成链”，在全国设立若干个“国际智能网联汽车（无人驾驶）实验区”。由政府牵头，提供财政专项资金并吸收社会资本，组建以国有资本为主的投资机构，以建设路网基础设施为先导，面向智能网联汽车自动驾驶测试研发需要，吸引全国智能网联汽车企业来实验区进行前沿技术测试，打造世界一流的智能网联汽车自动驾驶技术测试全生态示范实验区。设立实验区管委会，明确建设主体，负责实验区的管理、运营、服务，支持车路协同（尤其是车端）的落地和商业孵化。营造国际化、法治化的营商环境，构建行业头部企业的区域聚集效应；加强产业孵化，在产业生态上，从“以车为核心”转向“路、车、网、云”协同，夯实全链条生态基础，构筑行业可持续发展模式；在实验区内布局全车型、全出行链、全风险类别、全测试环节和融合新基建基础设施测试场景，建立道路测试数据管理平台，争取快出成效。

（四）加快新基础设施建设和商业化进程

加快以智能路网为核心的新型交通基础设施建设。根据城市长远发展及当前路网建设的经济技术条件，将智能道路、车用无线通信网络、智能汽车基础地图、Wi-Fi智能路灯、智能交通标志等纳入省市新一代信息基础设施建设规划，加大资金保障力度，提升智能路网建设水平，解决车路协同问题。自动驾驶场景应优先加大车辆与道路设施通信（V2I）建设，5G+道路信息化基础设施先行，加快道路设施功能化、智能化、超级车道专用化和车路协同一体化的路径升级。从近期来看，在现有条件下可从“软件”着手，如在现有道路上设置专用道路或以公交专用道等增设“自动驾驶专用道”，提高路权，鼓励技术发展；从远期来看，在新城建设及旧城改造时，从规划入手，布局自动驾驶车路协同，推动智慧城市建设。政府搭台企业唱戏，加快商用步伐。加强政策引导，从低速封闭场景、高速公路等结构化场景到城市道路非结构化复杂场景逐步有序开放，推动商业化应用。短期率先在机场、园区等限定区域内开展无人接驳、无人配送、无人清扫等应用示范。随着技术持续升级与验证，逐步向高速公路、城市市郊道路等场景拓展。支持小马、文远、百度、滴滴等企业推动自动驾驶商业化运用的落地。

三、实施“新能源汽车高质量发展”工程

全球汽车产业正在经历百年未有之大变局，汽车产业将引领动力电动化、能源低碳化、系统智能化三大革命。目前，我国新能源汽车引领了产业变革上半场，形成了一定的先发优势和规模优势，成为引领全球汽车产业电动化转型的重要力量。在电动化、网联化、智能化融合发展趋势下，智能电动汽车将成为下半场竞争的焦点，也是决胜汽车产业转型升级的关键。

（一）供需两端齐发力，给予一揽子政策支持

发展新能源汽车是汽车产业实现绿色低碳的必由之路，立足新发展阶段，主动应对新形势、新问题，国家层面仍须以促消费为主，供需两端齐发力，给予一揽子政策支持。一是进一步加快产品推广应用。继续发挥财税政策的杠杆作用，建立协同联动机制，保证补贴政策、税收优惠政策的连续性和稳定性，引导向具备智能化、网联化特征的新能源汽车倾斜，撬动企业创新积极性，促进市场消费；建立与能效挂钩推动节能减排的汽车绿色税制，优化完善新能源汽车税收优惠政策，建立健全积分交易规则和经济处罚方案，适时把新能源汽车双积分转化为碳交易机制。二是完善行业监管体系。持续加大企业准入条件保持情况监督检查工作力度，加强违规项目清理整治，严控新增产能，规范整车企业兼并重组；建立健全部门间信息共享工作机制，形成跨部门数据监管机制，加强产品安全、信息安全和产业安全管理。三是加快推进基础设施建设。优化充换电基础设施规划布局，加大居民社区、单位和园区、高速公路服务区等充换电基础设施建设力度，满足充电需求；完善充换电基础设施制度，规范审批、建设、运营、管理等全环节，建立国家新能源汽车充换电基础设施监管平台，对充换电设施建设、运营等情况实现动态管理，优化结构布局、加强安全监管。四是多措并举，优化使用环境。鼓励有条件的地区探索设立零排放区或收取拥堵费措施，全国实施新能源汽车高速费、路桥通行费、停车费及保险费用减免；建立健全售后服务保障机制，完善新能源汽车产品三包条款和相关标准，进一步明确保修期限、种类范围等。

（二）加强技术创新应用，推动产业新技术新模式

在产业变革、产业链重构和技术融合等发展趋势下，未来新能源汽车将不仅包括电动化技术，还应该包括智能化、融合化等新技术，而且各类新技术新

模式将在电动化、智能化、融合化发展趋势下不断涌现，新技术的交叉融合将重新定义新能源汽车的产品属性。在新技术、新模式的推动下，未来新能源汽车将被赋予更多元化的内涵。一是持续加强关键核心技术自主创新攻关。重点围绕下一代动力电池、高算力车用芯片、安全可控操作系统、集中式电子电气架构等关键技术领域，以及面向原材料和电子元器件的基础研究领域，启动新一批产品技术创新工程，支持、鼓励优势企业合纵连横开展技术创新突破与产业化应用，全面巩固、提升我国新能源汽车的产业竞争力；编制“新能源汽车前沿技术企业目录”，对符合条件且掌握先进技术水平的企业，实施企业所得税减免优惠、贷款贴息等政策支持，给予初创型企业融资担保支持，鼓励社会资本加大投资力度。二是进一步支持新技术、新模式、新生态的应用探索。国家层面统筹开展技术、模式、生态创新示范应用城市试点，围绕自动驾驶、车联网、车电分离、无人运输、V2G、近零排放区等新技术、新模式、新生态，鼓励积极性高、有产业基础的城市选取适合的领域、区域、场景，率先开展测试验证与示范应用，前瞻探索合理、可持续的商业化应用模式，加快形成可复制、可推广的先进技术模式推广经验。三是出台鼓励技术创新的财税支持政策。继续实施新能源汽车财税支持政策，由普惠性支持向扶优扶强、支持先进转变，重点支持具有电动化、网联化、智能化融合先进技术特征的下一代新能源汽车，促进自动驾驶、操作系统、车联网、信息网络安全等智能化、网联化技术进步和产业化应用。

（三）推进跨领域跨行业融合，加快融入全球价值链

产业边界日趋模糊，传统新能源汽车产业链将进一步被打破，未来产业生态及竞争格局将加速重构。新趋势下新能源汽车产业的发展离不开全球智慧和全球力量的共同努力，《新能源汽车产业发展规划（2021—2035年）》明确提出“扩大开放和交流合作”“加快融入全球价值链”等全球化政策导向，全面增强国际竞争能力。一是推动跨领域、跨行业的融合创新、协同发展。前瞻性开展以新能源汽车为核心的跨产业协同发展顶层设计，明确发展路径和模式，研究制定相适宜的财政政策，以电动化、网联化、智能化融合发展推动新能源汽车进一步转型升级，对产业变革中衍生出的新技术、新业态、新模式，在投资管理、企业准入、产品准入等方面，采取更加灵活、包容的管理方式；加强统筹推进汽车、交通、能源、通信、互联网、出行等各领域协同创新发展，组建跨

界融合的产业联盟，探索高效、协同的创新发展模式，打破不同领域间的行业壁垒。二是深化国际合作融入全球市场。在企业层面，完善海外经营布局，引导和鼓励优势企业制定中长期国际化发展战略，积极进行海外布局，积极开展国际产能合作，大力推进海外汽车产业园区建设，依托境外经贸合作区、工业园区等，承载汽车行业对外投资项目；引进海外先进技术，鼓励企业围绕新能源汽车关键“卡脖子”技术，积极与海外企业开展合作，引进海外先进技术并进行消化吸收再创新。在政府层面，加强国际经贸规则合作交流，充分发挥多边、双边合作和高层对话机制作用，积极参与欧盟碳边境调节机制等国际经贸规则制定；推动标准协同与国际互认，积极参与新能源汽车领域国际标准的制、修订，提升国内标准与国际标准的一致性，推动全球电动汽车产品相关标准协同与国际互认。

四、实施“汽车产销空间格局优化”工程

供需并重、东西互济、取长补短，加快改善“产销空间分离”状况，科学整合配置汽车资源。把握中国国际国内“双循环”战略与碳达峰碳中和“双碳”目标孕育的巨大机会，从空间平衡角度“整合”省际汽车制造产能与销售市场，引导支持各大汽车龙头企业加大兼并重组步伐、优化全国生产布局，推动省际输出型汽车市场加强与省际输入型汽车市场“结对子”，力争实现汽车生产与销售平衡化、一体化发展。

从供给侧发力，加快优化汽车生产空间布局，升级汽车产能产品结构。顺应东、中、西部各地区汽车消费趋势，可以鼓励整车企业特别是中国品牌企业通过兼并重组提升中西部已有产能，或调整自身产能将中低端车型的供应链和整车制造加快向中西部地区转移布局，增加物美价廉的汽车产品供应量；东部地区重点着力中高端汽车市场，尤其是加强新能源及智能汽车创新和产能供应。

从需求侧发力，实施区域差异化消费激励政策，培育汽车消费新增长区。东西部处于不同的经济发展阶段，省际汽车消费也存在显著差异，建议经济综合实力强劲、人民收入和消费水平居高的东部沿海地区，重点围绕人们对产品和服务的高质量需求，在中高端汽车消费、新能源汽车消费、智能汽车消费等方面出台激励性措施；而欠发达的中西部地区，重点围绕首次购车需求的细分

环节和用车环境加以激励和完善，如可以实施小排量汽车购置税减免、皮卡车允许进城、完善基础设施网络、扩大销售网点和服务网络等措施。

提高中西部地区经济发展水平，完善汽车金融政策，创新汽车金融产品。动态面板数据空间杜宾模型分析表明地区生产总值、居民消费水平等解释变量均对汽车销量有显著为正的促进效果，在高质量发展阶段、新发展格局的“全国一盘棋”的宏观背景下，多措并举加快中西部地区的发展步伐，扩大包括汽车消费在内的巨大需求，提高居民收入和消费水平既是根本性措施，也是最终目标。同时增强金融服务实体经济、服务居民消费的能力，特别是针对中西部地区、农村地区等金融网络不发达、金融信贷环境不完善不便利的区域，要创新汽车金融产品，优化汽车信贷方案，进一步释放汽车消费需求潜力。

第四节　加快中国汽车产业升级和国际化步伐的战略举措

新一轮开放背景下，汽车产业开放（国际化）是国家推进汽车产业迈向全球价值链中高端的重要举措，对作为不少城市第一支柱工业的汽车产业具有深远影响，总体上机遇大于挑战。我们需要通过积极谋划，把握汽车产业变革及新一轮开放新机遇，努力推进汽车产业高质量发展与全球化进程，促使汽车产业深度参与全球汽车产业竞争，着力构建汽车产业国内国际“双循环”新发展格局。

一、以提升全球价值链层级为目标，谋划出台汽车产业全球化行动计划

深入实施汽车产业国际化战略，提升中国汽车产业全球价值链层级。抓住“一带一路”倡议、国际产能合作等新机遇，引导中国汽车企业树立国际化发展的战略理念并制定国际化发展战略，提升汽车产业全球价值链层级。深入研究各国政策法规、风俗文化、消费环境、购买能力等，引导企业根据目标市场特点进行产品的适应性改进，提高汽车出口竞争力，采用“以奖代补”方式激励企业提高汽车及零部件出口总量。鼓励龙头企业选择差异化发展路径，不断加大力度开拓国际市场，逐步从单一出口贸易为主向投资、技术、管理等深度合作模式转变，实现汽车产品、服务、技术及标准等多样化产业链环节的国际化进程。积极对接港澳并充分利用其金融、国际咨询、人才等优势，为自主品牌

汽车企业整合国际汽车产业高端技术及人才资源提供强大助力。支持上汽、北汽、广汽、比亚迪等龙头整车企业协同零部件企业选择重点发展地区，建设汽车产业园区，形成科学布局、联动发展的产业格局，加快汽车产业国际化进程。

开展汽车产业链全球布局研究，实施中国汽车产业全球化行动计划。迈向全球化是中国汽车产业未来发展的重点目标，而全球化进程的顺利推进离不开科学规划的指引，对中国汽车产业链全球布局开展研究并提前谋划布局，将中国汽车产业能级提升至能够代表国家参与全球产业竞争的档次。可借助国内外专业化知名智库机构对围绕中国汽车产业在全球范围的研发设计、生产制造、产品检测、销售网络及售后服务体系等产业链展开全球布局研究，对中国汽车产业链开展全球布局的时机、路径、推进方式等方面提出有针对性的建议和对策，在适当时机出台中国汽车产业全球化行动计划。

二、以“一带一路”沿线为重点区域，因地制宜采取差异化“走出去”策略

（一）加快汽车产业全球化进程，深化与“一带一路”沿线汽车经贸合作

迈向全球化是中国汽车产业进一步提升竞争力的必由之路，积极顺应国家新一轮产业开放大势，重点围绕“一带一路”沿线国家逐步推进中国汽车产业全球化进程。鼓励具有实力的自主品牌整车厂积极实施海外扩展，重点开拓“一带一路”沿线国家和地区市场，提高国际化经营能力。鼓励中国整车企业通过广交会、国际汽车展、加博会等展会平台，参与“一带一路”沿线国家和地区在汽车产业的交流合作；鼓励开发符合“一带一路”沿线国家和地区实际需求和消费习惯的汽车产品，积极“走出去”参与国际竞争；做好投融资服务，鼓励国内银行等金融机构与汽车企业开展境外项目战略合作，就具体项目定制金融服务套餐，强强联合，提升中国自主品牌企业的全球竞争力。

（二）根据“一带一路”沿线区域产业不同特点，因地制宜采取差异化策略

“一带一路”沿线汽车市场存在显著的区域差异，“一带一路”汽车市场发展存在不均衡和不充分，且处于深刻变化中，我国应深入研究“一带一路”沿线国家汽车产业的生产—销售（供给—需求）态势、市场差额情况，同时结合影响汽车市场的经济发展、人口规模、贸易政策、消费特点等因素，因势利

导、因地制宜、分类施策，选择不同区域的重点国家、不同企业的合适品牌，提高中国与“一带一路”重点区域（国家）汽车市场的国际产能合作的针对性和有效性（见表6-6）。如何规划企业未来发展（走出去）的模式和方向是中国汽车企业需要深刻研究的课题，我们在前文简要分析了“一带一路”沿线国家的产销量，对各地区汽车行业的发展情况作出了概括性描述，结合沿线国家的人均汽车保有量、基尼系数、投资环境等，我们也尝试按照区位选择给出优先顺序。

表6-6　中国汽车走向“一带一路”沿线主要区域与重点国家的区位选择

地区	第一梯队	第二梯队	第三梯队	备注
东盟	泰国、马来西亚	印度尼西亚、越南、菲律宾	缅甸	RCEP下，该区域涵盖人口最多、最具潜力，地理位置离中国近，劳动力市场丰富且为增量市场
南亚	印度、巴基斯坦			国际大品牌在印度战略收缩（如通用与福特）
中东欧	捷克、波兰、匈牙利、塞尔维亚	斯洛伐克、斯洛文尼亚	希腊	捷克、波兰产业成熟度高；匈牙利、塞尔维亚政府与民间关系俱优
西亚		伊朗	其他西亚国家	伊朗受国际政治影响波动，其他西亚国家汽车工业基础薄弱
独联体	俄罗斯	阿塞拜疆、乌克兰	白俄罗斯	俄罗斯产销量相对较高
其他地区	南非	埃及		南非素有“非洲底特律”之称，具有较强意向共建“一带一路”

针对“一带一路”沿线东盟地区。东盟的汽车消费和生产均平稳增长，2017年汽车销量达330.05万辆，市场需求潜力较大，有印度尼西亚、泰国、马来西亚、菲律宾、越南等汽车消费市场大国，但各个国家汽车市场差额（自供率水平）却大相径庭，泰国、印度尼西亚、马来西亚等国家汽车生产不但能满足本国市场需求，甚至需要依靠出口来消化汽车产量；而越南、菲律宾、新加坡等国家汽车生产能力较低，主要依靠进口来满足本国汽车消费需求。因此，中国汽车要“走进”东盟，应重点关注东盟地区的汽车进口重点国家，可采取在当地建厂生产和积极出口贸易相结合方式，同时加大对吉利等自主品牌在当地投资建厂的鼓励和支持，根据该区域消费特点出口车型应以中高端车型为主。

针对“一带一路”沿线南亚地区。南亚地区汽车市场增长迅速，且在“一带一路”沿线南亚地区汽车销量最大，2017年汽车销量达434.83万辆，其中印度2017年汽车销量达401.75万辆，在南亚地区占比超过90%，但以中低端产品为主。因此，中国汽车进入南亚地区，应以鼓励自主品牌企业到海外（南亚当地）建厂投资为主，在近期瞄准中低端汽车市场，未来随着南亚地区经济实力和消费水平的提升，远期可输出中高端汽车产品。

针对“一带一路”沿线西亚和中亚地区。西亚地区汽车市场较大，2017年汽车销量达344.34万辆，但该地区以石油国家为主，汽车消费能力和档次相对较高，因此，中国汽车进入西亚地区，可通过与合资建厂或者直接出口，以输出中高端汽车产品为主。而中亚地区汽车市场规模小，且消费能力较弱，因此，建议中国出口到该地区的汽车以中低端产品为主。

针对“一带一路”沿线中东欧和独联体国家。中东欧是“一带一路”沿线汽车市场差额（-233.03万辆）最大的地区，汽车产能相对过剩，市场已较为饱和，整体呈现缓慢增长态势。因此，结合欧洲环保意识较强、靠近西欧汽车产销大区等因素，中国汽车进入中东欧地区，建议出口商用车新能汽车产品和中低端汽车产品为主，鼓励比亚迪、广汽、上汽等新能源商用车企业进一步做大做强，适时收购境外的知名品牌、销售网络和研发机构，提升中国汽车品牌影响力和国际竞争力。独联体国家经济不景气，导致汽车市场整体呈现低速甚至负增长趋势，建议中国向该地区出口中档汽车产品为主。

三、以新能源、智能电子为探索领域，推动中国未来“泛汽车产业”发展

调整汽车发展重点，推动形成多个具有全球影响力的“泛汽车”产业集群。依托我国各大中心城市在信息技术、新能源、新材料、人工智能等领域已有的产业优势，发挥自主品牌整车企业的辐射带动作用，引导整车企业与零部件企业在研发、设计及生产各环节开展深入合作，重点依托汽车城（汽车制造基地），围绕各产业链高端环节引进与新兴汽车产业关联的企业集聚发展，推动形成多个以汽车为特色并具有全球影响力的新兴支柱产业群。对整车产量已接近3000万辆的中国汽车产业而言，还要重视新兴汽车零部件领域，及时调整汽车产业发展重点，优先支持新能源、智能网联等汽车新业态发展，培育若干

具有全球竞争力的新能源及智能汽车整车和零部件品牌。

重点依托中国已有自主品牌整车企业，加速新能源汽车产业发展步伐。关键点则是通过加强新能源及智能汽车技术研发，掌握新能源及智能汽车产业发展的主动权。重点依托高等院校、科研院所，围绕电池、电机、电控（三大电）和电动空调、电动转向机、电动刹车（三小电）等新能源汽车核心技术，采用自主攻关、联合开发、外购等多样化方式，尽快掌握新能源汽车前沿技术，早期集中力量开发适合当前国内市场的插电式混合动力汽车，进一步完善已上市的自主品牌新能源汽车产品。充分发挥政府及行业协会的协调力和影响力，积极鼓励自主品牌整车与零部件企业开展深入合资合作，支持汽车关联领域企业进入新能源汽车行业，推进一批企业获得新能源汽车准入许可，对投资规模较大的新能源整车企业和关键零部件企业，政府加大产业用地倾斜及财政资金扶持力度，引导自主品牌整车企业积极开拓国内、国外两大市场，提高中国新能源乘用车及商用车的全球知名度及影响力。

四、以汽车集团为推进龙头，搭建政策平台体系，培育世界级汽车集团

搭建合作平台与政策支撑体系，增强中国汽车企业的国际化能力。一是出台更大力度的政策支持体系。紧抓国家深入落实汽车产业新一轮开放政策的重大机遇，支持北汽、上汽、广汽、比亚迪、“蔚小理”等整车企业积极实施国际化发展战略，重点开拓“一带一路”沿线国家和地区市场，在国际金融、风险预警、人才网络等多个方面出台相关支持政策，大力支持研发制造符合“一带一路”沿线国家和地区实际需求和消费习惯的汽车产品，支持有实力企业实施品牌并购战略，开展国际合作和技术进出口。二是加大财政性资金投入。作为地方政府，应该加大政府财政的科技投入，加强对汽车产业自主创新科技项目的资金扶持，采取直接划拨科技经费或按实际研发费用给予补助的方式；考虑设立专门的汽车产业创新发展基金，可以利用政府的财政资金设立，也可以从汽车产业年税收中专项划拨；针对汽车产业，集合各类发展基金，为鼓励创新和科技成果的产业化提供资金支持。三是搭建国际化合作交流平台。支持整车企业运用广交会、国际汽车展等国际性展会平台，参与“一带一路”沿线国家和地区在汽车产业的交流合作。组织汽车及零部件企业抱团参加国际知名汽

车展，提升中国汽车产业的国际影响力。

以各大汽车集团为推进国际化的首要动力，培育世界级汽车集团。当前及今后一段时间，大型汽车集团必然是中国汽车产业竞争力与国际化的首要、主要、核心动力，要大力培育成为世界级跨国汽车企业，重点围绕新能源及智能网联汽车深入推进汽车企业大力实施创新驱动战略，推进汽车集团从制造向创造、速度向质量、产品向品牌三个转变，加快走进“一带一路”沿线国家和地区。一是通过实施核心战略目标，全方位提升核心竞争力，实现龙头企业的可持续发展。二是深入实施产业协同发展战略。重点瞄准汽车产业新兴领域，携手比亚迪、万里扬、宁德时代、腾讯、华为等国内一流且与汽车产业关联的龙头企业，构建安全可控、能够面向国内外市场的供应链体系，探索共享出行、自动驾驶、汽车大数据等新兴汽车服务业，不断完善汽车产业链，形成汽车产业迈向国际化发展的新优势和新动能。三是以新能源汽车部件为突破口，做强旗下零部件竞争力。围绕新能源汽车及汽车电子等零部件领域，通过资本运作实施兼并重组，培育相关汽车集团自身知名的零部件品牌，为汽车集团进一步发展提供强大支持。四是鼓励汽车企业做大做强。在未来全球汽车市场竞争中，只有规模大、效益好的企业才能够生存。政府应该鼓励汽车厂商之间的兼并收购，真正形成大型的汽车集团，汽车集团联合建立品牌联盟、以“抱团出海”等方式提升中国自主品牌知名度。

五、以新一轮开放为发展契机，着力打造面向全球的汽车贸易枢纽港

加大面向国内外的招商引资力度，大力培育汽车服务业新业态。随着国家大力推进“一带一路”倡议以及实施新一轮汽车产业开放政策，国内汽车市场竞争日趋白热化，要继续扩大汽车产业对外招商，深化与世界知名汽车企业的新型合作方式。引进一批世界知名整车及零部件厂商进驻中国，重点加强与国内外知名汽车制造企业在新能源领域的合作。同时，加快引进一批知名汽车租赁服务公司、汽车文化及展示、贸易、金融服务、汽车仓储、分拨等物流企业，以及行业内具有领先地位的检验检测、认证认可机构。促进汽车产品领域研发设计、汽车金融保险、租赁、国际车展、二手车交易、汽车装潢、汽车文化俱乐部、智能泊车、汽车产品回收再利用等配套产业发展，不断拓展和完善

汽车后市场产业链。汽车进口关税下调后，我国整车进口有望大幅度提升，可重点在汽车进口、口岸批发、市场零售、保税展示以及产业配套等方面培育新兴汽车服务业，打造汽车平行进口全产业服务链，建设全球知名的汽车贸易枢纽港。

建设国家汽车及零部件出口基地，引导企业建立海外营销网络。鼓励出口基地的企业自主创新和技术改造，扩大各个国家汽车及零部件出口基地的对外影响。加大对公共服务平台的支持力度，重点推动我国相关公共技术研发、检测认证平台加强国际合作，扩大国际互认，培育成为具有较强国际影响力的第三方专业检测认证机构。加快拓展汽车贸易、商务、金融、文化、娱乐体验等服务业态，力争打造多个产业链完整、竞争优势突出的“国际汽车产业城”。借鉴日本、韩国等先发国家的国际经验，发挥企业和政府以及相关协会的重要作用，加快企业“走出去”的步伐。大力开拓国际市场，鼓励有比较优势的汽车企业或企业联盟对外投资，做好境外生产的战略部署，支持企业建立健全境外营销网络，完善售后服务，鼓励企业通过跨国并购获取优质品牌、核心技术和营销渠道。

六、构建跨区域、跨领域、跨品牌联盟，形成中国汽车迈向全球化新动力

跨区域、跨领域、跨品牌强强联盟，推动汽车产业迈向全球化。过于依赖外资及国有汽车企业的发展模式，难以支撑中国汽车产业真正迈向全球价值链中高端，必须借力发展，积极推动我国国有汽车企业与国内汽车及相关行业自主龙头企业构建强强联盟，形成迈向全球化的新动力。应适当调整过于依赖外资企业的合作模式，将合资合作对象逐渐转向国内新能源汽车、智能汽车、芯片设计、大数据、信息服务等领域的龙头企业，形成自主强强联盟，培育面向全球的竞争力。探索将合资合作对象逐渐转向国内新能源汽车、智能汽车、芯片设计、大数据、信息服务等领域的龙头企业，鼓励有竞争力的自主品牌整车企业与华为在汽车电子芯片设计领域开展合作、与百度在智能驾驶数据服务领域开展合作、与宁德时代在新能源汽车动力电池领域开展合作、与大洋电机在新能源汽车驱动电机领域开展合作等。

强化政府引导、加强属地合作，推动汽车产业链“抱团出海、融入当地”。

政府主管部门和汽车行业协会应通过加强各大自主品牌整车企业、零部件企业、各大汽车园区之间的资源有效对接与市场顺畅沟通，协同合作发挥企业合力，通过国际产能合作、海外并购重组、建立战略联盟等方式，共同商讨、研究与创新适合自主品牌汽车企业联合协同开拓国际汽车市场的有效模式与路径，探索战略性入股合资伙伴，快速拓展整合全球生产和销售网络。加强与属地市场主体的合作，针对全球及“一带一路”沿线重点市场，依托各城市汽车龙头企业在当地联合设立产品研发中心、技术攻关平台、属地化销售渠道、共享全球营销网络、属地投资建厂制造、新能源配套设施共建共享等途径，在产品出口、跨国并购、技术输出、品牌打造、联合采购等方面深化全球汽车产业合作。

参考文献

[1] Nerlove, A Note on Long-Run Automobile Demand [J]. The Journal of Marketing, 1957 (1):57-64.

[2] Dyckman, An Aggregate-Demand Model for Automobiles [J]. Journal of Business, 1965 (3):252-266.

[3] Hess. A Comparison of Automobile Demand Equations [J]. Econometric, 1977 (35):683-702.

[4] H. Sakoe, S. Chiba, "Dynamic programming algorithm optimization for spoken word recognition, " IEEE Transactions on Acoustics, Speech and Signal Processing, vol. 26(1), pp. 43 - 49, 1978.

[5] Witt, Johnson. An Econometric Model of New-Car Demand in the UK [J]. Managerial and Decision Economics, 1986 (1):19-23.Michael Porter. The Competitive Advantage of Nations [M].Harvard Business School Press, 1990.

[6] Pendyala.R M, Kostyniuk.L P, Goulias, K G. A repeated cross-sectional evaluation of car Ownership [J]. Transportation, 1995 (22):165-184 .

[7] Schmitz, H. Local Enterprises in the Global Economy: Issues of Governance and Upgrading [A].Cheltenham, U. K. :Edward Elgar, 2004.

[8] Koenker, R.Quantile Regression for Longitudinal Data [J].Journal of Multivatiate Analysis, 2004 (91).

[9] Gary Gereffi. Value Chains, Networks and Clusters: Reframing the Global Automotive Industry [J]. Journal of Economic Geography, 2008 (4):297-321.

[10] Bernhard Br ü hl, Marco H ü lsmann, Borscheid D, et al. A Sales Forecast Model for the German Automobile Market Based on Time Series Analysis and Data Mining Methods. Applications and Theoretical Aspects, 9th Industrial Conference, ICDM 2009, Leipzig, Germany, July 20-22, 2009. Proceedings. Springer-Verlag, 2009.

[11] William Milberg, Deborah Winkler. 2010. Trade Crisis and Recovery: Restructuring of Global Value Chains [J].The World Bank, 2010 (3):27-43.

[12] William Milberg. "Walking the environmental responsibility talk" in the automobile industry [J]. Corporate Communications, 2010, 23(4):528-543.

[13] Wang F K, Chang K K, Tzeng C W . Using adaptive network-based fuzzy inference system to

forecast automobile sales [J]. Expert Systems with Applications, 2011, 38(8):10587–10593.

[14] Arnold M. James Le Sage, Robert K. Pace:Introduction to spatial cconomctrics [J]. Statistical Papers, 2011, 52(2):493–494.

[15] Sa–Ngasoongsong A, Bukkapatnam S T S, Kim J, et al. Multi–step sales forecasting in automotive industry based on structural relationship identification [J]. International Journal of Production Economics, 2012, 140(2):875–887.

[16] Fantazzini D, Toktamysova Z . Forecasting german car sales using google data and multivariate models [J]. International Journal of Production Economics, 2015, 170:S0925527315003370.

[17] Timmer. An Illustrated User Guide to the World Input–Output Database:the Case of Global Automotive Production [J].Review of International Economics, 2015, 23(3):575–605.

[18] Timiner. Re–insourcing as a manufacturing strategic option during a Crisis–Cases from the automobile industry [J].Journal of Business Research, 2015, 67(3):346–353.

[19] Robert Berke. New Silk Road Could Change Global Economics Forever [J].The Times Weekly, 2015 (5):38–39.

[20] Paparrizos J, Gravano L . k–Shape: Efficient and Accurate Clustering of Time Series [J]. SIGMOD record, 2016, 45(1):69–76.

[21] Zhang Q, Zhan H, Yu J . Car Sales Analysis Based on the Application of Big Data [J]. Procedia Computer Science, 2017(107):436–441.

[22] Federico Belotti & Gordon Hughes & Andrea Piano Mortari, 2013. "XSMLE: Stata module for spatial panel data models estimation, " Statistical Software Components S457610, Boston College Department of Economics, revised 07 Jun, 2017.

[23] Charles Adusei, Isaac Tweneboah–Koduah.After–Sales Service and Customer Satisfaction in the Automobile Industry in an Emerging Economy [J].Open Access Library Journal, 2019, 6(01): 1–21.

[24] John P.Tuman.The determinants of strikes in the Mexican automobile industry, 1980–2012[J].Journal of Labor and Society, 2019, 22(1):45 –60.

[25] Fayard Gregory. Road injury prevention in China: current state and future challenges.[J]. Journal of public health policy, 2019, 40(3).

[26] Linjing Dang, Jingfeng Zhao. Cultural risk and management strategy for Chinese enterprises' overseas investment [J]. China Economic Review, 2020, 61.

[27] Paulo Bastos. Exposure of belt and road economies to China trade shocks [J]. Journal of Development Economics, 2020, 145.

[28] Hsiang, S., Allen, D., Annan–Phan, S.et al. The effect of large–scale anti–contagion policies on the COVID–19 pandemic [J].Nature(2020).https://doi.org /10.1038/s41586–020–2404–8.

[29] Pato B S G, Herczeg M. The Effect of the Covid–19 on the Automotive Supply Chains. Studia Universitatis Babes–Bolyai Oeconomica, 2020, 65(2):1–11.

[30] Kamble, S.S., Gunasekaran, A., Big data–driven supply chain performance measurement

system:a review and framework for implementation [J]. International Journal of Production Research, 2020, 58(1): 65–86.

[31] Hoekman B, Shingal A, Eknath V, et al. COVID–19, public procurement regimes and trade policy [J]. Robert Schuman Centre for Advanced Studies Research Paper No.RSCAS, 2020, 72.

[32] Belhadi A, Kamble S, Jabbour C J C, et al. Manufacturing and service supply chain resilience to the COVID–19 outbreak:Lessons learned from the automobile and airline industries [J]. Technological Forecasting and Social Change, 2021, 163:120 447.

[33] 迈尔克・波特，国家竞争优势［M］，李明轩、邱如美译，北京：华夏出版社，2002.

[34] 中国汽车工业协会.中国汽车工业发展年度报告（2018）[M].北京：社会科学文献出版社，2018.

[35] 吴小飞，张洪杰.汽车外资股比将逐步开放合资车企话语权或临再博弈［N］.中国经营报，2018–04–30（T03）.

[36] 中国汽车工业协会，中国汽车技术研究中心有限公司，丰田汽车公司.中国汽车工业发展报告（2019）[M].北京：社会科学文献出版社，2019，5.

[37] 杨再高，巫细波等.广州汽车产业发展报告（2019）[M].北京：社会科学文献出版社，2019.

[38] 商务部.《中国对外贸易形势报告》（2019 年春季）[R]，2019.5.

[39] 商务部.《中国对外贸易形势报告》（2019 年秋季）[R]，2019.11.

[40] 商务部对外贸易司，中国汽车技术研究中心有限公司.中国汽车贸易高质量发展报告（2019年版）[R]，2019.12.

[41] 广州市社会科学院.新一轮开放背景下广州汽车产业升级与国际化路径研究——基于全球汽车市场的时空变化、影响因素分析［R］，2020.11.

[42] WTO. World Trade Report 2019.11.

[43] 中国汽车技术研究中心，日产（中国）投资有限公司，东风汽车有限公司.新能源汽车蓝皮书：中国新能源汽车产业发展报告（2022）[R].社会科学文献出版社，2022.

[44] 中国汽车工业协会，中国汽车技术研究中心有限公司，重庆长安汽车股份有限公司.汽车工业蓝皮书：中国汽车工业发展报告（2022）[R]，2022.

[45] 于瑞峰，刘丽文.汽车工业供应链网络结构模式的比较研究［J］.清华大学学报（哲学社会科学版），2000（5）：43–46.

[46] 刘世锦，冯飞.汽车产业全球化趋势及其对中国汽车产业发展的影响［J］.中国工业经济，2002（6）：5–12.

[47] 王其藩，贾建国.加入WTO对中国轿车市场需求影响研究［J］.系统工程理论与实践，2002（3）：56–62.

[48] 殷志扬，范金.我国城市居民轿车消费研究综述［J］.消费经济，2004（6）：59–62.

[49] 陈道平，刘伟.中国汽车市场需求及其弹性和预测分析［J］.重庆大学学报（自然科学版），2005（12）：138–142.

[50] 夏茵.加入WTO后，跨国公司在中国汽车市场上的竞争行为分析[J].经济问题探索，2005(4)：54-58.
[51] 何玉宏.中国走向“汽车社会”的忧思[J].社会观察，2005(12).
[52] 蒲华林，张捷.产品内分工与产品内贸易——一个基于汽车产品的实例分析[J].国际贸易问题，2006(12)：22-26.
[53] 吴铮争，吴殿廷，袁俊，徐涛.中国汽车产业地理集中及其影响因素研究[J].中国人口·资源与环境，2008(1)：116-121.
[54] 田晟.制约我国汽车消费的原因分析及对策[J].企业经济，2009(5).
[55] 苏桂芳，胡日东，林三强.环境质量与经济增长库兹尼茨关系空间计量分析[J].地理研究，2009，28(2)：303-310.
[56] 武守喜，吴松泉，刘斌.汽车下乡政策对我国汽车产业的影响分析[J].汽车工业研究，2010(12)：12-14.
[57] 胡小武.汽车社会的来临与城市治理模式的变革[J].城市问题，2010(9)：67-71.
[58] 金汉信，霍焱.汽车工业供应链整合：文献综述[J].南京财经大学学报，2010(3)：23-29.
[59] 陈宇峰，缪仁余.国际油价波动对中国汽车消费需求的非线性冲击效应：1997-2008[J].财贸经济，2010(5)：116-122.
[60] 谭力文，代伊博，娄汇阳，陈冰洁.国际石油价格上涨对中国汽车产业的冲击效应——基于VAR与VEC模型的实证研究[J].统计与信息论坛，2010，25(5)：25-29.
[61] 肖俊涛.论我国汽车以旧换新政策的完善[J].湖北社会科学，2010(6).
[62] 陈林兴，徐欢.“汽车下乡”政策的成效、问题及对策[J].价格月刊，2011(1).
[63] 庞丽，李显君.我国汽车产业竞争力区域差异的实证研究[J].数理统计与管理，2011，30(6)：951-959.
[64] 尹小平，王艳秀.中国汽车销量影响因素的实证分析[J].统计与决策，2011(8)：98-100.
[65] 欧阳铭珂.中国汽车产业竞争力：国内研究综述[J].湖南商学院学报，2012，19(6)：32-37.
[66] 史彦虎，郝彩娟，朱先奇.基于灰关联模型的汽车市场需求影响因素分析[J].山西农业大学学报（社会科学版），2012，11(2)：155-159.
[67] 刘佳，赵金金，杜亚楠.沿海城市旅游发展与地区经济增长关系研究——基于空间动态面板数据模型[J].经济问题探索，2013(7)：172-180.
[68] 沈宏超.基于层次分析法的我国电动汽车需求影响因素分析[J].吉林工商学院学报，2013，29(5)：14-18.
[69] 曹也.基于ANFIS系统和汽车消费需求因素的汽车销量预测[J].汽车工业研究，2013(11)：49-54.
[70] 孙亚娟，秦东方.基于Theil熵的中国文化产业空间分布研究[J].商业时代，2014(19).
[71] 刘卫东.“一带一路”战略的科学内涵与科学问题.地理科学进展，2015，34(5)：537-544.

[72] 杜德斌，马亚华."一带一路"：中华民族复兴的地缘大战略.地理研究.2015(6)：1005-1014.
[73] 王瑞晋，张杏梅.中国汽车工业的时空布局及发展分析[J].现代经济信息，2015(5)：372.
[74] 王周伟，王衡.新常态下中国省域潜在经济增长的市场潜能拉动研究——基于空间面板杜宾误差模型的经验分析[J].经济问题探索，2015(8)：8-13.
[75] 孙春华.汽车消费市场对汽车产业布局影响的实证研究[J].技术经济与管理研究，2016(6)：119-123.
[76] 李英，黄海梁.我国城镇居民家用汽车市场扩散的区域差异研究[J].系统科学学报，2016，24(1)：107-111.
[77] 韩冬，乔家君，马玉玲. 快速工业化背景下乡村性时空分异及其演化——以河南省巩义市为例[J]. 地理研究，2017，36(12)：2405-2418.
[78] 丁心兰，丁玉梅.车辆购置税优惠对汽车消费需求的影响研究——基于双重倍差法[J].经贸实践，2017(14).
[79] 关云平，严鹏.中国汽车出口竞争力："一带一路"视野下的长期结构分析[J].深圳大学学报（人文社会科学版），2017(6)：34-39.
[80] 沈庆，马胜，刘艳."一带一路"倡议下我国汽车产业国际产能合作研究[J].汽车工业研究，2017(10)：4-9.
[81] 贺正楚，王姣，曹文明.中国汽车制造业的产业地图及影响产业布局的因素[J].科学决策，2018(5)：1-29.
[82] 彭华.中国新能源汽车产业空间布局的影响因素[J].东北亚经济研究，2018，2(4)：78-93.
[83] 詹玉兰.我国汽车出口"一带一路"国家的技术壁垒及应对之策[J].对外经贸实务. 2018(9)：41-44.
[84] 巫细波.新一轮产业开放对汽车业的影响[J].开放导报，2018(5)：76-79.
[85] 马大来.中国农业能源碳排放效率的空间异质性及其影响因素——基于空间面板数据模型的实证研究[J].资源开发与市场，2018，34(12)：1693-1700.
[86] 周蕾.全球价值链视角下中国汽车产业升级路径研究综述[J].对外经贸，2018(5)：74-78，98.
[87] 赖长强，罗谷松."一带一路"沿线国家汽车市场的时空变化[J].对外经贸实务，2019(3)：8-11.
[88] 赖长强，向晓梅，巫细波.新一轮开放背景下"一带一路"汽车市场的时空变化、影响因素与对策建议——基于沿线国家的面板数据分析[J].企业经济，2019(6)：115-124.
[89] 陈琦.共享出行服务：汽车制造商走向下一个路口[J].汽车与配件，2019(22)：56.
[90] 王军. 国家经济运行走势对汽车市场的影响分析[J]. 财经界（学术版），2019，510(7)：22-23.
[91] 李晓娜，张诗娜，纪涵瀚，卢政熹.免征车辆购置税对新能源汽车销量的影响分析[J].绍兴文理学院学报（自然科学），2019，39(2)：89-95.

[92] 巫细波.外资主导下的汽车制造业空间分布特征及其影响因素——以广州为例［J］.经济地理，2019，39(7)：119-128.
[93] 魏衍增.基于百度指数的汽车销量预测模型［J］.科技与创新，2019(19)：64-65.
[94] 葛志专，巫细波.金融危机后宏观政策对我国汽车市场的影响研究——基于动态面板数据系统GMM模型［J］.科技和产业，2020，20(11)：113-119.
[95] 涂彦平.新冠大疫对中国汽车影响调查［J］.经营者（汽车商业评论），2020(2)：212-214.
[96] 余振，刘李威.疫情影响下中国制造业参与全球产业链的变化及应对［J］.江西社会科学，2020，40(7)：35-44，254-255.
[97] 刘瑶，陈珊珊.新冠疫情对全球供应链的影响及中国应对——基于供给侧中断与需求侧疲软双重叠加的视角［J］.国际贸易，2020(6)：53-62.
[98] 吴征，刘金周.疫情期间地方新能源汽车促进消费政策分析［J］.汽车文摘，2020(10)：26-29.
[99] 巫细波，程风雨，罗谷松."一带一路"汽车市场时空变化特征及影响因素研究——基于2005—2017年面板数据［J］. 世界地理研究，2020，29(4)：815-825.
[100] 巫细波，葛志专.我国汽车消费市场区域差异变化趋势及影响因素省际差异［J］.对外经贸，2020(6)：59-63.
[101] 洪卫.疫情冲击对制造业供应链的影响分析及"后疫情时代"的政策取向［J］.西南金融，2020(6)：3-12.
[102] 刘志彪，陈柳.疫情冲击对全球产业链的影响、重组与中国的应对策略［J］.南京社会科学，2020(5)：15-21.
[103] 王湘穗.疫后时代的全球格局与中美关系［J］.经济导刊，2020(5)：24-29.
[104] 周玲玲，张烙渝，冯最昊.中美贸易摩擦对我国汽车零部件产业的影响评估［J］.国际经贸探索，2020，36(5)：4-15.
[105] 巫细波.中国汽车制造业生产格局时空演变特征与前景展望［J］.区域经济评论，2020(2)：121-129.
[106] 刘丽，董伟栋.我国汽车产业外资政策及最新发展形势分析［J］.汽车工业研究，2020(3)：25-27.
[107] 郭进超，邱兴波，胡巧云."一带一路"倡议下中国车企海外发展的机遇与挑战［J］.中国市场，2020(31)：21-23，34.
[108] 魏凤英，王金杰，徐铣明，高建召，王博灵，马驰宇，彭志行，靳祯，黄森忠.全球新型冠状病毒肺炎疫情发展趋势预测［J］.疾病监测，2020，35(6)：467-472.
[109] 杨延萍.中国与"一带一路"国家汽车出口贸易潜力及影响因素研究［J］.湖北农业科学，2020，59(10)：208-213.
[110] 涂彦平.新冠大疫对中国汽车影响调查［J］.经营者（汽车商业评论），2020(2)：212-214.
[111] 樊雪梅，卢梦媛.新冠疫情下汽车企业供应链韧性影响因素及评价［J］.工业技术经济，2020，39(10)：21-28.
[112] 巫细波，赖长强，葛志专.政府严控期我国地级市新冠疫情的时空集聚、演变及自

相关效应研究［J］.地球信息科学学报，2021，23(2)：246-258.
［113］李方生，赵世佳，张建杰，胡友波.新冠疫情对汽车产业的影响及应对举措［J］.科学管理研究，2021，39(1)：51-57.
［114］吕沛颖，巫细波，赖长强.新冠疫情对全球汽车市场影响的实证分析——基于空间计量模型［J］.世界经济探索，2021，10(4)：141-151. https：//doi.org/10.12677/WER.2021.104018.
［115］王宇露，徐凯.新冠疫情下政策支持对消费者购买新能源汽车的影响［J］.上海电机学院学报，2021，24(1)：47-52，56.
［116］张峰.浅析"一带一路"倡议下中国汽车出口模式的变革［J］.商讯，2021(4)：154-155.
［117］曹虹剑，赵雨，李姣."一带一路"倡议提升了中国先进制造业的创新能力吗?［J］.世界经济研究，2021(4)：104-119，136.
［118］郭彩文，刘畅."一带一路"背景下我国汽车的出口竞争新格局［J］.商场现代化，2021(19)：75-77.
［119］李方生，赵世佳，张建杰，胡友波.新冠疫情对汽车产业的影响及应对举措［J］.科学管理研究，2021，39(1)：51-57.
［120］卢超，王倩倩，陈强."双积分"政策下考虑燃油车减排的汽车制造商价格博弈研究［J］.运筹与管理，2022，31(10)：98-104.
［121］仇鹏飞.世界汽车市场需求的宏观分析与中国汽车行业的销售对策［D］.南京：南京航空航天大学，2002.
［122］姚金华.基于企业动态联盟的汽车供应链管理模式研究［D］.重庆：重庆大学，2008.
［123］肖荣营.全球汽车贸易网络的拓扑结构和演化规律［D］.长沙：湖南大学，2014.
［124］马丽平.我国汽车市场需求量的影响因素分析［D］.太原理工大学，2014.
［125］杨随.中国汽车产业空间演化研究［D］.上海师范大学，2014.
［126］陈艳清.中国汽车产业国际竞争力的研究［D］.北京：首都经济贸易大学，2016.
［127］张博.中国新能源汽车产业政府补贴政策效果研究［D］.东北财经大学，2017.
［128］盖盈盈.北京市汽车保有量增长的原因及对交通拥堵影响研究［D］.北京：北京交通大学硕士学位论文，2017.
［129］曹悦恒.典型国家汽车产业国际竞争力比较研究［D］.长春：吉林大学，2018.
［130］崔田.基于网络搜索数据的品牌汽车销量预测研究［D］.西安理工大学，2019.
［131］扈新伟.技术创新对我国汽车产业竞争力的影响研究［D］.天津商业大学，2019.
［132］何旭.基于"钻石模型"的我国新能源汽车产业竞争力评价研究［D］.江西理工大学，2020.
［133］张鑫."一带一路"背景下中国汽车企业"走出去"策略研究［D］.东南大学，2021.
［134］黄玲珍.中国汽车产业构建"一带一路"区域价值链研究［D］.湖南大学，2021.
［135］赵雪轩.中国上市汽车企业国际竞争力的影响因素研究［D］.东北财经大学，2022.